城乡商贸统筹发展研究

曾庆均　等◎著

科学出版社
北京

内 容 简 介

本书从城乡统筹角度研究我国商贸流通产业发展，在系统梳理城乡商贸统筹国内外相关理论基础上，以国内外商贸流通产业发展模式、我国商贸流通产业发展现状研究为基础，以城乡商贸统筹发展为目标，实证分析影响城乡商贸统筹发展的主要因素，研究城乡统筹背景下促进我国商贸流通业发展的对策，总结出“城乡商贸统筹发展试点区”实践探索的重庆经验。

本书可供应用经济学、管理学等相关专业的研究人员、教师、研究生，以及政府商业主管部门工作人员阅读，也可作为高等院校相关专业的教学参考书。

图书在版编目（CIP）数据

城乡商贸统筹发展研究/曾庆均等著．—北京：科学出版社，2014.6

ISBN 978-7-03-041079-5

Ⅰ.①城… Ⅱ.①曾… Ⅲ.①城乡建设-商业经济-研究-中国 Ⅳ.①F299.2②F72

中国版本图书馆 CIP 数据核字(2014)第 127678 号

责任编辑：杨婵娟　王昌凤 / 责任校对：宋玲玲

责任印制：赵　博 / 封面设计：铭轩堂

编辑部电话：010-64035853

E-mail：houjunlin@mail.sciencep.com

科学出版社出版

北京东黄城根北街 16 号

邮政编码：100717

http://www.sciencep.com

北京凌奇印刷有限责任公司印刷

科学出版社发行　各地新华书店经销

*

2014 年 7 月第一版　开本：720×1000 1/16

2025 年 2 月第四次印刷　印张：17 1/4

字数：328 000

定价：88.00 元

（如有印装质量问题，我社负责调换）

目录

第一章

绪　论

第一节　城乡商贸统筹发展问题的提出与研究意义

一、问题的提出：从“高尔丁结”谈起

公元前333年，马其顿国王亚历山大率军占领了亚细亚一座小城。进城后，亚历山大听说了一个预言：城中有一个“高尔丁结”，谁能打开它，谁就能成为亚细亚之王。每年都有很多人来试解这个结，可总是连绳头都找不到。亚历山大信心满满，驱车前去解结。与其他人一样，亚历山大尝试了两周，始终无法找到结的两端。一天早晨醒来，他突然醒悟，奔向那结，拔出利剑，将其劈为两半并大声宣布：“我要建立自己的解结规则。”由此，“高尔丁结”也被用来指代一切疑难问题。

改革开放30余年来，我国经济与社会发展取得了举世瞩目的成绩。但是伴随着综合国力的迅速增强，我国也迎来了另一“瓶颈”问题：地区差距、城乡差距和贫富差距越拉越大，“三农”问题等诸多社会矛盾日益突显。这成为新时期不容回避的问题！这正是中国经济社会发展所面临的“高尔丁结”！

如何解开此结？党和国家根据世界发达国家现代化发展的经验，结合国际、国内环境判断，在深刻总结几十年来处理城乡关系、解决“三农”问题实践经验的基础上，提出了以科学发展观为统领，建设社会主义和谐社会的总体目标。

统筹城乡发展，是科学发展观“五个统筹”（即统筹区域发展、统筹城乡发展、统筹经济社会发展、统筹人与自然和谐发展、统筹国内发展和对外开放）中的一项内容。统筹城乡发展就是要更加注重农村的发展，解决好“三农”问

题，工业反哺农业，城市支持农村，逐步改变城乡分割的传统“二元经济结构”，逐步缩小城乡发展差距，实现农村经济社会全面发展，实行以城带乡、以工促农、城乡互动、协调发展，实现农业和农村经济的可持续发展。

统筹城乡发展有诸多途径，如“三化”带“三农”，即以工业化带动农民收入提高，以城镇化带动农村劳动力转移，以农业产业化带动农业经济效益增长。

我国商贸流通发展也存在难解的“高尔丁结”！

改革开放以来，我国商贸流通取得了长足发展，规模显著扩大，结构逐步优化，服务多元化格局基本形成。但是，由于多年来受“重生产、轻流通”、“重城市、轻农村”等传统思想的影响，我国城乡之间商贸流通发展不平衡，城乡居民消费差距较大，农村商业相对于城市商业存在巨大落差，城乡商贸分割的“二元经济结构”特征十分明显。与城市相比，农村商贸发展中，市场网络体系不健全，基础设施建设薄弱，结构性矛盾突出；流通主体规模小、实力弱，龙头企业培育不够，总体带动能力不强；现代化程度不高，信息不对称，城乡商品流通不畅；资源配置统筹不够，有限资源缺乏有效利用；农村服务不完善，不能满足广大农民的需求；农村商贸人才匮乏，流通组织化程度不高；市场不够规范，竞争不尽公平，经营成本较高；农村消费不安全、不方便、不经济，除了问题食品的泛滥，各类假冒伪劣产品在各地农村普遍存在，广大农村市场已成为问题产品的集散地，加之“监管盲区”的存在，农村正在成为“被遗忘的角落”。农村商品流通中的这些矛盾和问题是客观存在的。

如何解商贸流通发展中的“高尔丁结”？实行城乡商贸统筹发展，是解结的关键。城乡商贸统筹发展，是从商贸角度统筹城乡发展，是城乡统筹的重要途径和具体内容。

但是，城乡商贸统筹发展的路在何方？在商贸流通领域，如何促进城乡分割的传统“二元经济社会结构”向城乡一体化的现代“一元经济社会结构”转变？这需要观念、机制和体制的诸多变革，是一项长期、艰巨而又复杂的系统工程，需要一个探路者。历史选择了重庆！

重庆，因境内嘉陵江古称渝水，故简称渝。1997 年 3 月 14 日第八届全国人民代表大会第五次会议批准设立重庆为中国第四个中央直辖市，也是中国中西部地区唯一的直辖市。1997 年 6 月 18 日正式揭牌成立，共辖 38 个区县，其中 19 个市辖区、15 个县、4 个自治县，有 1260 个乡镇。重庆市面积 8.2403 万 km^2，户籍人口 3200 多万人（2012 年）。重庆是一个具有中等省构架和欠发达省特征的直辖市，城乡二元结构突出，大城市、大农村、大山区、大库区并存，有着不够发达的城市和足够广阔的农村。直辖前的 1996 年，重庆按常住人口计算的人均GDP（国内生产总值）为4130元，比全国平均水平低1716元；2006年，这一差距扩大到3536元。2007年，占重庆人口54.8%的农村人口，消费总量只占26.6%，城乡居民人均消费之比大致为4∶1；调查显示，高达74.8%的农民曾买到过假冒伪劣商品。城乡商贸分割、城乡商贸的矛盾与问题，如同全国一样，存在难解的“高尔丁结”！

2007年6月，国务院批准重庆为统筹城乡发展综合配套改革试验区，商务部又批准重庆成为全国“城乡商贸统筹发展试点区”。重庆，作为一个探路者，探索统筹城乡发展之路，探索城乡统筹背景下我国商贸流通业发展之路、城乡商贸统筹发展之路。

因此，基于城乡商贸统筹试点区的发展，探讨城乡统筹背景下我国商贸流通业发展尤其是城乡商贸统筹发展，就成为亟待研究的重要问题，成为时代之需。

二、理论意义和实践价值

（一）理论意义

（1）深入分析我国城乡商贸流通发展现状及国内外城乡商贸互动发展模式。本书通过梳理城乡商贸统筹相关理论，总结我国城乡商贸发展的成绩与问题，分析国内外城乡商贸互动发展模式，探求城乡商贸统筹发展路径的历史、现状和理论基础。

（2）实证分析影响城乡商贸流通发展和城乡商贸统筹发展的因素。研究的意义在于创新。影响城乡商贸流通业和城乡商贸统筹发展的因素很多，究竟哪些因素在起主要作用？这些因素的影响作用如何？本书试图创新性地设计城乡商贸统筹发展的评价指标体系，通过实证分析，从理论上找到影响城乡商贸统筹发展的因素，深化对城乡商贸统筹的认识，推动城乡商贸统筹发展，在一定程度上丰富城乡商贸流通理论。

（3）努力探索城乡统筹背景下城乡商贸统筹发展的路径。自2007年重庆“城乡商贸统筹发展试点区”工作推进以来，重庆市人民政府，尤其是九龙坡区、万州区等六个试点区县高度重视并不懈努力，根据重庆市和各区县特点，因地制宜地探索出了一些富有成就的新途径、新模式，有力推动了重庆城乡商贸统筹发展，取得了很大成就。本书的目的之一，就是总结“城乡商贸统筹发展试点区”的发展经验，从这些成功经验中总结出规律性的东西，将其上升到理论层次，并在更大范围内推广这些经验，积极推动重庆市和全国城乡商贸流通业的协调发展。这些经验的总结，对认识和破解城乡商贸流通的“二元结构”有借鉴意义。

（二）实践价值

（1）为制定城乡商贸统筹发展政策提供理论依据。城乡商贸统筹发展，是从商贸角度论城乡统筹，或者说是城乡统筹的一条路径。城乡商贸统筹发展政策依据何在？本书就是试图通过剖析重庆“城乡商贸统筹发展试点区”的实践，总结成功经验，为各级政府制定城乡商贸发展规划提供理论依据。实际上，本书的成果，通过规划的形式，已充分融入到重庆区县城乡商贸发展中。

（2）为城乡商贸统筹发展提供发展路径选择。虽然说“条条大路通罗马”，但是通往罗马的道路不同，效果是不一样的。城乡商贸统筹发展的道路选择也是如此。本书的重要目的，就是以重庆“城乡商贸统筹发展试点区”实践为基础，总结城乡商贸统筹的有效路径，供各级政府在理清城乡商贸发展思路时参考或选择。

因此，本书对城乡统筹过程中商贸流通业发展途径的探讨，特别是城乡商贸统筹试验区的实践探索，对认识和破解我国城乡商贸流通的二元结构，对优化我国区域商贸发展布局、促进区域商贸协调发展、解决我国区域和城乡商贸发展不平衡问题，具有重要的现实意义和实践价值。

第二节　城乡商贸统筹发展研究的思路和主要内容

一、核心概念界定

（一）商贸流通业及其系列概念

商贸流通业本质属于第三产业范畴。商贸流通是指商品或服务从生产领域向消费领域的社会性转移过程。对于商贸流通业的定义和范围，国内外并没有统一的认识，纵观国内外机构及学者的观点，关于商贸流通业的范围界定主要分为三大类：第一类认为商贸流通业仅限于商流的主体，亦即批发与零售业；第二类认为商贸流通业的范围应广泛包括产品自厂商转移至消费者间的所有流通过程，即在批发与零售外，再纳入货运业与物流中心等内容；第三类是广义的流通范畴，包括生产者到最终使用者的全部连接过程，除商流、物流外还包括了相关的资金流通与信息流通，其范围类似于第三产业。

我国对商贸流通业的界定也并不统一。2004 年 6 月 1 日商务部公布的《流通业改革发展纲要》中明确指出其中涉及的流通业主要指批发业、零售业、物流业、餐饮业及居民服务业。当前我国商贸流通业正处于由传统流通产业向现代流通产业的过渡阶段，其内涵和外延也有了新的拓展。根据我国发布的《国民经济行业分类（GB/T4745—2002）》标准，参照世界上一些国家商贸流通业的统计范围，本书对商贸流通业的内容界定如下：商贸流通业是指以各类销售、经营、贸易、投资等商业活动为核心的经济群体，主要包括批发零售、餐饮住宿等生活服务业及物流等生产性服务业门类。

商贸流通业是联结生产与消费的中间环节，是工农、城乡和地区之间经济联系的桥梁和纽带，是社会化大生产的重要环节，是决定经济运行速度和效益的引导性力量，是反映经济发展和社会繁荣程度的窗口，是衡量综合国力和居民生活水平的晴雨表，是市场经济成熟程度的反映。

反映商贸流通业的统计指标主要有社会消费品零售总额、商品销售总额、商品交易市场成交额、连锁企业（连锁店、连锁公司）数量与规模。其中，社会消费品零售总额是最重要的统计指标。

社会消费品零售总额，指批发和零售业、餐饮业、新闻出版业、邮政业和其他服务业等，售予城乡居民用于生活消费的商品和社会集团用于公共消费的商品的总量，包括：①批发和零售业企业（单位）售予城乡居民的各种生活消费品；售予入境旅游的外国人、华侨、港澳台同胞的各类商品；售予行政事业单位、社会团体、军队和武警等机构的商品，以及以零售方式售予各类企业的商品。②餐饮业出售的主食、菜肴、烟酒饮料和其他商品。③新闻出版业和邮政业售予城乡居民、企事业单位、军队和武警等机构的书报杂志、音像制品、邮品等。④其他服务业出售的食品、烟酒饮料、服装鞋帽、日常生活用品、医药保健用品、艺术品、工艺美术品、玩具、殡葬用品及其他消费品。

商品销售总额，指对本企业（单位）以外的单位和个人出售（包括对境外直接出口）的商品总额。它反映批发零售贸易业在国内市场上销售商品及出口商品的总量，包括：①售给城乡居民和社会集团消费用的商品。②售给工业、农业、建筑业、运输邮电业、批发零售贸易业、餐饮业、服务业等作为生产和经营使用的商品。③售给批发零售贸易业作为转卖或加工后转卖的商品。④对国（境）外直接出口的商品。它不包括出售本企业（单位）自用的废旧包装用品，未通过买卖行为付出的商品；经本单位介绍，由买卖双方直接结算，本单位只收取手续费的业务；购货退出的商品，以及商品损耗和损失等。

商品交易市场成交额，指商品交易市场内所有经营者所实现的商品销售金额。商品交易市场包括消费品市场和生产资料市场。

（二）城乡统筹

从对立最终走向融合是马克思对城乡发展趋势的基本概括。恩格斯在《共产主义原理》一文中指出："由社会全体成员组成的共同体共同而有计划地尽量利用生产力，把生产发展到能够满足全体成员需要的规模，消灭牺牲一些人的利益来满足另一些人需要的情况，彻底消灭阶级和阶级对立，通过消除旧的分工进行生产教育、变换工程，共同享受大家创造出来的福利，以及城乡的融合，使社会全体成员的才能得到全面的发展”，“随着共产主义的到来，城市与乡村的对立将消失，从事农业和工业的劳动将是同样的人，而不再是两个不同的阶级，单从物质方面的原因来看，这已经是共产主义联合体的必要条件了，乡村农业人口的分散和大城市工业人口的集中只是工农业发展水平还不够的表现，它是进一步发展的阻碍”。马克思、恩格斯指出，在人类历史发展的进程中，城市与乡村的相互关系将经历三个辩证发展的阶段：第一阶段，城市诞生于乡村，乡村是城市的载体，乡村在整个人类社会系统中处于主导地位；第二阶段，随着工业的发展，人类社会的城市化进程将加速，城市经济逐渐在人类社会中占主体地位，城市与农村在经济、社会文化等方面的差异也愈加明显，城乡分割、城乡对立等现象逐渐显露；第三阶段，随着城市化的深入发展，城市与乡村之间的依存度将大大加强，城市与乡村逐步走向融合。归纳以上论述，马克思、恩格斯认为，随着工人和农民之间阶级差别的消失，随着城乡人口分布不均衡现象的消失，“城市和乡村的融合”将实现。

着眼于现实国情，我国将城乡统筹发展作为新时期经济社会发展的重要战略取向。党在十六届三中全会上提出了坚持以人为本，树立全面、协调、可持续的发展观，促进经济社会和人的全面发展的科学发展观。科学发展观内涵丰富，归纳起来就是“一个本质”、“三个基本点”、“五个基本要求”。以人为本是科学发展观的本质；“全面、协调、可持续发展”是科学发展观的三个基本点；统筹城乡发展、统筹区域发展、统筹经济社会发展、统筹人与自然和谐发展、统筹国内发展和对外开放，是科学发展观的五个基本要求。

城乡统筹是相对于城乡分割的“二元经济社会结构”而言的，它要求把农村经济与社会发展纳入整个国民经济与社会发展全局中进行通盘筹划、综合考虑，以城乡经济社会一体化发展为最终目标，统筹城乡物质文明、政治文明、精神文明和生态环境建设，统筹解决城市和农村经济社会发展中出现的各种问题，打破城乡界线，优化资源配置，实现共同繁荣。城乡统筹就是要对过去那种“重城市、轻农村”、“城乡分治”的传统发展模式和路径进行修正与改进。

从本质上讲，城乡统筹是指以解决“三农”问题，促进二元经济结构转变为目标，通过促进城乡各种资源要素和劳动力的合理流动与优化配置，不断增强城市对农村的带动作用和农村对城市的促进作用，形成以城带乡、以乡促城、城乡协调发展的新机制，不断缩小城乡各方面的差距，提高农业生产效益，增加农民收入，建立城乡平等和谐、协同发展、共同繁荣的新型城乡关系，并最终实现城乡无差别发展。

（三）城乡商贸统筹

城乡商贸统筹是从商贸角度统筹城乡发展，是城乡统筹的重要途径和重要组成部分。

所谓城乡商贸统筹，就是充分发挥商贸流通业在国民经济中引导生产、消费与经济运行的先导和基础作用，通过一定的行政手段引导城乡商贸资源按照市场经济规律优化配置，重新安排城乡商贸内部结构关系，建立起城乡互通的流通机制与制度，实现城市商贸流通与农村商贸流通的有机衔接和联动运行，实现城乡商贸流通业的共同发展。

进一步讲，城乡商贸统筹是通过农村商业基础设施质量提升、城乡商业网点空间布局优化、现代城乡商贸流通体系构建等方面的统筹发展，以城乡市场一体化推动城乡间商品和服务、资源与要素的顺畅流动，充分发挥城乡双方优势，使城乡资源通过市场的联结实现共享，实现城乡商贸的相互融合与双向互动，以贸促工、以贸促农、以城带乡、以乡促城，实现城乡商业互动发展，从而整体推进城乡统筹发展战略。

二、基本研究思路

本书的总体思路是从城乡统筹角度研究我国商贸流通业发展，以国内外商贸流通业发展模式、我国商贸流通业发展现状研究为基础，以城乡商贸统筹发展为目标，实证分析影响城乡商贸统筹发展的主要因素，研究城乡统筹背景下我国商贸流通业的发展途径，并以重庆“城乡商贸统筹发展试点区”实践探索为例，总结城乡商贸统筹的重庆经验。本书不是泛论我国商贸流通业发展，也不是面面俱到研究商贸流通业发展，而是从城乡统筹角度研究商贸流通业发展，重在城乡商贸统筹发展，这是本书之特色所在、价值所在。

（1）城乡商贸统筹国内外相关理论以及发展模式、我国商贸流通业发展现状研究是本书研究的基础。

城乡商贸统筹国内外相关理论是本书的理论基础。城乡关系是广泛存在于城市和乡村之间的相互作用、相互影响、相互制约的普遍联系与互动关系，是一定社会条件下经济、政治、文化等诸多因素在城市和乡村两者关系方面的集中反映。国内外关于城乡关系的理论，可归纳为城市主导论、农村主导论、城乡均衡发展论。城乡商贸关系是城乡关系中的一种。国外主流经济学相关研究的假设过于严格，但商贸流通过程不可能“零成本”进行，尤其是在城市与农村之间的流通过程中，资源稀缺与配置更成为不可回避的重要经济学问题。各种非主流经济学对流通问题的研究成果，反映了西方学者更关注城市流通的现实。国外学者的研究对我国城乡商贸流通体系建设有一定的理论指导意义，但这些研究的视角或囿于严格的假设或囿于国情差异而略显宏观或抽象，在城乡二元结构背景下的城乡商贸统筹发展等实践问题上，更是缺少针对欠发达国家或地区的适宜之策。国内学者的研究，从总体上进行认识的较多，对一些深层次问题，如如何构建城乡商贸统筹发展体系，尤其是如何构建城市流通体系与农村流通体系，如何构建基于城市支持农村、城乡和谐共生的流通主体利益，如何进行流通组织再造，还缺乏系统深入的研究。

国内外商贸流通业发展模式是本书的历史基础。从历史上看，商贸流通业是人类社会第三次大分工的产物。从产业发展动因和政府与企业关系等因素考虑，商贸流通业发展模式总体可以归纳为两种类型，一种是市场导向型模式，另一种是政府主导型模式。我国目前的商贸流通业发展模式总体上已经基本转变为市场导向型模式，市场的力量在发挥主导作用，但在市场力量作用有限的领域则是更加注重通过政府主导模式来推动。这样的模式特征，既是市场经济的客观要求，也是城乡商贸统筹发展的政策需要。

最能表现商业发展模式的，是零售商业的业态发展模式。由原始的偶然交换演变到定期集中的集市交易，再到现代的百货商店、连锁商店、超级市场、购物中心甚至网上交易，商业模式伴随着商品经济的发展经历了几大演变阶段，出现了几次大的飞跃和进步。

从国内外商贸流通发展的历史来看，城乡商贸互动发展主要涉及两方面问题：一是产自农村的农产品如何进入城市消费市场，形成农产品流通模式；二是城市工业品（包括生活消费品和农业生产资料）如何进入农村市场，即工业品下乡的流通模式。就农产品进城的流通模式而言，有以批发为主的日本农产品流通模式、以直销为主导的美国农产品流通模式。就工业品下乡的流通模式而言，有以美国为代表的通过大型零售企业在农村的网点扩张模式，以日本、韩国为代表的通过农民合作组织统一采购供应向农民供应生产和生活资料模式。

我国商贸流通业发展现状是本书的现实基础。经过 30 余年的改革和发展，我国商贸流通业取得了重大成就。通过对我国商贸流通业发展规模、流通结构、流通设施、流通效率、辐射力和成长力的分析可知，我国商贸流通规模不断扩大，流通结构不断完善，流通效率不断提高，辐射力和成长力不断增强，商贸流通经济实力已进入持续、快速、协调、健康发展的快速增长期，为实现城乡商贸统筹发展奠定了坚实的基础。同时，我国城乡商贸统筹发展仍存在问题，面临十分严峻的挑战，突出表现在："二元经济结构"制约城乡商贸统筹发展；市场开拓难度大，城乡商贸统筹发展任务长期而艰巨；区域商贸发展不平衡，城乡市场一体化进程缓慢；农村商贸资金投入不足，商业基础设施建设落后；商贸流通企业规模总体较小，大型商业主体发展不充分；商贸流通现代化水平不高，竞争力较弱；农村商品流通网络建设薄弱，农产品流通渠道不畅；高级商业人才短缺，创新能力面临严峻挑战；政策资金缺口较大，农村商贸发展后劲不足。这将在一定程度上阻碍城乡商贸统筹发展。

（2）我国城乡商贸统筹发展实证分析是本书研究的难点。

城乡商贸统筹发展，难点在何处？问题是什么？在讨论我国城乡商贸统筹发展存在的问题和面临的挑战的基础上，本书实证分析了我国城乡商贸统筹发展，进一步探求城乡商贸统筹发展的影响因素。

城乡商贸统筹是城乡统筹的重要内容，城乡商贸统筹必须建立在城乡统筹的基础之上，为此分析城乡统筹机制和城乡统筹对城市商贸统筹的作用机制。城乡统筹本质上包含城乡收入统筹、城乡资本统筹、城乡产业统筹和城乡就业统筹四个方面。其核心是城乡收入统筹，城乡资本统筹、城乡产业统筹和城乡就业统筹有助于实现城乡收入统筹。

本书基于城乡商贸统筹发展的含义及城乡统筹对城乡商贸统筹促进作用的认识，遵循全面、系统、实用的原则，从商贸统筹潜力、商贸统筹规模、商贸统筹强度、商贸统筹效益、商贸统筹产业发展前景和商贸统筹人口基础六个方面，设计了城乡商贸统筹发展的评价指标体系，以全面、真实、客观地体现我国城乡商贸统筹状况。本书以总体和东部、中部、西部地区为考察范围，考察了1985～2008年各省区城乡商贸业发展规模和城乡商贸流通量平均值及其在全国的位次，分析城乡统筹对我国城乡商贸流通业发展的影响，认为在城乡收入、城乡产业、城乡贷款和城乡就业四组影响因素中，对城乡商贸流通发展和城乡商贸统筹发展影响最大的是城乡收入，其次是城乡产业，最后是城乡贷款和城乡就业，但城乡贷款和城乡就业对城乡商贸流通业发展和城乡商贸统筹发展的影响程度较小。基于此结论，甄别影响城乡商贸流通业发展和城乡统筹发展的回归模型解释变量，它们是城乡人均可支配收入和城乡人均产业增加值，以城乡人均贷款作为备选变量组。同时，实证分析认为，提高城乡居民可支配收入，是发展城乡商贸流通业的前提，也是实现城乡商贸统筹的根本。

（3）城乡统筹背景下我国商贸流通业发展途径研究是本书研究的重点。

基于对我国商贸流通业发展的基础条件、现状特征以及我国城乡商贸统筹发展的实证分析，结合重庆“城乡商贸统筹发展试点区”实践经验，本书认为城乡统筹背景下我国商贸流通业发展的现实途径，至少应从八个方面考虑。

第一，城乡统筹背景下我国商贸流通业发展，重点在农村，关键在县及县以下的农村，这需要建立以城市为中心、以乡镇为基础、以村社为切入点的城乡商贸统筹发展空间布局体系，以城市为中心，充分发挥城市在城乡商品流通中的轴心作用；以乡镇为基础，发挥乡镇在城乡商贸流通发展中的基础作用。

第二，做到“货畅其流”，同时农村消费必须安全、方便、经济，就需要构建完善的城乡商业网络体系，保证渠道畅通。经过调查研究，本书认为至少有“九大网络”可以构建，即日用品销售网络、农业生产资料供应网络、农产品购销网络、再生资源回收（利用）网络、农民生活服务网络、农村商务信息服务网络、“建材下乡”销售服务网络、农村药品连锁经营网络、烟花爆竹连锁经营网络。但在村级网络中，可以实施“一网多用”。

第三，由调查分析可知，我国城乡流通主体，尤其是农村流通主体规模小、实力弱，带动能力不强，农民常常出现增产不增收的现象。本书认为，必须创新发展模式，通过工商联手、农商对接，提高农户组织化程度，将特色农产品推向市场，带动农产品流通；必须培育龙头企业，增强龙头企业规模化程度，充分发挥龙头企业在城乡商贸流通中的核心主体作用。

第四，国家通过“万村千乡市场工程”、“新网工程”等，逐步建立起了日趋完善的日用工业品下乡的“两级配送、三级销售”流通渠道体系和“县-乡-村”三级农业生产资料连锁供销渠道体系。而农产品流通渠道存在问题，导致农产品流通不畅，农产品流通渠道的创新就不可避免。本书认为，可通过合作社（协会）指导下的农户生产联盟、加工企业主导下的企业加工联盟、营销企业主导下的流通联盟、超市主导下的纵向直销联盟，实现渠道关系创新；通过“经营连锁化”、“销售超市化”和“配送集中化”，实现农村流通业态创新；通过在农产品领域逐渐采用拍卖、仓单、远程合约、期货交易等方式实现流通方式创新。

第五，经过调查研究，结合重庆经验，通过以下几个方面可实现体制机制创新：建立协调机构，加强组织领导，建立运作高效、服务到位的行政管理体制；构建农村商业网络建设要素公平、有序、合理流动的市场体制；建立促进农村商业网络建设发展的政策支持机制。

第六，在我国，农村流通基础设施落后是一个共识，而农村流通基础设施又具有公益性质。本书建议各级政府把农村流通设施纳入农村基础设施建设范围，加大农村流通基础设施建设力度，尤其是交通基础设施建设力度，建立农村商业网络与商品流通基础设施体系。

第七，城乡商贸流通的发展，关键在人，通过健全能力、技能、知识“三位一体”培训机制，加强对农村人才队伍的培训与教育，着力构建城乡尤其是农村商贸流通发展的人才队伍支撑与保障体系。

第八，构建农村商业网络监测指标体系，客观上对我国城乡尤其是农村商贸流通业发展状况在数量上有一个全面反映，反映其规模、水平、速度、潜力。

（4）重庆“城乡商贸统筹发展试点区”实践探索是本研究的特色。

改革开放以来，尤其是重庆成为直辖市以来，商贸流通发展取得了巨大成就。仅就社会消费品零售总额而言，2007年（重庆“城乡商贸统筹发展试点区”开始之年）为1711亿元，比1997年（直辖初始之年）的568亿元增长2.01倍；2010年为2878亿元，比“十五”时期的最后一年增长了1.34倍。但是，调查显示，重庆城乡商贸发展不协调问题十分突出，城乡商贸“二元”结构特征十分明显。2007年，重庆农村居民人均纯收入3509.28元，只有城镇居民人均纯收入的25.59%；占重庆人口54.8%的农村人口，消费总量只占26.6%，城乡居民人均消费之比约为4：1；74.8%的农民曾买到过假冒伪劣商品。足见重庆城乡商贸之不协调。鉴于此，重庆试图通过设立国家级“城乡商贸统筹发展试点区”，先行先试，以期实现重点突破，形成机制，为全国城乡商贸统筹发展做出示范。

本书通过对“城乡商贸统筹发展试点区”的六个试点区县及其市级层面、其他区县的调查分析，认为重庆在城乡商贸统筹发展试点过程中进行了“六大探索”，总结出“八大经验”。

“六大探索”：探索之一，以“四个层次”商贸设施建设为平台，打造城乡商贸统筹发展的载体；探索之二，以“六大网络”为重点，建设城乡商贸统筹网络体系；探索之三，以“百亿企业”培育为重点，打造城乡商贸统筹发展的主体；探索之四，以“六化”为主要内容，打造城乡商贸统筹发展的新结构；探索之五，以“六双工程”为突破口，打造城乡商贸统筹发展的抓手；探索之六，推进体制创新，构建城乡商贸统筹发展的新机制。

“八大经验”：经验之一，统一思想，充分认识加快城乡商贸统筹发展的重大意义，这是推进城乡商贸统筹发展的前提；经验之二，统筹规划，衔接商贸规划与相关规划的关系，这是推进城乡商贸统筹发展的依据；经验之三，突出重点，实施“四个层次”商贸设施平台建设和“六大网络”建设，这是推进城乡商贸统筹发展的载体；经验之四，培育龙头，提升商贸企业组织化规模化程度，这是推进城乡商贸统筹发展的主体；经验之五，民生导向，切实做好城乡商贸统筹发展工作，这是推进城乡商贸统筹发展的出发点；经验之六，转变职能，理顺商贸流通管理体制机制，这是推进城乡商贸统筹发展的保障；经验之七，提高收入，实施“两翼农户万元增收工程”以及“两翼农户万元增收工程商贸五大行动”，这是推进城乡商贸统筹发展的基础；经验之八，政策配套，确保城乡商贸统筹发展优惠政策落实到位，这是推进城乡商贸统筹发展的关键。

本书的研究框架如图1-1所示。

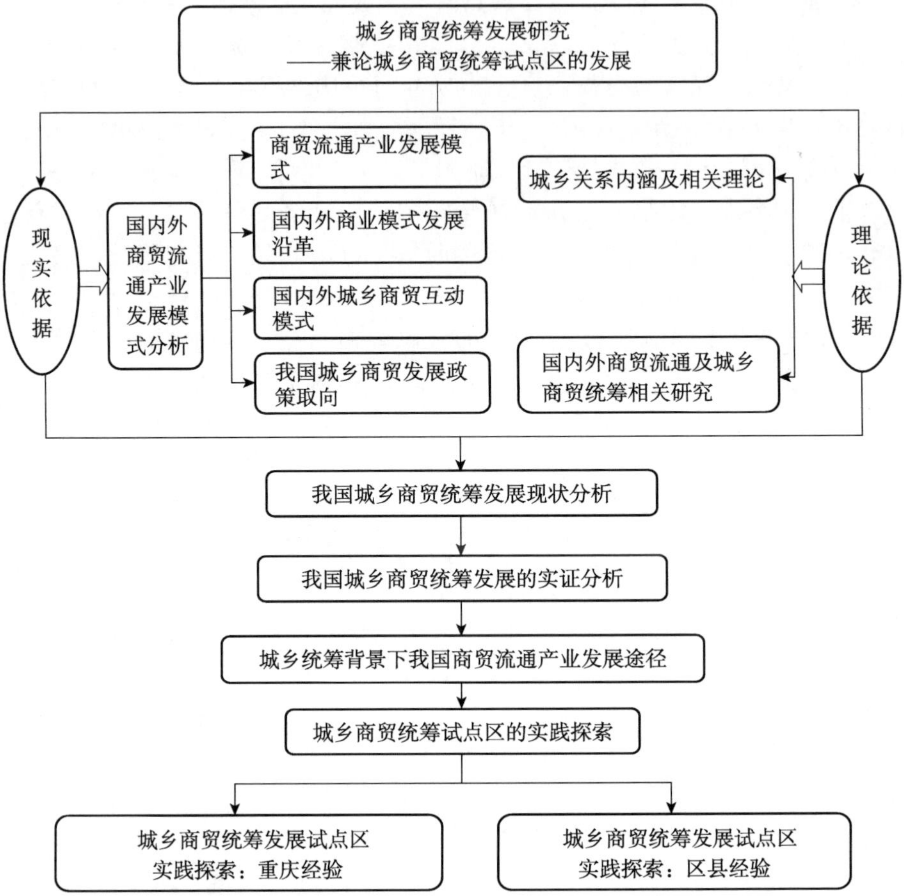

图 1-1　研究框架图

三、研究内容

本书共分为八章。

第一章，绪论。对本书进行综合性阐述，主要介绍本书的研究背景、研究意义、基本思路、研究特色、研究方法等。

第二章，城乡商贸统筹国内外相关理论。在广泛参阅国内外相关研究的基础上，对商贸流通业发展以及城乡商贸发展的相关理论进行总结和梳理，为本书提供理论基础。

第三章，国内外商贸流通业发展模式。通过对国内外商贸流通业发展模式的沿革分析，重点探讨城乡商贸的互动发展模式，强调在城乡商贸统筹发展过程中，政府在遵循商贸流通发展规律基础上统筹城乡商贸发展的必要性，以期为城乡统筹背景下商贸流通业发展模式的选择提供启示。

第四章，城乡统筹背景下我国商贸流通业发展现状。从商贸流通业发展规模、流通结构、流通设施、流通效率、辐射力和成长力六个方面，分析了我国商贸流通业发展的重大成就，这是城乡商贸统筹发展的基础；从“二元经济结构”制约城乡商贸统筹发展等九个方面，分析了城乡商贸统筹发展存在的问题和面临的挑战。

第五章，我国城乡商贸统筹机制和实证分析。分析城乡统筹机制，探讨城乡统筹对城乡商贸统筹的作用机制；基于城乡商贸统筹发展的含义，从六个方面设计了城乡商贸统筹发展的评价指标体系，分析了城乡商贸统筹发展就是由以上六个方面的主要因素决定的。实证分析城乡统筹对我国城乡商贸流通业发展的影响，分析了城乡收入、城乡产业、城乡贷款和城乡就业四组影响因素的影响程度，并得出结论，认为提高城乡居民可支配收入，是发展城乡商贸流通业的前提，也是实现城乡商贸统筹的根本。

第六章，城乡统筹背景下促进我国商贸流通业发展的对策。根据我国商贸流通业发展的基础条件和现状特征，结合重庆“城乡商贸统筹发展试点区”实践经验，探讨城乡统筹背景下我国商贸流通业发展的对策，实现以城市商贸带农村商贸，以农村商贸促城市商贸，城乡商贸互动互通。

第七章，“城乡商贸统筹发展试点区”实践探索：重庆经验。阐述了重庆“城乡商贸统筹发展试点区”的提出与建设意义、思路、原则和目标，初步总结了重庆城乡商贸统筹发展试点经验，对试点区商贸流通业发展的路径、政策保障等问题进行探索，为我国城乡商贸统筹发展提供有效的路径选择。

第八章，“城乡商贸统筹发展试点区”实践探索：区县经验。以九龙坡区、万州区、黔江区、垫江县、梁平县、荣昌县六个“城乡商贸统筹发展试点区”首批试点区县为典型案例，总结经验与教训，分析特征与问题，为“城乡商贸统筹发展试点区”实践探索的“重庆经验”提供了支撑。

四、研究方法

本书采用规范研究与实证研究相结合的方法。本书以经济学尤其是商贸流通理论为主，结合统计学、管理学等多学科理论，从多种视角进行研究，并辅之以文献调查和实地调查，将我国城乡商贸统筹发展作为研究主线，力图体现城乡统筹发展背景下研究的全景性、客观性，把握研究的主要脉络，理清思路，找出影响城乡商贸统筹发展的关键因素和主要问题；以重庆“城乡商贸统筹发展试点区”为例进行实证研究，提出城乡统筹背景下我国商贸流通业发展的思路和政策建议。

在社会调查方法的运用方面，本书运用文献调查法和实地调查法，特别注意对各种统计数据资料的收集和分析，以及相关文献资料的收集；在实地调查中，选择了“城乡商贸统筹发展试点区”首批试点区县——九龙坡区、万州区、黔江区、垫江县、梁平县、荣昌县作为重点实地调研对象，实地考察城乡商贸统筹发展试点的情况。

在社会调查的实施过程中，采取召开座谈会、入户访谈和问卷调查等多种方法收集资料，先后与重庆市商业委员会、重庆市供销合作社、九龙坡区商务局、万州区商务局、黔江区商务局、垫江县商务局、梁平县商务局、荣昌县商务局以及贵州省遵义市供销合作社、遵义市商务局、四川省邻水县商务局等部门召开座谈会，深入交流城乡商贸统筹发展的经验与教训；到九龙坡区、万州区、黔江区、垫江县、梁平县、荣昌县等首批试点区县，走访考察县城、示范乡镇及示范村社的商贸流通发展情况，同时，还到重庆市渝北区、合川区、南岸区、江津区、南川区、酉阳县、开县、云阳县，以及贵州省的桐梓县、道真县、习水县、赤水县、仁怀县等 20 多个区县考察城乡商贸发展情况；深入到“万村千乡市场工程”的有关龙头企业、配送中心和村级便利店进行考察、座谈、交流，深入农业专业合作社考察农产品的生产流通情况，并发放问卷 600 多份。这些调查方法的充分运用，使本书研究组在实地调查中获得了丰富的第一手资料。这些资料的宝贵之处在于它们能够反映基层的真实情况，有对现实情况的客观分析，也有对城乡商贸统筹发展的主张建议。扎实的实地调查和访谈，使我们对城乡商贸统筹试点的发展情况有了较为具体的和深入的了解，为本书的完成奠定了坚实基础。

第二章

国内外城乡商贸统筹相关理论

对城乡商贸流通业发展的研究，无论是商贸流通体系研究，还是商贸发展模式研究，最根本的是如何实现城乡商贸的统筹发展。围绕这一问题，国内外学者从城乡关系、商贸流通业发展、区域商贸流通、城乡双向流通体系、城乡商贸统筹发展模式等方面进行了大量研究。本章通过对商贸流通业发展及城乡商贸发展相关理论的梳理与总结，为研究提供理论基础。

第一节　城乡关系的内涵及相关理论

一、城乡关系的内涵

城乡关系主要是指城市和乡村之间在经济、政治、文化等方面的关系，是广泛存在于城市和乡村之间的相互作用、相互影响、相互制约的普遍联系与互动关系，是一定社会条件下经济、政治、文化等诸多因素在城市和乡村两者关系方面的集中反映。

城乡关系中最根本的是经济关系。城乡经济关系指城乡在物质资料的生产、交换、分配、消费等方面所形成的各种关系。城乡商贸关系是城乡经济关系的重要组成部分。随着社会分工的出现，私有财产逐步兴起，商品交换日渐经常化，随之出现了交易市场。在交易市场发展成为经济交换中心之后，早期城市随之产生。随着经济的发展，城市和乡村的经济联系越来越密切。城市不仅必须从乡村获得粮食，还必须从乡村获得生产原料及从事生产的人。而乡村的生产也需要从城市得到资金、技术、商品等。城市和乡村之间的商品、劳务交易也越来越频繁。城乡之间的经济关系体现在人才、资金、土地、资源等在城乡之间的配置情况，体现在城市和乡村、工业和农业之间的商品、劳务交换情况，体现在城市居民和乡村居民在收入、分配、消费方面的差别。

二、城乡关系相关理论

（一）城市主导论

1. 城市-工业导向模式

1954 年，刘易斯（W. A. Lewis）在其论文《劳动力无限供给下的经济发展》中提出了一个用于解释发展中国家特殊的经济发展过程的经典模型，认为经济增长和现代化需要“城市工业”的加速增长和向以城市社会为基础的社会转化。从城乡联系的角度来看，这个模型主张以位于城市的现代工业为国家经济发展的主体，将维持生计部门（主要是农业部门）的资源（主要是劳动力资源）吸收到城市工业部门。这种发展模型所体现的城乡联系具有明显的非均衡性。我们把它与城乡联系的政策体系相联系时，称之为“城市-工业导向模式”。

2. 费景汉-拉尼斯二元经济结构模型

费景汉（John C. H. Fei）和拉尼斯（Gustav-Ranis）继承并发展了刘易斯的劳动力转移模型，在运用微观经济学基本理论和计量经济学方法的基础上，构建了费景汉-拉尼斯二元经济结构模型。此模型揭示了二元经济发展中劳动力配置的全过程，认为工业和农业两个部门平衡增长对避免经济增长趋于停滞非常重要，并证明了伴随着劳动力从农业部门向工业部门的转移，不仅可以获得经济发展，而且可以完全实现商品化。费景汉和拉尼斯也只是从保证工业部门扩张的角度阐述了农业发展的重要性。在这一模式中，农业部门始终处于附属地位，农业只是一个向现代工业提供资本积累和输送劳动力的被动部门。

（二）农村主导论

1. 托达罗模式

美国经济学家托达罗（M. P. Todaro）在《第三世界的经济发展》（1977 年）一书中指出，发展农村经济、提高农民收入是解决城市失业和“城市病”及“农村病”的根本途径。与城市-工业导向模式和费景汉-拉尼斯模式不同，托达罗模式不是把农业和农村作为工业化的一个工具，而是把它作为一个发展目标。托达罗认为，实现二元经济结构转换不是依靠农村人口不断向城市迁移，而是靠提高农业生产能力，大力发展农村经济，缩小工农差别、城乡差别。但与此同时，这一模式对现代工业部门增加就业的结果持消极态度，没有揭示农业剩余劳动力向非农产业转移对改造传统农业的重要意义。

2. 农业城镇发展模式

农业城镇发展模式是由美国经济学家弗里德曼与道格拉斯共同提出的一种构造国家宏观城乡联系方式的模式。这一模式的核心在于强调通过合理的城乡联系在全国范围内建立起经济与社会均衡发展的格局。他们指出，实施这一发展模式应注意以下几个要点：一是满足人类所需要的社会发展而不是经济增长是这一战略的基础；二是把农业经济放在首位的发展政策让位于农村综合发展计划；三是发展规划要与本国、本地的环境状况相一致，注意生态制约的影响；四是农村发展规划的制定与实施有赖于农村地区人民的广泛参与。

3. 乡村城市化模式

乡村城市化于20世纪50年代在美国兴起，然后遍及英国和法国。美国学者帕辛（M. Paecion）认为乡村城市化是城市思想、观念和生活方式向乡村扩散和社会变动的过程。法国学者皮尔·麦尔兰（Pieerr Merlni）认为乡村城市化是在乡村居住区周围发生的乡村空间的缓慢城市化过程。乡村城市化的人口是由城市迁移而来的。乡村城市化的形式绝大多数是在传统的村庄周围建设别墅式的小房子，居住着从事城市型职业、采用城市型生活方式的居民。

4. 农村工业化模式

加拿大教授何保山对农村工业化开展的原因进行分析，认为：一是集中于城市的资本密集型大企业无法解决全社会收入公平问题；二是在许多发展中国家，农业部门吸收现有的农村劳动力满足农村中大部分人最低生活需要的能力十分有限；三是世界上许多的农村工业作为农村就业和收入补充来源的地位日益重要。他指出，发展中国家应该利用劳动力成本低的优势，大力发展农村工业。这样做既可以逐步提高当地人民的收入水平，又可以使他们不要盲目向大城市迁移，实现城乡协调发展。

（三）城乡均衡发展论

1. Desakota模式

加拿大著名学者麦吉（Mcgee，1989）通过30多年对亚洲许多国家和地区的社会经济发展实证研究提出了Desakota（意为城乡一体化）这一新的发展模式。Desakota模式指的是在同一地理区域上同时发生的城市性和农村性的行为，它被用来表示在亚洲大城市之间交通走廊地带的农村地区所发生的，以劳动密集型工业、服务业和其他非农产业区的迅速增长为特征的，商品和人流相互作用十分强烈的发展过程。这是一种极为典型的城乡联系模式。这种模式使靠近大都市的农村地区及大中都市间沿铁路、高速公路的交通走廊地带出现了一种新型的空间经济及居落形态的转换形式。

2. 区域网络发展模型

美国经济家道格拉斯从城乡相互依赖角度提出，“网络”（network）概念是基于许多聚落的簇群（clustering），每一个都有自己的特征和地方化的内部关联，而不是努力为一个巨大的地区选定单个的大城市作为综合性中心。他还认为乡村的结构变化发展通过一系列“流”与城市的功能和作用相联系。他划分了五种“流”：人、生产、商品、资金和信息。每一种都有多重要素和效果，它们还体现出不同的空间联系模式和多样的利益趋向特点。为确保均衡发展目标的实现，“流”必须导向一种“城乡联系的良性循环”。

3. 城乡相互作用理论

塞西利亚·塔科里（Cecilia Tacoli）和大卫·塞特思威特（David Satterhwaite）在现代经济、社会和文化变化对城乡相互作用的影响途径基础上，构建了“城乡相互作用和区域发展”的关联模式，强调了中小城镇在乡村和区域发展及缓解贫困中的作用。

三、城乡关系发展演变

学界普遍认为城乡关系的发展演变与工业化进程密切相关，城乡关系的发展阶段可以归纳为以下几个阶段。

（一）前工业化时期的城乡关系

城乡关系表现为浑然一体的城乡统一。在经济上，城市依赖于农村。农村是整个社会财富创造的源泉，不仅从事农业，而且还从事相当大部分的手工业和商业。农村为整个社会提供了最基本的生活需求，而城市则很少从事物质生产活动，城市居民所需的大部分物质资源都来源于农村。在政治上，古代城市统治着农村，城乡之间是一种政治上的隶属关系。城市在经济上是乡村的附庸。

（二）工业化初期的城乡关系

城乡关系主要表现为农业部门对工业部门的贡献，农村为城市的发展提供了最初的资本原始积累。农业除了为整个社会提供生活必需的粮食之外，还为城市工业的发展提供原材料，同时为城市工业的发展提供源源不断的廉价劳动力和大量的资金支持。农村还为城市工业所生产出来的商品提供广阔的市场，但农村的生产力落后，农民的生活水平很低，这就造成农村人口的总体购买力低下，农村市场萎缩。

（三）工业化中期的城乡关系

城乡关系开始逐步变化。城市工业的迅速发展为农业部门提供了先进的技术和新的观念，从而促进了传统农业的改造，推动了农业现代化的历史进程；同时，城市工业经过长期的高速发展和积累逐渐成熟，并成为国民经济的绝对主体，完全可以靠自身获得进一步的发展。城市工业这时就可以通过资金、技术的支持，国家政策、体制的倾斜，反哺农村发展。

（四）工业化后期的城乡关系

工业化、城镇化任务基本完成，城镇人口占据主导地位，服务业开始替代工业居于重要位置。人口和劳动力进城减少，生产要素在更高层次上跨城乡流动，城乡差距开始缩小，城乡界限模糊，二元结构消解，以工促农、以城带乡成为这一时期的发展主流，普遍建立起与社会化大生产相适应的社会保障制度。

（五）后工业化时期的城乡关系

城乡关系典型地表现为城乡互动发展，城市和农村相互依赖、相互促进、共同发展、共同繁荣。其实质在于城乡之间生产要素的自由流转，在互补的基础上实现资源共享和合理配置。需要指出的是，城乡一体不是城乡一致，农村不是城市社会在农村地区的简单复制或模仿，而是农村社会基于自身的特点形成与城市本质上相似、水平上接近的发展形态；不是城乡之间的界限完全消失，而是在劳动方式、生活方式和文明水平趋于一致基础上的新型城乡关系的建立。

四、城乡商贸关系的起源

人类社会最初是没有城市的。在部落与部落之间不断的思想交流和商品交换的过程中，大大小小的交易市场不断形成。当农业逐渐占据了生产中的主导地位时，最早的城市便产生了。城市是社会生产力发展到一定阶段的产物。农业发展是城市化的初始动力，它为城市经济的发展提供资金、劳动力、生产原料、市场。而在工业革命之后，工业化是城市化的根本动力，工业化使城市成为区域经济的中心。

从城市的起源看，商品交换的发展和集市的出现是城市出现的一个有力推动因素。商品交换和商业的出现，集市的形成和发展，对城市的产生起着至关重要的作用。人类社会早期的商品交换一般只是在不同的劳动者之间进行的，因而交换的空间范围、时间范围、物品种类和数量都受到极大的限制。随着农业和手工业的发展，社会剩余产品的增多，专门从事交换的商人和商业也就产生了，在一些重要的集散点和临时性的集市开始出现商店，从而使集市逐渐固定化和物质化，推动了城市的形成进程。也就是说，商品交换的发展刺激了集市的繁荣，推动了商业从其他劳动部门分离出来成为独立的经济部门。

简而言之，从城市的起源看，城市满足了农业社会对商品和劳务贸易的需求，贸易中心在城市。城乡商贸关系是城乡关系的基础，也是城乡关系的直接表现。

第二节　国内外商贸流通及城乡商贸统筹相关研究

一、国外学者关于商贸流通的研究

（一）马克思主义的流通理论

马克思主义的流通理论是由其创始人卡尔·马克思在 19 世纪创立的，影响着几代人的理论研究和社会实践，直至今天。马克思主义流通理论是资本主义发展到自由竞争阶段的流通理论，其主要研究对象是自由竞争资本主义时代的商业资本和货币资本的流通及其背后所体现的经济关系和经济规律。可以这样说，“马克思主义流通理论是人类历史上较科学也较为深刻地对流通诸问题在理论上的抽象和概括”（晏维龙，2009）。

马克思对流通的研究成果主要集中在巨著《资本论》一书中。他对流通的研究是从商品交换开始的。马克思指出：“商品交换是在共同体的尽头，在它们与别的共同体或其他成员接触的地方开始的。”马克思对商品流通的定义是“每个商品的形态变化系列形成的循环，同其他商品的循环不可分割地交错在一起，这个过程就表现为商品流通”。马克思认为，货币出现以后，“货币是其他一切商品的转换形态，或者说是它们普遍让渡的产物”，它的存在，使商品流通分离为两个相对独立的阶段，即买和卖空间上分离、时间上不一致的两个过程。马克思明确指出：“商品流通是资本的起点。商品生产和发达的商品流通，即贸易，是资本产生的历史前提。”这表明了没有商品流通或商品流通不发达，就不会有发达的商品生产和以交换为直接目的的商品经济的观点。

（二）西方经济学对商贸流通的研究

当代西方经济学源自古典政治经济学，而古典政治经济学正是始于对流通的研究，探索商品流通自身规律及其与生产活动的关系是古典经济学家的研究主题之一。17 世纪 20 年代初，英国启蒙经济学家托马斯·孟出版了《英国得自对外贸易的财富》一书，将流通视为“财富的源泉”，并主张发展对外贸易。随后，古典政治经济学的奠基人亚当·斯密在其《国民财富的性质和原因的研究》一书中，深入分析了分工与交换的内在规律和本质要求，为了说明分工与交换的原理，还提出了绝对优势理论。继斯密之后，大卫·李嘉图又提出了比较优势理论，为后来的国际贸易理论研究奠定了基础。18 世纪末 19 世纪初，政治经济学家都把社会再生产过程分为生产（包括交换）、分配、消费三个独立部分，称为“三分法”，其代表人物为法国庸俗政治经济学派代表人物萨伊·让·巴蒂斯特。

然而，自19世纪70年代起，以马歇尔为主要代表人物的新古典经济学派开始转向对市场均衡的一般性研究，西方经济学理论开始脱离古典政治经济学的研究方向。在此之后，流通不再被作为一个单独的研究内容，逐渐从西方主流经济学中消失。此后，无论是凯恩斯、萨缪尔森还是斯蒂格利茨，这些大师的著作中很少提到“流通”一词。西方经济学理论只研究生产者行为和消费者行为，有系统的生产理论、消费理论、市场理论等，却没有专门的流通理论。

在西方经济学中，除了主流经济学以外，还有许多不断涌现的非主流经济学，其中，许多理论都涉及流通问题，并产生了大量的研究成果。

（1）新制度经济学。新制度经济学从制度安排的角度分析如何降低交易费用，提高经济运行效率。当然，这里的“交易”与我们理解的“流通”在含义上有差异，但一般的交换和流通也包含在新制度经济学的交易之中，且其核心理论（交易费用理论）也能在一定程度上对流通过程及制度安排做出解释。威廉姆森（Williamson）运用交易费用对产业组织进行研究，涉及不同制度条件下交易成本和长期契约的形成等相关问题。通过交易费用引入将商贸流通与生产组织放入统一的研究框架中，为研究商贸流通问题提供了微观经济分析的理论基础。而科斯则以边际交易成本等价论证了企业、市场和价格的关系。

（2）区位理论与城市经济学。20世纪30年代，克里斯塔勒（W. Christaller）在杜能（V. Thunen）的农业区位论和韦伯（A. Weber）的工业区位论基础上，从贸易的角度提出了中心区位理论，解释城市增长的原因。与此类似，廖什（A. Losch）提出了中心市场理论，认为城市实际上发挥的是一种中心市场的功能。其中，奥沙利文（A. O'Sullivan）不仅将聚集经济原理用于分析工业的聚集，而且用于分析商业的聚集。奥沙利文认为：“城市之所以会存在，是因为个人是不能自给自足的”，“地区的比较优势使地区间的贸易变得有利可图，所以地区间的贸易促进了城市的发展。在生产和市场销售上的规模经济促使公司聚集在城市里，这种群聚性促进了大城市的发展。”奥沙利文还认为，在市场营销中也同样存在聚集经济效应，“如果一个零售商的销售额会随着其他零售商的靠近而上升，那么就出现了购物的外在性。市场营销中的这种聚集经济效应造就了零售商的聚集行为”。奥沙利文的这一理论将城市化与流通业的发展联系起来，为流通业在城市的聚集提供了理论依据。巴顿（K. J. Button）从运输经济的角度，提出了范围经济、密度经济等概念。对于城市内部和城市间的商品流通，在“赖利法则”之后，戴维·F. 巴滕（David F. Batten）和戴维·E. 博伊斯（David E. Boyce）建立了空间相互作用、运输和区域间商品流通模型。这些理论又被称为“商圈”理论，是流通经济学研究商业规模和布局的重要理论基础。

(3) 新兴古典经济学。20 世纪 80 年代以后，以澳大利亚华人经济学家杨小凯为代表的新兴古典经济学派，将分工与交换重新纳入经济学视野，与之相关的交换与流通理论也成为新兴古典经济学的重要内容。在新兴古典经济学的理论框架中，交换的产生、贸易的形成、批发与零售的分工、流通渠道的演化等流通经济学中的一些重要问题，都被以规范等形式进行阐述，为流通理论的研究提供了新的分析工具和理论依据。

(三) 日本经济学界对商贸流通的研究

在日本学术界，流通问题一直备受关注，学者们有大量有关流通的专著出版，产生了丰富的研究成果。例如，大阪市立大学石原武政和加藤司教授合著的《商业学》、《商品流通》，林周二著的《流通革命》，宫泽永光主编的《基本流通用语词典》等。“流通革命”最早在林周二出版的《流通革命》一书中被提出。日本国内第一次“流通革命”主要是采取排除中间不必要的环节、缩短流通渠道的方法。由于缩短流通渠道直接面对批发商，批发商需要在新形势下重新对市场进行定位。这次“流通革命”的结果是直接导致零售业市场集中度的大幅度提高和批发商地位的下降。荒川佑吉在《商业结构与流通合理化》一书中指出“流通革命”与流通渠道的长短并无直接关联，而是应该对流通费用进行改革。流通渠道的缩短不一定会使流通费用降低；相反，有时渠道越短费用会越高，而且流通渠道缩短更容易形成厂家垄断，产生垄断价格，影响流通费用的有效降低。佐藤肇在其著作《流通产业革命》和《日本的流通机构》中提出了流通管理革命的观点，并指出“流通革命”就是流通产业革命，所以流通产业出现经营管理革命是必然的。佐藤肇还认为，消除流通过程中间差价是不合理的，真正的“流通革命”应当把生产者的销售计划纳入一个新的生产流通体系之中，进而发展一种以零售商为主导的产业结构。他倡导形成一种以零售商为主导、流通机构影响生产者决策、生产者按照市场需求制造产品的发展格局。同时，在日本的一些大学，还设立了专门的流通专业，开设有关流通的课程。例如，在日本就有专门的流通经济大学，从本科到博士研究生学习阶段都设置了与流通相关的专业。在日本的通产省还设有流通经济研究所，专门研究流通经济学问题。

国外学者关于商贸流通理论的研究表明，虽然在现代西方主流经济学中，流通问题已经被抽象和淡化，不再是研究的核心问题，但这并不意味着流通问题在经济学的研究中不再重要。西方主流经济学理论是建立在严格的假设条件之上的，如完全竞争、完全信息、市场出清等，主流经济学的许多假设在现实中是不存在的，各种非主流经济学对流通问题的关注及其研究成果，反映了西方经济学者更关注城市流通的现实。

二、国内学者关于商贸流通及城乡商贸统筹研究

(一) 国内学者关于商贸流通的研究

在我国，对流通地位和作用的认识经历了一个曲折的过程。从传统计划经济背景下的“流通无用论”、“流通从属论”到“流通先导论”、“流通基础论”、“流通战略论”的提出，不仅是理论上的创新和发展，也极大地推动了商贸流通业的蓬勃发展。

在我国这样一个有着几千年“重本抑末”思想传统的国度里，商品流通长时间以来被视为“末业”，商贾被列为“五蠹”之一；新中国成立之初，沿袭了苏联高度集中的计划经济体制。在这种计划经济思想的指导下，生产与交换的辩证关系一直没被真正弄清楚，商业在现实社会经济生活中的定位问题并没有得到很好解决。一直存在着一种“无流通论”的观点，否认商品流通在社会再生产中的地位和作用，把流通与分配相混淆，以分配代替流通，从而忽视了商品流通的发展，严重阻碍了生产的发展和人民生活水平的提高。20 世纪 60 年代初，孙冶方最早开始对“无流通论”提出反驳。他认为，生产的服务对象是消费者，不是仓库，生产单位要有流通观念；社会主义流通既包括商品流通，又包括产品流通；并且既要尊重商品价值规律的作用，又要尊重产品规律的作用。孙冶方对“无流通论”的批评对 20 世纪 80 年代的改革有很大的影响。改革开放伊始，以孙冶方和卓炯为代表的老一辈经济学家率先对“无流通论”进行了批判，提出社会主义商品经济是不可逾越的历史阶段。在他们的研究基础上，薛暮桥、刘国光等一大批经济学家对流通问题从不同视角提出了自己独到的见解。

随着社会主义经济体制的逐步建立和改革开放的深入，供给约束型经济、资源约束型经济逐渐向需求约束型经济、市场约束型经济转变，全面的买方市场渐趋形成，社会生产过程的“瓶颈”已从生产转向消费，消费者主体地位的确立使消费者权利整体向上位移。在此背景下，理论界开始重新确立流通在社会主义市场经济中的应有地位。经过若干年的讨论，理论界突破了计划经济体制下仅仅局限于交换和生产的争论，普遍抛弃了过去传统的“生产决定交换”的观点，把流通置于整个产业活动的循环中、置于整个国民经济的循环中，这种宏观研究视角的转变，使对流通地位的认识更加深入。关于这一问题的主流观点概括起来有如下几种。

(1) 先导产业论。最早提出先导产业论观点的是我国著名经济学家刘国光(1999a)。他认为必须深刻认识到流通是反映一个国家综合国力和人民生活水平的晴雨表，是不断启动市场、促进需求和消费不断升位的一个助推器。消费者主体地位的确立，商业作为消费启动市场经济运行的起点，将转化为周而复始

的经济增长的新起点。他提出“社会主义市场经济条件下商品流通业的地位和作用将由社会再生产中的末端行业升为先导行业”的重要理论观点。自此以后，“流通先导”问题便引起广泛关注。与流通先导论类似的还有流通主导论的观点。

流通先导论的提出，是一种理论创新，同时使得以后流通创新的核心思路围绕着流通产业的先导地位来进行。在确立了流通产业的先导地位后，流通的作用和效能也被重新审视。宋则（2003）从时空角度对此进行了阐述，认为流通产业通过“减少耽搁或停顿”的天然职能，可以决定国民经济的运行节奏和速度，通过“整合优化资源配置”的天然职能，可以决定各种经济结构。

（2）基础产业论。自流通先导产业论的观点被提出后，得到了普遍认同和接受，流通的地位问题也日益受到理论界的关注，在此基础上，流通基础产业论的观点又被提出并引起讨论。

黄国雄（2003b）在其论文《论流通产业是基础产业》中提出了流通基础产业论。他认为流通产业不仅在国民经济运动中起先导作用，而且是一个基础性产业，它具有衡量基础产业所具有的五个基本特征，即社会性、贡献率、关联度、就业率及不可替代性。基础产业论的另外一个重要的立论点就是：流通产业既提供有形商品，又提供无形服务，所以也应该是生产性产业。2004 年，洪涛在《流通基础产业论：理论与案例》一书中认为：中国流通产业已成为基础产业，只是其基础地位还不稳定。

从“流通无用论”、“流通从属论”，到“流通先导论”，这是一个理论上的创新，而“流通基础论”的提出，尽管有争议和值得商榷之处，也被认为是一个理论上的突破。

（3）战略产业论。关于流通产业的地位发展问题，除了先导产业论和基础产业论外，一些学者还提出了战略产业论的观点。刘子峰（2005）、冉净斐和文启湘（2005）等提出了流通战略产业论。他们认为，流通产业的先导性、基础性定位，是从产业链的角度揭示流通产业的本质属性及其对经济持续、健康、协调发展的理论意义，如果从产业政策层面考虑，流通产业应当属于优先安排、重点扶持、大力发展的战略性产业。流通产业作为战略产业的产业特征主要体现在较大的产业关联度、经济增长贡献力、就业贡献率、城市化进程等方面。

（4）关于流通业对经济增长方式的影响作用。宋则（2006d）从流通业对经济增长方式的影响作用入手，认为现代流通服务业的影响力具有“双优”的本质和功能，即在时间上“消灭耽搁迟滞、库存积压和断档脱销”，加快节奏，优化经济流程；在空间上“消灭无效生产、优化资源配置、优化产业结构”，这是从时间继起和空间并存两个视角所做出的高度概括。

（5）关于流通业对产业结构的调整作用。从宏观上讲，流通业对整个社会的资源配置、结构调整都起着不可替代的重要作用，尤其是对引导产业结构调整的作用愈益突出。宋则（2009）在对商贸流通服务业对产业结构合理化和高度化的贡献进行了深入分析后认为，商贸流通业对促进产业结构优化有着巨大的影响力。杨宜苗（2006）在对流通业对三次产业的贡献进行实证分析后，得出流通业对第三产业的贡献率高于第一、第二产业，对第二产业的推动作用又高于第一产业的结论。王德章和朱艳丽（2006）在对流通业对区域经济的贡献进行分析后认为，流通业在促进区域产业结构、经济结构优化方面发挥着不可替代的作用。

（6）关于流通业发展对城市化进程的带动作用。对商品流通发展与城市化的关系，很多学者进行了较深入的探讨。例如，谢朝斌（1995）认为，“城市化过程是现代商品流通发展与变革的直接推动力量，而现代商品流通发展与变革的过程反过来构成城市化过程的基本内容”。郭鸿懋等（2002）提出了城市外部产业链的概念，并对城市产业布局的空间效应进行了分析。晏维龙等（2004）认为城市化过程实际上是一个资源和要素聚集的过程，在这一过程中，流通效率也会发生变化，单位流通费用随着城市化的进程出现先降后升的现象。他们从流通业与城市化关系的角度出发，通过建立基于回归分布滞后的误差修正模型来解释城市化和流通业发展之间的关系，得出城市化是影响流通业的重要因素，应以城市化带动流通业乃至整个经济的发展的结论。但理论界也有研究对此提出质疑，认为流通业的发展对城市化水平产生影响，但城市化水平不能成为流通业变化的影响因素。该观点通过分析表明，流通业对城市化水平具有明显的正向促进作用。因此，在中国的城市化进程中，应提高流通业对城市化进程的贡献水平，大力发挥流通产业的积极作用。

除了从商贸流通业的产业地位对其进行研究外，学者们还从其他角度对商贸流通业进行了相关研究。纪宝成等（1993）对商品流通渠道进行了研究，认为商品流通渠道是商品在其形态变化中由生产领域进入消费领域所经过的全部流通环节的组织序列。丁俊发（1995）的“流通三论”（流通决定论、流通调节论与流通一体论）是对内外贸一体化的重要发展。丁俊发和张绪昌（1998）对我国商品流通体制改革的总体目标和基本框架进行了系统的研究，指出尽快创新商品交易方式的发展模式。金永生（2003）从产业内动态联盟的角度出发，提出流通企业的组织设计是实现流通产业组织创新的路径之一。宋则和张弘（2003）从评价流通现代化入手，构建了流通现代化指标，该指标体系包括11类一级指标。洪涛（2007）从流通产业组织化方面，对流通产业组织规模结构进行了分析研究。赵萍（2007）从产业集群角度，就流通产业与区域经济发展之间的关系进行探讨，认为流通产业集聚与区域经济的增长关系密切，通过扩散效应可以对区域经济增长产生巨大的辐射作用、提高区域资源整合能力、促进区域经济合作、推动区域经济的内涵式增长等。徐从才（2006a）的研究则注重商贸流通过程、组织、政策方面的研究。

（二）国内学者关于城乡商贸统筹发展的研究

1. 有关区域商贸流通的理论研究

我国商品流通空间的点状布局特征是：中心城市分布很不均匀，主要集中在东部，并且具有明显的东部沿海指向性；在东部又相对集中于长江三角洲、环渤海湾、珠江三角洲三大城市群；内地的武汉、成都、重庆、郑州、长沙等一线城市具有较高的区域经济联系度，西部城市物流经济联系度明显弱于中、东部。这种情况也使得理论界对区域商贸的研究主要集中于沿海地区与一线城市。

鲁志国（2007）就深圳市商贸流通业的发展现状及存在的问题进行了深入分析，提出了科学地进行都市商贸网络的总体布局、着力打造区域性采购中心、引导鼓励大型商贸企业联手培育世界级商贸集团等相应的对策措施。朱建成和刘国栋（2009）认为，发展区域商贸物流是促进和推动区域经济发展的要素之一，研究不同区域经济发展状况下的区域商贸物流发展模式具有重要的战略意义。他通过对浙江义乌小商品城、绍兴柯桥轻纺城和山东临沂批发城三地的区域商贸物流发展情况的分析，提出基于现代物流与现代商贸集成运行的区域商贸物流系统及发展模式，构建“物流园区-物流信息平台-物流网络节点”三位一体的商贸物流体系结构，逐步形成以现代商贸辐射力为导向，以现代物流为主导的大市场、大商贸、大流通、大物流发展模式。周日星等（2008）利用计量分析模型分析流通产业对浙江经济社会发展的直接影响及溢出效应，得出流通产业在浙江经济孕育、发展、转型以及地区综合实力提升的过程中扮演着重要角色，并对浙江商贸流通业的后续发展提出了政策建议。

徐莉莉（2003）通过对全国十五大城市的商贸发展水平作出系统评价和比较，得到这十五大城市商贸发展水平在国内的排名和等级，为城市商贸建设工作提供事实依据和指导方向。何培香（2006）分析了长沙商贸流通业国际化竞争新格局的形成过程，指出政府在这种国际化竞争新格局形成中，应通过营造良好的投资、竞争、人文环境等发挥作用。徐今瑾和郭晓艳（2010）将郑州同国内外六大著名区域性商贸中心城市进行了比较，针对郑州在建立区域商贸中心城市中存在的不足，提出了发展大交通和大物流、扩大辐射范围、以会展促商贸、做大做强优势产业的四项建议。曾庆均和丁谦（2004）就西部地区商贸发展进行了研究。

重庆作为长江上游的商贸中心，商贸流通业在其经济活动中占有重要的地位，其发展引起了国内学者的广泛关注。曾庆均等（2001）通过对重庆商贸发展的研究，提出了建立重庆现代商贸中心的主张，指出构建重庆商贸中心是重庆建设长江上游经济中心的重要组成部分。柏群（2001）从重庆的商业布局结构和功能现状入手，分析了重庆商业布局结构和功能现状中存在的问题，提出了调整的基本思路和具体对策。周万钧和干勤（2001）从工业化、城市化和市场化之间的相互关系分析入手，对重庆城乡一体化与商贸发展战略进行了交叉研究，提出了重庆选择商贸发展战略的建设。靳俊喜（2003）通过比较国内诸多中心城市商贸发展战略，提出了重庆商贸发展创新战略问题。严莉（2006）从重庆商贸流通业发展现状出发，指出在新时期应集合政府、企业及全体市民之力，加快商贸流通业发展和改革，全面提升产业总体发展水平。简真瑜（2007）认为，重庆商贸流通业在新时期要坚持以创新、特色、和谐为主题，通过理念创新、战略创新、机制创新、技术创新、环境创新等推进其又好又快地发展，并同时指出要以统筹城乡商贸为抓手，充分发挥城市商贸的带动作用，实现以城带乡、共同发展。蒋勇（2011）指出商贸流通业是重庆建设西部重要增长极的主导产业，永川全力打造西部统筹城乡商贸发展样板。吴华安（2011）认为近年来在政策“介入性”助推和市场内生驱动双重作用下，在我国城乡商贸获得统筹发展的同时，商贸流通业也从整体上得以转型升级，重庆城乡商贸统筹的实践也检验了这种良性关系的存在。

2. 城乡商贸流通体系研究

城市与流通具有互动关系。谢朝斌（1995）认为城市化过程是现代商品流通发展与变革的直接推动力量，而现代商品流通产业的发展也反作用于城市化过程。晏维龙等（2004）研究发现，城市的发展促进了简单商品流通向发达商品流通的发展，城市化水平的差异造成了流通水平差异，实行“流通先导”战略将是推动我国城市化健康发展的根本道路。夏春玉（2005）认为城市流通系统分为城市批发流通系统与城市零售流通系统两个相互依存的系统。汤宇卿（2001）认为随着流通空间形态的演变，商品流、信息流和物流在流通空间中分离，提高了流通的效率，这种流通空间的分化对城市空间规模、空间布局及其交通系统的发展产生了深远的影响。柳思维（2004c）认为在优化城市商贸流通结构方面，优化流通主体所有制结构、流通行业结构、流通业态结构、流通网点布局结构、商圈结构等，有利于促进城市现代化进程、城市工业化进程，对提升城市竞争力与满足居民消费需要等意义重大。

曾庆均（2001a，2001b）在讨论了我国城乡市场协调与不协调基础上，提出了城乡市场协调发展的策略。易开刚（2006）认为构建农村现代化商贸流通体系是发展农村商贸业的战略举措，统筹城乡商贸发展是现代流通视角下统筹城乡发展的重要路径。王成慧和郭冬乐（2008）认为当前农村商品流通渠道和流通主体格局多元化趋势日益明显，形成了多种经济成分和市场主体共同发展的格局。王新利和吕火花（2006）认为流通体系不健全仍是制约农村消费的主要原因。程国强（2007）认为应强化农村流通基础设施建设，发展现代流通方式和新型流通业态，构建开放统一、竞争有序的农村市场体系。汤向俊和任保平（2011）从规模报酬视角分析统筹城乡商贸流通体系的约束条件，提出应通过城镇化建设、鼓励商贸流通主体兼并、连锁经营和制度支持体系变革等途径，为构建统筹城乡的商贸流通体系创造条件。魏婕和何爱平（2011）从城乡分工和交易效率的视角探讨了我国商贸流通发展不平衡的现状及其原因，认为农产品市场和工业制成品市场交易效率的巨大差异带来了城乡商贸流通的不畅、交换关系的紊乱和“双重滞销”的产生，因此，在统筹城乡商贸流通的过程中要扩大农产品交易规模，加强农村流通网络的建设，构建高效完备的农产品市场信息网络，发展多种形式的中介组织，加强市场制度的建设，降低市场的风险。

3. 城乡双向流通体系研究

柳思维（2004b）认为城乡双向流通的目的在于促进城乡经济的互补、互动与互相促进，这不仅需要政府的干预，更要注重发挥农村流通业在城乡互动的先导、联结和资源配置及收入再分配中的功能。丁俊发（2007）指出缩小城乡差距，加快新农村建设，要求从流通模式到组织体系上解决农村双向流通体系，特别是物流体系。丁旭辉（2009）认为城乡双向流通体系中的“双向”是指零售连锁企业，利用自身的物流通路介入农副产品的流通，在往农村连锁网点配送工业品、农资等产品之后的返程中把农民生产的农副产品运回城市，配送到城市的连锁店。韩枫（2003）发展流通形式的双向化体系，以流通体系中的流通网点，特别是其中的大型网点为核心，实现其双向流通职能，构建“由城市到农村、由农村到城市，由国内到国外、由国外到国内”等双向流通体系。高铁生（2005）强调流通体系建设需要政府介入和参与。林素娟（2006）基于流通成本过高的现实，认为可以在现有的单向流通模式基础上，将农产品流通纳入已有流通主渠道，在流通渠道上实现环节共用，构建“大生产、大流通、大市场”三位一体的双向流通低成本模式。

夏春玉等（2009）认为，构建城乡互动的双向流通系统最为重要的是如何有效降低流通成本，而消费品“下乡进村”与农产品“进城入社”过程中对物流设施、店铺网络、人力等流通要素的共享则是有效降低流通成本的最重要途径，其中的关键是城乡一体化的流通网络规划、建设与整合等问题。

任保平（2010）认为由于二元经济结构的存在，中国城乡之间在市场状态、城乡市场的交易额、城乡商贸业态结构、城乡居民消费水平等方面存在着巨大的差异，由此造成了城乡商贸流通发展的二元格局。从目前城乡市场分割的现实来看，统筹城乡商贸流通业的机制有城乡市场对接机制、城乡分工协调机制、城乡价格形成机制、城乡购买力平衡机制、城乡制度互补机制。中国区域经济发展差异比较大，不可能建立统一的城乡商贸流通业的统筹模式，应建立与经济发展水平相适应的功能分类的城乡双向流通的城乡商贸流通统筹模式。任保平（2011b）认为，由于市场分割，城乡间要素与商品流动受阻，造成了城乡之间购买力不平衡，进而形成了城乡二元商贸流通体系。在市场分割背景下，要实现城乡商贸流通的统筹，必须建立城乡商贸流通一体化的运行模式，包括城乡之间商流、物流、价值流、信息流的一体化，并从城乡商流一体化、物流一体化和信息流一体化三个维度建立了城乡商贸流通体系一体化评价体系，对我国城乡商贸流通进行了测度。

林建华（2011）指出，城乡二元的商贸管理体系是导致城乡双向流通不畅的主要原因。因此，实现城乡商贸流通双向流动的关键在于建立城乡一体化的制度体系及符合市场经济要求的城乡统筹的商贸管理体系。

4. 城乡商贸统筹模式研究

梁云（2009）认为城乡商贸统筹的发展模式对于加大城乡商贸资源统筹配置、实现城乡商贸的相互融合与双向互动的意义重大。城乡市场网络化发展模式、小城镇商业发展模式、供应链网络连接模式、产业联动模式、龙头企业带动模式等城乡商贸统筹发展创新模式，有利于推进城乡商贸统筹发展。黎筠（2009）认为城乡商贸统筹发展中存在的认识不到位、乡镇基础设施建设滞后、城乡配套服务及城乡市场管理差异较大、城乡商业网点布局不合理、城乡收入差距持续扩大、城乡商贸流通市场体系规划滞后以及政策及保障机制不健全等诸多问题，制约了重庆城乡商贸统筹发展进程。蒋华江和宋瑛（2009）对城乡统筹视角下重庆农村商贸体系的构建做了研究，指出应从构建多元化多层次的农村商贸市场主体、充分发挥城市商贸对农村商贸的带动作用、大力发展新兴业态并提升农村商贸发展水平、加快发展农村现代流通方式从而促进流通现代化、充分发挥政府的主导作用等方面构建重庆农村商贸体系。

易开刚（2010）认为统筹城乡商贸发展的路径是：农业产业化，以工补农促发展；优化农村商业网点布局，构建特色镇区商业中心；发展农村电子商务，构建农产品采供销一体化的服务体系。易开刚（2011）认为，城乡商贸统筹发展取决于农村消费者、商贸流通企业、政府三方主体之间的博弈，三方博弈的结果直接影响城乡商贸统筹发展的成效，构建了三方主体的效用指标体系和博弈模型，并以浙江省“千万工程”实施绩效为例开展了实证研究，得出“政府支持、企业投入、农村消费者响应”的统筹均衡解。

任保平（2011a）认为统筹城乡商贸流通应坚持八大基本原则：城乡交易效率的提升是统筹城乡商贸流通的逻辑，资源禀赋条件是统筹城乡商贸流通的先决条件，专业化市场的发育是统筹城乡商贸流通的基础，多业联动是统筹城乡商贸流通的基本路径，农村流通主体的再造是统筹城乡商贸流通的关键，正确处理政府和市场的关系是统筹城乡商贸流通的出发点，转型与创新是城乡商贸统筹的动力，城乡双向流通是城乡商贸统筹的目标。任保平通过对浙江和成都两种城乡商贸流通发展模式的分析发现，在经济社会转型的背景下，政府主导经济的惯性使我国城乡商贸流通发展具有典型的政府主导型特征，随着城乡商贸流通的进一步发展，应重点发挥政府与市场在统筹城乡商贸流通中的互补、融合作用，以此驱动城乡商贸流通的协调发展。

魏婕和任保平（2011）从西部地区的特殊性出发，探讨了适合西部地区经济发展水平与功能分类的城乡双向流通模式，指出西部地区最有可能的城乡商贸流通模式选择为供应链网络连接模式。

国内学者关于流通理论的研究表明，商贸流通在我国经济社会发展中的地位和作用凸显，但现有研究大多将城乡商贸流通分割开来，对城乡双向流通体系的研究尤为缺乏。随着国家统筹城乡发展战略的实施，以及商贸流通业地位由“重城市轻农村”向“城乡并重”转变，迫切需要对城乡统筹视角下的商贸流通体系进行深入和系统的研究。

第三节　国内外关于城乡商贸统筹理论研究的总体评述

国外现有研究成果存在一定的局限。国外主流经济学的相关研究的假设过于严格，但商品流通过程不可能“零成本”进行，在城市与农村之间的流通过程中，资源稀缺与配置更成为不可回避的重要经济学问题。各种非主流经济学对流通问题的关注及其研究，反映了西方学者更关注城市流通的现实。国外学者的研究对我国城乡商贸流通体系建设虽有一定的理论指导意义，但这些研究的视角或囿于严格的假设或囿于国情差异而显得宏观或抽象，在城乡商贸统筹发展等实践问题上，缺少针对欠发达国家或地区的适宜之策。

国内学者研究也存在不足。一是将商贸流通作为与生产、消费并列的领域，从总体性上进行认识的研究较多，对城乡统筹视角下以城乡商贸统筹发展为先导带动城乡统筹发展的研究较少。二是将城市流通体系与农村流通体系割裂开来而论之的较多，对城乡一体的流通体系研究较少。三是对城乡双向流通体系从概念界定、意义揭示、思路建议等基本层面进行研究的较多，对基于城市支持农村、城乡和谐共生的流通主体利益重构，基于中间环节多、功能不匹配、流通费用高等双向流通障碍而必须进行的流通组织再造，基于国家歧视性制度供给而必须进行的制度创新等深层次问题，少有系统而深入的研究。正是上述“三多三少”，为本书研究创造了较大的空间。

第三章

国内外商贸流通业发展模式

商贸流通业是社会分工的产物，商业模式伴随商品经济的发展而发展。本章对国内外商贸流通业发展模式的沿革、特点进行比较分析，重点探讨国内外城乡商贸的互动发展模式，强调政府在商贸流通发展规律基础上统筹城乡商贸发展的必要性，以期为城乡统筹背景下商贸流通业发展模式的选择提供借鉴。

第一节　商贸流通业发展模式概述

从历史上看，商贸流通业是人类第三次社会大分工的产物，是商品经济发展的重要标志。商贸流通业从最初的小商小贩经营模式发展到今天的大型企业集团连锁经营模式，是商品经济内在规律作用的结果，是商品经济发展的必然。

从产业发展动因和政府与企业关系等因素考虑，国内外商贸流通业发展的模式总体可以归纳为两种类型，一种是市场导向型模式，另一种是政府主导型模式。市场导向型模式就是商贸流通业完全或主要依靠市场内在动力发展，商人和商贸企业出于自身利益考虑而遵循市场规律做出决策，在市场这只“无形的手”作用下不断发展壮大，政府基本上不干预商贸企业的行为，或者政府即使干预，也只是对市场失灵现象进行纠偏或调控。政府主导型模式则是由政府根据经济社会发展或政治的需要，通过直接的计划安排控制或产业政策引导支持，将社会资源分配或引导至商贸流通业，从而对商贸流通业发展产生影响，在这种模式下，商人和商贸企业受政府的干预影响比较大，甚至政府直接控制企业。纵观国内外商贸流通业的发展历史，在商贸流通业发展的早期，市场导向和自发性比较明显。随着市场经济的发展，商贸流通业在社会经济生活中扮演着越来越重要的角色，在国民经济发展中的先导性和基础性作用日益突出，进而开始出现政府干预的身影。

总体来看，以西方发达国家为代表，大多数国家商贸流通业发展以市场导向型模式为主，曾经社会主义国家在计划经济体制下推行的是典型的政府主导型模式。西方发达国家商贸流通业发展模式比较充分地体现了市场导向的商品经济发展轨迹，在商品经济规律的作用下，商贸流通业发展的主体由小商贩发展到大型连锁商贸企业甚至是跨国连锁公司；商业业态由简单的街坊杂货铺发展到大型连锁商店、百货店、购物中心以及网络无店铺业态，等等；商品交易的范围由本地集贸交易市场发展到跨地区、跨国家、全球范围的市场；商贸经营管理的企业体制和技术手段也都发生了重大变化。在实行计划经济体制的国家，商贸流通业的发展取决于国家计划的安排，商贸流通业的主体由国家通过举办国有和集体所有制商贸企业来控制，企业的行为不是根据市场来决策，而是由国家通过计划自上而下来安排，商贸流通或商品交换的范围与规模也都取决于国家计划的安排。这种模式，在商品匮乏、市场供应短缺的时期曾经发挥了一定作用，对保障社会基本供应和平衡分配资源起到了较积极的作用，特别是对解决城乡商贸发展差距、平衡地区布局具有积极意义。但是这种发展模式严重抑制了商贸流通主体的内在发展动力，违背了商品经济发展的内在规律，其结果是制约了商品经济的发展，商贸流通业本身的发展也受到严重影响。

我国的商贸流通业发展模式，在历史上经历了漫长的小商品经济自发发展时期，由于受封建社会“重农抑商”思想的影响，小商品经济自发发展模式长期无法改变商贸流通业落后的局面。新中国成立前的半殖民地半封建时期，现代商业兴起，商贸流通业的组织形式、经营方式发生了深刻变化，同时官僚资本开始进入商贸流通业，但商贸流通业总体落后的面貌没有也不可能从根本上改变。新中国成立后，适应社会主义计划经济的需要，我国在计划经济时期商贸流通业发展实行了典型的政府主导型模式，从商品流通主体的成立到商品流通渠道、流通业态、流通环节的设计，直到商品销售去向、销售数量、销售价等，均由政府计划统一安排。这种发展模式是当时整个国民经济计划体制的需要，其是非功过已经被历史所评价。改革开放以后，我国商贸流通发展模式伴随经济体制改革发生了重大变化，经历了由计划经济体制向市场经济体制的转变，目前已经建立和正在完善市场导向型的商贸流通业发展模式，在某些领域实行了在市场导向基础上的政府主导型模式。比如，国家为了促进农村商贸市场的繁荣，缩小城乡商贸发展的差距，推行了由政府主导的“万村千乡市场工程”、“家电下乡”等商贸发展模式，在农产品流通等领域也在不断加大政府的干预力度。可以说，我国目前的商贸流通业发展模式总体上已经基本转变到市场导向型模式，市场力量在发挥着主导作用，但在市场力量作用有限的领域则是注重通过政府主导型模式来推动。这样的模式特征，既是市场经济发展的客观要求，也是我国实行统筹城乡发展，特别是城乡商贸统筹发展的政策需要。

第二节 国内外商业模式发展沿革

商贸流通业发展模式涉及的内容十分复杂，包括商贸流通主体、流通渠道、商业业态、管理模式等内容，以市场导向型模式为典型，这些内容在不同的商业发展阶段或商品经济发展时期有着不同的要求和表现，最能表现商业发展模式的应是零售商业的业态发展模式。业态发展模式的演变实际上综合反映了商贸主体、渠道、管理模式及技术手段等方面的特征及变化。商贸流通业是社会分工和商品交换的产物，随着商品经济的发展，商品交换方式由原始的偶然交换演变到定期集中的集市交易，再到百货商店、连锁商店、超级市场、购物中心甚至网上交易，商业模式伴随商品经济的发展经历了几次大的演变阶段，出现了几次飞跃式的进步和发展。

一、第一代商业模式：街坊集市贸易

源于上古的商品交易活动，表现为无序而自发式的露天集市交易，人们定期或不定期在特定的区域集中交换。《易传·系辞下》记载，神农氏之世，“日中为市，致天下之民，聚天下之货，交易而退，各得其所”，描述的就是这种贸易现象。集市交易在中国古代和中世纪的欧洲均有比较充分的发展。随着集市交易的经常和固定举行，露天集市逐渐演变成为街坊集市贸易，在原来露天交易的地方形成了比较集中的固定商铺，出现了以商铺门店为主的商业街坊，成为一个地区商贸活动最集中和最繁荣的区域。北宋张择端的《清明上河图》是对街坊集市贸易繁华景象的写真。在我国，明清时期的北京鼓楼、南京夫子庙、上海城隍庙等，都是街坊集市的典型形态，这种集市交易的形式经过后期的发展改建后许多仍留存至今。

二、第二代商业模式：传统百货商店

19 世纪中叶以前，街坊商业的主要组织形态是杂货商店，经营商品品种有限，专业化程度低，商圈小，交易过程中渗入血缘、地缘关系，服务水平起伏很大，很难适应商品交换所要求的“自由、平等、公平、自愿”的原则。1852 年，法国巴黎出现了世界第一个百货商店，称为“邦·马尔谢”。创始人 A. 布西哥以他崭新的经营方式对传统商业进行了重大改革。这家商店成功开设后，

美国、英国、德国等国纷纷仿效。在中国，百货商店出现较晚，1900 年俄国资本家在哈尔滨开设的秋林公司可以称为在我国出现的最早的百货商店，而 1917 年上海先施公司，据称是真正意义上的中国第一家百货商店。1918 年由郭氏兄弟在上海创办的永安公司，是我国早期最为著名的百货商店。新中国成立后，百货商店成为最主要的商业模式之一，曾经辉煌至中国的每一个城市，直到现在，仍一直占据着各大中城市商业核心区的显著位置。

西方经济学界把百货商店的出现称为“零售商业的第一次革命”，实际上也是现代商业模式的一次变革。被誉为“百货店之父”的 A. 布西哥创造的“商法”，成为现代百货商店的一般经营管理方式，产生了深远影响。相对于传统的街坊店铺，百货商店具有更加先进的特点。

（1）百货商店将日常用品汇集于一处，由传统店铺的单项经营改为综合经营，满足了消费者“一站式”购物的需求。

（2）传统店铺是以讨价还价方式进行销售，价格具有弹性，店员可以对不同顾客采取不同的售价，充满了随意性、强制性和欺骗性。百货商店采取明码标价的固定价格策略，做到了一视同仁，使顾客选购时心中有数。

（3）传统店铺推行的是高盈利、低周转的策略，商品价格较高。百货商店奉行薄利多销的原则，低盈利、高周转，通过增加销售量获利。

（4）由传统店铺的自主管理改为专业化管理。传统的城市零售店和乡村杂货店，店主不仅亲自营业，而且自行负责人、钱、物的管理。百货商店由于同时经营若干系列的商品，规模庞大，因而其经营活动分化成相对独立的专业性部门，实行分工和合作，在统一的计划和控制下，按商品系列实行分部门、分层次组织和专业化管理。

三、第三代商业模式：连锁商店及超级市场

一般认为，现代意义的连锁商店创办于 1859 年的美国。1859 年，来自缅因州的乔治·洁尔曼和乔治·亨廷顿·哈特福德在纽约市的维齐街开了一家专售红茶的小店，取名为“大美茶叶公司”；1869 年公司名称改为“大西洋和太平洋宏大茶叶公司”，商品由红茶扩展到咖啡、面包、奶油、发酵粉、肥皂等日用品；1880 年连锁商店达 100 家；1900 年达 200 家。与此同时，欧洲一大批连锁商店产生，英国伦敦成立的无酵母面包公司被认为是欧洲第一家连锁店。20 世纪 20 年代后，连锁商店迅速发展，形成了世界范围的商业模式变革浪潮。

连锁商店是现代大工业发展的产物，与大工业规模化的生产要求相适应，被誉为“零售商业的第二次革命”。连锁商店相比独家百货商店更能显示其集团性的经营优势。

（1）连锁经营、广布网点的方式，突破了零售商圈的局限性，能够迅速扩

大商圈，开拓市场。

（2）连锁商店的分店具有高度统一性，从商品、价格、服务到店面装潢、店堂布置具有高度一致性，容易扩大影响，提升企业知名度与企业形象，建立商誉，积累无形资产。

（3）连锁商店由总店集中购货，可以增强价格谈判能力，往往能够绕过批发商，直接从厂商处进货，减少中间环节，节约流通费用；因其购货量巨大也可享受价格折扣，降低进货成本，提高竞争能力。

（4）总店统一负责制定发展规划和经营战略，培训人员，筹资投资，有利于合理配置资源，获得整体优势，获取规模经济效益。

（5）分店专门从事销售，且统一经营战略与策略，有利于标准化作业，便于控制服务质量，稳定服务水平。

由于连锁商店的这些优势，专业商店、百货商店、超级市场等零售业态也纷纷实行连锁经营，甚至跨越国界，形成国际连锁店。

超级市场是继百货商店后，针对消费者购物自主性需求而产生的一种纯自我服务购物方式。1930 年在美国诞生的自选商场可谓现代超市的雏形，它以自主购物和低价格两大特色而成为零售商业领域的重大变革。超级市场不仅改变了传统的零售柜台销售方式，而且改变了消费者的购物方式和生活方式。超级市场的诞生，被誉为“零售商业的第三次革命”。超级市场经营模式具有以下突出的优势和特点。

（1）开架售货方式。超级市场采用的自选售货方式，不仅冲击了原有的百货商店经营模式，而且也影响了后来新型的零售业态。百货商店以设立豪华、漂亮的柜台来体现售货员的服务，而超市把开架售货作为重要的竞争手段，后来出现的折扣商店、仓储商店、便利商店等都采取了开架自选或完全的自我服务方式。

（2）舒适的购物环境。传统集贸市场、杂货商店、生鲜副食商店普遍存在购物环境和卫生条件差的问题，超级市场以整齐的货架、卫生的冷柜，创造了经营食品、副食品最舒适的购物环境，使人坚信任何商店都能构造舒适的购物空间，从而带动了一大批舒适、整洁、干净店铺的产生。

（3）节省购物时间。超级市场将原本分散经营的各类商品集中到一起，并实施统一结算，大大节省了人们选购商品和结算的时间，适应了人们将有限的闲暇用于旅游、娱乐、健身等活动这一全新的现代生活方式。

总之，相比前两种商业模式，连锁商店及超市经营的商品更为综合丰富，更能满足消费者购物的需求。美中不足的是，这两种商业模式对文化娱乐及饮食休憩等配套设施未能提供充足的空间，使得消费者的购物活动相对单调，容易疲劳。

四、第四代商业模式：新兴步行商业街

步行商业街自古有之，古代社会的商业街许多是步行街，无车通行，但都是摊商或小店铺。现代意义的步行街在 20 世纪 60 年代出现。英国考文垂城在 1951 年开始建造步行街，其周围设有可容纳 1700 辆汽车的停车场。20 世纪 70 年代，西方各国掀起了步行街修建的高潮，并很快在欧美及日本得到发展。

新兴步行商业街是对传统商业老街的新演绎模式，通常地处市中心，并且由传统的商业老街改建而成。新兴步行商业街将传统街坊商业重新整合，呈集中的带形商业布局，通过集中店铺与人流的方式形成开放式的商业空间，通常有统一的规划与管理，且业态十分丰富。

新兴步行商业街已经不同于单体商店、超级市场等商业模式，同一般的商业街也有所不同，它具有更丰富的业种：业态和功能，能满足人们多方面的需求。步行商业街集聚了购物、餐饮、文化、娱乐、休闲、旅游等功能，是一个多业种、多业态、多功能的集聚区域，更加符合现代社会人们多样化、自主性、选择性的购物和休闲生活需要。

五、第五代商业模式：购物中心

购物中心模式（shopping mall 模式，简称 Mall 模式），就是在充分考虑消费者对购物规模、环境、配套设施的要求及体验经济、休闲娱乐需要的商业前提下，在一栋大型建筑物内将各种商业服务功能配备完全，满足消费者整体需要的商业发展模式。

Mall 模式起源于美国，是汽车时代和城市聚集过度时代的产物，较常出现于城市郊区快速交通较为便捷地带。相比步行商业街模式，Mall 模式更有利于满足消费者购物、参观、体验、休闲、餐饮、娱乐、享受等综合性、一站式的消费需求，由单一主体进行整合营销和统一管理的优势也使得 Mall 模式的商业中心更易形成品牌效应，辐射能力也较强。有人戏称 Mall 就是立体化的步行商业街。

Mall 是目前世界上最先进、最高级的城市商业综合体。Mall 融汇了购物、美食、娱乐、休闲、文化等多种元素，是一系列国际品牌的强强联手，是大型连锁业态的强力汇聚，是大型游乐设施的精彩荟萃，是一个以大业态为主力的“一站式体验式”消费王国，是能够独立形成现代商圈并具有极强商圈辐射能力的先进城市综合商业体。Mall 模式已经成为当今世界发展速度最快、影响最广、综合竞争能力最强的商业模式。

六、第六代商业模式：网上商店

网上商店，又称为虚拟商店（virtual stores）或电子空间商店（cyber

stores)，它不同于传统的商店，不需要店面、货架、营业员等，商家在因特网上自设网站，展示、销售商品，顾客通过因特网浏览展示的商品，进行选择与购买。这是全新的分销通路。它具有成本低廉、无存货样品、全天候服务和无国界区域界限等特点。另外，在因特网上还可同步进行广告促销和市场调查及收集信息等活动。

网上商店之所以被称为一次商业模式的变革，是因为它与店铺销售和传统的无店铺销售相比具有很大的革新性，其特点可归结为以下几点。

(1) 低成本、高效率的经营。网上交易可以节约制造商、零售商的分销成本，节约顾客购买商品的时间成本，使顾客在便利的条件下买到廉价的商品。

(2) 完整的网上销售流程。“网上商店”绝不是一个简单的企业或个人的主页，它从目录到搜索，从选购到支付，从销售到配送，从企业形象到网上宣传等，提供了一套完整的网上销售模板。即使暂时不进行网上销售，也是一个完美的企业或个人产品信息发布站点，客户可以浏览网上商店信息再通过传统的方式购买产品。

(3) 先进、简便、独立的管理方式。没有复杂的操作，商户可以通过简单的页面操作改变产品信息、新闻发布甚至页面风格。系统免费提供域名，也可使用商家自身的域名，因此商店完全可以独立运作。

(4) 提供多种服务方式。网上商店还提供建店、维护、管理等一条龙服务。考虑到客户的实际情况，还提供电话、传真等多种联络手段使商家和客户的沟通更加及时、方便。

(5) 功能强大的搜索及分类目录管理。商家建立自己的商品目录时，系统自动将其产品信息归入一个庞大的商品数据库中，购买者可以通过“买卖网”的搜索引擎及分类目录找到商户家。

(6) 完美的商家、客户交流通道。商家不但能通过商店的界面与客户实时交谈，客户还可通过“网络视频”的功能实时和商家进行面对面的商务谈判。

(7) 摆脱了地域限制。网上商店的开办常常依托于因特网，因此商店与顾客之间的距离为零。顾客只要拥有计算机并上网，就可以在世界范围内的网上商店漫游。同时，商品一进入网上商店，就等于进入了世界上的任何国家，瞬间就成为国际品牌，是低成本扩张的好方法。

(8) 交易无时间限制。网上商店打破一切时间限制，它不需要像店铺那样雇佣导购员，也不需要像目录销售那样安排电话接听员，它完全可以一天 24 小时、一年 365 天地持续营业，顾客随时可以上网，上网时间就是商店营业时间，可以说营业时间是由顾客控制的。

第三节　国内外城乡商贸的互动发展模式

城乡商贸互动发展，是城乡商贸统筹发展的核心体现。从国内外商贸流通发展历史来看，城乡商贸互动发展主要涉及两方面：一是产自农村的农产品如何进入城市消费市场，形成农产品流通模式；二是城市工业品（包括生活消费品和农业生产资料）如何进入农村市场，即工业品下乡模式。

一、农产品流通模式

从全球看，农产品流通模式主要有东亚模式、西欧模式、北美模式，其流通主体分别为批发市场、合作社和超市连锁店。东亚模式以日本为代表，属于批发市场主导模式，流通的整个链条可以被归纳为采购、运输、批发（一级批发和二级批发）、零售。西欧模式以法国为代表，农产品主要通过农业合作社销售进入城市超市，最终进入消费。北美模式以美国为代表，农产品主要由大型零售企业直销，大型超市、连锁经销的零售商左右农产品交易。西欧模式与北美模式有许多共同之处，目前国际上农产品流通模式以日本和美国最具有代表性。

1. 日本农产品流通模式——批发主导模式

日本农产品流通模式是一种批发市场主导的模式，鲜活农产品（蔬菜、果品、水产品）主要通过批发市场交易。20 世纪 90 年代经由日本批发市场流通的蔬果占总流通量的 80%左右，在批发市场从事蔬菜果品交易的客户中，通过农业协同组合或其他组织的上货量各占上货总量的 59%和 66.5%。绝大部分鲜活农产品由批发商通过组织拍卖销售给中间批发商或其他买卖参加者。近年来，随着大型连锁超市大量进入鲜活农产品零售业，以及生产者团体（如农业协同组合）的合并而出现的规模大型化，鲜活农产品批发市场经营呈萎缩趋势，产销直挂的连锁经营不断上升，如图 3-1，粗线表示目前主要的流通方式。

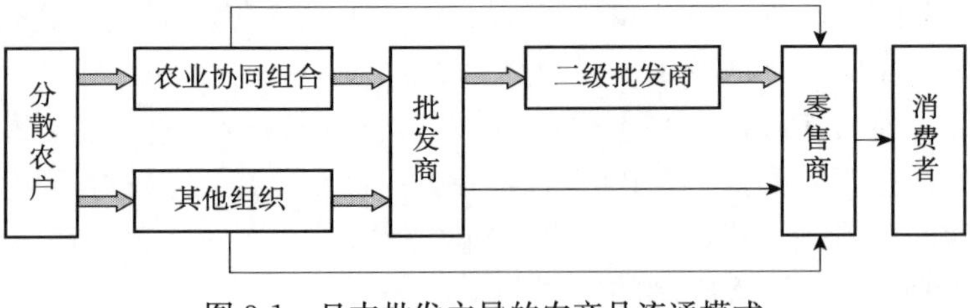

图 3-1　日本批发主导的农产品流通模式

在日本农产品流通模式中，农业协同组合组织发挥了重要作用。农业协同组合通过组织农户开展联合统一销售，从而在农产品市场上能争取以有利于农民的价格成交。日本各大中小城市都有由农业协同组合直接参加或组织的农产品批发市场，且相当活跃。同时在农产品销售中，为了提高农产品的附加价值，使农产品销售过程合理化，提高效率，日本农业协同组合建立了一批挑选、加工厂、包装厂、预冷库、冷藏库、运输中心以及地方批发市场、超级市场、商店等，并在全国大中城市的74个中央批发市场中建立了分支机构，如东京都大田青果市场就是由全国农业协同组合联合会100%出资建立的。农业协同组合利用自己的组织系统，以及所拥有的保鲜、加工厂、包装、运输、信息网络等现代化的优势，将农民生产的农产品集中起来，进行统一销售。由于经农业协同组合上市的农产品具有统一的规格和质量要求，上市计划性强，销售量大，销售稳定；另外，经农业协同组合上市的产品，其价格在批发市场内以竞拍方式形成，于农民来说较为公平，且数天之内就可结算付款；再则，农业协同组合受理销售所得手续费是以固定比率按销售额计算的，故农业协同组合与农民的利益一致。因此，农户一般都愿意委托农业协同组合代销其农产品。农业协同组合在接受农户委托销售各种农产品的同时，还充分发挥其调节供求的功能，指导农户根据消费者需求变化组织生产与销售；而且还进一步指导农户降低生产成本，尽可能地将共同销售的得益留给农户。

20世纪70年代以后，日本推进了历史上最深刻的“流通结构改革”，在农业协同组合服务功能进一步充实加强和政府扶持批发市场大型化发展的同时，日本的超级市场等新兴业态和农产品直销方式开始兴盛起来，目前日本大约有1万家以上的农产品直销店。

日本农产品直销比例增大的主要原因是：可以提供比较新鲜的农产品，而且产地有明确标记，令人放心；在市场上不符合规定的产品无法进行交易，只能让利出售，但是产地直销可以将这样的产品作为商品出售；产地直销不仅是价格贵贱的问题，还可以通过人们相互接触加深彼此的信任；农村及山村交通条件得到改善，为吸引城里人来访，促进城乡交流，各地方自治体都设置了土特产中心、农林畜产品加工设施等，在这些设施中一般同时配套建有直销所；在高龄化、兼业化的背景下，农业协同组合把直销作为多样化流通渠道之一，视为产地营销的一项手段；从20世纪90年代开始，日本政府推行大规模的农业发展政策，农林水产省在统计和政策上将自给型农户排除在外，没有政策束缚的自给型农户被彻底解放出来，自行建立直销点或由地方自治团体扶持建立直销所。

2. 美国农产品流通模式——直销主导模式

美国农产品产地集中，产区农产品的生产高度专业化、规模化。果蔬类产地与大型超市、连锁经销网络间的直销比例占80%左右，经由批发市场流通销售的仅占20%左右。大型超市、连锁经销的零售商左右农产品交易，大部分农产品由产地经物流配送中心直接出售给零售商（图 3-2）。

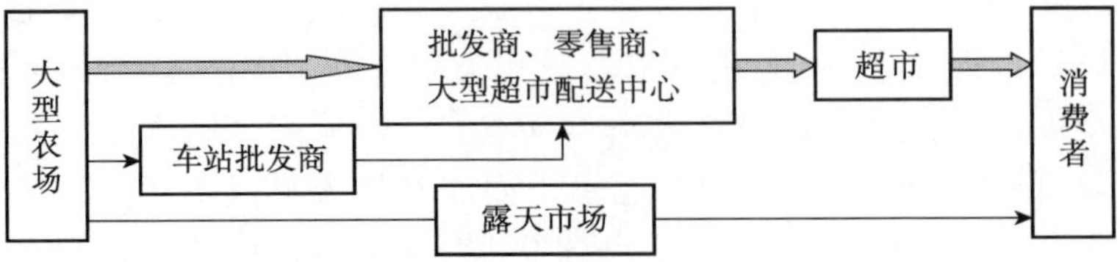

图 3-2　美国直销主导的农产品流通模式

注：粗线表示目前主要的流通方式

美国农产品流通模式的演变大体可划分为三个历史阶段。

第一阶段，19 世纪初～20 世纪初，是农产品流通模式成长阶段，有三大突出标志。

（1）车站批发市场发育成长。在西部开拓时代，美国城市郊区的农民用马车把农产品运到城里，直接和消费者进行交易，价格通过个别议价而定，路边货摊和推车小贩是专业零售的早期形式，专门经营批发与货栈的寥寥无几。随着城市化水平的提高，大城市需要农村提供食品，为了方便收集和整理农产品成批运往消费中心，乡村汇集点应运而生。19 世纪后期，全国铁路网络发展完善，城市市场铺设了铁路专用线，直接接收用铁路和卡车从产地运过来的商品，形成了所谓的“车站批发市场”（terminal wholesale market）。乡村汇集点把货物运送到车站批发市场，再重新分配到食品零售商手中。车站批发市场不仅是收购、储存、展览和分配产品的地方，还是形成价格的中心，价格变动的消息通过报纸和无线电传播，生产者根据批发中心的价格确定未来的生产。

（2）农业合作社雏形初现。为了搞好牛奶加工和扩大奶油销售，康涅狄格州的奶牛农场主在 1810 年组建了奶牛协会，这是美国诞生最早的农产品流通组织——农业合作社。随后，各种合作社在农业领域的各行业出现，一般都是覆盖较小的范围，内部管理尚不规范，稳定度不高，有的往往维持不了几年就解散了。但农业合作社的出现，开创了一条联合起来参与市场竞争的有效途径，使得美国农场主看到了农业合作组织的力量。

（3）现代经销方式开始兴起。主导美国农产品流通渠道的全职商人，在这一时期发生了商业职能专业化的重大变革。首先是批发、零售的分离与专业化，其次是金融、运输、保险等商业职能相继专业化。比如，棉花、玉米、猪肉、小麦等商品的交易，不是采用早期商人买进后再出售的做法，而是逐渐由专业公司——代理商来经营，即采取代理销售获得服务佣金的方式。经纪公司——专为代理商提供交易服务并收取佣金的新批发商也出现了。与此同时，还产生了另一种重要的批发商主体——商品交易所。1862 年纽约成立农产品交易所、1872 年新奥尔良成立棉花交易所，为推进农产品交易标准化、化解农产品经销商市场风险提供了解决机制。

第二阶段，20 世纪 20～40 年代，农产品流通模式成熟阶段，主要标志如下。

（1）农民合作社运动掀起高潮。为了逃避中间商和铁路公司盘剥，各种形式的农业流通合作组织大量涌现。1902 年，首次出现了全国性的农民协会。1920 年，美国农场局联盟召集主要的合作社代表，建议成立强有力的高度集中的合作社，使它能够控制农产品的销售，以便控制价格。此后，谷物、棉花、烟草、牲畜饲养等合作社相继成立。美国政府也从多方面采取措施支持农业合作社的发展。1922 年，国会通过了“卡帕-奥尔斯坦德法”，把各种合作社从反托拉斯法中豁免出来，并最终确立了美国合作社的基本规范和合法地位。相关法律的制定实施，推动了美国农业合作社的健康发展。

（2）产销直挂模式逐步发展起来。19 世纪末～20 世纪 20 年代，批发商主导美国的农产品流通。1925 年，通过批发市场进入纽约市区的蔬菜、水果占总销售量的 85%。随着西方发生第三次“零售革命”，美国连锁商店的发展达到极盛，并且出现了新的零售形式——超级市场和购物中心。开办超市的企业家在城市郊区布置分店，同时也打入了批发领域，开始从产地市场直接进货。

（3）农产品冷链系统初步建立。农业产前、产中、产后各个环节发展一体化协作，农产品的生产、加工、销售形成了有机联系。特别是 19 世纪 80 年代，美国开发了冷藏车，每隔 250 英里（1 英里＝1609.344 米）在车站设置供应冰块的设备，建成了鲜菜长途运输体系。20 世纪 30～40 年代，带拖车的保冷卡车得到推广。这一系列重大举措，促进了美国鲜活农产品冷链物流业和食品加工业的大规模发展。

（4）政府依法进行强有力的调控。1929 年，美国国会通过了《农产品销售法》，该法授权联邦政府向合作社提供贷款，以便有效地销售农产品，加强仓储设施建设，建立票证交易协会，缓解农产品“过剩”所带来的农业危机问题。为扩大市场和储存、处理剩余农产品，1933 年 10 月，美国农产品信贷公司成立，负责向签订合同的农场主提供贷款。罗斯福“新政”以后，美国开始干预农产品进出口业务，并成为美国政府追求的目标。

第三阶段，20 世纪 50 年代至今，农产品流通模式提升阶段，主要标志如下。

（1）流通渠道模式发生重大变化。这一时期，逐渐由以批发市场为主导转变为以产销直挂为主导。生产者按照购销合同，将农产品直接卖给大型零售商和超市，或者通过集配中心分级包装后出口，经由批发市场流通的农产品比例渐趋下降。目前，美国果蔬产销直挂的比例约占 80%，经由批发市场销售的仅为20%左右。

(2) 新兴零售方式取代传统零售商店。到20世纪60年代，传统的零售商店基本上被淘汰，新兴的零售方式主要有三种，它们之间展开了激烈的市场竞争。第一，已经建立连锁商店网络的大型超市在城市近郊设立中央食品配送中心，把从产地市场采购过来的农产品集中到配送中心，备齐所需的品种后再分送到各个连锁店。1963年，采取这种方式的美国七大超市零售额占全国农产品零售总额的47%，到1994年已占到80%。第二，各个小型零售店抱团创办"合作批发部"，从产地市场共同采购农产品，再让运输企业把货物送到各个成员的零售店。第三，农产品批发商把各个零售店组织起来，建立自愿团体，按照连锁店的方式经营。1963年，这种方式的销售额占全国销售总额的44%。目前美国超市农产品的价格之所以很便宜，是因为产销直挂后减少了流通中间环节，节省了成本。

(3) 农民合作组织成为流通主体。第二次世界大战后，美国农民合作社进入现代合作运动的成型阶段，并且走上了规范化、制度化的道路。美国的合作社具有四个特点：一是以销售加工为主。美国生产环节上的合作社数量很少。在农产品销售、加工、储运和生产资料供应等环节的服务上，合作社数量最多。二是专业性强。一个合作社只围绕一两种农产品展开合作业务。三是跨区域建立合作社。四是合作社实力雄厚。

(4) 政府强化农产品安全规制。进入20世纪90年代以来，随着农产品安全问题的日益突出，美国对农产品流通的规制进一步严格，几乎每种农产品和每一个流通环节均有明确的法则，并做到动态完善，真正形成了标准化、规范化、有序化的农产品市场体系。例如，联邦政府对肉、禽、蛋、乳制品、蔬菜、水果及谷物、棉花等制定了联邦级的分级标准，有的州也制定了相应的州级标准。

(5) 政府调控更加注重市场导向。1990年美国制定的新《农业法》，把耕作面积削减计划和农场主储备计划，与农产品期末库存和当年消费量之比联系起来。例如，当玉米库存与消费之比超过25%时，停耕地面积增加10%～20%；如果比例在25%或不到25%时，停耕地面积增加0%～12.5%。同样，农场主储备建立与否，也取决于该产品的期末库存量与销售之比。美国政府还把差额补贴的计算方法，由销售年度的头5个月市场平均价格改为12个月市场平均价格，从而把补贴和市场价格更直接地挂钩。

3. *中国农产品流通模式*

中国农产品流通目前主要由分散农户通过产地和销地运销商（贩运户）、批发市场、农贸市场、超市实现流通，批发市场和集贸市场是主渠道（图3-3）。

我国农产品流通模式的演变，大体可以划分为三个阶段。

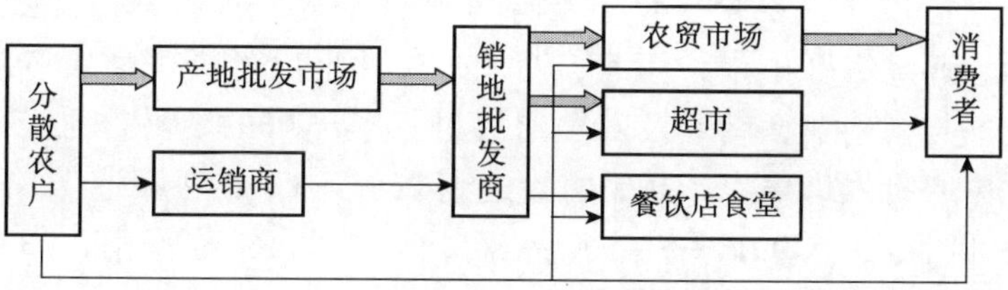

图 3-3　中国现行农产品流通模式

注：粗线表示目前主要的流通方式

第一阶段，1953～1985 年，农产品流通以“统购派购”模式为主。这一时期，国家为了保证工业化和城市居民的需要，通过指令性计划的方式，对大宗农产品和重要的鲜活农产品实行统购派购，由国家计划收购、统一调拨和计划销售。这种高度统一的计划模式的特点是政府以行政手段直接控制农产品的生产和流通，农民没有生产和参与流通的自主权，农产品流通排斥市场，农产品价格也由国家计划确定，农产品生产者只能被动接受；城镇居民按照国家计划安排定量购买农产品，但购买渠道非常单一，没有选择性和购买自主性。这种模式是建立在计划经济和农产品短缺的基础上，以牺牲农业自身积累为代价，保证了城市工业和城市居民对农产品的基本需要，却成为抑制我国农业发展、制约农民收入增长的重要制度性因素。

第二阶段，1985 年至 20 世纪 90 年代初期，取消“统购派购”以后，农产品流通呈现市场化趋势，城乡集贸市场发展迅速，交易主体多元化，农户个体、中间商贩、农贸市场成为农产品流通的主渠道。农产品流通的放开，活跃了城乡市场，丰富了城镇居民的菜篮子，增加了农民收入，带动了农业商品经济的发展。但是，这一时期的农产品流通，由于流通主体过于分散、小规模和自发性，缺乏能够影响市场、发现价格的大型批发市场和大型流通主体，农民和贩运商均缺乏有效组织，使得我国这一时期农产品流通反复出现市场波动起伏与不稳定的问题，多次出现农产品市场价格大起大落现象，影响了农业生产和农民收入的稳定。

第三阶段，20 世纪 90 年代初至今，这一阶段，随着我国农产品市场流通的进一步放开和市场经济体制改革的推进，各地纷纷兴办大中型农产品专业批发市场，逐渐形成了以农产品批发市场为主导的农产品流通模式。这一模式其实在 20 世纪 80 年代末就开始出现，1989 年，深圳布吉农产品中心批发市场在全国率先闯出“企业办市场、市场企业化”的农产品流通体制改革之路，被业界誉为“布吉模式”，此后，“布吉模式”走向全国，各类综合性或专业性的农产品批发市场大量涌现，深圳布吉农产品中心批发市场也顺势扩张全国性批发市场网络体系，先后在深圳、南昌、上海、长沙、西安、成都、南宁、天津等 19 个城市投资管理经营 28 家大型农产品综合批发市场和大宗农产品电子交易市场，形成全国性农产品交易、物流及综合服务平台，构建起覆盖珠江三角洲、长江三角洲、环渤海和中南、西北、西南、东北地区的全国性农产品批发市场网络体系，并与东南亚、南非及欧美市场进行了频繁的贸易往来。到 2009 年，布吉农产品中心批发市场农产品销售量达到 260 万 t，销售额达 138 亿元，来自 40 多个国家和地区的 7000 多种农产品汇集到这里，销往华南、华中乃至全国各地。

农产品批发市场在各地快速发展，形成了农产品流通的市场主体，在农产品集散、运输、跨区域调运销售和农产品市场价格发现等方面发挥了越来越明显的作用，相对于之前的个体商贩和农户自销模式，以农产品批发市场为主导的模式使我国农产品流通进入大市场、大流通的阶段。

20 世纪 90 年代后期开始，以大型连锁超市为代表的大型零售企业涉足农产品流通，进入 21 世纪以后，大型连锁超市在我国大中城市迅猛发展，生鲜经营成为超市吸引人气的重要业务，大型超市成为继个体商贩、农贸市场、批发市场之后又一重要的农产品流通主体。近年来，一些大型超市利用自身优势，开始绕过批发市场，直接在农村建立农产品供应基地，农超对接，多种农产品直销模式在我国农产品流通领域出现，例如，在 2009 年各地出现的“农超对接”模式中，就有“消费者＋超市＋农产品物流配送中心”、“消费者＋超市＋农村流通合作组织”、“消费者＋超市＋基地＋农户”等农产品流通新模式。

尽管大型零售企业开始直接参与农产品流通，出现农产品直营模式，但是，在我国目前占主体地位的仍然是批发市场主导模式。商务部流通产业促进中心的数据显示，目前中国经由农产品批发市场交易的农产品比重高达 70％以上，其中城市消费的蔬菜 90％是通过农产品批发市场流通的。预计到 2015 年，中国大中城市超市流通的农产品数量会由现在的 10％～15％发展到 30％～50％。

与日本、美国等农产品流通模式相比较，我国农产品流通模式存在的问题和差距，主要表现在农产品流通的组织化程度比较低。日本、美国及欧洲国家农业的重要特点之一就是农民的组织化程度很高，极大提高了农产品的交易水平和交易效率。日本鲜活农产品主要通过产地中介组织——农业协同组合向批发市场出货，农业协同组合对农民委托销售的农产品采取代理制。作为组织农产品进入流通的关键性组织，它把分散的农户组织起来，极大地增强了农民的市场谈判能力，保护了农民的利益。农业协同组合不仅为其成员解决产品销售、运输等问题，还将批发市场内的购销信息及时传递给农户，引导生产。美国的行业协会也发挥了同样的作用。蔬果协会是介于政府和企业之间的一种行业组织，成员包括蔬果生产者、加工商、批发商、零售商、进出口商，有关流通方面的政策和建议都由协会与政府沟通。协会的主要任务也是组织蔬果流通、交流信息、衔接产需等。在 21 世纪初，法国有 13 000 多个农业服务合作社，4000

多个合作社企业，90%的农场主是农业合作社的成员，法国的出口农产品中，农产品协会经营的产品所占比例很高，其中谷物 45%、鲜果 80%、肉类 35%、家禽 40%。与日本、美国、法国相比，我国农民的组织化程度很低，多数农民以个人身份进入农产品市场，或者经由个体商贩（运销中间商）进入批发市场，农民在农产品流通领域中是弱势群体，缺乏市场谈判力量，只能是市场价格的被动接受者，很难获得农产品流通领域的利益。

二、工业品下乡模式

关于城市工业品（包括生活消费品和农业生产资料）进入农村市场的模式，国内外主要有两种代表性的模式，一种是通过大型零售企业在农村的网点扩张，向农村市场渗透；另一种是通过农民合作组织统一采购供应，向农民供应生产生活资料。前者以美国为代表，后者以日本、韩国为代表。我国工业品进入农村的方式，经历了计划经济时期的供销合作社统一渠道—市场化改革以后分散的个体小商户—连锁企业向农村扩张的模式演变历程，目前正处于农村流通模式创新探索时期。研究和借鉴国外工业品下乡模式的经验，有利于寻求我国农村商业发展的新途径。

1. 大型零售连锁企业经营模式

世界各国农村零售业的发展模式均经历了集市交易—传统小商铺—连锁商店—大型零售企业的连锁扩张过程，在欧美发达国家，目前农村消费品市场主要由连锁零售企业的网点经营控制。以美国为典型，当今世界最大的连锁零售商沃尔玛几乎控制了美国城乡的零售市场。沃尔玛的成功，很重要的一点就是采取了“农村包围城市”的店面布局策略。在最初的开店策略选择上，沃尔玛在仔细分析竞争对手的实力、商圈情况、店铺选址、资金实力、成本等因素后，选择了从农村小镇做起。在成立后的前 20 年里，沃尔玛一直坚持“小镇开店”策略，在万人左右的小城镇开店。事实证明，沃尔玛在发展初期选择的“小镇开店”策略是非常正确的。此后相当长的时间里，沃尔玛是在一个有需求、缺竞争、低成本的农村环境中悄然成长的。20 世纪 70 年代，大城市商业竞争激烈，尤其是在 1974～1975 年的经济衰退时期，连西尔斯、凯玛特这类大型连锁公司也难幸免，净利润逐渐下滑。还有一批折扣百货连锁公司因业内的激烈竞争而倒闭。而在乡村小镇发展的沃尔玛却未遇到太多挑战，一路顺利发展。到 20 世纪 80 年代结束时，沃尔玛已有 1402 家分店，分布在 29 个州，年销售收入 258 亿美元，净收入 10 亿美元，总营业面积近 1000 万 m^2，沃尔玛创造了销售收入每年递增超过 40%的奇迹。在小镇取得成功之后，沃尔玛开始逐步扩展到大城市。1983 年，已经成为零售业区域霸主的沃尔玛开始采取“农村包围城市”策略，进军全国。在这一过程中，沃尔玛采取的最重要的一个策略是：把店开在城乡结合部。这个策略在实践中被证明是十分有效的。随着城市的不断外扩发展，这些城乡结合部逐渐成为城市的主要区域，沃尔玛也就以较低的成本实现了“农村包围城市”。值得一提的是，沃尔玛在“农村包围城市”的过程中并未放弃在乡村小镇的经营，仍把小镇作为自己发展的“根据地”，农村消费品市场仍然被沃尔玛控制。

2. 农业协同组合运作模式

发达国家农业的组织化程度高，农业协同组合等组织在农村流通领域发挥重要作用，其中日本、韩国的农业协同组合最有代表性。

日本农民协同组合是根据1947年11月9日国会正式通过的《农民协同组合法》，由单独农户自愿联合组织起来的群众性经济组织，是一个拥有强大经济力量的遍及全国的民办官助的农民经济团体，也是拥有巨额资金、大量经济管理人员和科技人员的经济实体。日本农业协同组合在经济方面的主要职能体现在生产指导、农产品合作销售、农业生产资料合作购买、合作金融、合作保险、合作加工及农业设施的合作使用等方面。在农村流通领域，农业协同组合组织的经济业务主要是销售业务和购买业务。除了统一组织销售农产品，农业协同组合还负责生产生活资料的集中采购。根据会员的需要，组织农用生产资料的集中采购，由农业协同组合统一与生产厂家订货，再分售给各会员。对加入农业协同组合的农民的日常生活用品，农业协同组合也组织统一购买，从而使农民享受了出厂价或批发价，减少了生产资料和生活资料流通的中间环节，降低了成本，农民得到实惠。遍布日本全国的农业协同组合所从事的经济业务，尤其是购买业务，因为有以会员为对象的固定客户，业务量不亚于任何大型综合商社。

韩国农业协同组合的主要职能是农业流通与供应。韩国农业协同组合开展农业流通与供应业务的最终目标是促使其成员农户的收入和利益最大化。韩国农业协同组合的农场供应业务以减轻成员农户的繁重农场支出和帮助建立或改进稳定的农场生产体系为目标。为保证肥料的稳定供应，农业协同组合于1989年购买了韩国最大的肥料制造厂家——南海化学公司25%的股份（农业协同组合2006年已拥有其56%的股份），成为其主要股东，从而能够确保肥料以合理的价格供应给农户。为了以合理的价格向农户提供良种，农业协同组合开设了种子培育中心。为保证农药和农用化学药品以合理的价格供应，农业协同组合创办了YOUNG-IL化学公司，制造、销售农药和化工药品。为使农民有方便的渠道以便宜的价格购买农机，由农业协同组合成员组合开办的农机服务中心遍布全国。这些农机服务中心不仅提供销售服务，而且提供使用指导，并对大型机械进行维护。

为更好履行流通与供应职能，韩国农业协同组合建立了完善的流通营销设施，由农产品综合贸易中心、“一路”俱乐部（Hanaro Club）和“一路”超市（Hanaro Mart）构成。其中，农产品综合贸易中心是一种既从事零售业务又从事批发业务的营销设施，共有8个大型农产品综合贸易中心分布在韩国的主要城市消费社区；“一路”俱乐部是一种规模很大的折扣店，是农业协同组合中央会为了把农户与城市消费者直接联系起来而建立的农业批发销售中心，目前，韩国农业协同组合中央会共有33家“一路”俱乐部，以及与其银行开设在一起的600家农产品专卖店；“一路”超市是由农业协同组合成员在全国各地开设的一种以供应日常用品为主的从事零售业务的便利店，始建于1970年，这一零售业务致力于稳定农村的消费价格和向成员农户与消费者提供购买便利。

3. 中国工业品下乡模式的演变

在计划经济时期，我国农村（县以下）零售商业经过多年的发展，建立了以供销合作社为主体的商业体系和流通模式，农业生产资料的供应和工业消费品的销售主要由供销合作社承担。在计划经济时期，供销合作社虽然名义上是合作组织性质，但实际上是代表政府行使农村计划流通的职能，合作组织或企业的特征体现得相当少。经过市场经济的洗礼，我国农村零售商业发生了翻天覆地的变化，供销合作社逐渐被个体杂货店、专业店、超市、集贸市场等零售商业业态形式所取代，经营模式转变为以个体经营为主。我国农村零售商业在迅猛发展的同时，也不可避免地存在一些问题，主要可以用“小、乱、低、差”四个字来概括：小，是指市场容量小，企业规模小，市场流通半径小，商品品种少；乱，是指流通秩序乱，进货渠道乱，管理混乱；低，是指经济效益低，产品质量低，商品科技含量低；差，是指购物环境差，售后服务差，现代化管理手段差。

现阶段我国农村工业消费品流通主要存在五种发展模式，即小型杂货店模式、流动商贩模式、定期集市模式、专业店模式和连锁超市模式。

（1）小型杂货店模式。改革开放以后，农村商贸流通率先放开，以个体经营为主的小型杂货店模式在乡镇、农村纷纷涌现，为乡镇村居民提供烟、酒、糖、茶等日用商品。这些小型杂货店大多没有办理任何手续，只是进城采购一些相对廉价的商品，然后加价卖给农村居民。这一模式导致了一系列问题：首先是采购进货渠道混乱，商品质量无法得到保障；其次是无法保证商品的连续供应，经营者考虑到需求量和进货成本，往往在某种商品售完后不能及时补货；再次是商品种类很不齐全，经营者一般只会采购一些最为常用的日用品，从而降低储藏成本、提高经济利润。

（2）流动商贩模式。这种模式是指经营者没有固定经营门店，通过汽车、三轮车、自行车或步行等方式，走乡串户把商品运送到农村居民家门口进行交易。这种零售模式适应了农村居民居住分散的特点，为农村居民消费购物提供了方便，但同时也存在商品质量差和种类少等问题，并且存在一些不法流动商贩欺骗农村消费者的情况。

（3）定期集市模式。在大多数地区，农村居民的大部分购买需求（包括生产资料和一般消费品）是通过“赶场”、“赶集”、“赶墟”等定期集市模式实现的。政府在各乡镇轮流以固定的时间设立集市，周边农村的居民都会前去进行商品交易。定期集市模式的商品较以上两种模式来说是比较齐全的。但定期集市交易也存在明显的缺陷：首先是交通不便，给消费者带来购物成本，不能提供便捷的服务；其次是恶劣天气影响集市的正常举行，农村居民的购买需求不能及时得到满足；再次是农村集市成为假冒伪劣商品的主要销售渠道。

（4）专业店模式。随着农村居民收入和生活水平的提高，越来越多的专业店在我国镇（乡）消费品市场出现，一些规模较大的乡镇甚至还出现了专业店一条街的商业模式，为农村传统消费品市场带来了现代商业的气息。但总体来说，由于我国农村居民生活水平及消费观念的限制，加之专业店的商品普遍较贵，现阶段农村零售市场上专业店这一模式还无法取代定期集市模式成为农村商业的主导模式。

（5）连锁超市模式。20 世纪 90 年代中期以后，一些中小型零售企业将眼光投向了广大的农村零售市场，许多乡镇出现了一些初步具备连锁经营特征的中小型超市、药店、餐饮店、照相馆等业态、业种，从而构成了农村商业发展的一支新兴力量，一些企业在连锁经营模式的推动下迅速扩张发展，做大做强，取得了成功。例如，创立于 1998 年 8 月的河北好日子超市股份有限公司，是以超市、便利店两种业态形式进行规范化经营的股份制连锁商业企业，公司创立以后，始终以建设中小城市、县镇和农村商业零售网络为发展主题，店铺遍布河北沧州、唐山、邢台、石家庄等地区。截至 2005 年 12 月，公司开设店铺 600 家，其中 400 多家开设在乡镇或自然村，占店铺总数的 60%以上；就业人数 4000 人，其中农村就业 2000 人，在沧州地区已形成了遍布城乡的密集型商业连锁网络。“好日子农村店”的开发主要是通过直营、加盟和自愿连锁的形式进行复制和扩张；通过建立符合现代流通技术的统一配送、统一管理、统一销售网络，为农民提供安全、可靠、廉价的商品；通过批零结合的形式，销售日常快速消费品，部分农资、农副产品，满足农民日常生活生产消费。

再如，成立于 1996 年 7 月 18 日的苏果超市有限公司，其前身是江苏省果品食杂总公司下属的果品科，自创立以来，始终坚持走贴近百姓、贴近生活的连锁经营之路，长期致力于农村市场开拓，率先把连锁经营引入了农村商业。从 1998 年 4 月在江苏溧水县开设第一家农村连锁店开始，苏果超市就真正踏上了农村市场的开拓之路。经过多年的拓展，到 2009 年，苏果超市实现销售规模 332 亿元，网点覆盖江苏、安徽、山东、河北、湖北、河南六个省份，网点总数

1950家，发展成为江苏最大的连锁超市企业。根据2010年3月权威机构公布的排名，苏果超市在全国连锁企业当中已连续10年位列前十强、全国快速消费品零售企业前四强。苏果超市的网点，60%开设在县及县以下农村，经营的产品70%与农村和农产品密切相关，50%的销售来自农村市场。苏果超市还积极探索开设“村级店”，特别是在商务部开展“万村千乡市场工程”后，加快了进军乡镇和村级市场的步伐。目前在南京周边的溧水、高淳、江都等县，“苏果便民店”已开到了行政村，为农民购买消费品提供了更方便、更放心的场所。苏果超市在农村发展连锁经营，深化了供销合作社体制改革，探索出了一条开拓农村市场的有效途径。

第四节　我国现行城乡商贸统筹发展的政策取向

我国政府一贯重视流通现代化的建设，大力支持和推动以连锁经营为代表的现代流通体系建设，尤其是农村商贸流通的发展，倡导城乡商贸统筹发展。为加快我国农村商贸流通体系建设，促进城乡商贸统筹发展，国家有关部门出台了一系列产业扶持政策。

一、加快农村商贸网络体系建设

计划经济时期，我国农村商贸网络体系主要是自上而下的供销合作社网络体系一统天下，涵盖了农副产品收购、工业消费品销售及农业生产资料供应等领域。在当时的体制背景下，供销合作社网络体系无论从经营的范围来说还是从覆盖的农村地域空间来说，都不失为一种比较健全的体系。改革开放后的一段时间里由于对城乡商贸统筹发展的重视不够，政府的政策取向明显地偏向了城市，农村几乎成为商贸发展政策的真空地带，原有的供销合作社网络体系出现了“网破、线断、人散”的现象，多数地区农村供销合作社破产解体，取而代之的是分散的个体小商贩自发经营格局，农村商贸网络体系缺乏一个强有力的主渠道，给农村商贸流通管理带来极大不便，农村市场成了假冒伪劣商品销售的主要场所，严重制约了农村居民消费环境的改善，城乡居民生活消费质量差距急剧扩大。

为了解决改革开放以来断掉的这根线的问题，尽快恢复和建立农村商贸流通网络体系，促进城乡商贸统筹发展，解决农村市场、农民消费的问题，2005年3月，商务部下发了《关于开展“万村千乡”市场工程试点的通知》，正式启动“万村千乡市场工程”。“万村千乡市场工程”的主要内容是，通过安排财政资金，以补助或贴息的方式，引导城市连锁店和超市等流通企业向农村延伸发展“农家店”，力争用三年的时间，孕育出25万家连锁经营的“农家店”，构建以城区店为龙头、乡镇店为骨干、村级店为基础的农村现代流通网络，使标准化农家店覆盖全国50%的行政村和70%的乡镇，满足农民消费需求，改善农村消费环境，促进农业产业化发展。为了推动和支持“万村千乡市场工程”的开展，财政部会同商务部出台了对“万村千乡市场工程”的专项资金扶持政策；国家开发银行向各地分行下达了贷款计划。仅2005年，中央财政对“万村千乡市场工程”项目的补贴达到2.04亿元。2006年，中央财政加大了资金扶持力度，对试点企业建设每个乡级店补助3000元，每个村级店补助4000元，中、西部地区和东北地区等老工业基地，每个农家店补助标准增加1000元，对配送中心贷款贴息。此外，商务部会同国家开发银行印发了《关于进一步支持农村市场体系建设的通知》，在国家开发银行对流通业提供的500亿元政策性贷款中，专项安排100亿元用于支持农村市场体系建设。2006年11月，商务部发布了《农村市场体系建设“十一五”规划》，计划到2010年，连锁农家店覆盖90%的县和85%的乡镇，形成以城区店为龙头、乡镇店为骨干、村级店为基础的农村现代流通网络。

二、推进农村商贸设施和流通现代化建设

针对我国农产品流通设施建设欠账太多和农村商贸流通现代化建设严重滞后的问题，国家有关部门出台了多项政策，对农村商贸设施和现代化建设制定了明确的支持和推进政策。2002年，国家计划经济委员会等六部门制定和实施了《关于加快农产品流通设施建设的若干意见》，明确提出，我国农产品流通设施建设的目标是逐步形成以全国骨干批发市场为核心，以连锁超市等其他流通方式为补充，以现代物流服务体系为依托，以现代交易、结算、信息、检测、储藏、物流等技术为支撑，以良好的企业经营和资金投入机制为保证，以稳定、有序、规模化的农产品经销商队伍为主体的，现代化的农产品市场流通体系。

2004年，《中共中央、国务院关于进一步加强农村工作提高农业综合生产能力若干政策的意见》（中发〔2004〕1号）明确指出，“加快发展农产品连锁、超市、配送经营，鼓励有条件的地方将城市农贸市场改建成超市，支持农业龙头企业到城市开办农产品超市，逐步把网络延伸到城市社区”，“鼓励发展现代物流、连锁经营、电子商务等新型业态和流通方式”。

2005年4月，商务部、财政部和国家税务总局联合下发《关于开展农产品连锁经营试点的通知》，在发展农产品连锁经营的目标和类型、支持试点的政策措施、试点企业申请条件及程序，以及加强组织领导等方面做了具体规定。连锁超市向农村乡镇扩张可以享受国家的各种优惠政策，在实践中获得迅猛发展。

2006年，商务部会同农业部、国家税务总局、国家标准化管理委员会实施“双百市场工程”，试图构建与国际市场接轨的农产品现代流通体系，拓宽保障农产品流通安全、促进农民持续增收的新路子。主要内容：一是重点改造100家大型农产品批发市场。选择100家左右辐射面广、带动力强的全国性和跨区域农产品批发市场，重点加强物流配送、市场信息、检验检测、交易大厅、仓储及活禽交易屠宰区等基础设施项目建设，进而发挥标准化市场的示范作用和辐射效应，带动和引导农产品批发市场全面创新，设施完善，优化服务，规范经营。二是着力培育100家大型农产品流通企业。重点推动农产品流通标准化和规模化、优势农产品市场营销及组织开展农商对接，探索和推广“超市＋基地”、“超市＋农村流通合作组织”、“超市＋批发市场”、“超市＋社会化物流中心”等方式。通过重点市场、重点企业示范带动，完成农产品批发市场升级改造，降低农产品流通成本及流通环节损耗；通过大型农产品流通企业使更多优势农产品进入跨国公司的国际营销网络。

2008年，国务院发布了《国务院办公厅关于贯彻落实中共中央国务院关于切实加强农业基础建设进一步促进农业发展农民增收若干意见有关政策措施分工的通知》，商务部、国家工商行政管理总局、国家质量监督检验检疫总局和中华全国供销合作总社联合发布《关于加强农村市场体系建设的意见》，加快建设农产品现代流通体系。一是继续实施“双百市场工程”。继续扶持一批大型农产品批发市场和流通企业，重点支持农产品冷链、质量安全可追溯两大系统和检验检测、结算、信息、监控、废弃物处理五大中心建设；进一步加强鲜活农产品批发市场改造与冷链系统改造，着力提高农产品流通现代化水平。二是积极开展农产品“农超对接”试点。积极推动发展一批综合超市、食品超市等国内外大型连锁企业农产品直接采购基地，与农民或农民合作组织建立长期的产销联盟，推动和扩大订单生产，支持农产品“农超对接”，促进农业产业化经营，稳定农产品销售，夯实农民增收基础。三是逐步完善和落实配套扶持政策。引导财税、金融、保险机构加大支持力度，吸引社会资金投入农产品流通基础设施建设。四是积极培育农产品流通主体。培育农村经纪人，发展农民专业合作组织；加快农产品协会建设，推动行业诚信建设，维护公平竞争环境。五是大力推进专业合作社的发展。以专业合作社为依托，推进农业标准示范基地的建设，支持专业合作社与农产品交易市场、连锁超市、农产品加工企业的对接，支持供销合作社农资经营企业农资供应及农技服务的有机结合，提升助农增收水平。

2008年12月11日，为了贯彻落实2008年中央一号文件和党的十七届三中全会精神，积极发展农产品现代流通方式，推进鲜活农产品“超市＋基地”的流通模式，引导大型连锁超市直接与鲜活农产品产地的农民专业合作社产销对接，商务部、农业部联合下发了《关于开展农超对接试点工作的通知》（以下简称《通知》），对“农超对接”试点工作进行部署。《通知》提出，到2012年，试点企业鲜活农产品产地直接采购比例达到50%以上，减少流通环节，降低流通费用，并建立从产地到零售终端的鲜活农产品冷链系统。保障措施：一是加大政策扶持力度，落实农产品仓储设施建设用地按工业用地对待政策，鼓励地方政府安排相应资金；二是拓宽投融资渠道，协调金融机构对鲜活农产品“农超对接”予以信贷支持，通过政策杠杆引导社会资金加大对鲜活农产品基础设施的投入；三是培育农产品现代流通人才，扩大国际交流合作；四是加强组织落实。

2012年8月3日，国务院办公厅发布了《国务院关于深化流通体制改革加快流通产业发展的意见》（国发〔2012〕39号），再次明确提出了加强现代流通体系建设和创新流通方式的任务，指出要“鼓励大型流通企业向农村延伸经营网络，增加农村商业网点，拓展网点功能，积极培育和发展农村经纪人，提升农民专业合作社物流配送能力和营销服务水平。支持流通企业建立城乡一体化的营销网络，畅通农产品进城和工业品下乡的双向流通渠道”，要求“统筹农产品集散地、销地、产地批发市场建设，构建农产品产销一体化流通链条，积极推广农超对接、农批对接、农校对接以及农产品展销中心、直销店等产销衔接方式”。

三、开展城乡商贸统筹综合试点

在城乡统筹发展的政策大背景下，为探索城乡商贸统筹发展的路径，解决区域发展不平衡的问题，2007年8月，商务部批准重庆成为全国唯一的“城乡商贸统筹发展试点区”，商务部在政策上给予重庆试点城乡商贸统筹发展大力支持，并将重庆市城乡商贸统筹发展纳入部市合作建设内陆开放型经济示范城市机制。

商务部办公厅下发的《关于支持重庆市加强城乡商贸统筹发展的有关意见》（商办财函〔2007〕106号）中，明确了商务部积极支持重庆市加强城乡商贸统筹发展的意见和政策。

该《意见》明确了城乡商贸统筹发展试点的重大意义，指出：加强重庆市城乡商贸统筹发展，是试验区建设工作的重要内容和组成部分，对贯彻落实胡锦涛总书记讲话精神，努力把重庆市加快建设成为西部地区的重要增长极、长江上游地区的经济中心、城乡统筹发展的直辖市、在西部地区率先实现全面建设小康社会的目标，具有重要作用；同时，对优化我国区域商贸发展布局、促进区域商贸协调发展、探索全国特别是西部地区城乡商贸统筹发展道路、解决我国区域和城乡商贸发展不平衡问题，具有重要意义。对于重庆市加强城乡商贸统筹发展的相关工作，商务部将积极予以支持。

有关具体支持措施和意见主要有如下几点。

（1）支持重庆市加强商贸立法工作。积极支持和鼓励重庆市地方商贸立法先行，在国家尚未出台相关法规规章的情况下，根据本地商贸发展需要，对特定区域先行启动立法工作。支持和帮助重庆市根据商务部发布的规章，结合本地实际，制定相关实施细则、管理办法，形成对部门规章的有益补充。鼓励重庆市商务主管部门完善市场流通领域体系建设。商务部在研究内贸立法的过程中，将把重庆市作为重点调研地区，深入听取重庆市意见。同时，将考虑把重庆市作为相关法规规章的试点地区。

（2）支持重庆市加快商贸流通业发展。一是支持重庆市制定和完善商贸流通业综合发展“十一五”规划；二是继续支持重庆市实施“万村千乡市场工程”和“双百市场工程”；三是支持重庆市发展社区商业；四是支持重庆市发展现代商业物流；五是帮助重庆市发展会展经济，商务部将支持重庆市办好中国重庆投资洽谈及全球采购会，积极引导和鼓励国际、国内有影响的会展活动在重庆举办，共同打造重庆国际性会展城市品牌；六是积极支持重庆市传统服务业创新发展；七是积极支持重庆市作为商务部运用开发性金融支持流通业发展的重点地区；八是积极支持重庆市商社集团跨区域购并，做强做大。

（3）支持重庆市加强农村商务信息服务。商务部正在组织开展“农村商务信息服务工程”建设，通过提升农村商务信息化应用水平，帮助搞活农村商贸流通，引导和方便农民销售农副产品，促进工业品下乡、农产品进城。商务部已将重庆市列为农村商务信息服务站试点建设单位，予以重点支持。

四、支持农村消费，激活农村市场

市场化改革以来，我国城乡商贸发展差距不断扩大，农村商贸落后，农村市场消费增长乏力，成为扩大内需的主要障碍。而制约农村市场扩大的主要原因在于农村居民收入增长缓慢，农村购买力相对低下。为此，国家从政策层面考虑了一系列支持农村消费增长、激活农村市场、进一步扩大内需的措施，对促进工业品下乡和农村商贸繁荣起到了一定的积极作用。

2007 年，为了贯彻落实国务院关于促进家电下乡的指示精神，财政部、商务部在反复调查研究的基础上，提出了财政补贴促进家电下乡的政策思路。为稳妥推进，自 2007 年 12 月起在三省一市（山东、河南、四川、青岛）进行了家电下乡试点，对彩电、冰箱（含冰柜）、手机三大类产品给予产品销售价格 13% 的财政资金直补。试点取得了显著成效，农民得实惠、企业得市场、政府得民心。在总结试点经验的基础上，财政部、商务部研究认为，有必要加快推进家电下乡，以进一步发挥财政补贴家电下乡产品在扩大内需、改善民生、促进社会主义新农村建设方面的政策效用。经国务院批准，在试点的三省一市继续实施的同时，将家电销售及售后服务网络相对完善、地方积极性较高的内蒙古、辽宁、大连、黑龙江、安徽、湖北、湖南、广西、重庆、陕西纳入推广地区范围，共计14个地区。为保持政策公平，家电下乡在各地区实施的时间（含三省一市的试点时间）统一暂定为4年。

2008年，为了进一步发挥家电下乡政策在扩大内需特别是农村消费中的作用，国务院决定尽快在全国推广家电下乡工作，财政部、商务部、工业和信息化部印发了《关于全国推广家电下乡工作的通知》（财建〔2008〕862号），决定从2009年2月1日起，家电下乡在原来14个地区的基础上，开始向全国推广，产品也从过去的4个增到8个，除了之前推出的彩电、冰箱、手机、洗衣机之外，又新增了摩托车、计算机、热水器和空调，同样享受国家13%的补贴。据商务部和财政部的测算，2008年财政补贴家电下乡资金达到104亿元，累计拉动消费9200亿元。

上述这些政策措施及各地区的实践表明，我国推行的积极的城乡商贸统筹发展的政策取向，有力地指导和推动了我国农村商贸流通体系的建设和完善，对加快我国现代农产品流通体系建设，探索形式多样的流通模式，解决长期存在的农产品进城和工业品下乡问题，实现流通组织创新、流通制度创新和流通机制创新，起到了重要的导向和推进作用。

第四章

城乡统筹背景下我国商贸流通业发展现状

我国商贸流通业发展的重大成就，为城乡商贸统筹发展奠定了坚实的基础，但我国城乡商贸发展是不协调的，客观上城乡商贸统筹发展仍存在问题，面临十分严峻的挑战。

第一节　我国商贸流通业发展的基础

经过 30 余年的改革和发展，我国商贸流通业取得了重大成就，商贸流通规模不断扩大，商贸流通结构不断完善，商贸流通效率不断提高，辐射力和成长力不断增强，商贸流通业已进入持续、快速、协调、健康发展的快速增长期，为实现城乡商贸统筹发展奠定了较为坚实的基础。

一、我国商贸流通业发展规模分析

（一）产出规模

本书从产出角度选取商贸流通业增加值、社会消费品零售总额两个指标来反映我国商贸流通发展现状。从指标而言，我国商贸流通业发展迅速，规模不断扩大，为城乡商贸统筹打下了良好的基础。

由表 4-1 可以看出，我国商贸流通业增加值由 1978 年的 468.91 亿元增长到 2009 年的 53 160.35 亿元，增长近 113 倍，年均增长 16.49%。其中，批发零售贸易业增加值由 242.32 亿元增长到 28 984.47 亿元，年均增长 16.69%；住宿和餐饮业增加值由 44.61 亿元增加到 7118.17 亿元，年均增长 17.78%；交通运输、仓储及邮电业增加值由 181.98 亿元增长到 17 057.72 亿元，年均增长 15.77%。2009 年，商贸流通业增加值增长率为 8.14%，对国民经济的贡献率达到 15.48%，在第三产业中居首位。

表 4-1　1978～2009 年我国商贸流通业增加值情况

年份	商贸流通业增加值		行业情况					
			批发零售贸易业		住宿和餐饮业		交通运输、仓储及邮电业	
	绝对值/亿元	增速/%	绝对值/亿元	增速/%	绝对值/亿元	增速/%	绝对值/亿元	增速/%
1978	468.91	—	242.32	—	44.61	—	181.98	—
1979	438.56	−6.47	200.85	−17.11	44.02	−1.31	193.68	6.43
1980	454.56	3.65	193.77	−3.52	47.42	7.72	213.36	10.16
1981	505.91	11.30	231.10	19.26	54.11	14.11	220.70	3.44
1982	480.58	−5.01	171.40	−25.83	62.33	15.18	246.86	11.85
1983	546.15	13.64	198.67	15.91	72.54	16.38	274.95	11.38
1984	798.77	46.26	363.47	82.96	96.79	33.43	338.52	23.12
1985	1 362.39	70.56	802.40	120.76	138.27	42.87	421.72	24.58
1986	1 514.66	11.18	852.59	6.26	163.24	18.05	498.84	18.29
1987	1 815.02	19.83	1 059.61	24.28	187.09	14.61	568.32	13.93
1988	2 410.58	32.81	1 483.40	40.00	241.45	29.05	685.74	20.66
1989	2 626.29	8.95	1 536.17	3.56	277.39	14.89	812.74	18.52
1990	2 737.83	4.25	1 268.94	−17.40	301.86	8.82	1 167.03	43.59
1991	3 697.16	35.04	1 834.56	44.57	442.29	46.53	1 420.30	21.70
1992	4 678.59	26.55	2 405.04	31.10	584.57	32.17	1 688.98	18.92
1993	5 702.70	21.89	2 816.62	17.11	712.08	21.81	2 173.99	28.72
1994	7 569.73	32.74	3 773.38	33.97	1 008.46	41.62	2 787.89	28.24
1995	9 223.01	21.84	4 778.61	26.64	1 200.10	19.00	3 244.30	16.37
1996	10 718.65	16.22	5 599.66	17.18	1 336.83	11.39	3 782.16	16.58
1997	12 037.29	12.30	6 327.39	13.00	1 561.34	16.79	4 148.57	9.69
1998	13 361.07	11.00	6 913.23	9.26	1 786.94	14.45	4 660.90	12.35
1999	14 607.49	9.33	7 491.10	8.36	1941.21	8.63	5 175.17	11.03
2000	16 465.80	12.72	8 158.59	8.91	2 146.26	10.56	6 160.95	19.05
2001	18 389.79	11.68	9 119.41	11.78	2 400.13	11.83	6 870.25	11.51
2002	20 213.05	9.91	9 995.35	9.61	2 724.75	13.53	7 492.95	9.06
2003	22 208.71	9.87	11 169.47	11.75	3 126.06	14.73	7 913.19	5.61
2004	25 423.04	14.47	12 453.85	11.50	3 664.80	17.23	9 304.39	17.58
2005	28 828.06	13.39	13 966.18	12.14	4 195.72	14.49	10 666.16	14.64
2006	33 506.29	16.23	16 530.72	18.36	4 792.59	14.23	12 182.98	14.22
2007	41 086.99	22.62	20 937.84	26.66	5 548.11	15.76	14 601.04	19.85
2008	49 160.91	19.65	26 182.34	25.05	6 616.07	19.25	16 362.50	12.06
2009	53 160.35	8.14	28 984.47	10.70	7 118.17	7.59	17 057.72	4.25

资料来源：《中国统计年鉴》(2010)

表 4-2 反映了我国社会消费品零售总额增长情况，从 1978 年的 1558.6 亿元增长到 2009 年的 125 343 亿元，增长了 79.42 倍，平均增长率为 15.42%。其中，城市消费品零售额由 885.6 亿元增长到 99 710.5 亿元，年均增长 18.77%；农村消费品零售额由 673 亿元增加到 25 632.5 亿元，年均增长 13.84%；批发零售贸易业零售额由 1363.7 亿元增长到 105 413 亿元，年均增长 15.34%；住宿和餐饮业零售额由 54.8 亿元增长到 17 998 亿元，年均增长 20.91%；其他行业零售额由 140.1 亿元增长到 1932 亿元，年均增长 10.03%。

表 4-2　1978～2009 年我国社会消费品零售总额情况

年份	社会消费品零售总额		行业情况						区域情况			
			批发零售贸易业		住宿和餐饮业		其他行业		城市		农村	
	绝对值/亿元	增速/%	绝对值/亿元	增速/%	绝对值/亿元	增速/%	绝对值/亿元	增速/%	绝对值/亿元	增速/%	绝对值/亿元	增速/%
1978	1 558.6	—	1 363.7	—	54.8	—	140.1	—	885.6	—	673	—
1980	2 140	37.30	1 768	29.65	80	45.99	292	108.42	1 133	27.94	1 007	49.63
1985	4 305	101.17	3 272.2	85.08	196.9	146.13	835.9	186.27	2 611.7	130.51	1 693.3	68.15
1990	8 300.1	92.80	6 127.4	87.26	419.8	113.20	1 752.9	109.70	5 226	100.10	3 074.1	81.54
1991	9 415.6	13.44	6 903.9	12.67	492	17.20	2 019.7	15.22	6 021	15.21	3 394.6	10.43
1992	10 993.7	16.76	7 922.2	14.75	589.7	19.86	2 481.8	22.88	7 160.1	18.92	3 833.6	12.93
1993	14 270.4	29.81	10 892.8	37.50	817.8	38.68	2 559.8	3.14	9 228.2	28.88	5 042.2	31.53
1994	18 622.9	30.50	14 903.4	36.82	1 201.4	46.91	2 518.1	−1.63	11 946.5	29.46	6 676.4	32.41
1995	23 613.8	26.80	19 454.3	30.54	1 614.7	34.40	2 544.8	1.06	16 345.7	36.82	7 268.1	8.86
1996	28 360.2	20.10	23 747.5	22.07	2 070	28.20	2 542.7	−0.08	19 958.9	22.10	8 401.3	15.59
1997	31 252.9	10.20	26 169.9	10.20	2 488.2	20.20	2 594.8	2.05	22 511.1	12.79	8 741.8	4.05
1998	33 378.1	6.80	27 859.2	6.46	2 878.8	15.70	2 640.1	1.75	24 514.3	8.90	8 863.8	1.40
1999	35 647.9	6.80	29 708.8	6.64	3 270.3	13.60	2 668.8	1.09	26 662.6	8.76	8 985.3	1.37
2000	39 105.7	9.70	32 697.3	10.06	3 836.1	17.30	2 572.3	−3.62	29 386.3	10.22	9 719.4	8.17
2001	43 055.4	10.10	36 014.8	10.15	4 465.2	16.40	2 575.4	0.12	32 630.5	11.04	10 424.9	7.26
2002	48 135.9	11.80	40 926.6	13.64	5547.1	24.23	1 662.2	−35.46	36 943	13.22	11 192.9	7.37
2003	52 516.3	9.10	44 659.4	9.12	6 191.4	11.62	1 665.5	0.20	40 620.1	9.95	11 896.2	6.28
2004	59 501	13.30	50 256.8	12.53	7 550.4	21.95	1 693.8	1.70	46 331.7	14.06	13 169.3	10.70
2005	67 176.6	12.90	56 589.2	12.60	8 886.8	17.70	1 700.6	0.40	52 579.7	13.49	14 596.9	10.84
2006	76 410	13.74	64 325.5	13.67	10 345.5	16.41	1 739	2.26	60 020.5	14.15	16 389.5	12.28
2007	89 210	16.75	75 040.3	16.66	12 352	19.39	1 817.7	4.53	70 354.5	17.22	18 855.5	15.05
2008	108 487.7	21.61	91 198.5	21.53	15 403.9	24.71	1 885.3	3.72	85 947.7	22.16	22 540	19.54
2009	125 343	15.54	105 413	15.59	17 998	16.84	1 932	2.48	99 710.5	16.01	25 632.5	13.72

注：2009 年城市和农村社会消费品零售总额数据根据近 5 年（2005～2009 年）城市和农村社会消费品零售总额比例变化情况估算而得

资料来源：1978～2008 年数据源自《中国统计年鉴》(2009)，2009 年数据源自《2009 年国民经济和社会发展统计公报》

随着商贸流通规模的迅速扩张，商贸流通体系也日臻完善，特别是农村商贸体系逐步发展壮大。自 2005 年商务部在全国范围内实施“万村千乡市场工程”以来，农村商业网点布局取得明显成效。截至 2010 年年底，全国累计建设 52 万家连锁化农家店、2667 个配送中心，覆盖了全国 80%的乡镇和 65%的行政村（中国产业经济信息网，2011）。2009 年“双百市场工程”全面启动，中央财政专项资金对 600 家农产品批发市场和农贸市场的 790 个项目建设进行扶持，市场年交易额超过了 5200 亿元。2010 年，以农产品冷链系统、质量安全可追溯系统为重点继续实施“双百市场工程”，支持农产品批发市场和农贸市场进行建设和改造，进一步改善了农村商品流通环境。与此同时，2009 年全国供销合作社围绕农村生产、生活需要开展了“新网工程”建设，进一步完善了农村商贸流通网络体系。2010 年，全国供销合作社系统开展连锁经营和配送业务的企业达 4004 家，拥有配送中心 6535 个，发展农业生产资料连锁、配送网点 21 万个，开展日用消费品连锁经营的企业 1515 家，配送中心 1062 个，发展连锁、配送网点 23.33 万个，县以下的经营服务网点已达 50 万个（中国经济网，2011），初步建成了覆盖县、乡、村三级的经营服务网络。销售网络体系向农村乡镇的延伸进一步拓展了商贸流通的广度和深度，为城乡商贸统筹发展打下了坚实的基础。

（二）投入规模

投入规模从投入角度反映了我国商贸流通业发展现状。本书选取商贸流通业从业人员和商贸流通业固定资产投资两个指标，分别从人力和物力方面衡量我国商贸流通业的资源投入情况。

1. 从业人员

由于统计年鉴对商贸流通业从业人员统计口径不同，因此，对我国商贸流通业从业人员情况的分析选取 2003～2009 年数据，从业人员主要分为批发零售贸易业、住宿和餐饮业，以及交通运输、仓储及邮电业三大类，如表 4-3 所示。

表 4-3　2003～2009 年我国商贸流通业从业人员情况

年份	流通业从业人员		行业情况						区域情况			
			批发零售贸易业		住宿和餐饮业		交通运输、仓储及邮电业		城市		农村	
	绝对值/万人	增速/%	绝对值/万人	增速/%	绝对值/万人	增速/%	绝对值/万人	增速/%	绝对值/万人	增速/%	绝对值/万人	增速/%
2003	1174.4	—	406.8	—	113.3	—	654.3	—	1036.8	—	137.6	—
2004	1420.7	20.97	507.7	24.80	262.1	131.33	650.9	−0.52	1395.6	34.61	25.1	−81.76
2005	1450.9	2.13	519.5	2.32	287.4	9.65	644	−1.06	1339.2	−4.04	111.7	345.02
2006	1506.4	3.83	544.3	4.77	311.2	8.28	650.9	1.07	1312.4	−2.00	194	73.68
2007	1605.4	6.57	604.9	11.13	341.8	9.83	658.7	1.20	1315.7	0.25	289.7	49.33
2008	1796.3	11.89	737.4	21.90	400.1	17.06	658.8	0.02	1334.9	1.46	461.4	59.27
2009	1878.1	4.55	749	1.57	400.7	0.15	728.4	10.56	1357.3	1.68	520.8	12.87

注：按统计年鉴统计口径，2003～2009 年商贸流通业从业人员分为批发零售贸易业、住宿和餐饮业，以及交通运输、仓储及邮电业三类

资料来源：《中国统计年鉴》（2004～2010）

由表 4-3 我们可以看出，我国商贸流通业从业人员由 2003 年的 1174.4 万人增长到 2009 年的 1878.1 万人，增长了 0.6 倍，年均增长 8.14%。其中，批发零售贸易业从业人员由 2003 年的 406.8 万人增长到 2009 年的 749 万人，年均增长为 10.71%；住宿和餐饮业从业人员由 2003 年的 113.3 万人增长到 2009 年的 400.7 万人，年均增长为 23.43%；交通运输、仓储及邮电业从业人员由 2003 年的 654.3 万人增长到 2009 年的 728.4 万人，年均增长 1.80%；城市商贸流通业从业人员由 2003 年的 1036.8 万人增长到 2009 年的 1357.3 万人，年均增长 4.59%；农村商贸流通业从业人员由 2003 年的 137.6 万人增长到 2009 年的 520.8 万人，年均增长 24.84%。

2. 固定资产投资

如表 4-4 所示，我国商贸流通业固定资产投资由 2003 年的 7635.1 亿元增长到 2009 年的 32 732.9 亿元，增长了 3.29 倍，年均增长 27.41%。其中，批发零售贸易业固定资产投资由 2003 年的 922.7 亿元增长到 2009 年的 5132.8 亿元，年均增长 33.11%；住宿和餐饮业固定资产投资由 2003 年的 423 亿元增长到 2009 年的 2625.4 亿元，年均增长 35.56%；交通运输、仓储及邮电业固定资产投资由 2003 年的 6289.4 亿元增长到 2009 年的 24 974.7 亿元，年均增长 25.84%；城市商贸流通业固定资产投资由 6781.7 亿元增长到 2009 年的 30 090.9亿元，年均增长 28.19%；农村商贸流通业固定资产投资由 2003 年的 853.4 亿元增长到 2009 年的 2642 亿元，年均增长 20.72%。

表 4-4 2003～2009 年我国商贸流通业固定资产投资情况

年份	流通业固定资产投资额		行业情况						区域情况			
			批发零售贸易业		住宿和餐饮业		交通运输、仓储及邮电业		城市		农村	
	绝对值/亿元	增速/%	绝对值/亿元	增速/%	绝对值/亿元	增速/%	绝对值/亿元	增速/%	绝对值/亿元	增速/%	绝对值/亿元	增速/%
2003	7 635.1	—	922.7	—	423	—	6 289.4	—	6 781.7	—	853.4	—
2004	9 480	24.16	1 273	37.96	560.8	32.58	7 646.2	21.57	8 646.8	27.50	833.2	−2.37
2005	12 139.2	28.05	1 716.4	34.831	808.8	44.22	9 614	25.74	11 068.4	28.01	1 070.8	28.52
2006	15 499.1	27.68	2 265.3	31.98	1 095.7	35.47	12 138.1	26.25	13 738.1	24.12	1 761	64.46
2007	18 553.7	19.71	2 880.3	27.15	1 519.4	38.67	14 154	16.61	16 777.6	22.13	1 776.1	0.86
2008	22 698.4	22.34	3 714.8	28.97	1 959.2	28.95	17 024.4	20.28	20 628.5	22.95	2 069.9	16.54
2009	32 732.9	44.21	5 132.8	38.17	2 625.4	34.00	24 974.7	46.70	30 090.9	45.87	2 642	27.64

注：由于 2002 年以前相关统计数据无法收集，故选取 2003～2009 年的相关数据反映我国商贸流通业固定资产投资情况

资料来源：《中国统计年鉴》(2004～2010)

二、我国商贸流通业流通结构分析

(一) 市场结构

本书选取限额以上零售业销售额比重分析我国商贸流通业市场结构。限额

以上零售业销售额比重反映了我国商贸流通业整体实力的变化，限额以上企业通常是现代化程度较高的企业，代表了行业未来的发展方向，在满足消费者需求方面也更具优势，因此，限额以上零售企业销售额在社会消费品零售总额中所占的比重越大，说明限额以上零售企业所占的市场份额越大，也就说明商贸流通业整体实力越强。

由表 4-5 可知，我国限额以上零售业销售额比重一直呈现稳步上升态势，由 1998 年的 15.15%增长到 2009 年的 34.57%，特别是从 2003 年开始，限额以上零售业销售额比重呈现快速增长趋势，说明我国商贸流通业市场结构正在逐渐发生变化，限额以上零售企业所占的市场份额逐年增大，商贸流通业整体实力不断增强。

表 4-5 1998～2009 年限额以上零售业销售额比重

年份	限额以上零售业销售额/亿元	社会消费品零售总额/亿元	比重/%
1998	5 056.1	33 378.1	15.15
1999	5 392.5	35 647.9	15.13
2000	6 287.6	39 105.7	16.08
2001	7 022.1	43 055.4	16.31
2002	8 498.4	48 135.9	17.66
2003	10 638.9	52 516.3	20.26
2004	15 528.9	59 501	26.10
2005	18 230	67 176.6	27.14
2006	23 220.1	76 410	30.39
2007	28 378.1	89 210	31.81
2008	39 213.4	108 487.7	36.15
2009	43 331.6	125 343	34.57

注：我国限额以上零售业销售额数据从 1998 年开始统计，故选取 1998～2009 年的限额以上零售业销售额比重分析我国商贸流通业市场结构情况

资料来源：《中国统计年鉴》（2004～2010）

（二）规模结构

本书主要从商贸流通业增加值占 GDP 的比重、商贸流通业从业人员占社会从业人员的比重、商贸流通业固定资产投资额占社会固定资产投资总额的比重三方面分析我国商贸流通业的规模结构。

1. 商贸流通业增加值占 GDP 的比重

如表 4-6 所示，我国商贸流通业增加值占 GDP 的比重由 1978 年的 12.86%增加至 2009 年 15.48%，1985 年以来，商贸流通业增加值占 GDP 的比重呈现出相对稳定的态势，占 GDP 的 15.8%左右，对国民经济的贡献率在第三产业中居首位。

表 4-6　1978～2009 年商贸流通业增加值占 GDP 的比重

年份	GDP/亿元	第三产业增加值/亿元	流通业增加值/亿元	流通业增加值占 GDP 的比重/%	第三产业增加值占 GDP 的比重/%	流通业增加值占第三产业的比重/%
1978	3 645.22	872.48	468.91	12.86	23.93	53.74
1979	4 062.58	878.89	438.56	10.80	21.63	49.90
1980	4 545.62	982.03	454.56	10.00	21.60	46.29
1981	4 889.46	1 076.60	505.91	10.35	22.02	46.99
1982	5 330.45	1 162.95	480.58	9.02	21.82	41.32
1983	5 985.55	1 338.06	546.15	9.12	22.35	40.82
1984	7 243.75	1 786.26	798.77	11.03	24.66	44.72
1985	9 040.74	2 585.04	1 362.39	15.07	28.59	52.70
1986	10 274.38	2 993.79	1 514.66	14.74	29.14	50.59
1987	12 050.62	3 573.97	1 815.02	15.06	29.66	50.78
1988	15 036.82	4 590.26	2 410.58	16.03	30.53	52.52
1989	17 000.92	5 448.40	2 626.29	15.45	32.05	48.20
1990	18 718.32	5 888.42	2 737.83	14.63	31.46	46.50
1991	21 826.20	7 337.10	3 697.16	16.94	33.62	50.39
1992	26 937.28	9 357.38	4 678.59	17.37	34.74	50.00
1993	35 260.02	11 915.73	5 702.70	16.17	33.79	47.86
1994	48 108.46	16 179.76	7 569.73	15.73	33.63	46.79
1995	59 810.53	19 978.46	9 223.01	15.42	33.40	46.16
1996	70 142.49	23 326.24	10 718.65	15.28	33.26	45.95
1997	78 060.83	26 988.15	12 037.29	15.42	34.57	44.60
1998	83 024.28	30 580.47	13 361.07	16.09	36.83	43.69
1999	88 479.15	33 873.44	14 607.49	16.51	38.28	43.12
2000	98 000.45	38 713.95	16 465.80	16.80	39.50	42.53
2001	108 068.22	44 361.61	18 389.79	17.02	41.05	41.45
2002	119 095.69	49 898.90	20 213.05	16.97	41.90	40.51
2003	135 173.98	56 004.73	22 208.71	16.43	41.43	39.66
2004	159 586.75	64 561.29	25 423.04	15.93	40.46	39.38
2005	185 808.56	74 919.28	28 828.06	15.51	40.32	38.48
2006	217 522.67	88 554.88	33 506.29	15.40	40.71	37.84
2007	267 763.66	111 351.95	41 086.99	15.34	41.59	36.90
2008	316 228.82	131 339.99	49 160.91	15.55	41.53	37.43
2009	343 464.69	147 642.09	53 160.35	15.48	42.99	36.01

资料来源：《中国统计年鉴》(2010)

第三产业增加值占 GDP 的比重自 1978 年以来呈现稳步上升趋势，由 1978 年的 23.93%增加至 2009 年 42.99%，第三产业在国民经济中所占的比重越来越大，对国民经济的发展起着越来越重要的作用。但同时也应该看到，在西方发达国家，第三产业在国民经济中所占的比重达 70%左右，与西方发达国家相比，我国第三产业的发展还相对落后，具有广阔的发展空间。

尽管我国商贸流通业发展较快，流通规模不断扩大，但商贸流通业增加值占第三产业的比重却呈现出逐年变小的趋势，由 1978 年的 53.74%下降为 2009 年的 36.01%，商贸流通业对第三产业发展的拉动作用还需进一步增强。当然，这也说明了第三产业其他行业得到了较快发展。

2. 商贸流通业从业人员占社会从业人员的比重

由表 4-7 可知，2003～2009 年，我国商贸流通业从业人员占社会从业人员的比重总体表现出上升趋势。由 2003 年的 1.58%上升到 2009 年的 2.41%，第三产业从业人员占社会从业人员的比重由 2003 年的 29.30%上升到 2009 年的 34.11%，流通业从业人员占第三产业从业人员的比重由 2003 年的 5.38%上升到 2009 年的 7.06%。

表 4-7 2003～2009 年商贸流通业从业人员占社会从业人员的比重

年份	社会从业人员数/万人	第三产业从业人员数/万人	流通业从业人员数/万人	流通业从业人员占社会从业人员的比重/%	第三产业从业人员占社会从业人员的比重/%	流通业从业人员占第三产业从业人员的比重/%
2003	74 432	21 809	1 174.4	1.58	29.30	5.38
2004	75 200	23 011	1 420.7	1.89	30.60	6.17
2005	75 825	23 771	1 450.9	1.91	31.35	6.10
2006	76 400	24 614	1 506.4	1.97	32.22	6.12
2007	76 990	24 917	1 605.4	2.09	32.36	6.44
2008	77 480	25 717	1 796.3	2.32	33.19	6.98
2009	77 995	26 603	1 878.1	2.41	34.11	7.06

注：按统计年鉴统计口径，2003～2009 年商贸流通业从业人员分为批发零售贸易业、住宿和餐饮业，以及交通运输、仓储及邮电业三类

资料来源：《中国统计年鉴》(2004～2010)

3. 商贸流通业固定资产投资额占社会固定资产投资总额的比重

商贸流通业固定资产投资额占社会固定资产投资总额的比重反映了我国在投资过程中对商贸流通业的重视程度。2003～2009 年，我国商贸流通业固定资产投资额占社会固定资产投资总额的比重相对较为稳定，占 14%左右，其中，城市商贸流通固定资产投资额占城市社会固定资产投资总额的比重在 14.8%左右，而农村商贸流通固定资产投资额占农村社会固定资产投资总额的比重仅为 8%左右，城乡差距明显（表 4-8）。

表 4-8 2003～2009 年商贸流通业固定资产投资额占社会固定资产投资总额的比重

年份	流通业固定资产投资额/亿元	社会固定资产投资总额/亿元	所占比重/%	城市			农村		
				流通业固定资产投资额/亿元	社会固定资产投资总额/亿元	所占比重/%	流通业固定资产投资额/亿元	社会固定资产投资总额/亿元	所占比重/%
2003	7 635.1	55 566.6	13.74	6 781.7	45 811.7	14.80	853.4	9 754.9	8.75
2004	9 480	70 477.4	13.45	8 646.8	59 028.2	14.65	833.2	11 449.25	7.28
2005	12 139.2	88 773.6	13.67	11 068.4	75 095.1	14.74	1 070.8	13 678.5	7.83
2006	15 499.1	109 998.2	14.09	13 738.1	93 368.7	14.71	1 761	16 629	10.59
2007	18 553.7	137 323.9	13.51	16 777.6	117 464	14.28	1 776.1	19 859	8.94
2008	22 698.4	172 828.4	13.13	20 628.5	148 738	13.87	2 069.9	24 090	8.59
2009	32 732.9	224 598.8	14.57	30 090.9	193 920	15.52	2 642	30 678	8.61

注：由于 2002 年以前相关统计数据无法收集，故选取 2003～2009 年的相关数据反映商贸流通业固定资产投资额占社会固定资产投资总额的比重情况

资料来源：《中国统计年鉴》(2004～2010)

（三）产业结构

由表 4-9 可以看出，在我国商贸流通业中，批发零售贸易业所占比重大于交通运输、仓储及邮电业，交通运输、仓储及邮电业所占比重大于住宿和餐饮业，说明我国的商贸流通业一直以批发零售贸易业为主导。1978～2009 年，批发零售贸易业所占比重相对较为稳定，占商贸流通业的 50%左右，住宿和餐饮业所占比重不断增加，已由 1978 年的 9.51%上升为 2009 年的 13.39%，而交通运输、仓储及邮电业所占比重则呈现出下降趋势。

表 4-9　1978～2009 年我国商贸流通业增加值结构

年份	商贸流通业增加值/亿元	行业情况					
		批发零售贸易业		住宿和餐饮业		交通运输、仓储及邮电业	
		绝对值/亿元	所占比重/%	绝对值/亿元	所占比重/%	绝对值/亿元	所占比重/%
1978	468.91	242.32	51.68	44.61	9.51	181.98	38.81
1979	438.56	200.85	45.80	44.02	10.04	193.68	44.16
1980	454.56	193.77	42.63	47.42	10.43	213.36	46.94
1981	505.91	231.10	45.68	54.11	10.70	220.70	43.62
1982	480.58	171.40	35.67	62.33	12.97	246.86	51.37
1983	546.15	198.67	36.38	72.54	13.28	274.95	50.34
1984	798.77	363.47	45.50	96.79	12.12	338.52	42.38
1985	1 362.39	802.40	58.90	138.27	10.15	421.72	30.95
1986	1 514.66	852.59	56.29	163.24	10.78	498.84	32.93
1987	1 815.02	1 059.61	58.38	187.09	10.31	568.32	31.31
1988	2 410.58	1 483.40	61.54	241.45	10.02	685.74	28.45
1989	2 626.29	1 536.17	58.49	277.39	10.56	812.74	30.95
1990	2 737.83	1 268.94	46.35	301.86	11.03	1 167.03	42.63
1991	3 697.16	1 834.56	49.62	442.29	11.96	1 420.30	38.42
1992	4 678.59	2 405.04	51.41	584.57	12.49	1 688.98	36.10
1993	5 702.70	2 816.62	49.39	712.08	12.49	2 173.99	38.12
1994	7 569.73	3 773.38	49.85	1 008.46	13.32	2 787.89	36.83
1995	9 223.01	4 778.61	51.81	1 200.10	13.01	3 244.30	35.18
1996	10 718.65	5 599.66	52.24	1 336.83	12.47	3 782.16	35.29
1997	12 037.29	6 327.39	52.56	1 561.34	12.97	4 148.57	34.46
1998	13 361.07	6 913.23	51.74	1 786.94	13.37	4 660.90	34.88
1999	14 607.49	7 491.10	51.28	1 941.21	13.29	5 175.17	35.43
2000	16 465.80	8 158.59	49.55	2 146.26	13.03	6 160.95	37.42
2001	18 389.79	9 119.41	49.59	2 400.13	13.05	6 870.25	37.36
2002	20 213.05	9 995.35	49.45	2 724.75	13.48	7 492.95	37.07
2003	22 208.71	11 169.47	50.29	3 126.06	14.08	7 913.19	35.63
2004	25 423.04	12 453.85	48.99	3 664.80	14.42	9 304.39	36.60
2005	28 828.06	13 966.18	48.45	4 195.72	14.55	10 666.16	37.00
2006	33 506.29	16 530.72	49.34	4 792.59	14.30	12 182.98	36.36
2007	41 086.99	20 937.84	50.96	5 548.11	13.50	14 601.04	35.54
2008	49 160.91	26 182.34	53.26	6 616.07	13.46	16 362.50	33.28
2009	53 160.35	28 984.47	54.52	7 118.17	13.39	17 057.72	32.09

资料来源：《中国统计年鉴》（2010）

(四) 人员结构

通过分析商贸流通业的就业结构，即分析商贸流通业各行业从业人员占商贸流通业从业人员的比重，可以了解各行业对社会劳动力的吸纳情况，认识商贸流通业各行业在吸纳就业方面的能力，帮助解决社会就业问题。

由表 4-10 可以看出，2003～2009 年，我国商贸流通业中，批发零售贸易业以及交通运输、仓储及邮电业对劳动力的吸纳作用明显。相比而言，批发零售贸易业对就业的带动作用不断增强，而交通运输、仓储及邮电业占商贸流通业从业人员所占比重则呈现下降趋势，同时，住宿和餐饮业对就业的带动作用也不断提高，由 2003 年的 9.65%上升到 2009 年的 21.34%。从城乡角度来看，我国商贸流通业从业人员表现出以城市为主的特征。

表 4-10　2003～2009 年我国商贸流通业从业人员情况

年份	流通业从业人员/万人	行业情况						区域情况			
		批发零售贸易业		住宿和餐饮业		交通运输、仓储及邮电业		城市		农村	
		绝对值/万人	所占比重%	绝对值/万人	所占比重/%	绝对值/万人	所占比重/%	绝对值/万人	所占比重/%	绝对值/万人	所占比重/%
2003	1174.4	406.8	34.64	113.3	9.65	654.3	55.71	1036.8	88.28	137.6	11.72
2004	1420.7	507.7	35.74	262.1	18.45	650.9	45.82	1395.6	98.23	25.1	1.77
2005	1450.9	519.5	35.81	287.4	19.81	644	44.39	1339.2	92.30	111.7	7.70
2006	1506.4	544.3	36.13	311.2	20.66	650.9	43.21	1312.4	87.12	194	12.88
2007	1605.4	604.9	37.68	341.8	21.29	658.7	41.03	1315.7	81.95	289.7	18.05
2008	1796.3	737.4	41.05	400.1	22.27	658.8	36.68	1334.9	74.31	461.4	25.69
2009	1878.1	749	39.88	400.7	21.34	728.4	38.78	1357.3	72.27	520.8	27.73

注：按统计年鉴统计口径，2003～2009 年商贸流通业从业人员分为批发零售贸易业、住宿和餐饮业，以及交通运输、仓储及邮电业三类

资料来源：《中国统计年鉴》(2004～2010)

(五) 批发零售结构

批发零售系数反映了限额以上批发业销售额和限额以上零售业销售额的比较关系，批发零售系数越大，表明商贸流通业的辐射能力越强。表 4-11 表明，我国商贸流通业批发零售系数呈现下降趋势，由 1998 年的 4.37 下降为 2009 年的 3.64，表明我国零售业和企业自销渠道比较发达，批发业出现了相对萎缩。

表 4-11　1998～2009 年我国商贸流通业批发零售系数

年份	限额以上批发业销售额/亿元	限额以上零售业销售额/亿元	批发零售系数
1998	22 090.8	5 056.1	4.37
1999	22 055.8	5 392.5	4.09
2000	25 977.9	6 287.6	4.13
2001	28 131.1	7 022.1	4.01
2002	31 591.9	8 498.4	3.72

续表

年份	限额以上批发业销售额/亿元	限额以上零售业销售额/亿元	批发零售系数
2003	37 974.3	10 638.9	3.57
2004	71 399.7	15 528.9	4.60
2005	74 921.3	18 230	4.11
2006	86 834.8	23 220.1	3.74
2007	104 362.7	28 378.1	3.68
2008	169 016.4	39 213.4	4.31
2009	157 834.6	43 331.6	3.64

注：由于我国限额以上批发业销售额和限额以上零售业销售额数据从 1998 年开始统计，故选取 1998～2009 年相关数据分析我国商贸流通业批零结构情况

资料来源：《中国统计年鉴》(1999～2010)

三、我国商贸流通业流通设施分析

本书对商贸流通业流通设施的分析主要从商业网点的角度进行，重点分析流通法人企业数、连锁零售企业、连锁餐饮企业及亿元以上商品交易市场发展情况。

流通法人企业数指的是从事批发零售贸易业、住宿和餐饮业的法人企业，反映了商贸流通业的繁荣程度。由表 4-12 可以看出，2000 年以来，我国商贸流通法人企业数快速增加，由 2000 年的 29 075 个增加至 2009 年的 130 660 个，增长了 3.49 倍，年均增长达 18.17%。其中，批发零售贸易业法人企业数由 2000 年的 25 567 个增加至 2009 年的 95 468 个，平均增长 15.76%；住宿和餐饮业法人企业数由 2000 年的 3508 个增加至 2009 年的 35 192 个，增长了 9.03 倍。

表 4-12　2000～2009 年我国商贸流通业流通设施情况

年份	流通法人企业数		连锁零售企业		连锁餐饮企业			亿元以上商品交易市场		
	批发零售贸易业/个	住宿和餐饮业/个	门店总数/个	营业面积/万 m²	门店总数/个	营业面积/万 m²	餐位数/万个	市场数/个	摊位数/个	营业面积/万 m²
2000	25 567	3 508	—	—	—	—	—	3 087	2 115 115	8 261.6
2001	25 543	4 132	—	—	—	—	—	3 273	2 200 662	9 397.3
2002	26 605	5 021	—	—	—	—	—	3 285	2 190 814	10 313.2
2003	27 340	5 935	—	—	—	—	—	3 265	2 148 866	10 984.0
2004	52 448	19 299	77 631	7 202.6	7 578	352.60	180.10	3 365	2 229 818	12 477.5
2005	47 698	19 366	105 684	8 687.5	9 748	478.10	245.80	3 323	2 248 803	13 140.8
2006	51 788	22 091	128 924	8 797	11 360	588.20	274.80	3 876	2 527 987	18 072.3
2007	55 737	25 041	151 694	1 044	12 743	629.25	280.05	4 121	2 681 630	19 814.6
2008	100 935	37 151	168 502	10 197.8	12 561	651.86	253.07	4 567	2 839 070	21 225.2
2009	95 468	35 192	175 677	11 809.2	13 739	691.55	248.94	4 687	2 994 781	23 230.3

注：由于统计数据收集原因，选取 2000～2009 年的相关数据反映我国商贸流通业流通设施情况

资料来源：《中国统计年鉴》(2010)

自2004年以来，我国连锁零售企业及餐饮企业也进入了快速发展阶段。连锁零售企业门店数由2004年的77 631个增加至2009年的175 677个，增长了1.26倍，营业面积由2004年的7202.6万m^2增加至2009年的11 809.2万m^2，增长了0.64倍；连锁餐饮企业门店数由2004年的7578个增加至2009年的13 739个，增长了0.81倍，营业面积由2004年的352.6万m^2增加至2009年的691.55万m^2，增长了0.96倍，餐位数由2004年的180.1万个增加至2009年的248.94万个，增长了0.38倍。

亿元以上商品交易市场数量及营业面积是衡量交易市场规模和营业环境质量的重要指标之一，体现了我国商品的流通规模。近年来，我国亿元以上商品交易市场稳步发展，市场数量由2000年的3087个增长为2009年的4687个，年均增长4.75%；市场摊位数由2000年的2 115 115个增长为2009年的2 994 781个，年均增长3.94%；营业面积由2000年的8261.6万m^2增加至2009年的23 230.3万m^2，年均增长12.17%。

四、我国商贸流通业流通效率分析

（一）人员效率

本书主要从人均实现社会消费品零售总额和人均完成流通业增加值两方面分析人员效率。

商贸流通业从业人员人均实现社会消费品零售总额从社会消费品零售总额角度，反映商贸流通业产业内部从业人员效率的高低。从表4-13可以看出，我国商贸流通业从业人员人均实现社会消费品零售总额不断增加。

表4-13　2003～2009年我国商贸流通业人员效率情况

年份	从业人员数/万人	社会消费品零售总额/亿元	人均实现社会消费品零售总额/万元	流通业增加值/亿元	人均完成流通业增加值/万元
2003	1 174.4	52 516.3	44.72	22 208.71	18.91
2004	1 420.7	59 501	41.88	25 423.04	17.89
2005	1 450.9	67 176.6	46.30	28 828.06	19.87
2006	1 506.4	76 410	50.72	33 506.29	22.24
2007	1 605.4	89 210	55.57	41 086.99	25.59
2008	1 796.3	108 487.7	63.93	49 160.91	27.37
2009	1 878.1	125 343	66.74	53 160.35	28.31

资料来源：《中国统计年鉴》(2010)

商贸流通业从业人员人均完成流通业增加值是从商贸流通业增加值角度，衡量商贸流通业产业内部从业人员效率的高低。总体而言，我国商贸流通业从业人员人均完成流通业增加值呈现不断增加趋势。

(二) 资本效率

本书主要从商贸流通业万元固定资产投资实现社会消费品零售总额和完成增加值两方面对资本效率进行分析。

商贸流通业万元固定资产投资实现社会消费品零售总额反映了商贸流通业固定资产实现社会消费品零售总额的效率。从表 4-14 可以看出，我国万元固定资产投资实现社会消费品零售总额呈现逐年下降趋势，由 2003 年的 6.88 亿元下降为 2009 年的 3.83 亿元，农村的资本效率高于城市的资本效率。

表 4-14　2003～2009 年我国商贸流通业资本效率情况

年份	固定资产投资/万元			社会消费品零售总额/亿元			万元固定资产投资实现社会消费品零售总额/亿元			流通业增加值/亿元	万元固定资产投资完成增加值/亿元
	总额	城市	农村	总额	城市	农村	总额	城市	农村		
2003	7 635.1	6 781.7	853.4	52 516.3	40 620.1	11 896.2	6.88	5.99	13.94	22 208.71	2.91
2004	9 480	8 646.8	833.2	59 501	46 331.7	13 169.3	6.28	5.36	15.81	25 423.04	2.68
2005	12 139.2	11 068.4	1 070.8	67 176.6	52 579.7	14 596.9	5.53	4.75	13.63	28 828.06	2.37
2006	15 499.1	13 738.1	1 761	76 410	60 020.5	16 389.5	4.93	4.37	9.31	33 506.29	2.16
2007	18 553.7	16 777.6	1 776.1	89 210	70 354.5	18 855.5	4.81	4.19	10.62	41 086.99	2.21
2008	22 698.4	20 628.5	2 069.9	108 487.1	85 947.7	22 540	4.78	4.17	10.89	49 160.91	2.17
2009	32 732.9	30 090.9	2 642	125 343	99 710.5	25 632.5	3.83	3.31	9.70	53 160.35	1.62

注：由于 2002 年以前商贸流通业固定资产投资额无法收集，故选取 2003～2009 年的相关数据反映我国商贸流通业资本效率情况。2009 年城市和农村社会消费品零售总额数据根据近 5 年（2005～2009 年）城市和农村社会消费品零售总额比例变化情况估算而得

资料来源：《中国统计年鉴》（2009～2010）

商贸流通业万元固定资产投资完成增加值反映了商贸流通业的固定资产对商贸流通业增加值的贡献大小。总体来讲，我国商贸流通业万元固定资产投资完成增加值也呈现出不断下降的趋势，由 2003 年的 2.91 亿元下降为 2009 年的 1.62 亿元。

(三) 网点效率

近年来，通过发展扩张、并购重组、扶持培育，我国商贸流通企业发展规模逐渐扩大，初步构建起以大公司、大集团为骨干的商贸流通业发展新格局，大企业带动示范作用日益显现，已成为我国商贸流通发展的主导力量。

由表 4-15 可知，我国亿元以上商品交易市场数量由 2000 年的 3087 个增加至 2009 年的 4687 个，年均增长 5.18%；营业面积由 2000 年的 8261.6 万 m^2 增加至 2009 年的 23 230.3 万 m^2，年均增长 18.12%；成交额由 2000 年的 16 358.9亿元增加至 2009 年的 57 963.8 亿元，年均增长 25.43%，亿元以上商品交易市场规模逐年扩大。

表 4-15　2000～2009 年网点效率情况

年份	商品交易市场效率			单店效率		
	亿元以上商品交易市场成交额/亿元	亿元以上商品交易市场数量/个	亿元以上商品交易市场效率/(亿元/个)	限额以上流通业销售额/亿元	限额以上流通企业数/个	限额以上流通企业单店效率/(亿元/个)
2000	16 358.9	3 087	5.3	36 388.77	29 075	1.25
2001	17 719.1	3 273	5.41	39 901.96	29 675	1.34
2002	19 840	3 258	6.09	45 645.4	31 626	1.44
2003	21 514.5	3 265	6.59	—	—	—
2004	26 102.7	3 365	7.76	88 089.1	71 747	1.23
2005	30 020.9	3 323	9.0	94 411.5	67 064	1.41
2006	37 137.5	3 876	9.58	111 628.4	73 879	1.51
2007	44 085.1	4 121	10.7	134 648	80 778	1.67
2008	52 458	4 567	11.49	210 822.6	138 086	1.53
2009	57 963.8	4 687	12.37	206 113.3	130 660	1.58

注：由于统计数据收集原因，选取 2000～2009 年的相关数据反映我国商业网点效率情况
资料来源：《中国统计年鉴》(2010)

大型商贸流通企业所占市场份额逐年增加，对产业发展的带动作用日益增强。2010 年，我国服务业企业 500 强营业收入总额达 116 334 亿元，平均营业收入为 233 亿元，两项均比上年增长了 4.9%；总资产达到 734 580 亿元，比上年大幅提高 23.9%；平均资产为 1475 亿元，比上年大幅提高了 23.6%。在服务企业 500 强中，商贸流通企业 61 家，占企业总数的 12.2%，在服务业中占有重要的地位。

据中国连锁经营协会公布的《2009 年零售百强发展报告》，2009 年我国连锁百强企业门店总数达到 13.7 万个，门店总数增长 18.9%，销售规模达到 1.36 万亿元，同比增长 13.5%，占社会消费品零售总额的 11%。其中，苏宁电器集团、国美电器集团、百联集团有限公司、大商集团有限公司、华润万家有限公司分别以 1170 亿元、1068 亿元、979 亿元、705 亿元、680 亿元的销售规模位居百强企业榜前五位，百强企业最后一名的销售额为 16 亿元，比 2008 年第 100 名的 14.1 亿元增长了 10%。2010 年《中国零售百强榜》显示，我国零售百强企业门店数为 14.28 万个，同比增长 4.23%，销售规模 1.66 万亿元，同比增长 22.1%，增速高于社会消费品零售总额增速 3.4 个百分点。苏宁电器以 1566.2 亿元的销售额再次位居榜首，国美、百联居第二、第三位。2010 年百强企业销售额超过百亿的企业达到 45 家，比 2009 年新增 7 家，表明我国零售企业规模逐年扩大，大型零售企业占比逐年提高，大企业主导格局已基本形成。

本书选取亿元以上商品交易市场效率和限额以上企业门店的单店效率对我国大型交易市场和流通企业的销售效率进行分析，从而对我国商业网点效率进行评价。

亿元以上商品交易市场效率的高低反映了商品交易市场销售能力的强弱和

效率的高低，我国亿元以上商品交易市场效率总体呈现出不断上升的趋势，由2000年的5.3提高到2009年的12.37，提高了1.33倍。单店效率主要反映限额以上流通企业的销售能力，我国限额以上流通企业的销售能力不断增强，单店效率由2000年的1.25提高到2009年的1.58，提高了26.4个百分点，如表4-15所示。

五、我国商贸流通业流通辐射力分析

商流辐射力是衡量商贸流通辐射能力的重要指标，衡量消费中由其他地区带动的部分，表明了商贸流通业对其他地区消费的影响程度和吸引能力。商流辐射力越强，商贸流通业对外部需求和消费的吸引能力就越强。计算公式如下：

$$商流辐射力=\frac{社会消费品零售总额}{人均消费性支出\times 总人口}$$

商流辐射力衡量了本地区实现的社会消费品零售总额和本地区人口实际消费水平之间的比值，体现本地区商品流通体系对周边地区消费的吸引力。商流辐射力数值>1，代表对周边地区有吸引力，且数值越大，辐射力越强。

由表4-16可以看出，我国城市商流辐射力呈现先下降后上升的趋势，农村商流辐射力总体呈现上升趋势，但城市商流辐射力始终大于农村商流辐射力，说明我国城市商贸流通业对农村消费的带动和辐射作用逐渐增强。

表4-16　1978～2009年商流辐射力情况

年份	城市				农村			
	社会消费品零售总额/亿元	人均消费性支出/元	人口/万人	商流辐射力	社会消费品零售总额/亿元	人均消费性支出/元	人口/万人	商流辐射力
1978	885.6	405	17 245	1.268 0	673	138	79 014	0.617 2
1980	1 133	489	19 140	1.210 5	1 007	178	79 565	0.711 0
1985	2 611.7	765	25 094	1.360 5	1 693.3	349	80 757	0.600 8
1990	5 226	1 596	30 195	1.084 4	3 074.1	560	84 138	0.652 4
1991	6 021	1 840	31 203	1.048 7	3 394.6	602	84 620	0.666 4
1992	7 160.1	2 262	32 175	0.983 8	3 833.6	688	84 996	0.655 6
1993	9 228.2	2 924	33 173	0.951 4	5 042.2	805	85 344	0.733 9
1994	11 946.5	3 852	34 169	0.907 7	6 676.4	1 038	85 681	0.750 7
1995	16 345.7	4 931	35 174	0.942 4	7 268.1	1 313	85 947	0.644 1
1996	19 958.9	5 532	37 304	0.967 2	8 401.3	1 626	85 085	0.607 3
1997	22 511.1	5 823	39 449	0.980 0	8 741.8	1 722	84 177	0.603 1
1998	24 514.3	6 109	41 608	0.964 4	8 863.8	1 730	83 153	0.616 2
1999	26 662.6	6 405	43 748	0.951 5	8 985.3	1 766	82 038	0.620 2
2000	29 386.3	6 850	45 906	0.934 5	9 719.4	1 860	80 837	0.646 4
2001	32 630.5	7 113	48 064	0.954 4	10 424.9	1 969	79 563	0.665 4
2002	36 943	7 387	50 212	0.996 0	11 192.9	2 062	78 241	0.693 8
2003	40 620.1	7 901	52 376	0.981 6	11 896.2	2 103	76 851	0.736 1

续表

年份	城市				农村			
	社会消费品零售总额/亿元	人均消费性支出/元	人口/万人	商流辐射力	社会消费品零售总额/亿元	人均消费性支出/元	人口/万人	商流辐射力
2004	46 331.7	8 679	54 283	0.983 4	13 169.3	2 301	75 705	0.756 0
2005	52 579.7	9 410	56 212	0.994 0	14 596.9	2 560	74 544	0.764 9
2006	60 020.5	10 423	57 706	0.997 9	16 389.5	2 847	73 742	0.780 7
2007	70 354.5	11 904	59 379	0.995 3	18 855.5	3 265	72 750	0.793 8
2008	85 947.7	13 526	60 667	1.047 4	22 540	3 756	72 135	0.831 9
2009	99 710.5	12 265	62 186	1.307 3	25 632.5	3 993	71 288	0.900 5

注：2009 年城市和农村社会消费品零售总额数据根据近 5 年（2005～2009 年）城市和农村社会消费品零售总额比例变化情况估算而得

资料来源：《中国统计年鉴》(2009～2010)

六、我国商贸流通业流通成长力分析

(一) 投入增长

平均每流通业从业人员增长率享有固定资产投资额增长率反映了从业人员增长率和固定资产投资增长率的相对发展关系。公式如下：

$$\frac{\text{平均每流通业从业人员增长率}}{\text{享有固定资产投资额增长率}}=\frac{\text{流通业固定资产投资额增长率}}{\text{流通业从业人员增长率}}$$

从表 4-17 可以看出，我国城市流通业固定资产投资增长迅速，而从业人员增长相对缓慢，表明我国城市商贸流通业仍具有较大的发展空间；广大农村地区在流通业固定资产投资增长的同时，从业人员也快速增长，表明农村地区不仅有大量的固定资产投资，还吸收了大量劳动力，商贸流通业处于快速发展阶段。所以，平均每流通业从业人员增长率享有固定资产投资额增长率我国城市地区大于农村地区。

表 4-17　2004～2009 年流通业投入增长情况

年份	流通业固定资产投资额增长率/%		流通业从业人员增长率/%		平均每流通业从业人员增长率享有固定资产投资额增长率/%	
	城市	农村	城市	农村	城市	农村
2004	27.50	−2.37	34.61	−81.76	0.79	0.03
2005	28.01	28.52	−4.04	345.02	−6.93	0.08
2006	24.12	64.46	−2.00	73.68	−12.06	0.87
2007	22.13	0.86	0.25	49.33	88.48	0.02
2008	22.95	16.54	1.46	59.27	15.72	0.28
2009	45.87	27.64	1.68	12.87	27.30	2.15

注：由于 2002 年以前流通业固定资产投资额无法收集，故选取 2003～2009 年的相关数据反映流通业投入增长情况

资料来源：《中国统计年鉴》(2010)

(二) 产业升级

商贸流通业从低水平向高水平演进的能力，代表了商贸流通业升级的潜力，是反映商贸流通业成长力的重要内容。

我国连锁经营发展较快，规模不断扩大。截至 2009 年年底，我国共有连锁店铺 189 416 个，营业面积 12 500.76 万 m^2，其中，连锁餐饮企业店铺 13 739 个，营业面积 691.6 万 m^2。我国连锁经营销售额为 23 119.3 亿元，占社会消费品零售总额的 18.4%，统一配送商品购进额为 14 963 亿元，占商品购进总额的 76%。其中，连锁餐饮企业营业额为 879.3 亿元，统一配送商品购进额为 239.8 亿元，占商品购进总额的 66.3%。

发展连锁经营对于促进商贸流通业升级、提升产业竞争力和现代化水平具有重要带动作用，可通过零售业连锁经营率反映商贸流通业升级的潜力和能力，对商贸流通业产业结构高级化程度进行分析。

$$\text{零售业连锁经营率}=\frac{\text{连锁零售业零售额}}{\text{社会消费品零售总额}}\times 100\%$$

由表 4-18 可知，我国零售业连锁经营率总体呈现上升趋势，由 2002 年的 5.51 上升为 2009 年的 17.74，在促进商贸流通业升级、提高商贸流通竞争力方面发挥了重要作用。但同时我们也应看到，与其他国家相比，我国的零售业连锁经营率仍处于较低水平，特别是 2006 年以后，零售业连锁经营率呈现下降趋势，说明我国的连锁经营程度有进一步升级和提升的空间。

表 4-18　2002～2009 年零售业连锁经营率

年份	连锁零售业零售额/亿元	社会消费品零售总额/亿元	零售业连锁经营率/%
2002	2 653.2	48 135.9	5.51
2003	4 258.6	52 516.3	8.11
2004	8 393.6	59 501	14.11
2005	12 587.8	67 176.6	18.74
2006	15 548.9	76 410	20.35
2007	14 952.2	89 210	16.76
2008	17 754.3	108 487.1	16.37
2009	22 240	125 343	17.74

注：由于连锁零售业零售额从 2002 年开始统计，故选取 2002～2009 年的数据反映我国零售业连锁经营情况

资料来源：《中国统计年鉴》(2003～2010)

与此同时，电子商务以其独特的技术优势、成本优势和先进的模式优势也进入快速发展时期。来自商务部的一组官方数据显示，2008 年我国电子商务交易额达到 3.1 万亿元，网络购物交易额达到 1257 亿元；2009 年电子商务交易额达到 3.8 万亿元，网络购物交易额达到 2586 亿元，同比分别增长 22.58%和 105.8%。中国电子商务研究中心发布的《2010 年中国电子商务市场数据监测报

告》数据显示，2010 年，我国电子商务市场交易额达 4.5 万亿，同比增长 18.42%。其中，B2B 电子商务交易额达到 3.8 万亿，同比增长 15.8%；网上零售市场交易规模达 5131 亿元，同比增长 97.3%，较 2009 年翻近一番，约占全年社会商品零售总额的 3%。B2B 电子商务服务企业达 9200 家，同比增长 21.3%；B2C、C2C 与其他非主流模式企业达 15 800 家，同比增长 58.6%。网上零售用户规模达 1.58 亿人，个人网店数量达 1350 万家，同比增长 19.2%。我国电子商务呈现出快速发展态势。

物流业保持平稳较快的发展态势。《2010 年中国物流运行情况通报》显示，2010 年我国社会物流总额 125.4 万亿元，同比增长 15%。从社会物流总额的构成看，工业品物流总额 113.1 万亿元，同比增长 14.6%，占社会物流总额的 90.2%，是带动社会物流总额增长的主要因素；进口物流总额 9.4 万亿元，同比增长 22.1%，占社会物流总额的 7.5%；农产品物流总额、再生资源物流总额和单位与居民物品物流总额同比分别增长 4.3%、39.5%和 14.7%。社会物流总费用达 7.1 万亿元，同比增长 16.7%，占 GDP 的 17.8%。物流业增加值为 2.7 万亿元，同比增长 13.1%，占服务业增加值的 16%。

(三) 需求成长

商贸流通业的发展与需求密切相关，本书通过城乡居民收入水平和消费水平的变化，分析我国商贸流通业的需求成长情况。

由表 4-19 和表 4-20 可知，我国城镇居民家庭人均可支配收入由 1978 年的 343.4 元增长到 2009 年的 17 175 元，年均增长率为 13.64%，农村居民家庭人均纯收入由 1978 年的 133.6 元增长到 2009 年的 5153 元，年均增长率为 12.74%；城镇居民家庭人均消费水平由 1978 年的 405 元增长到 2009 年的 12 265元，年均增长率为 12.01%，农村居民家庭人均消费水平由 1978 年的 138 元增长到 2009 年的 3993 元，年均增长率为 11.69%。人均可支配收入和人均消费水平的提高说明我国消费需求有一定程度的增长，居民购买力越强，需求增长越快，对商贸流通业发展的促进作用越大。

表 4-19　1978～2009 年中国城乡居民收入水平

年份	城镇居民家庭人均可支配收入		农村居民家庭人均纯收入		城乡收入比
	绝对值/（元/人）	增长率/%	绝对值/（元/人）	增长率/%	
1978	343.4	—	133.6	—	2.57
1979	405	17.94	160.2	19.91	2.53
1980	477.6	17.93	191.3	19.41	2.5
1981	500.4	4.77	223.4	16.78	2.24
1982	535.3	6.97	270.1	20.90	1.98
1983	564.6	5.47	309.8	14.70	1.82
1984	652.1	15.50	355.3	14.69	1.84

续表

年份	城镇居民家庭人均可支配收入		农村居民家庭人均纯收入		城乡收入比
	绝对值/（元/人）	增长率/%	绝对值/（元/人）	增长率/%	
1985	739.1	13.34	397.6	11.91	1.86
1986	900.9	21.89	423.8	6.59	2.13
1987	1 002.1	11.23	462.6	9.16	2.17
1988	1 180.2	17.77	544.9	17.79	2.17
1989	1 373.9	16.41	601.5	10.39	2.28
1990	1 510.2	9.92	686.3	14.10	2.2
1991	1 700.6	12.61	708.6	3.25	2.4
1992	2 026.6	19.17	784	10.64	2.58
1993	2 577.4	27.18	921.6	17.55	2.8
1994	3 496.2	35.65	1 221	32.49	2.86
1995	4 283	22.50	1 577.7	29.21	2.71
1996	4 838.9	12.98	1 926.1	22.08	2.51
1997	5 160.3	6.64	2 090.1	8.51	2.47
1998	5 425.1	5.13	2 162	3.44	2.51
1999	5 854	7.91	2 210.3	2.23	2.65
2000	6 280	7.28	2 253.4	1.95	2.79
2001	6 859.6	9.23	2 366.4	5.01	2.9
2002	7 702.8	12.29	2 475.6	4.61	3.11
2003	8 472.2	9.99	2 622.2	5.92	3.23
2004	9 421.6	11.21	2 936.4	11.98	3.21
2005	10 493	11.37	3 254.9	10.85	3.22
2006	11 759.5	12.07	3 587	10.20	3.28
2007	13 785.8	17.23	4 140.4	15.43	3.33
2008	15 780.8	14.47	4 760.62	14.98	3.31
2009	17 175	8.83	5 153	8.24	3.33

资料来源：国家统计局国民经济综合统计司．1999．新中国五十五年统计资料汇编．北京：中国统计出版社

表 4-20　1978～2009 年中国城乡居民消费水平

年份	城镇居民家庭人均消费水平		农村居民家庭人均消费水平		城乡消费比
	绝对值/（元/人）	增长率/%	绝对值/（元/人）	增长率/%	
1978	405	—	138	—	2.93
1979	425	4.94	159	15.22	2.75
1980	489	15.06	178	11.95	2.79
1981	521	6.54	201	12.92	2.82
1982	536	2.88	223	10.95	2.61
1983	558	4.10	250	12.11	2.45
1984	618	10.75	287	14.80	2.34
1985	765	23.79	349	21.60	2.31
1986	872	13.99	378	8.31	2.45
1987	998	14.45	421	11.38	2.61
1988	1311	31.36	509	20.90	2.82
1989	1466	11.82	549	7.86	2.84
1990	1596	8.87	560	2.00	2.95

续表

年份	城镇居民家庭人均消费水平		农村居民家庭人均消费水平		城乡消费比
	绝对值/（元/人）	增长率/%	绝对值/（元/人）	增长率/%	
1991	1 840	15.29	602	7.50	3.1
1992	2 262	22.93	688	14.29	3.28
1993	2 924	29.27	805	17.01	3.54
1994	3 852	31.74	1 038	28.94	3.48
1995	4 931	28.01	1 313	26.49	3.4
1996	5 532	12.19	1 626	23.84	3.07
1997	5 823	5.26	1 722	5.90	3.09
1998	6 109	4.91	1 730	0.46	3.28
1999	6 405	4.85	1 766	2.08	3.53
2000	6 850	6.95	1 860	5.32	3.63
2001	7 113	3.84	1 969	5.86	3.6
2002	7 387	3.85	2 062	4.72	3.55
2003	7 901	6.96	2 103	1.99	3.59
2004	8 679	9.85	2 301	9.42	3.47
2005	9 410	8.42	2 560	11.26	3.68
2006	10 423	10.77	2 847	11.21	3.66
2007	11 904	14.21	3 265	14.68	3.65
2008	13 526	13.63	3 756	15.04	3.6
2009	12 265	−9.32	3 993	6.31	3.07

资料来源：国家统计局国民经济综合统计司．1999．新中国五十五年统计资料汇编．北京：中国统计出版社

从表4-19和4-20还可以看出，我国城镇居民人均可支配收入和人均消费水平的增速要快于农村居民人均可支配收入和人均消费水平的增速，城乡差距逐渐拉大。同时，城乡二元结构导致农村消费方式、消费水平远滞后于城市，城乡消费不均衡现象日益加重，城乡市场分割较为明显。2009年，占全国46.6%的城镇人口消费总量为76 271亿元，占总量的72.8%，而占全国53.4%的农村人口消费总量仅为28 465亿元，占总量的27.2%，城镇居民消费总量约为农村居民的2.7倍，城镇和农村社会消费品零售总额的比例结构为2.1∶1，城乡商贸发展结构失衡，广大农村地区商贸流通业发展严重滞后。商贸发展的失衡和城乡消费的差距直接制约了农村消费市场的发展，进而影响了农村消费环境的改善，分裂了城乡市场，使城乡市场一体化进程缓慢。

七、我国商贸流通业发展总体评述

通过对我国商贸流通业发展规模、流通结构、流通设施、流通效率、辐射力和成长力的分析，可以得出以下结论。

（1）商贸规模不断扩大，商贸体系日趋完善。我国商贸流通规模不断扩大，商贸设施日趋完善，特别是通过“万村千乡市场工程”、“双百市场工程”、“新

网工程”建设，基本形成了由各种经济组织构成的多类型、多层次、互相促进、互相依存的城乡商贸流通网络体系，为城乡商贸统筹发展打下了坚实基础。

（2）新兴业态发展较快，现代化水平不断提高。随着超市、专卖店、购物中心、仓储式商场等新兴业态的发展，连锁经营、物流配送、电子商务、网购邮购、信用消费等新兴流通方式也悄然兴起。流通领域各项改革的深化使先进流通经营管理技术得到快速推广，出现了一批设施现代化、管理经营水平高的大型商场、餐饮企业和物流企业，商贸流通现代化水平不断提高。

（3）市场主体日益壮大，“示范效应”逐渐显现。亿元以上商品交易市场规模逐年扩大，大型商贸流通企业所占市场份额逐年增加，对商贸流通业发展带动作用日益增强，已初步构建起了以大公司、大集团为骨干的商贸流通业发展新格局。大企业主导格局基本形成，带动示范作用日益显现，已成为我国商贸流通业发展的主导力量。

（4）城市商贸辐射力不断增强，有效带动农村商贸发展。近年来，我国城市商流辐射力不断提高，在商品流通中的集聚和扩散能力不断增强，能够有效促进生产要素的流动和组合，不断发挥城市商贸对农村商贸的促进、带动作用。

（5）市场需求不断拓展，城乡商贸发展前景广阔。经济的持续快速增长使城乡居民的收入和消费水平不断提高，消费能力的增强带动了消费结构的升级，进一步刺激了消费市场的发展。同时，农村市场的开拓进一步拓展了商贸流通业的发展空间，创造了新的市场需求，城乡商贸流通业发展前景广阔。

但是，我国城乡商贸发展不协调十分突出，城乡商贸统筹发展中仍存在一定问题，面临严峻的挑战，这也是一个不争的现实。

第二节　我国城乡商贸统筹发展存在的问题

一、区域商贸发展不平衡，城乡市场一体化进程缓慢

由于我国各地经济社会发展差异较大，城乡之间、地区之间商贸流通业发展不平衡，特别是广大农村地区商贸流通业发展严重滞后。城乡二元结构导致农村消费方式、消费水平远远滞后于城市，城乡消费不均衡现象日趋加重，城乡市场分割较为明显。2010 年，我国城镇和农村社会消费品零售总额的比例结构为 6.5∶1，城乡商贸发展结构严重失衡。商贸流通发展的失衡和城乡消费的差距，制约了农村消费市场的发展，进而影响了农村消费环境的改善，分裂了城乡市场，城乡市场一体化进程缓慢。

二、农村商品流通网络建设薄弱，农产品流通渠道不畅

我国农村商品流通网络建设十分薄弱，农民卖难、买难的问题突出，农产品双向流通渠道十分不畅，主要表现在：农村商品流通网络规划滞后，布局不合理；农村商品流通的集约化、组织化程度低，流通成本高；农村商品流通网点数量不足，基础设施比较简陋。

同时，农产品流通还存在流通方式落后、流通产品档次低等问题。目前，我国集贸市场、夫妻店仍是农村商品流通的主渠道，农产品在超市销售的比例平均只有 5%左右，而在发达国家这一比例已超过 75%，美国、德国则达到 96%。商务部和中国农业大学对 20 个省 500 个村的 1 万家农户问卷的调查显示，80%的村没有连锁超市等新型业态，97%的农户盼望城市超市向乡村延伸。在农产品销售中，分等分级、半成品加工和规格化包装等增值服务能力比较弱，标准化程度较低，不能适应安全卫生、新鲜营养的食品消费潮流，未经加工的鲜销产品占了销售产品的绝大部分，农产品采后商品化处理不到 10%，保鲜储藏不足 18%，加工比例不到 25%。

三、商贸流通企业规模总体较小，大型商业主体发展不充分

虽然我国大型商品交易市场和商贸流通企业发展较快，但商贸流通企业整体发展规模仍然较小，大型商贸流通主体发展不充分。目前，我国商贸流通业总体呈现“专业市场虽多不强，传统百货不大不强，现代流通既小又散”的状况，商贸流通主体规模偏小，缺乏规模经济，对区域商贸发展的辐射带动作用不强。

与发达国家相比，我国商贸流通企业规模普遍较小，尤其缺乏国际知名的大型、特大型商贸流通企业。2010 年，我国零售企业百强零售额总计为 1.66 万亿元，占全社会消费品零售总额的 10.6%，而发达国家这一比重则达 35%以上。2010 年度世界零售业百强排名，我国入选百强的零售企业中，排名最好的是百联（集团）有限公司，也仅排在第 70 位，其销售额为 140.75 亿美元，不到沃尔玛销售额 4082.14 亿美元的 4%。沃尔玛公司 2010 年销售额是我国零售企业百强销售总额的 1.6 倍，而我国 2010 年零售业百强企业排名第一的苏宁电器集团销售额为 1566.2 亿元，只相当于沃尔玛 20 天的销售额。

四、商贸流通现代化水平不高，竞争力较弱

我国商贸流通业在业态结构、经营理念、管理模式、营销方式及服务水平

等方面与发达国家相比均有较大差距。目前，我国仍以百货商店、零售店等传统业态为主，虽然近年来连锁经营、电子商务等新兴业态取得了很大进展，但仍处于发展初级阶段，与国际横向比较来看，新兴业态发展相对滞后，尤其缺乏一批在全球有影响力、大规模的连锁龙头企业。

2009 年度世界连锁百强排名，我国最好的百联（集团）有限公司与美国、德国、法国等发达国家相比，明显落后。2010 年，我国百强连锁店总零售额只占社会消费品零售总额的 10.6%，而美国百强连锁零售企业 2003 年的零售额就占整个美国市场的 34%，德国十强连锁零售企业 2001 年的零售额占到了整个德国市场的 84%。在企业管理模式上，我国商业连锁企业进入数字化管理系统阶段的只有 40%，60%仍处于初始阶段，管理方式仍处于各自为战的状态，难以发挥连锁经营的规模经济和低成本优势。在企业营销方式上，多数企业仍然缺乏现代营销理念。同时，由于我国部分国有零售企业的历史负担沉重，计划经济的管理体制仍在延续，在制度创新方面也难与发达国家的零售企业相比，我国商贸流通业服务水平落后，国际市场开拓能力不足，商业企业跨国经营水平与世界跨国零售集团相比差距悬殊。

五、政策资金缺口较大，农村商贸发展后劲不足

随着我国对商贸流通业的重视程度的加强，促进商贸流通发展的政策和措施相继出台，但针对农村商贸流通建设的政策仍较为缺乏，政策扶持力度较小，且缺乏长效机制。

“万村千乡市场工程”各项扶持政策已于 2009 年截止，没有后续激励机制。同时，由于农村商业网络建设基础薄弱，发展滞后，在相当长的时间内需要资金扶持，而目前除了“万村千乡市场工程”的专项资金外，没有其他专项资金扶持，存在严重的资金缺口，农村商贸发展后劲不足。

第三节　我国城乡商贸统筹发展面临的挑战

一、“二元经济结构”制约城乡商贸统筹发展

我国是一个传统的农业大国，工业化、城市化起步较晚，农业人口占据绝大多数，二元经济结构特征不仅表现明显，而且存在时间漫长。

从城乡资源占用结构来看，如表 4-21 所示，2009 年我国总人口为 133 474 万人，其中，城镇人口为 62 186 万人，占全国总人口的比重为 46.6%；农村人口为 71 288 万人，占全国总人口的比重为 53.4%。而从固定资产投资情况来

看，2009 年全社会固定资产投资为 224 598.8 亿元，其中，城镇固定资产投资为193 920.4亿元，占全社会固定资产投资的 86.34%；农村固定资产投资投资为 30 678.4 亿元，占全社会固定资产投资的 13.66%。占总人口 53.4%的农村人口仅仅占有 13.66%的全社会固定资产投资。

表 4-21 1995～2009 年我国城乡资源占用情况

年份	固定资产投资					人口				
	总额/亿元	城市		农村		总数/万人	城市		农村	
		绝对值/亿元	比重/%	绝对值/亿元	比重/%		绝对值/万人	比重/%	绝对值/万人	比重/%
1995	20 019.3	15 643.7	78.14	4 375.6	21.86	121 121	35 174	29.04	85 947	70.96
1996	22 913.5	17 567.2	76.67	5 346.3	23.33	122 389	37 304	30.48	85 085	69.52
1997	24 941.1	19 194.2	76.96	5 746.9	23.04	123 626	39 449	31.91	84 177	68.09
1998	28 406.2	22 491.4	79.18	5 914.8	20.82	124 761	41 608	33.35	83 153	66.65
1999	29 854.7	23 732	79.49	6 122.7	20.51	125 786	43 748	34.78	82 038	65.22
2000	32 917.7	26 221.8	79.66	6 695.9	20.34	126 743	45 906	36.22	80 837	63.78
2001	37 213.5	30 001.2	80.62	7 212.3	19.38	127 627	48 064	37.66	79 563	62.34
2002	43 499.9	35 488.8	81.58	8 011.1	18.42	128 453	50 212	39.09	78 241	60.91
2003	55 566.6	45 811.7	82.44	9 754.9	17.56	129 227	52 376	40.53	76 851	59.47
2004	70 477.5	59 028.2	83.75	11 449.3	16.25	129 988	54 283	41.76	75 705	58.24
2005	88 773.61	75 095.1	84.59	13 678.51	15.41	130 756	56 212	42.99	74 544	57.01
2006	109 998.2	93 368.68	84.88	16 629.48	15.12	131 448	57 706	43.90	73 742	56.10
2007	137 323.9	117 464.5	85.54	19 859.47	14.46	132 129	59 379	44.94	72 750	55.06
2008	172 828.4	148 738.3	86.06	24 090.1	13.94	132 802	60 667	45.68	72 135	54.32
2009	224 598.8	193 920.4	86.34	30 678.4	13.66	133 474	62 186	46.6	71 288	53.4

资料来源：《中国统计年鉴》(2010)

从城乡居民收入差距来看，如表 4-22 所示，1995～2009 年，我国城镇居民人均可支配收入与农村居民人均纯收入之比在 2.4 到 3.4 之间浮动，并呈现逐年扩大的趋势，2009 年我国城乡居民收入之比为 3.33。考虑到农户作为生产单位，其收入的一部分要用于生产性支出，因此，从城乡居民生活消费水平差距来衡量生活水平差异更为恰当。1995～2009 年我国城乡居民生活消费之比在 3.0 与 3.7 之间浮动，2009 年城镇居民人均消费与农村居民人均消费之比为 3.07，农村居民家庭食品消费支出占消费总支出的比重为 41%，城镇为 36.5%。由以上分析可知，我国城乡经济差距较大，二元经济结构表现较为突出。

城乡经济的二元结构特征阻碍了城乡资源的合理流动和有效配置，进一步分割了城乡市场，使发达的城市商业与落后的农村商业长期并存，增加了城乡商贸统筹的难度，对统筹城乡商贸发展提出了挑战。

表 4-22　1995～2009 年我国城乡居民收入差距情况

年份	人均可支配收入			人均消费水平		
	城镇居民家庭人均可支配收入/（元/人）	农村居民家庭人均纯收入/（元/人）	城乡比	城镇居民家庭人均消费水平/（元/人）	农村居民家庭人均消费水平/（元/人）	城乡比
1995	4 283	1 577.7	2.71	4 931	1 313	3.40
1996	4 838.9	1 926.1	2.51	5 532	1 626	3.07
1997	5 160.3	2 090.1	2.47	5 823	1 722	3.09
1998	5 425.1	2 162	2.51	6 109	1 730	3.28
1999	5 854	2 210.3	2.65	6 405	1 766	3.53
2000	6 280	2 253.4	2.79	6 850	1 860	3.63
2001	6 859.6	2 366.4	2.90	7 113	1 969	3.60
2002	7 702.8	2 475.6	3.11	7 387	2 062	3.55
2003	8 472.2	2 622.2	3.23	7 901	2 103	3.59
2004	9 421.6	2 936.4	3.21	8 679	2 301	3.47
2005	10 493	3 254.9	3.22	9 410	2 560	3.68
2006	11 759.5	3 587	3.28	10 423	2 847	3.66
2007	13 785.8	4 140.4	3.33	11 904	3 265	3.65
2008	15 780.8	4 760.62	3.31	13 526	3 756	3.60
2009	17 175	5 153	3.33	12 265	3 993	3.07

资料来源：国家统计局国民经济综合统计司．1999．新中国五十五年统计资料汇编．北京：中国统计出版社

二、市场开拓难度大，城乡商贸统筹发展任务长期而艰巨

随着市场供求格局的变化，需求瓶颈对经济发展的约束作用越来越大，特别是为了应对国际金融危机，拉动内需、开拓市场、扩大消费已成为当前经济工作的重要任务。虽然近年来我国经济一直保持稳定快速发展，城镇居民生活水平不断提高，消费环境也得到了极大的改善，但居民收入增幅仍较为缓慢，支撑消费增长的动力明显不足。

目前，我国人均收入水平在世界的排名依然很低，2008 年我国城镇居民人均可支配收入约为 2320 美元，世界排名为第 77 位左右，农村居民人均纯收入约为 700 美元，世界排名为第 125 位左右。与此同时，我国城乡居民收入增幅逐渐呈现下降趋势，尤其是农民收入增长过于缓慢。2009 年，我国城镇居民人均可支配收入增幅同比下降 5.64 个百分点，农村居民人均纯收入增幅同比下降 6.8 个百分点，增速为近 6 年来最低，其中，工薪收入增速同比下降 4.9 个百分点，家庭经营收入增速同比下降 7.3 个百分点。2010 年，我国城镇居民人均可支配收入增幅同比下降 1.03 个百分点，农村居民人均纯收入增幅较 2009 年有所上升，但仍比 2008 年增幅下降 4.08 个百分点。

社会消费品零售总额在保持快速增长的同时增速也有所放缓。从社会消费品零售总额情况看，2009 年社会消费品零售总额增幅同比下降 6.1 个百分点；从城乡结构看，城市社会消费品零售额增幅同比下降 6.6 个百分点，县及县以下社会消费品零售额增幅同比下降 5.0 个百分点；从行业类别看，批发零售贸易业消费品零售额增幅同比下降 6.0 个百分点，住宿和餐饮业消费品零售额增幅同比下降 7.9 个百分点。

此外，我国的消费率也较低。由表 4-23 可以看出，我国的最终消费率总体上呈现下降趋势，从 1978 年的 62.1%下降到 2009 年的 48.0%，下降了 14.1 个百分点。期间也有两次调整，最终消费率有小幅攀升，但是这并没有改变消费率下降的大趋势，尤其是自 2000 年以来，消费率下降的速度明显加快。由表 4-23 我们还可以看出，最终消费率下降主要是由居民消费率下降引起的。我国政府消费率一直维持在 14%左右的相对稳定水平，而居民消费率从 1982 年开始下降，尤其是在 2000 年以后呈现快速下降态势。2009 年，我国居民消费率为 35.11%，而同期美国居民消费率则为 70.1%，印度为 54.7%。与世界平均消费率水平或一些国家相同发展阶段消费率相比，我国居民消费率明显偏低。我国居民消费率自 1990 年以来一直低于 50%。这比低收入国家低 10～23 个百分点，比中等收入国家低 12～17 个百分点，比高收入国家低 11～16 个百分点，比南亚国家低 20 多个百分点。即使与居民消费率最低的东亚国家相比，我国的居民消费率也要低 5～10 个百分点。

表 4-23　1978～2009 年我国最终消费率情况　（单位：%）

年份	最终消费率	居民消费率	政府消费率
1978	62.1	48.79	13.31
1979	64.4	49.15	15.20
1980	65.5	50.76	14.73
1981	67.1	52.47	14.65
1982	66.5	51.93	14.52
1983	66.4	51.98	14.40
1984	65.8	50.82	15.00
1985	66.0	51.64	14.31
1986	64.9	50.46	14.46
1987	63.6	49.90	13.67
1988	63.9	51.13	12.81
1989	64.5	50.91	13.58
1990	62.5	48.85	13.64
1991	62.4	47.53	14.89
1992	62.4	47.16	15.25

续表

年份	最终消费率	居民消费率	政府消费率
1993	59.3	44.43	14.86
1994	58.2	43.50	14.73
1995	58.1	44.88	13.25
1996	59.2	45.79	13.43
1997	59.0	45.21	13.74
1998	59.6	45.34	14.28
1999	61.1	46.00	15.05
2000	62.3	46.44	15.86
2001	61.4	45.34	16.05
2002	59.6	44.04	15.57
2003	56.9	42.19	14.66
2004	54.4	40.56	13.89
2005	52.9	38.82	14.11
2006	50.7	36.94	13.74
2007	49.5	35.97	13.50
2008	48.4	35.12	13.26
2009	48.0	35.11	12.87

资料来源：根据《中国统计年鉴》(2010) 相关数据计算而得

城乡居民收入增幅的减缓加上边际消费倾向的降低，制约了需求的增长，加大了市场的开拓难度，使得城乡商贸发展成为一项长期而艰巨的任务。

三、农村商贸资金投入不足，商业设施建设结构性矛盾突出

由表 4-24 可以看出，2003～2009 年，我国商贸流通业固定资产投资额的90%投入城市商贸流通业，农村商贸流通业投入资金严重不足，仅占商贸流通业固定资产投资总额的10%左右，远远小于城市流通业固定资产投资比重，城乡差距十分明显。

国民收入分配的不合理使农村投入资金不足，缺少发展资金，农村商业基础设施落后，导致发达的城市商业与落后的农村商业并存，城市与农村商业设施建设的结构性矛盾突出。农村商业基础设施建设相对滞后，存在网点少、规模小、组织化程度低、竞争力弱等问题，县及县以下农村商业设施以小门店为主，缺乏可以承接大型商业企业进驻的商业设施，物流基础设施薄弱，使得农村商品物流成本仍然偏高。市场体系建设相对于经济发展仍显落后，缺乏足够的农产品专业市场，市场主体规模小、实力弱、专业化程度不高，难以有效满足农产品流通需要。农村流通网络不健全、商品流通成本高，特别是商品双向流通渠道不畅，加大了城乡商贸统筹发展的难度。

表 4-24 2003～2009 年我国城乡商贸流通业固定资产投资情况

年份	流通业固定资产投资额		区域情况					
			城市			农村		
	绝对值/亿元	增速/%	绝对值/亿元	增速/%	所占比重/%	绝对值/亿元	增速/%	所重占重/%
2003	7 635.1	—	6 781.7	—	88.82	853.4	—	11.18
2004	9 480	24.16	8 646.8	27.502	91.21	833.2	—2.367	8.79
2005	12 139.2	28.05	11 068.4	28.006	91.18	1 070.8	28.517	8.82
2006	15 499.1	27.68	13 738.1	24.12	88.64	1 761	64.456	11.36
2007	18 553.7	19.71	16 777.6	22.125	90.43	1 776.1	0.857 5	9.57
2008	22 698.4	22.34	20 628.5	22.953	90.88	2 069.9	16.542	9.12
2009	32 732.9	44.21	30 090.9	45.871	91.93	2 642	27.639	8.07

注：由于 2002 年以前相关统计数据无法收集，故选取 2003～2009 年的相关数据反映我国城乡商贸流通业固定资产投资情况

资料来源：《中国统计年鉴》(2004～2010)

四、高级商业人才短缺，创新能力面临严峻挑战

我国商贸流通业创新能力不足，物流配送、电子商务、国际贸易、商务会展、法律咨询、中介服务等知识密集型服务业人才短缺，制约了商贸流通业自主创新、现代化、本土化、品牌营销管理、国内外市场开拓及规范秩序等方面的发展。

近年来，虽然我国商业人才总量在不断增长，但高级人才短缺突出，特别是熟悉国际经济贸易惯例和世界贸易组织规则、具有国际化视野、能够熟练使用外语并且具有实践经验的商业人才严重缺乏。中国商业联合会的调查显示，当前我国商业人才队伍的整体水平与市场经济的要求还有较大差距，商业人才总量不足，整体水平低于其他行业，目前国内零售业具有大专以上文化程度的各类人才只占 3%，大大低于其他行业的水平。同时，在商业企业的经营管理日趋专业化、知识化的新形势下，由于受到观念、制度、资金等方面的制约，我国零售业的管理人才特别是高层次管理型人才、操作型人才严重缺乏。特别是随着我国外商准入政策的放宽，外资零售业在我国进入了加速扩张时期，对于商贸流通业并不是很发达的中国来说，培养高级商业人才、寻求发展和创新道路、提高商贸流通竞争力已经成为一项十分紧迫的任务。

第五章

我国城乡商贸统筹机制和实证分析

城乡商贸统筹是从商贸角度统筹城乡发展，是城乡统筹的重要途径和具体内容。城乡商贸统筹发展的实质是给城乡居民平等的商贸发展机会，通过一定的行政手段，促进城乡各种商贸资源要素的合理流动和优化配置，增强城市对农村的带动作用和农村对城市的促进作用，缩小商贸流通的城乡差距、工农差距和地区差距。本章在探讨城乡统筹对城乡商贸统筹的作用机制基础上，对我国城乡商贸统筹发展进行实证分析。

第一节　城乡统筹对城乡商贸统筹的作用机制

由于城乡商贸统筹仅是城乡统筹的重要途径和具体内容，城乡商贸统筹必须建立在城乡统筹的基础之上。为此本节先分析城乡统筹机制，然后分析城乡统筹对城市商贸统筹的作用机制。

一、城乡统筹机制

城乡统筹本质上包含城乡收入统筹、城乡资本统筹、城乡产业统筹和城乡就业统筹四个方面。其核心是城乡收入统筹，城乡资本统筹、城乡产业统筹和城乡就业统筹有助于实现城乡收入统筹。

（一）城乡收入统筹

城乡收入统筹的目的是在保持城镇收入水平稳步增长的同时，缩小城乡居民人均可支配收入差距。这就要求农村居民的人均收入增长速度高于城镇居民的人均收入增长速度。显然，提高农村居民人均收入有两种方法：一是增加农业人均产出，二是减少农村人口。用公式表示人均收入如下：

$$\text{dir} = \frac{f(L,K)}{L + \text{NL}} \tag{5-1}$$

其中，$f(L,K)$ 为生产函数；L 为农村劳动力人口；NL 为农村非劳动力人口；K 为农业投入资本。农业生产函数用柯布-道格拉斯形式表示如下：

$$f(L,K) = AL^{\alpha}K^{\beta} \tag{5-2}$$

其中，A 为农业生产技术，农业生产是规模报酬不变或递减，即 $0 < \alpha + \beta \leqslant 1$，则式（5-1）可变为

$$\text{dir} = \frac{A\ (K/L)^{\beta}}{(1 + \text{NL}/L)L^{1-(\alpha+\beta)}} \tag{5-3}$$

从而可以说明提高农村人均收入从产出角度来看又有两个方面：一是提高农业生产技术（农业机械化、农产品种子改良等），二是提高农业人均资本投入量（完善农业基础设施）。于是我们得到提高农村居民人均收入的三条途径：一是减少农村人口，二是增加人均资本投入，三是提高农业生产技术（图 5-1）。

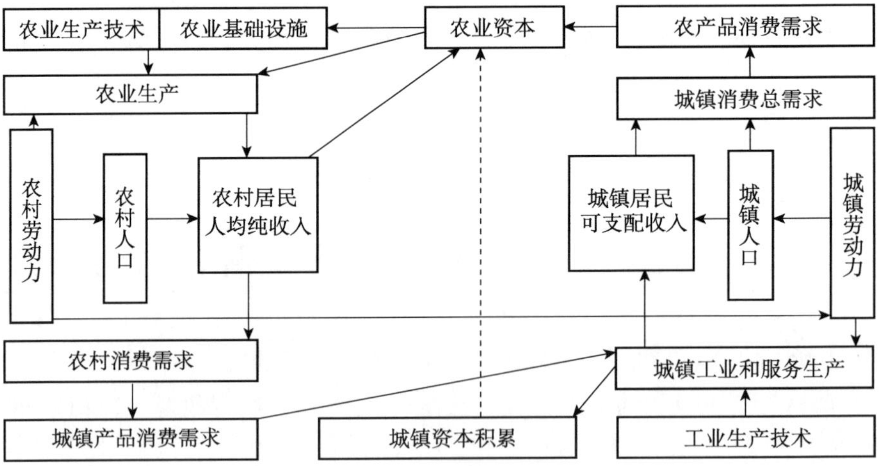

图 5-1　城乡统筹机制

客观上讲，提高农村居民人均收入的第一条途径——减少农村人口，并不是真正增加农业产出和农村居民总收入，只是因为人口基数下降而引起农村居民人均收入的上升而已。但是农村人口下降确实会引起其他经济变量的变化。减少农村人口的可行方法只能是农村劳动力转化为城镇居民（城镇化），而转化为城镇居民的农村人口，一般来说是农村劳动力，非农村劳动力比例很小。农村劳动力转化为城镇居民，一方面会降低农业总产出，除非提高农业生产技术和增加农业人均资本存量；另一方面会增加城镇劳动力。因此，农村劳动力转

化为城镇劳动力会增加城镇人口，从而静态地降低城镇收入，但动态地看又会促进城镇产业发展，城镇劳动力数量的增加会带来城镇工业和服务业增加值的增加，进而增加城镇居民总的可支配收入（城镇居民人均可支配收入并不一定增加）和增加城镇资本积累。而城镇居民总的可支配收入增加会提高城镇消费总需求，城镇消费总需求的提高一方面会提高城镇产品的消费需求，另一方面又会提高农产品消费需求。城镇居民对农产品消费需求的增加会导致农产品供不应求，从而农业生产有利可图，刺激农村居民收入转化为农业资本（在城镇资本利润率通常高于农业资本利润率的情况下，城镇资本难以转化为农业资本），从而促进农业生产。这就是城乡收入统筹的内在机制。

（二）城乡资本统筹

提高农村居民人均收入的第二条途径——增加农村人均资本投入，必然要求农村收入自身投入和城镇资本转化为农业资本。如果是农业资本利润率高于城镇资本利润率，城镇资本会很容易地转化为农业资本。但是现实中农业资本利润率恰好低于城镇资本利润率，这就使得城镇资本转化农业资本过程中存在障碍，甚至会反向转化（农业资本转移到城镇生产领域）。但是为了缩小城乡收入差距，必须要求城镇资本转化为农业资本。这就需要政府宏观调控和政策对城镇资金的引导。当政策调控和政策资金引导促使城镇资本积累转化为农业资本时，便是城乡资本统筹。

（三）城乡产业统筹

提高农村居民人均收入的第三条途径——提高农业生产技术，需要城镇资本统筹做后盾。如果城乡资本统筹能确保农业生产技术得以改进，则农业生产水平会大幅度改进，从而农村居民人均纯收入也会大幅度提高，同时会大幅度提高农业资本利润率。农业资本利润率的大幅度提高甚至使得农业资本利润率高于工业资本利润率，于是以政策调控和政策资金引导的资本统筹形式会被资本最大化逐利本性取代，从而资本内生性地由城镇流向农村，形成城乡转移的内生性城乡资本统筹。而这种内生性城乡资本统筹会促进农村产业（农、林、牧、副、渔及农产品加工业等）发展，同时也会适度抑制城镇工业和服务业的过度发展。而这一过程也就是城乡产业统筹的内在机制。

（四）城乡就业统筹

农业发展需要农村劳动力的投入，但外出务工导致农村居民人均纯收入的提高又不能让过多的劳动力留在农村，这就需要寻找农村劳动力不多不少的均衡状态。城镇化把农村劳动力转移到了城镇，将其变成了城镇工业和服务业劳动力，这一方面会提高城镇产业增加值从而会提高城镇居民人均可支配收入，但这种提高幅度不能大于农村居民人均纯收入增长幅度，否则城乡收入无法统筹；另一方面，农村劳动力转移到城镇又会增加城镇人口基数，从而具有降低城镇居民人均可支配收入的效应，显然城镇居民人均可支配收入不能因城镇化而降低，否则会带来城镇居民不满和社会不稳定。因此，农村劳动力转化为城镇工业和服务业劳动力不能过多，也不能太少。太多，会降低城镇居民人均可支配收入；太少，起不到城乡收入统筹的作用。因此，城镇劳动力就业在数量上存在着一个均衡点。而城镇化引起的农村劳动力减少的均衡和城镇劳动力增加的均衡，共同决定了城乡就业统筹的结果。

二、城乡统筹对城乡商贸统筹的促进作用

商贸流通业发展的前提条件是畅通的产品供求渠道。有了畅通的产品出清渠道之后则要考虑如何扩大商业贸易流量。

要保证城乡产品供求渠道畅通，必须在城乡内部和城乡之间建立相应的商业网点和商业网络（如城乡批发零售市场建设、城乡产品仓储设备建设等）。这就需要投入较多的商业资本。这一部分资本的来源主要是城乡资本统筹。通过城乡资本统筹让部分城镇居民积累的资金通过借贷形式转化到商业建设领域，即增加农村商贸业基础设施建设贷款，完善农村市场、商业网点和商贸仓储设备等基础设施。

在既定的城乡产品供求渠道畅通条件下，扩大城乡商业贸易流量则是发展城乡商贸业的核心问题。这可以从两个方面加以分析。一是需求角度。城乡居民对城乡产品需求的扩大促进商业贸易发展，这是根本原因，而城乡产品需求增加的直接原因是城镇居民可支配收入的提高和农村居民纯收入的增加。二是供给角度，需求增加也可能是产品种类的增加、产品质量的改进和产品价格的下降引起的。

（一）城乡收入统筹对城乡商贸统筹的促进作用

由城乡统筹机制可知，城乡收入统筹缩小了城乡居民可支配收入差距，从而提高了农村居民的城镇产品需求，而农村居民消费城镇工业品和服务品必须让工业品和城镇服务品下乡，这就要通过城镇到农村的商业网点和商业网络。为了满足农村居民增加的城镇产品消费需求，必须扩大城镇到农村的商贸流通规模，从而使城镇产品向农村的流量增大。如图 5-2 右下角部分。

同样的，在城乡收入统筹过程中，由于大量农村劳动力转化为城镇劳动力，从而扩大了城镇消费者人数，在城镇居民人均可支配收入稳步增长的条件下，会增加城镇居民的农产品消费需求。于是，必须让农产品进城，这就要通过农村到城镇的商业网点和商业网络（一般来说就是工业品和城镇服务品下乡的网络和网点）。为了满足城镇居民增加的农产品消费需求，必须扩大农村到城镇的商贸流通规模，从而使农产品向城镇的流量增大。如图 5-2 右下角部分。

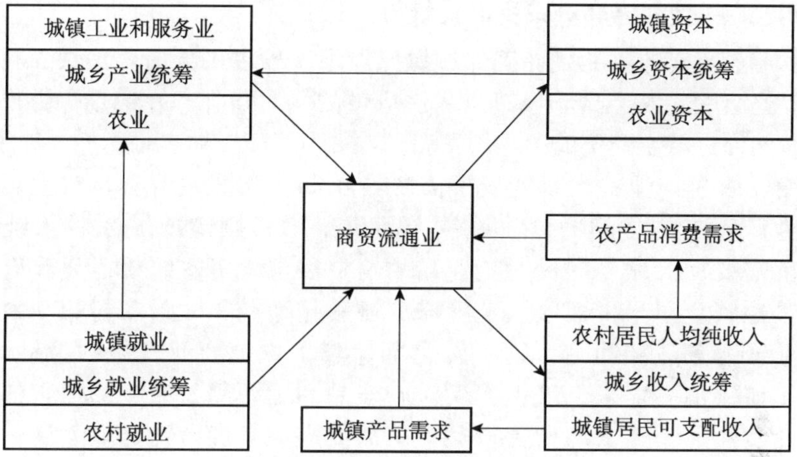

图 5-2　城乡统筹对商贸流通业的促进作用机制

当然，城乡收入统筹带来的城镇居民人均收入稳步增长和农村居民人均收入高于城镇居民人均收入增长速度，必然也会促进农村居民对农产品的需求和城镇居民对城镇工业产品和城镇服务产品的需求，从而会促进农村和城镇各自内部商贸流通业的发展。

（二）城乡资本统筹对城乡商贸统筹的促进作用

城乡资本统筹的核心是促使城镇资本积累转化为农业资本，并投入农业生产和农村商业网络及商业网点建设中。因此，城乡资本统筹一方面从产品出清的供求渠道上促进商贸流通业发展，另一方面从供给角度促进农业生产，进而增加流通产品的数量。

从产品市场出清角度来看，城乡资本统筹使得有更多的资本投入城乡商贸流通网络和网点建设，从而扩大商贸流通渠道，为更多的产品顺利通过流通渠道提供基础性保证。

从供给角度来看，城乡资本统筹能增强农业借贷能力，从而使得农民有足够的资本去改进农业生产技术、改良农产品品种、增加农产品种类、提高人均农业资本投入量，这从生产函数中也可以看出，从而能增加农产品产出数量和提高农产品质量。在城乡商业网络畅通的情况下，农产品数量的增加和质量的提高能扩大农产品进城的产品流通量。如图 5-2 右上角部分。

我们还注意到，在城乡资本统筹增强农业生产贷款能力的同时，农村居民收入不必转到商业基础设施建设领域，从而确保了城乡收入统筹带来的农村居民人均收入增加用于扩大农村消费需求。农村消费需求的扩大一方面增加了农产品需求，另一方面增加了工业产品和城镇服务产品需求，从而既促进了农村商贸流通业的发展，也促进了城乡商贸流通业的统筹发展。

(三) 城乡产业统筹对城乡商贸统筹的促进作用

城乡产业统筹的目的是在确保城镇产业稳步发展的同时，加快农村产业发展步伐。这会引起农产品和城镇产品供应量的同时增加。在市场保持出清的条件下，必然促进城乡商贸流通业的发展。

然而，农村产业的大幅度发展需要城乡资本统筹做后盾，这就需要加大对农业生产领域的贷款力度。城镇产品供给增长则需要城乡收入统筹做后盾，这就需要加大城乡居民对工业品的消费需求。资本统筹需要政府宏观调控和政策性资金引导。而收入统筹需要城镇化途径，大量农村劳动力转化为城镇工业或服务业劳动力，这一转化既保障了城镇产业发展的劳动力需求，也提高了城镇消费需求。城镇居民对农产品和工业品及服务品需求的提高必然通过商贸流通渠道获取所需产品，从而促进城乡商贸流通业发展。如图 5-2 左上角部分。

(四) 城乡就业统筹对城乡商贸统筹的促进作用

城乡就业统筹的核心是促进城镇劳动力就业和农村劳动力就业的双重均衡。正如城乡就业统筹机制所说的，农村和城镇就业劳动力过多和过少都有害于其自身的生产和发展。

从城镇就业均衡角度来看，城镇劳动力增加，会提高城镇居民人均可支配收入，但这种提高幅度应该与农村居民人均纯收入增长幅度持平，否则城乡收入无法统筹，城乡收入统筹不好则有害于商贸流通业发展（见城乡收入统筹对城乡商贸业发展的促进作用）；但农村劳动力转化为城镇工业和服务业劳动力不能过少，否则无法实现提高农村居民人均收入和扩大城镇居民消费需求的目的。农村劳动力转化为城镇工业和服务业劳动力也不能太多，否则会降低城镇居民人均可支配收入，也会从另一面降低城镇居民人均消费需求。因此，只有当城镇劳动力就业数量达到基本均衡时，城镇居民对城镇产品和农产品的需求才能最大化，也就是说最有利于城镇商贸流通业的发展。如图 5-1 和图 5-2 左下角所示。

从农业就业均衡角度来看，农业劳动力转移到城镇太多会有损农业生产，从而减少农产品供给，不利于农村商贸业的发展；而农业劳动力转移到城镇太少，显然无法有效降低农村人口基数，达不到提高农村居民人均纯收入的目的。因此这里也存在一个数量均衡问题。只有当农村劳动力转移到城镇的数量使得农村劳动力达到某种均衡时，既保证农业生产的劳动力投入量，又能提高农村居民人均收入，才能有效地促进农村商贸流通业的发展。

第二节　城乡商贸统筹评价指标体系设计

本书从商贸流通业的特点出发，遵循全面、系统、实用的原则，建立了一套反映和衡量城乡商贸统筹发展的理论框架和指标体系，以客观地体现我国城乡商贸统筹状况。

基于城乡商贸统筹发展的含义，城乡商贸统筹发展的评价指标体系可从如下六个方面设置。

一、城乡商贸统筹潜力

（一）指标含义及选取理由

城乡商贸统筹潜力来自城镇居民和农村居民的收入水平和消费能力。根据凯恩斯绝对收入理论，可支配收入水平越高消费能力越强，商贸统筹发展潜力越大；同时，城乡统筹发展潜力跟消费水平有关，消费水平越高，反映出边际消费需求越大，从而消费潜力也越大，因此商贸统筹潜力也就越大。

（二）数据来源与数据处理

我们用 diu 表示城镇居民家庭可支配收入，dir 表示农村居民家庭人均纯收入；acu 表示城镇居民家庭人均消费，acr 表示农村居民家庭人均消费。显然，可支配收入的城乡统筹现状是 diu/dir；居民家庭人均消费的城乡统筹是 acu/acr。

（三）城乡统筹潜力指标构建

国家层面的城乡统筹比例可写为

$$\alpha_c = \frac{x_{uc}}{x_{rc}} \tag{5-4}$$

其中，c 为国家层面，u 为城市，则 x_{uc} 为在国家层面上 x 因素的城镇数量（如 x_{uc} =diu，表示国家层面城镇居民家庭可支配收入；x_{uc} =acu，表示国家层面城镇居民家庭人均消费）。

省级层面的城乡收入或城乡消费比例为

$$\alpha_p = \frac{x_{up}}{x_{rp}} \tag{5-5}$$

其中，u 为城市，r 为农村，p 为省级层面，则 x_{up} 为在省级层面上 x 因素的城镇数量（如 x_{up} =diu，表示省级层面城镇可支配收入；x_{up} =acu，表示省级层面城镇家庭人均消费水平）。

显然，在同一时间段里同一指标在国家层面上的城乡统筹指标与省级层面上的城乡统筹指标不一致，于是考虑在同一时间段以国家层面的城乡统筹数据为标准，考察各个省份的城乡统筹相对值，可以建立如下指标：

$$\alpha=\frac{\alpha_p}{\alpha_c}=\left(\frac{x_{up}}{x_{rp}}\right)\div\left(\frac{x_{uc}}{x_{rc}}\right) \tag{5-6}$$

根据式（5-4）和式（5-5）获得的数据，运用式（5-6）得到各省市区的城乡收入统筹指标数值和城乡消费统筹指标数值，如附表1第二、第三列。

二、城乡商贸统筹规模

（一）指标含义及选取原因

商贸流通业规模既反映商贸流通业目前的总量规模和达到的水平层次，又为未来扩张提供平台和基础。因此，商贸流通业规模是衡量商贸流通业发展水平的基础。考虑到流通企业具有特别典型的规模经济特性，衡量规模效应时应将人均社会消费品零售总额的规模考虑进来。因此，本书从商贸流通业创造价值层面、商贸流通业具有的生产能力层面，以及人均社会消费品零售总额层面衡量商贸流通业发展规模。考虑统计数据的可得性，在实际应用中，用城镇居民对农产品消费支出及农村居民对工业品消费支出的规模比值来衡量城乡商贸统筹规模。

（二）数据来源与数据处理

社会消费品零售总额绝对数据来自《新中国五十五年统计资料汇编》和《中国统计年鉴》（2005～2009）。社会消费品零售总额的人均值由对应的市县以上和市县以下绝对值分别除以市县以上和市县以下的人口得到，公式如下：

$$\mathrm{arsc}_j=\frac{\mathrm{rsc}_j}{\mathrm{peo}_j} \tag{5-7}$$

其中，rsc_j 为第 j 个行政区的社会消费品零售总额；peo_j 为第 j 个行政区的人口总数；arsc_j 为第 j 个行政区的人均社会消费品零售总额，第 j 个行政区可以是国家 c，也可以是省份 p（p 分别代表31个省份），如表5-1所示。

表5-1 我国31个省（自治区、直辖市）的变量代码（p）

东部地区		中部地区		西部地区	
名称	变量名	名称	变量名	名称	变量名
北京	EBJ	安徽	MAN	甘肃	WGS
福建	EFJ	河南	MHEN	广西	WGX
广东	EGD	黑龙江	MHLJ	贵州	WGZ
海南	EHAN	湖北	MHB	内蒙古	WNM
河北	EHEB	湖南	MHUN	宁夏	WNX
江苏	EJS	吉林	MJL	青海	WQH
辽宁	ELN	江西	MJX	陕西	WSX
山东	ESD	山西	MSX	四川	WSC
上海	ESH			西藏	WXZ
天津	ETJ			新疆	WXJ
浙江	EZJ			云南	WYN
				重庆	WCQ

（三）数据选择说明

本书需要城镇和农村社会消费品零售总额数据，但是社会消费品零售总额在国家统计年鉴上以县市和县市以下分别给出。从严格意义上说，城镇不等于县市，农村也不等于县市以下，它们两两不相等，但仔细分析可以发现它们两两具有很强的相关性。为此，出于数据的可获得性和相关性考虑，我们用县市社会消费品零售总额代替城镇社会消费品零售总额，用县市以下社会消费品零售总额代替农村社会消费品零售总额。

（四）社会消费品零售总额城乡统筹指标构建

省级层面的社会消费品零售总额城乡统筹比例为

$$\beta_i = \frac{\text{rscu}_i}{\text{rscr}_i}, \beta_{ai} = \frac{\text{rscau}_i}{\text{rscar}_i} \tag{5-8}$$

前一式表示总量城乡统筹比例，后一式表示人均城乡统筹比例。其中，u 为城市，r 为农村；$i=p$ 或 c，p 为省级层面，c 为国家层面。于是有：rscu_p 为在省级层面上城镇社会消费品零售总额；rscau_p 为在省级层面上城镇人均社会消费品零售总额；rscu_c 为在国家层面上城镇社会消费品零售总额；rscau_c 为在国家层面上城镇人均社会消费品零售总额。

由于在同一时间段里同一指标在国家层面上的城乡统筹指标与省级层面上的城乡统筹指标不一致，于是我们考虑在同一时间段以国家层面的城乡统筹数据为标准，考察各个省份的城乡统筹相对值，可以建立如下指标：

$$\begin{cases} \beta = \dfrac{\beta_p}{\beta_c} = \left(\dfrac{\text{rscu}_p}{\text{rscr}_p}\right) \div \left(\dfrac{\text{rscu}_c}{\text{rscr}_c}\right) \\ \beta_a = \dfrac{\beta_{ap}}{\beta_{ac}} = \left(\dfrac{\text{rscau}_p}{\text{rscar}_p}\right) \div \left(\dfrac{\text{rscau}_c}{\text{rscar}_c}\right) \end{cases} \tag{5-9}$$

根据式（5-8）得到的数据，运用式（5-9）得到各省市区的城乡统筹指标数值，见附表 1 第四、第五列。

三、城乡商贸统筹强度

（一）指标选取理由

商贸流通业的城乡统筹力度从根本上表现为城乡各自生产的产品不断地向对方市场渗透和扩张的能力，这种渗透和扩张能力一方面要求农产品在城市具有巨大的市场需求，另一方面要求城市工业品在农村也具有巨大的市场需求，且彼此市场对彼此的产品具有长期稳定的巨大的市场需求，同时，城乡流通业自身必须拥有保持一定增长速度的能力。因此，商贸流通业增长力是产业不断成长和保持、扩大竞争力的基础。本书从各区域的市场需求潜力和产业增加值增长率两方面对区域商贸流通业城乡统筹强调进行分析，在具体指标选择中，分别采用各区域的城镇居民恩格尔系数与农村居民对农产品以外支出系数——数值 1 减去农村居民恩格尔系数（也可以用区域的居民人均消费水平和产业增加值增长率），两个指标来反映城乡商贸统筹强度。

（二）数据来源与数据处理

恩格尔系数数据来自《新中国五十五年统计资料汇编》和《中国统计年鉴》（2005～2009）。城镇恩格尔系数反映城镇居民总消费支出中食品支出的份额，而食品主要来源于农村地区，因此城镇恩格尔系数大体上可以反映城镇居民购买农产品的支出比例；农村恩格尔系数同样是反映农村居民总消费中食品支出的份额，显然 100－农村恩格尔系数，大体上可以反映农村居民购买城镇产品的支出比例，公式如下：

$$\bar{engr}_j = 100 - engr_j \tag{5-10}$$

其中，$engr_j$ 为第 j 个行政区的农村恩格尔系数；$\bar{engr}_j$ 为第 j 个行政区的农村居民消费城镇产品的支出占其总支出的比重。第 j 个行政区可以是国家 c，也可以是省份 p。

（三）城乡商品流通统筹情况

省级层面的城乡居民互相购买对方产品的统筹比例为

$$\gamma_i = \frac{engu_i}{100 - engr_i} \tag{5-11}$$

其中，u 为城市，r 为农村；$i=p$ 或 c，p 为省级层面，c 为国家层面。于是有：$engu_p$ 为在省级层面上城镇居民购买农产品支出占其总支出的比例；$100 - engr_p$ 为在省级层面上农村居民购买城镇产品支出占其总支出的比值。

由于在同一时间段里同一指标在国家层面上的城乡统筹指标与省级层面上的城乡统筹指标不一致，考虑在同一时间段以国家层面的城乡统筹数据为标准，考察各个省份的城乡统筹相对值，可以建立如下指标：

$$\gamma = \frac{\gamma_p}{\gamma_c} = \left(\frac{engu_p}{100 - engr_p}\right) \div \left(\frac{engu_c}{100 - engr_c}\right) \tag{5-12}$$

根据式（5-10）和式（5-11）得到的数据，运用式（5-12）得到各省市区的城乡产品流通统筹指标数值，见附表 2 第二列。

四、城乡商贸统筹效益

（一）指标含义及选取原因

城乡商贸统筹的最终表现为商贸业发展获得良好的经济效益，同时良好的经济效益也是商贸业进一步发展的物质和技术基础。这种经济效益主要表现在城乡就业分布效益，第二、第三产业与第一产业就业分布效益，以及工商业与农业 GDP 之间统筹发展效益。

（二）数据来源与数据处理

城乡就业由第一、第二和第三产业就业数据构成，其中农村就业数据就是第一产业数据，城镇就业数据则由第二产业和第三产业就业数据构成，而这些数据都可以由《新中国五十五年统计资料汇编》和《中国统计年鉴》（2005～2009）得到。城镇就业数 emu 可写成第二产业就业数 ems 公式和第三产业就业数 emt 之和，即

$$\mathrm{emu}_j = \mathrm{ems}_j + \mathrm{emt}_j \tag{5-13}$$

城乡人均就业则可以表示为

$$\mathrm{aemu}_j = \frac{\mathrm{ems}_j + \mathrm{emt}_j}{\mathrm{peou}_j}, \mathrm{aemr}_j = \frac{\mathrm{emr}_j}{\mathrm{peor}_j} \tag{5-14}$$

其中，aemu_j、aemr_j 分别为第 j 个行政区的城镇、农村人均就业值；peou_j、peor_j 分别为第 j 个行政区的城镇、农村人口总数。第 j 个行政区可以是国家 c，也可以是省份 p。

（三）城乡就业统筹关系

城乡就业统筹比例为

$$\eta_i = \frac{\mathrm{emu}_i}{\mathrm{emr}_i}, \eta_{Ii} = \frac{\mathrm{ems}_i + \mathrm{emt}_i}{\mathrm{emf}_i} \tag{5-15}$$

前一式表示城乡就业统筹比例，后一式表示第二、第三产业与第一产业之间统筹比例。其中，u 为城市，r 为农村；$i=p$ 或 c，p 为省级层面，c 为国家层面。于是有：emu_p、emu_c 分别为省级层面和国家层面上的城镇就业人数；emr_p、emr_c 分别为省级层面和国家层面上的农村就业人数；ems_p、emt_p 分别为省级层面上城镇第二产业和第三产业就业人数；ems_c、emt_c 分别为国家层面上城镇第二产业和第三产业就业人数；emf_p、emf_c 分别为省级层面和国家层面上的第一产业就业人数。

由于在同一时间段里同一指标在国家层面上的城乡统筹指标与省级层面上的城乡统筹指标不一致，于是考虑在同一时间段以国家层面的城乡统筹数据为标准，考察各个省份的城乡统筹相对值，可以建立如下指标：

$$\begin{cases} \eta = \dfrac{\eta_p}{\eta_c} = \left(\dfrac{\mathrm{emu}_p}{\mathrm{emr}_p}\right) \div \left(\dfrac{\mathrm{emu}_c}{\mathrm{emr}_c}\right) \\ \eta_I = \dfrac{\eta_{Ip}}{\eta_{Ic}} = \left(\dfrac{\mathrm{ems}_p + \mathrm{emt}_p}{\mathrm{emf}_p}\right) \div \left(\dfrac{\mathrm{ems}_c + \mathrm{emt}_c}{\mathrm{emf}_c}\right) \end{cases} \tag{5-16}$$

根据式（5-15）得到的数据，运用式（5-16）得到各省市区的城乡统筹指标数值，见附表 2 第五、第六列。

五、城乡商贸统筹产业发展前景

这里选择两个指标表示城乡商贸统筹产业发展前景，一个是城乡贷款统筹

情况，另一个是城乡产业发展统筹情况。

(一) 城乡贷款统筹情况

1. 指标含义及选取原因

城镇贷款和农村贷款的目的都是发展各自的产业，贷款数量越大，产业发展潜力越大，一般来说产业发展潜力越大，产品商品率越高，从而商贸流通业越发达。因此，城乡贷款在一定程度上能反映城乡商贸产业发展前景。因此，选择城乡贷款绝对值和人均值分别衡量城乡商贸流通业的发展前景。

2. 数据来源与数据处理

城乡贷款数据可以通过《新中国五十五年统计资料汇编》和《中国统计年鉴》(2005～2009) 中的工业贷款 loai、商业贷款 loab 和农业贷款 loar 获得。其中农业贷款即为农村贷款 loar，而工业贷款与商业贷款之和可以近似地看做城镇贷款，即

$$\text{loau}_j = \text{loai}_j + \text{loab}_j \tag{5-17}$$

城镇人均贷款值 loaau 和农村人均贷款值 loaar 由对应的城乡贷款绝对值和城乡人口绝对值获得，公式如下：

$$\text{aloau}_j = \frac{\text{loai}_j + \text{loab}_j}{\text{peou}_j},\ \text{aloar}_j = \frac{\text{loar}_j}{\text{peor}_j} \tag{5-18}$$

其中，aloau_j 为第 j 个行政区的城镇人均贷款；aloau_j 为第 j 个行政区的农村人均贷款；peou_j 为第 j 个行政区的城镇人口总数；peor_j 为第 j 个行政区的农村人口总数；loai_j 为第 j 个行政区的工业贷款总额；loab_j 为第 j 个行政区的商业贷款总额；loar_j 为第 j 个行政区的农业贷款总额。第 j 个行政区可以是国家 c，也可以是省份 p。

3. 城乡贷款统筹强度

省级层面的工业、商业贷款与农业贷款之间的统筹比例为

$$\varepsilon_i = \frac{\text{loai}_i + \text{loab}_i}{\text{loar}_i},\ \varepsilon_{ai} = \frac{\text{aloai}_i + \text{aloab}_i}{\text{aloar}_i} \tag{5-19}$$

其中，$i=p$ 或 c，p 为省级层面，c 为国家层面。则 loai_p、loai_c 分别为省级层面和国家层面的工业贷款；loab_p、loab_c 分别为省级层面和国家层面的商业贷款；loar_p、loar_c 分别为省级层面和国家层面的农业贷款。

由于在同一时间段里同一指标在国家层面上的城乡统筹指标与省级层面上的城乡统筹指标不一致，于是考虑在同一时间段以国家层面的城乡统筹数据为标准，考察各个省份的城乡统筹相对值，可以建立如下指标：

$$\varepsilon = \frac{\varepsilon_p}{\varepsilon_c} = \left(\frac{\text{loai}_p + \text{loab}_p}{\text{loar}_p}\right) \div \left(\frac{\text{loai}_c + \text{loab}_c}{\text{loar}_c}\right) \tag{5-20}$$

根据式 (5-19) 得到的数据，运用式 (5-20) 得到各省（自治区、直辖市）的城乡统筹指标数值，见附表 1 第六、第七列。

(二) 城乡产业发展统筹情况

1. 指标含义及选取原因

城乡增加值反映城乡产业增长能力，而产业的增长能力越强表示产出的商品越多，从而商贸业越发达。因此，可以用城镇工业增加值和第三产业增加值考察城镇的产业增长能力，用第一产业增加值考察农村的产业增长能力，进而用它们考察城乡未来的商贸发展状况。

2. 数据来源与数据处理

第一产业、工业和第三产业的增加值可以通过《新中国五十五年统计资料汇编》和《中国统计年鉴》(2005～2009) 获得。城镇产业增加值 gdpu 可以由工业增加值和第三产业增加值加总得到，即

$$\mathrm{gdpu}_j = \mathrm{gdpiu}_j + \mathrm{gdptu}_j \tag{5-21}$$

而人均城镇产业增加值由对应的城镇产业增加值除以城镇人口得到，农村产业增加值由第一产业增加值除以农村人口得到，即

$$\mathrm{agdpu}_j = \frac{\mathrm{gdpiu}_j + \mathrm{gdptu}_j}{\mathrm{peou}_j},\ \mathrm{agdpr}_j = \frac{\mathrm{gdpfr}_j}{\mathrm{peor}_j} \tag{5-22}$$

其中，agdpu_j、agdpr_j 分别为第 j 个行政区的城镇、农村产业人均增加值；gdpiu_j、gdptu_j、gdpfr_j 分别为第 j 个行政区的工业增加值、第三产业增加值和农业增加值；peou_j、peor_j 分别为第 j 个行政区的城镇、农村人口总数。第 j 个行政区可以是国家 c，也可以是省份 p。

3. 工业和第三产业与第一产业之间的统筹关系

工业和第三产业与第一产业之间的统筹比例为

$$\lambda_i = \frac{\mathrm{GDPI}_i + \mathrm{GDPT}_i}{\mathrm{GDPF}_i} \tag{5-23}$$

其中，GDPI 为工业增加值；GDPT 为第三产业增加值；GDPF 为第一产业增加值。$i=p$ 或 c，p 为省级层面，c 为国家层面。

由于在同一时间段里同一指标在国家层面上的城乡统筹指标与省级层面上的城乡统筹指标不一致，于是考虑在同一时间段以国家层面的城乡统筹数据为标准，考察各个省份的城乡统筹相对值，可以建立如下指标：

$$\lambda = \frac{\lambda_p}{\lambda_c} = \left(\frac{\mathrm{GDPI}_p + \mathrm{GDPT}_p}{\mathrm{GDPF}_p}\right) \div \left(\frac{\mathrm{GDPI}_c + \mathrm{GDPT}_c}{\mathrm{GDPF}_c}\right) \tag{5-24}$$

根据式 (5-23) 得到的数据，运用式 (5-24) 得到各省市区的城乡统筹指标数值，见附表 2 第二、第三列。

六、城乡商贸统筹人口基础

城乡统筹的最基本现实是城乡人口分布。城乡分割和城乡户籍制度的存在，引起城乡人口流动困难，从而难以消除城乡差距。因此城乡人口是城乡统筹的

根本点。

城乡人口统筹基数比例为

$$\rho_i = \frac{\text{peou}_i}{\text{peor}_i} \tag{5-25}$$

其中，$i=p$ 或 c，p 表示省级层面，c 表示国家层面。peou_i 为省级层面 p 或国家层面 c 上的城镇人口基数；peor_i 为省级层面或国家层面上的农村人口基数。

由于在同一时间段里人口基数在国家层面上的城乡统筹基数比例与省级层面上的城乡统筹基数比例不一致，于是考虑在同一时间段以国家层面的城乡人口统筹基数为标准，考察各个省份的城乡统筹相对值，可以建立如下指标：

$$\rho = \frac{\rho_p}{\rho_c} = \left(\frac{\text{peou}_p}{\text{peor}_p}\right) \div \left(\frac{\text{peou}_c}{\text{peor}_c}\right) \tag{5-26}$$

根据式（5-25）得到的数据，运用式（5-26）得到各省市区的城乡统筹基数指标，见附表 2 第七列。值得注意的是，在下文的实证研究中，城乡人口指标并没有作为独立的变量进入计量模型当中，而是以人均值的形式渗透在前面五个指标所对应的变量当中（除城乡就业率变量外），这正好体现出城乡人口在城乡统筹中的基础性作用。

综上所述，城乡商贸统筹发展主要由商贸统筹潜力、商贸统筹规模、商贸统筹强度、商贸统筹效益、商贸统筹产业发展前景和商贸统筹人口基础六个方面因素决定。这六个方面相互联系、相互影响，共同作用，综合影响城乡商贸统筹发展能力。同时，这六个方面还受国际、国内和区域经济环境、产业政策、相关产业和辅助设施、企业战略、结构及竞争对手等因素的综合影响。

第三节　我国城乡商贸统筹发展的实证分析

一、计量模型和内生性

（一）研究范围

本书考察范围分别为总体和东部、中部、西部地区。东部、中部和西部地区所辖省份根据全国第一次经济普查的划分标准确定：东部地区包括北京、天津、河北、辽宁、上海、江苏、浙江、福建、山东、广东、海南 11 省（直辖市）；中部地区包括山西、吉林、黑龙江、安徽、江西、河南、湖北、湖南 8 省；西部地区包括内蒙古、广西、重庆、四川、贵州、云南、西藏、陕西、甘肃、青海、宁夏、新疆 12 省（自治区、直辖市）。三大地区中各个省份对应的变量名见表 5-1。

(二) 计量模型

城乡统筹机制告诉我们，城乡收入决定流通产品需求，城乡生产决定流通产品供给，城乡就业和城乡资本既能影响城乡流通产品供给，也能影响城乡流通产品需求。商贸流通的核心是市场规模（用社会消费品零售总额表示）。

市场规模决定分工、报酬增减程度和生产效率。Romer（1986，1990）、Lucas（1988）等强调市场规模因素在知识扩散、人力资本积累和研究与开发（R&D）方面的重要作用。这意味着，从内生增长框架出发，市场规模是产业发展的重要解释变量，反过来说，产业发展能促进市场规模扩大，因此产业增加值便成了市场规模的解释变量。基于此，可以城乡产业规模考察城乡产业统筹能力，进而考察城乡商贸流通业发展程度。

从需求角度来看，城乡商贸业发展必须要求提高城乡居民可支配收入，因此城乡居民各自的人均可支配收入便成了我们考察的被解释变量。

城乡就业是城乡产业发展的要素投入过程，没有城乡劳动力投入，城乡产业就没法生产产品。因此，城乡劳动力就业可以成为城乡商贸流通业的间接影响因素，是城乡商贸流通业发展的解释变量。

显然，城乡人口流动会影响城乡就业和城乡消费、生产关系，进而影响城乡产业发展和商贸流通业发展，本应成为城乡商贸流通业发展的解释变量。但是考虑到城乡人口迁移对城乡商贸流通业的影响基本上隐含在各个年份的城乡就业变量当中（城乡就业已经设定了独立变量），同时，考虑到城乡人口迁移在统计上很难从城乡常住人口和户籍人口的变动中切割出来，因此没有单独设立城乡人口迁移变量。

城乡资本也是城乡产业发展的投入要素，在现代生产方式下，只有劳动力要素没有资本要素的生产是很难想象的，事实上也难以找到。现代城乡生产是劳动力和资本的共同组合结果，也只有在两者共同作用下生产出产品，才有商贸流通可言，因此城乡资本是影响商贸流通业的间接因素，是城乡商贸流通业发展的解释变量之一。

鉴于上面的分析，我们在设计面板回归模型时选择城乡人均社会消费品零售总额（arscu、arscr）作为商贸流通业的人均市场规模变量，以此作为被解释变量；选择城乡居民人均可支配收入（diu、dir）、城乡人均产业增加值（agdpu、agdpr）、城乡人均劳动力就业比例（aemu、aemr）和城乡人均贷款额度（aloau、aloar）作为解释变量，而在考虑城乡商贸流通统筹时则用城镇居民对农产品的人均消费支出（acur）和农村居民对城镇产品的人均消费支出（acru）分别衡量农村到城镇的商贸产品流量和城镇到农村的商贸产品流量。具体如表 5-2 所示。

表 5-2　变量含义及其计算公式列表

变量名	变量含义	计算公式
被解释变量 arscu	城镇人均社会消费品零售总额	rscu/peou
被解释变量 arscr	农村人均社会消费品零售总额	rscr/peor
被解释变量 acur	城镇居民对农产品的人均消费支出	acu×engu
被解释变量 acru	农村居民对城镇产品的人均消费支出	acr×（100－engr）
解释变量 diu	城镇居民人均可支配收入	iu/peou
解释变量 dir	农村居民人均可支配收入	ir/peor
解释变量 agdpu	城镇居民工业和第三产业的人均增加值	（gdpiu＋gdptu）/peou
解释变量 agdpr	农村居民第一产业的人均增加值	gdpf/peor
解释变量 aemu	城镇居民第二产业和第三产业就业率	ems＋emt
解释变量 aemr	农村居民第一产业就业率	—
解释变量 aloau	城镇居民工业和商业的人均贷款量	loau/peou
解释变量 aloar	农村居民农业人均贷款量	loar/peor

表 5-2 中值得说明的两组变量是 arscu、arscr 和 acur、acru。

表中被解释变量 arscu 和 arscr 的含义分别为城镇人均社会消费品零售总额和农村人均社会消费品零售总额。社会消费品零售总额本身就是批发、零售、住宿、餐饮等商贸业产品的交易价值总额，因此可以用来衡量城乡商贸流通业发展规模。于是也对 arscu 和 arscr 做出如下定义。

定义 1：城镇人均社会消费品零售总额（arscu）表达了城镇商贸流通产品市场交易价值，定义它为城镇商贸流通业发展规模；同样地，农村人均社会消费品零售总额（arscr）表达了农村商贸流通产品市场交易价值量，定义它为农村商贸流通业发展规模。

设计被解释变量 acur 的目的是测度农产品流向城镇消费者的农村到城镇流量。而 acur 是城镇居民对农产品的人均消费支出，其内在含义是城镇居民人均消费与城镇居民恩格尔系数之积 acu×engu，显然这种计算表现了农村产品流到城镇消费者的价值量。用此变量来测度农村到城镇的商贸流通统筹程度比较恰当。

设计被解释变量 acru 的目的是测度城镇工业品和服务品流向农村消费者的城镇到农村流量。而 acru 是农村居民对城镇产品的人均消费支出，其内在含义是农村居民人均消费与农村居民食品以外产品消费支出占总消费支出比重的乘积 acr×（100－engr），显然这里把 100 减去农村恩格尔系数看作是农村居民对城镇产品消费支出占其总支出的比重，范围可能有所扩大，但扩大比例很小，因此可以近似地用 acr×（100－engr）表达城镇产品流动农村消费者的价值量。用此变量来测度城镇到农村的商贸流通统筹程度比较合适。于是不妨对 acur 和 acru 做出如下定义。

定义 2：城镇居民对农产品的人均消费支出（acur）表达出了农村商品流到城镇的价值流量，同时城镇资金流向农村，因此可以定义它为城镇对农村的商贸统筹规模；同样地，农村居民对城镇产品（工业品和服务品）的人均消费支出（acru）表达出了城镇商品流到农村的价值流量，同时农村资金流向城市，因此可以定义它为城镇对农村的商贸统筹规模。

于是，可以建立如下模型组来考察城乡收入统筹、城乡产业统筹、城乡就业统筹和城乡资本统筹对城乡商贸流通业发展及城乡商贸流通统筹的促进作用，模型框架如下：

$$Y_{it} = \rho_0 + \rho_1 X_{1,it} + \rho_2 X_{2,it} + \rho_3 X_{1,it} \times X_{2,it} + \rho_4 \vec{Z}_{it} + \varepsilon_{it} \tag{5-27}$$

其中，下标 t 和 i 分别为时间和省份；ρ_0 和 ε_{it} 分别为常数项和误差项；被解释变量 Y_{it} 为 arscu、arscr 或 acur、acru；解释变量 $X_{1,it}$ 和 $X_{2,it}$ 分别为 diu 和 dir、agdpu和 agdpr、aemu 和 aemr，以及 aloau 和 aloar；$\vec{Z}_{it}$ 为控制变量，是控制各省份之间产业的向量变量，可能是城乡人口比率、城乡投资比率、城乡消费比率等。于是可以从城乡收入统筹、城乡产业统筹、城乡就业统筹和城乡资本统筹对城乡商贸业发展的促进作用和其对城乡商贸流通统筹的促进作用角度设计具体模型。具体模型中的变量列为表 5-3。

表 5-3　模型含义及其对应变量列表

甄别模型	Y_{it}	$X_{1,it}$	$X_{2,it}$	模型评价目标
(1)	arscu	diu	dir	城乡收入统筹对城镇商贸流通业的促进作用
(2)	arscr	diu	dir	城乡收入统筹对农村商贸流通业的促进作用
(3)	acur	diu	dir	城乡收入统筹对农村到城镇商贸流动的促进作用
(4)	acru	diu	dir	城乡收入统筹对城镇到农村商贸流动的促进作用
(5)	arscu	agdpu	agdpr	城乡产业统筹对城镇商贸流通业的促进作用
(6)	arscr	agdpu	agdpr	城乡产业统筹对农村商贸流通业的促进作用
(7)	acur	agdpu	agdpr	城乡产业统筹对农村到城镇商贸流动的促进作用
(8)	acru	agdpu	agdpr	城乡产业统筹对城镇到农村商贸流动的促进作用
(9)	arscu	aloau	aloar	城乡资本统筹对城镇商贸流通业的促进作用
(10)	arscr	aloau	aloar	城乡资本统筹对农村商贸流通业的促进作用
(11)	acur	aloau	aloar	城乡资本统筹对农村到城镇商贸流动的促进作用
(12)	acru	aloau	aloar	城乡资本统筹对城镇到农村商贸流动的促进作用
(13)	arscu	aemu	aemr	城乡就业统筹对城镇商贸流通业的促进作用
(14)	arscr	aemu	aemr	城乡就业统筹对农村商贸流通业的促进作用
(15)	acur	aemu	aemr	城乡就业统筹对农村到城镇商贸流动的促进作用
(16)	acru	aemu	aemr	城乡就业统筹对城镇到农村商贸流动的促进作用

城镇（农村）人均社会消费品零售总额回归模型或城镇（农村）居民的农产品（城镇工业品和服务品）消费支出回归方程中包括了表示各个省份的城镇和农村变量。

(三) 内生性及其处理

现有研究文献广泛关注各经济体对外部经济系统变量的内生性问题：商贸流通业发达、社会消费品零售总额较大的地区，其城乡割裂较低，也就是说城镇产品流向农村和农产品流向城镇的商贸流量较大，同时城镇居民和农村居民的收入、城镇和农村的产业、城镇和农村的就业及城镇和农村的资本投入量都会较高，反过来也是这样。严重的内生性会使得最小二乘法估计可能是有偏的和非一致的。通常的改进方法就是寻找一个与城乡开放变量关系密切，但独立于城镇和农村解释变量的变量作为工具变量，进行两阶段最小二乘法估计（pooled least square）。跨国经验分析中普遍采用“引力模型”（gravity model）预测的城乡贸易流量为基础，推算出城乡“理论上”贸易开放度。

中国地区差距的实证研究中也普遍使用贸易比重或出口比重表示各省对外开放程度，但很少有文献关注和控制该变量的内生性。但变量的内生性问题的确存在于各地区城乡商贸流通当中：越富裕的城镇，越有条件通过发挥地区优势向农村地区供给产品。例如，财政分权制改革以后，各个地方政府具有很高的经济自主权并掌握着大量的资源。这样，富裕的城镇更有条件改善本地的基础设施，这不仅有利于城镇企业产品销往农村，也有利于吸引农村资本投资城镇地区，进而促进城镇地区产业进一步扩张。

二、数据和描述性分析

（一）数据分析

为了尽可能把握城乡商贸流通与城乡收入、城乡产业（增加值）、城乡就业和城乡资本（人均贷款）之间的关系，首先对 31 个省份从总体上考察 1985～2008 年的相互关系。然后分时间段，把 1985～2008 年划分为 8 年跨度的 3 个子时间段（称考察期），被解释变量为 1985～1992 年、1993～2000 年和2001～2008 年的平均人均商贸流通量（arscu 和 arscr，或者 acur 和 acru）。解释变量均为 1985～1992 年、1993～2000 年和 2001～2008 年的城乡人均收入（diu 和 dir）、城乡人均产业增加值（agdpu 和 agdpr）、城乡就业量（empu 和 empr）和城乡人均贷款量（aloau 和 aloar）的算术平均值。需要强调的是，城乡人口流动是影响城乡商贸流通业发展的变量之一，本应对其进行单独的数据分析。但是考虑到其对城乡商贸流通影响已经间接地内含在各个年份的城乡就业变量当中（城乡就业已经设定了独立变量），同时，考虑到城乡人口迁移在统计上很难从我国的 31 个省份的城乡常住人口和户籍人口的变动中切割出来，因此没有单独设立城乡人口迁移变量。

各省份的城乡人均收入，城乡人口数量，城乡就业数量，农业、工业和商业贷款量，第一产业、第二产业和第三产业贷款额，工业增加值、第三产业增加值和农业增加值，以及其他相关变量数据 1985～2004 年来自《新中国五十五年统计资料汇编》，2005～2008 年来自《中国统计年鉴》（2006～2009）和对应年份的 31 个省份的统计年鉴。

根据平减指数（DPI）将各个省份的城乡地区生产总值统一折算为 1985 年不变价格，用消费者价格指数（CPI）将各个省份的城乡人均消费支出、城乡社会消费品零售总额统一折算为 1985 年不变价格，用生产者价格指数（PPI）将各个省份的城乡贷款统一折算为1985年不变价格。并且在城乡商贸业发展规模、城乡产业发展规模——城乡产业增加值、城乡贷款规模等变量的计算中以万元为单位；并将商贸流通量和城乡居民人均可支配收入也以万元单位计算；城乡就业量以万人为单位。

表5-4和表5-5显示了各子时间段各省份城乡商贸业发展规模和城乡商贸流通规模的8年平均值及其在全国的位次。从直观上可总结出以下特征。

表5-4　1985～2008年各省份农村商贸业发展规模（ARSCR）和城镇产品流向农村商贸流通规模（ACRU）

地区	省份	1985～1992年				1993～2000年				2001～2008年			
		ARSCR		ACRU		ARSCR		ACRU		ARSCR		ACRU	
		数值/万元	排序	数值/万	排序	数值/万元	排序	数值/万	排序	数值/万元	排序	数值/万	排序
东部地区	北京	545	8	50 411	2	3426	2	143 798	2	11 863	2	329 091	2
	福建	1 273	4	23 850	11	4 215	3	74 727	8	4 600	5	147 574	8
	广东	1720	2	38 375	4	3 620	20	112 030	4	5 528	3	167 204	7
	海南	180	24	30 308	7	530	14	53 253	18	1 045	22	78 367	28
	河北	248	14	10 834	29	696	11	58 362	12	1 864	10	113 481	13
	江苏	522	9	37 613	5	1 282	13	94 634	5	2 735	8	184 524	4
	辽宁	348	10	30 216	8	839	8	71 053	9	1 689	13	131 242	10
	山东	1 172	5	22 887	13	2 297	1	62 076	10	3 438	6	132 024	9
	上海	2 694	1	68 444	1	77 368	9	201 141	1	192 490	1	394 348	1
	天津	207	19	19 169	21	1 540	5	89 356	6	1 604	14	183 121	5
	浙江	933	7	47 018	3	2 786	22	129 412	3	4 701	4	266 069	3
中部地区	安徽	169	25	19 740	18	491	12	46 320	23	1 048	21	100 741	18
	湖北	300	12	19 520	19	871	23	55 344	17	1 777	11	97 581	20
	河南	128	30	16 901	26	476	17	41 222	27	1 174	17	86 411	25
	黑龙江	213	16	27 495	9	608	18	76 207	7	1 077	18	127 267	11
	湖南	199	20	21 269	14	603	6	58 734	11	1 359	16	113 217	14
	吉林	1 095	6	24 097	10	2 658	21	55 719	16	2 054	9	114 678	12
	江西	183	23	18 988	23	506	26	56 513	15	1 057	19	111 543	15
	山西	161	27	19 131	22	430	19	43 035	25	949	23	97 173	22
西部地区	重庆	198	21	18 311	24	568	30	46 037	24	1 763	12	84 628	26
	甘肃	129	29	14 655	28	271	10	35 305	29	570	28	75 579	29
	广西	282	13	20 052	17	1 502	24	51 912	20	1 361	15	90 699	23
	贵州	163	26	8 665	31	461	27	28 965	30	414	30	57 491	30
	内蒙古	210	17	20 637	15	419	28	57 896	14	1 051	20	111 043	16
	宁夏	119	31	20 064	16	286	29	52 180	19	574	27	98 761	19
	青海	159	28	37 545	6	286	7	36 586	28	459	29	86 844	24
	四川	1 358	3	19 315	20	2 627	16	50 724	21	3 268	7	97 196	21
	陕西	194	22	17 475	25	615	15	48 157	22	817	24	101 348	17
	新疆	306	11	22 984	12	678	31	58 180	13	725	25	173 955	6
	西藏	209	18	9 401	30	267	25	21 792	31	385	31	54 003	31
	云南	218	15	16 627	27	451	4	42 229	26	639	26	80 924	27

注：括号内是各省份在全国的相对排序（升序排列）

表 5-5　1985～2008 年各省份城镇商贸业（ARSCU）发展规模和农村产品流向城镇商贸流通规模（ACUR）

地区	省份	1985～1992 年				1993～2000 年				2001～2008 年			
		ARSCU		ACUR		ARSCU		ACUR		ARSCU		ACUR	
		数值/万元	排序	数值/万	排序	数值/万元	排序	数值/万	排序	数值/万元	排序	数值/万	排序
东部地区	北京	4 214	1	89 683	3	10 213	1	252 404	3	16 537	3	386 922	3
	福建	597	28	73 690	11	2 346	24	207 081	7	7 523	12	298 842	7
	广东	975	22	111 534	1	4 000	13	285 618	2	9 547	7	387 617	2
	海南	2 716	6	89 373	4	5 850	5	201 114	9	6 822	17	264 023	12
	河北	3 072	3	51 655	28	6 036	4	142 340	23	7 959	9	206 633	25
	江苏	1 722	10	71 197	12	5 814	6	194 694	10	9 679	6	286 564	9
	辽宁	1 798	9	71 082	13	5 241	8	160 470	17	9 887	5	262 969	13
	山东	463	30	54 678	26	1 884	27	131 215	27	7 151	15	206 375	26
	上海	4 038	2	109 970	2	9 613	2	320 115	1	16 646	2	464 262	1
	天津	3 071	4	87 586	6	9 592	3	215 424	6	17 273	1	316 958	6
	浙江	844	25	88 171	5	3 082	22	240 659	4	10 667	4	372 148	4
中部地区	安徽	1 531	16	66 587	18	3 815	14	169 178	15	5 464	26	249 757	16
	湖北	1 451	17	56 216	23	4 407	11	142 721	22	8 256	8	221 349	19
	河南	1 568	15	48 838	29	4 600	10	115 826	31	7 556	11	166 872	31
	黑龙江	1 599	14	62 695	19	3 487	18	149 702	19	6 851	16	191 109	29
	湖南	1 683	11	69 399	16	4 136	12	171 443	14	6 818	18	239 217	17
	吉林	912	23	54 652	27	2 164	25	136 503	24	7 391	13	210 531	21
	江西	1 286	19	56 780	22	3 273	19	147 250	20	5 231	28	258 445	14
	山西	1 606	12	45 533	31	3 700	16	116 193	30	6 548	20	185 726	30
西部地区	重庆	1 869	8	82 481	7	5 297	7	205 095	8	6 754	19	292 147	8
	甘肃	1 341	18	59 172	20	3 625	17	133 914	26	6 004	23	208 502	24
	广西	621	27	76 533	10	1 317	29	190 620	12	5 074	29	251 954	15
	贵州	481	29	69 882	15	981	31	165 049	16	4 171	31	223 973	18
	内蒙古	1 242	20	48 558	30	3 122	21	117 746	29	7 817	10	192 042	28
	宁夏	1 928	7	57 092	21	3 729	15	129 489	28	5 416	27	204 325	27
	青海	1 601	13	70 714	14	3 159	20	151 816	18	5 548	25	209 753	23
	四川	296	31	76 616	9	1 049	30	193 559	11	4 230	30	272 396	10
	陕西	847	24	55 407	25	1 671	28	133 992	25	6 404	22	215 113	20
	新疆	1 193	21	55 734	24	2 798	23	144 397	21	6 459	21	209 868	22
	西藏	2 748	5	79 858	8	5 110	9	229 095	5	7 180	14	327 180	5
	云南	739	26	68 149	17	2 003	26	186 345	13	5 665	24	271 055	11

注：括号内是各省份在全国的相对排序（升序排列）

第一，东部地区的上海、北京、浙江、天津、广东和江苏等的城乡商贸业发展规模（城镇和农村的社会消费品零售总额）和城乡商贸统筹规模（城镇到农村和农村到城镇的商品流量）在全国各省份的排位中都在前列，其中上海的城乡商贸业发展规模和城乡商贸统筹规模在三个考察期处于第 1 位或第 2 位。相反，西部地区的甘肃、宁夏和青海等省份不仅城乡商贸业发展规模小，而且其城乡商贸统筹规模也很小，城镇和农村的两项指标都排在全国的后列。

第二，中部地区的安徽、湖北、湖南和吉林等的城乡商贸业发展规模和城乡商贸统筹规模都处于中等水平，但在第三个考察期安徽和江西的城镇商贸业发展规模仅排在第 26 位和第 28 位。这可能是因为安徽和江西的城镇人均收入水平较低，从而消费水平较低，社会消费品零售总额较低；而河南、山西和黑龙江三省的农村到城镇商品流规模在第三个考察期分列倒数一、二、三位。这可能是因为河南、山西和黑龙江等省的城乡商贸网络还不够完善。

第三，西部地区的西藏、贵州、云南、甘肃和青海等绝大多数省份不仅农村商贸业发展规模小，而且其城镇商品流向农村的规模也很小，两项指标都排在全国各省份的后列。例如，三个考察期中西藏和贵州的农村商贸业发展规模和城镇商品流向农村的规模在 31 个省份中排在第 31 位或第 30 位。但它们的城镇商贸业发展规模和农产品流向城镇的规模并未排在全国各省的后列。

第四，部分省份城乡商贸业发展规模在变好。例如，湖北、江西和四川等省城乡商贸业发展规模（ARSCR 和 ARSCU）和城乡商品对流规模总体（ACRU 和 ACUR）上说从第一个考察期到第三个考察期在排位上提高了；但也有部分省份这两者都在变坏。如广西和贵州等。

第五，1985～2008 年的三个考察期中，尽管西藏的农村商贸业发展规模和城镇产品流向农村的规模排名居后，但其城镇商贸业发展规模和农产品流向城镇的规模比较靠前（前者在三个考察期分别为第 5、9、14 位，后者在三个考察期分别为第 8、5、5 位）。重庆也有类似现象，三个考察期中，重庆农业 ARSCR 处在 21 位、24 位、12 位之间波动。而城镇则在 8、7、19 位之间波动，重庆城镇产品流向农村的商贸流通规模 ACRU 在 24 到 26 之间波动，而农产品流向城镇的商贸流通规模三个考察期分别为第 7 位、第 8 位和第 8 位。始终处于第 8 位或第 9 位。

（二）对城乡商贸流通业发展和城乡商贸统筹发展因素的甄别

为了甄别城乡收入、城乡产业、城乡贷款和城乡就业四组因素对城乡商贸业发展和城乡商贸统筹发展的影响程度，在式（5-27）模型框架的基础上去掉交互项，用原始变量建立如下模型框架：

$$Y_{it} = \rho_0 + \rho_1 X_{1,it} + \rho_2 X_{2,it} + \varepsilon_{it} \tag{5-28}$$

表 5-6 报告了回归模型框架式（5-28）所对应的表 5-4 中的变量的面板最小二乘估计结果。

表 5-6 表 5-3 中的变量的面板最小二乘估计结果

模型序号	ρ_1	ρ_2	调整的 R^2	S. E	Across FE	样本数
(1)	3 211. 847*** (42. 893)	15 833. 21*** (82. 632)	0. 805	0. 516 80	Yes	23 002 =31×742
(2)	−3 129. 408*** (−42. 900)	20 188. 560*** (108. 156)	0. 641	0. 164	Yes	23 002 =31×742
(3)	25. 902*** (189. 833)	−1. 608*** (−4. 610)	0. 928	3. 060	Yes	22 878 =31×738
(4)	0. 820*** (9. 557)	42. 461*** (193. 437)	0. 938	1. 929	Yes	23 002 =31×742
(5)	0. 319*** (501. 241)	−0. 013*** (−3. 008)	0. 930	1 151. 675	Yes	23 064 =31×744
(6)	0. 108*** (94. 369)	0. 313*** (41. 080)	0. 426	2 072. 686	Yes	23 064 =31×744
(7)	0. 001*** (216. 915)	0. 02*** (77. 141)	0. 784	5. 298	Yes	22 909 =31×739
(8)	0. 000 5*** (260. 521)	0. 000 6*** (46. 168)	0. 811	3. 380	Yes	23 064 =31×744
(9)	0. 703*** (158. 749)	1. 495*** (85. 523)	0. 691	2 299. 768	Yes	22 568 =31×728
(10)	0. 282*** (65. 726)	0. 686*** (40. 566)	0. 294	2 225. 767	Yes	22 568 =31×728
(11)	0. 001 3*** (86. 963)	0. 004 6*** (77. 547)	0. 496	7. 796	Yes	22 475 =31×725
(12)	0. 001 0*** (110. 538)	0. 003 1 (84. 430)	0. 580	4. 835	Yes	22 568 =31×728
(13)	4. 984*** (52. 234)	−1. 320*** (−42. 822)	0. 111	4 110. 008	Yes	23 033 =31×743
(14)	3. 544*** (59. 973)	−0. 766*** (−40. 126)	0. 135	2 545. 758	Yes	23 033 =31×743
(15)	0. 010*** (40. 326)	−0. 001 8*** (−22. 108)	0. 067	10. 993	Yes	22 878 =31×738
(16)	0. 010 8** (65. 439)	−0. 002 3*** (−43. 062)	0. 157	7. 133	Yes	23 033 =31×743

注：括号内为回归系数的 t 检验；***、** 和 * 分别为 1%、5%和 10%的显著性水平；S. E. 为回归方程的标准差；Across FE 表示截面固定效应，估计结果省略

在表 5-6 的城乡居民人均可支配收入、城乡产业人均增加值、城乡人均贷款和城乡就业的回归结果中：16 个模型 32 个参数都在 1%条件下显著。但从调整了的可决系数来看，城乡就业对城镇社会消费品零售总额、农村社会消费品零售总额、城镇居民对农产品的人均消费支出和农村居民对城镇产品的人均消费支出的回归模型拟合优度都非常低（分别为 0. 111、0. 135、0. 067 和 0. 15），城乡贷款对城镇社会消费品零售总额、农村社会消费品零售总额、城镇居民对农产品的人均消费支出和农村居民对城镇产品的人均消费支出的回归模型拟合优

度也较低（分别为 0.691、0.294、0.496 和 0.580）；而城乡产业人均增加值对四者的回归模型拟合优度，除对农村社会消费品零售总额回归模型拟合优度较低外（0.426），其他较三个模型的拟合优度都较高（分别为 0.930、0.784、0.811）；对城乡居民人均可支配收入的回归模型拟合优度较高（分别为 0.805、0.641、0.928、0.938）；对城乡人均贷款的拟合优度也达到了 0.6 到 0.83 之间。由此可以得到如下结论。

结论 1：在城乡收入、城乡产业、城乡贷款和城乡就业四对影响因素中，对城乡商贸流通业发展和城乡商贸统筹发展影响最大的是城乡收入（diu、dir），其次是城乡产业（agdpu、agdpr），然后是城乡贷款（aloau、aloar），最后是城乡就业（empu、empr）；但城乡贷款和城乡就业对城乡商贸流通业发展和城乡商贸统筹发展的影响程度较小。

基于结论 1，我们可以甄别出影响城乡商贸流通业发展和城乡统筹发展的回归模型解释变量，它们是城乡人均可支配收入（diu、dir）和城乡产业人均增加值（agdpu、agdpr），城乡人均贷款（aloau、aloar）作为备选变量组。

（三）描述性分析

在结论 1 甄别出来的回归模型解释变量基础上，可以给出它们的直观散点图。图 5-3～图 5-6 分别表示显示了城乡社会消费品零售总额（表示城乡商贸流通业发展规模）、城乡产品交互流量（表示城乡商贸统筹规模）与城乡居民人均可支配收入、城乡产业人均增加值的直观关系，明显能看出城乡居民人均可支配收入和人均产业增加值对城乡商贸流通业发展规模和城乡商贸统筹规模呈正相关关系。表 5-7 为各变量的描述性统计值。

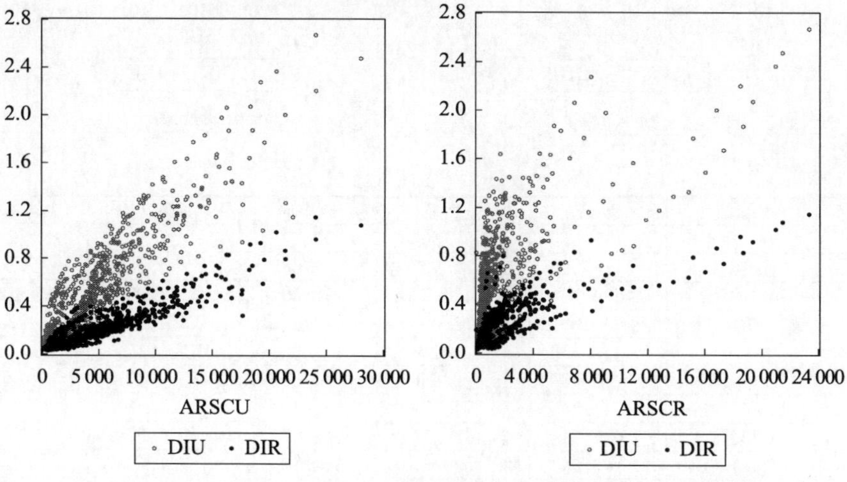

图 5-3 城乡居民人均可支配收入对城乡商贸流通业发展规模图

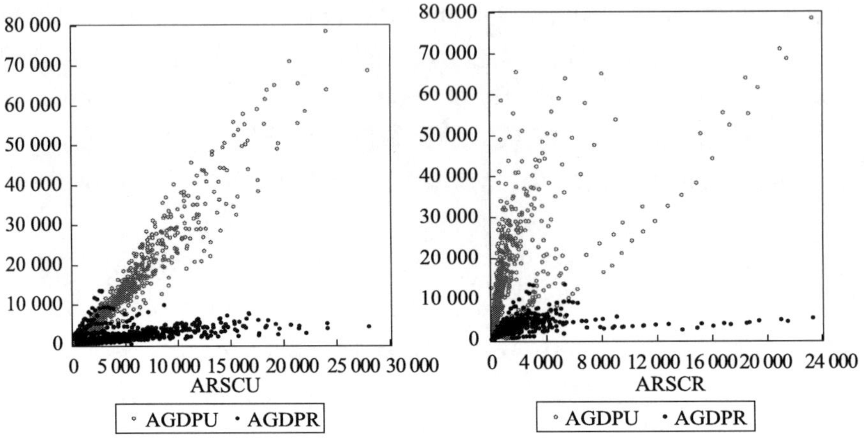

图 5-4　城乡人均产业增加值对城乡商贸业发展规模散点图

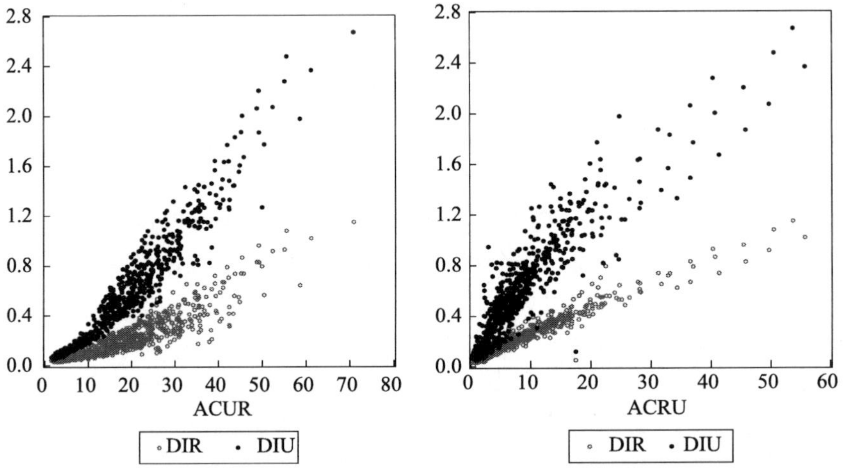

图 5-5　城乡居民人均可支配收入对城乡商贸统筹规模散点图

表 5-7　描述性统计

变量	均值	中值	最大值	最小值	标准差	样本数
acru	7.358	5.215	55.855	0.189	7.311	724
acur	16.765	15.596	70.997	1.686	10.852	724
arscu	4 618.81	3 596.36	24 146.85	94.00	4 147.95	724
arscr	1 521.13	665.20	23 372.09	19.34	2 654.85	724
diu	0.191	0.156	1.144	0.026	0.159	724
dir	0.504	0.434	2.668	0.047	0.407	724
agdpu	12 647.10	8 741.84	78 514.17	355.48	12 565.51	724
agdpr	2 200.77	1 670.31	13 438.67	104.07	1 935.67	724
aloau	5 481.46	4 989.04	22 739.40	344.20	3 754.55	724
aloar	765.36	422.50	6 643.16	16.26	951.28	724
empu	561.40	492.70	2 146.79	11.87	368.26	724
empr	1 463.59	1 230.60	4 859.13	47.66	1 138.11	724

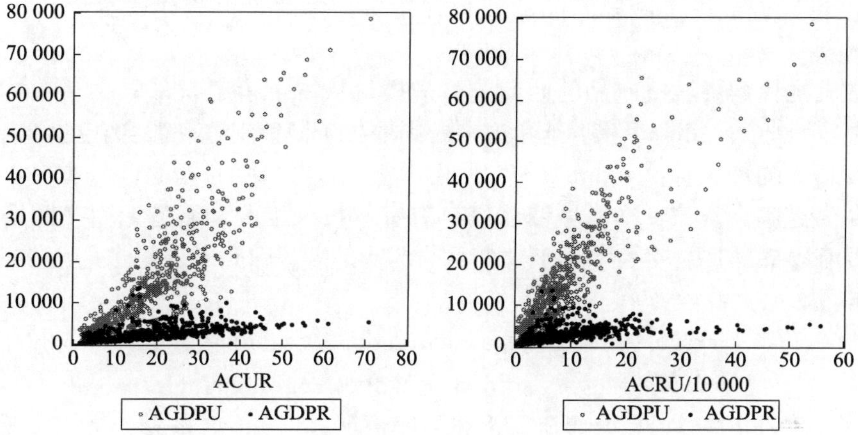

图 5-6　城乡产业增加值对城乡商贸统筹规模散点图

三、实证结果

（一）对城乡商贸流通和城乡商贸统筹的总体分析

根据结论 1，舍弃城乡就业因素分析城乡商贸流通业发展和城乡商贸统筹发展，根据经济含义，分别对城乡收入、城乡产业和城乡贷款做如下回归分析。

1. 城乡商贸流通业发展规模

城镇商贸统筹规模，从需求角度而言取决于城镇居民人均可支配收入(diu)，从供给角度来看则取决于城镇人均产业增加值（agdpu、agdpr），也就是农村人均增加值（agdpr）和城镇人均增加值（agdpu），此外还跟城镇贷款和农业借贷有关，因为贷款可能抑制城镇自有资金进入生产领域，从而增加城镇和农村产品的消费。因此可以构建式（5-29）的第一个模型。

同样的，农村商贸统筹规模，从需求角度而言取决于农村居民人均可支配收入（diu)，从供给角度来看则取决于农业产出和工业生产，此外还跟城镇贷款和农业借贷有关，因此我们可以构建式（5-29）的第二个模型。

$$\begin{cases} \mathrm{arscu}_{it} = \alpha_0 + \alpha_1 \mathrm{diu}_{it} + \alpha_3 \mathrm{agdpu}_{it} + \alpha_4 \mathrm{agdpr}_{it} + \alpha_5 \mathrm{aloau}_{it} + \alpha_6 \mathrm{aloar}_{it} + \varepsilon_{it} \\ \mathrm{arscr}_{it} = \alpha_0 + \alpha_2 \mathrm{dir}_{it} + \alpha_3 \mathrm{agdpu}_{it} + \alpha_4 \mathrm{agdpr}_{it} + \alpha_5 \mathrm{aloau}_{it} + \alpha_6 \mathrm{aloar}_{it} + \varepsilon_{it} \end{cases} \tag{5-29}$$

2. 城乡商贸统筹规模

城镇居民购买农产品的商贸统筹规模，从需求角度而言取决于城镇居民人均可支配收入（diu)，从供给角度来看则取决于农业产出，也就是农业生产的人均增加值（agdpr)，此外还跟农业借贷有关，因为农业借贷越高，借贷资本投入农业生产对农村居民自有资本投入农业生产的挤出越多，从而农村居民自有资金用于城镇产品的消费就越多。因此可以构建式（5-30）的第一个模型。

农村居民购买城镇产品的商贸统筹规模，从需求角度而言取决于农村居民人均可支配收入（dir），从供给角度来看则取决于城镇工业和服务业的产出，也就是城镇人均增加值（agdpu），此外还跟城镇工业和服务业的借贷有关，因为城镇借贷越高，贷款资本对城镇居民自有资本投入工业和服务业生产的挤出越多，从而城镇居民自有资金用于农产品的消费越多。因此可以构建式(5-30)的第二个模型。

$$\begin{cases} arscu_{it} = \alpha_0 + \alpha_1 diu_{it} + \alpha_4 agdpr_{it} + \alpha_5 aloau_{it} + \varepsilon_{it} \\ arscr_{it} = \alpha_0 + \alpha_2 dir_{it} + \alpha_3 agdpu_{it} + \alpha_6 aloar_{it} + \varepsilon_{it} \end{cases} \quad (5\text{-}30)$$

表 5-8 的（1）和（2）报告了上述回归模型式（5-29）的结果，表 5-8 中的（3）和（4）报告了回归模型式（5-30）的结果。

表 5-8　面板最小二乘估计结果

模型序号	商贸发展		商贸统筹	
	（1）城镇	（2）农村	（3）城镇	（4）农村
α_1（diu）	1 292.648*** (28.383)		24.121*** (334.986)	
α_2（dir）		24 247.990*** (133.720)		47.034 *** (237.192)
α_3（agdpu）	0.238*** (152.578)	−0.120*** (−57.266)		−0.000 01* (−3.526)
α_4（agdpr）	−0.029*** (−5.829)	0.039*** (5.224)	0.000 33*** (26.557)	
α_5（aloau）	0.200*** (79.209)	−0.063*** (−15.935)	0.000 09 *** (13.605)	
α_6（aloar）	−0.002 (−0.174)	−0.555*** (−35.547)		−0.000 46 *** (−27.568)
调整的 R^2	0.943	0.702	0.929	0.939
S. E	987.379	1 447.767	2.920	1.842
Across FE	Yes	Yes	Yes	Yes
Schwarz	974 661	2 095 474	11.366	6.233
样本数	22 568=31×728	22 568=31×728	22 475=31×725	22 568=31×728

注：括号内为回归系数的 t 检验；S. E. 为回归方程的标准差；Across FE 表示截面固定效应，估计结果省略

***和 * 分别为 1%和 10%的显著性水平

从上面的回归结果来看，回归系数都很显著。且四个回归模型的拟合优度都较高（分别为 0.943、0.702、0.929 和 0.939）。

模型（1）中 aloar 的系数为负值，且在任何置信水平下都不显著，说明此变量应予以剔除。agdpr 前的系数为负，表示农村人均增加值对城镇商贸流通发展具有抑制性。这与从供给角度分析的内在经济逻辑不一致。其可能的原因在

于：目前农村到城镇的商贸流通渠道不太畅顺，以至于农产品生产更多地在农村本地消费，而没有充分地运到城镇消费。diu、agdpu、aloau 前面的回归系数都为正，与经济学逻辑相符合。diu、agdpu、aloau 前面的系数在 1%的显著性水平下为正，且其顺次递减（1292.648、0.238、0.200），说明考察期间城镇居民人均可支配收入、城镇人均产业增加值和城镇贷款对城镇商贸流通业发展都具有促进作用，但促进作用依次递减。尤其 diu 前面的系数远远大于其他两个变量前面的系数，说明拉动城镇商贸流通业发展的主要因素是城镇居民人均可支配收入。

模型（2）中 agdpu、aloau 和 aloar 前的系数为负，表示城镇人均增加值和城乡贷款增加对农村商贸流通发展具有抑制性。这与从供给角度分析的内在经济逻辑不一致，可能的原因在于：前者的负值说明目前城镇到农村的商贸流通渠道不太畅顺，以至于城镇工业品和服务品生产更多地在城镇本地消费，而没有充分地运到农村消费；后者的负值说明城乡大量贷款进入城镇生产领域，而农村消费资金不足，从而影响农村居民对城乡产品的消费，从而社会消费品零售总额下降。dir、agdpr 前面的回归系数都为正，与经济学逻辑相符合，且其对农村商贸流通业发展规模的弹性顺次递减，说明当前农村居民对流通产品的消费多数首先取决于自身的可支配收入（dir），然后取决于农村产业发展状况。尤其值得注意的是 dir 前面的系数远远大于其他两个变量前面的系数，说明拉动农村商贸流通业发展的主要因素是农村居民人均可支配收入。

模型（3）中 diu、agdpr、aloau 前面的回归系数都为正，表明城镇对农村产品消费统筹（即模型（3）因变量 acur），从需求角度直接受到城镇居民人均可支配收入的正向影响，从供给角度直接受到农业生产的影响，此外受城镇资本投入的正向产出预期影响。这些都与经济学逻辑相符合。且 dir、agdpr、aloau 对农村商贸流通业规模的回归系数顺次递减，说明当前城镇对农村的商贸统筹取决于：首先是城镇居民自身的可支配收入（diu），其次是农业生产发展状况（agdpr），最后是城镇产业发展贷款情况（aloau）。尤其值得注意的是 diu 前面的系数远远大于其他两个变量前面的系数，说明拉动城镇对农村商贸统筹的主要因素是城镇居民人均可支配收入。

模型（4）中 agdpu 和 aloar 前面的系数为负值，这与传统经济学逻辑不相符合，产生这种现象的可能原因是：前者反映出城镇产品流向农村地区的渠道不畅通引起了城镇产品较大份额地在城镇地区消费，后者反映出农村贷款挤占农村消费资金；dir 前面的回归系数都为正，表明农村对城镇产品消费统筹直接受到农村居民人均纯收入的正向影响。

（二）对城乡商贸流通业发展和城乡商贸统筹发展的总体分析

考虑到城乡贷款跟城乡产业发展之间从生产角度看具有前后关联性，因而它们之间必然存在着经济意义上的信息重叠（会带来多重共线性），于是从模型中删除城乡贷款变量，并建立如下线性模型：

$$\begin{cases} arscu_{it} = \alpha_0 + \alpha_1 diu_{it} + \alpha_3 agdpu_{it} + \alpha_4 agdpr_{it} + \varepsilon_{it} \\ arscr_{it} = \alpha_0 + \alpha_2 dir_{it} + \alpha_3 agdpu_{it} + \alpha_4 agdpr_{it} + \varepsilon_{it} \end{cases} \tag{5-31}$$

同样的，考虑到城市人均 GDP（即 $agdup_{it}$）和农村人均 GDP（即 $agdpr_{it}$）之间存在着经济意义上的信息重叠（会带来多重共线性），只保留起主要作用的变量。因此修正式（5-31），建立如下线性模型：

$$\begin{cases} acru_{it} = \alpha_0 + \alpha_1 diu_{it} + \alpha_4 agdpr_{it} + \varepsilon_{it} \\ acur_{it} = \alpha_0 + \alpha_2 dir_{it} + \alpha_3 agdpu_{it} + \varepsilon_{it} \end{cases} \tag{5-32}$$

表 5-9 为上述回归模型式（5-31）的最小二乘估计结果。表 5-10 为上述回归模型式（5-32）的结果。为了控制同一变量在省际截面之间的相互影响，我们选择截面固定效应（across fixed effects）模型。考虑到改革开放之后中国各省份间的差异性越来越大，为了克服可能存在而又无法识别的异方差，我们对估计系数进行了 White 跨截面标准差和协方差调整。这里的三个考察期时间分别为 1985～1992 年、1993～2000 年、2001～2008 年。

表 5-9　城乡商贸流通业发展面板最小二乘估计结果（被解释变量 arscu、arscr）

变量	1985～1992 年		1993～2000 年		2001～2008 年	
	（1）城镇	（2）农村	（3）城镇	（4）农村	（5）城镇	（6）农村
α_1（diu）	715.71** (5.101)		2 050.90*** (21.569)		897.28*** (9.038)	
α_2（dir）		10 469.0*** (49.380)		17 800.7*** (80.168)		27 640.6*** (92.870)
α_3（agdpu）	0.433*** (134.600)	−0.0416*** (−13.668)	0.319*** (123.385)	−0.070*** (−20.752)	0.283*** (108.18)	−0.133*** (−35.886)
α_4（agdpr）	−0.081*** (−10.19)	0.365*** (58.011)	−0.073*** (−12.203)	0.180*** (26.244)	0.002 (0.178)	−0.199*** (−12.564)
调整的 R^2	0.836	0.662	0.826	0.703	0.887	0.721
S. E	397.497	311.068	1 059.436	1 087.724	1 536.192	2 081.955
Across FE	Yes	Yes	Yes	Yes	Yes	Yes
Schwarz	157 924	96 715	1 121 823	1 182 530	2 358 651	4 332 286
样本数	7 688 =31×248	8 649 =31×279	7 688 =31×248	7 688 =31×248	7 192 =31×232	6 727 =31×217

注：括号内为回归系数的 t 检验；S. E. 为回归方程的标准差；Across FE 表示截面固定效应，估计结果省略

***、**和 * 分别为 1%、5%和 10%的显著性水平

表 5-10　城乡商贸统筹发展面板最小二乘估计结果（被解释变量 acur、acru）

变量	1985～1992 年		1993～2000 年		2001～2008 年	
	(1) 城镇	(2) 农村	(3) 城镇	(4) 农村	(5) 城镇	(6) 农村
α_1 (diu)	49.65*** (254.998)		31.14*** (189.806)		23.27*** (196.301)	
α_2 (dir)		44.61*** (71.414)		44.34*** (229.07)		49.24*** (134.613)
α_3 (agdpu)		−0.000 1*** (−10.871)		−0.000 07*** (−4.109)		−0.000 02**** (−4.221)
α_4 (agdpr)	0.000 1*** (7.237)		0.000 08*** (6.354)		0.000 1*** (−25.334)	
调整的 R^2	0.909	0.504	0.834	0.889	0.924	0.916
S. E	0.759	1.155	2.462	0.187	1.169	2.656
Across FE	Yes	Yes	Yes	Yes	Yes	Yes
Schwarz	3.418	4.175	8.902	4.208	15.508	9.894
样本数	7 657 =31×247	8 649 =31×279	7 657 =31×247	7 688 =31×248	7 564 =31×244	7 688 =31×248

注：括号内为回归系数的 t 检验；S. E. 为回归方程的标准差；Across FE 表示截面固定效应，估计结果省略

***和 * 分别为 1%和 10%的显著性水平

表 5-9 中的模型回归结果（1）、（3）和（5）说明了三个考察期的城乡商贸流通业发展状况，这三个模型包括城镇居民人均可支配收入变量、城镇产业增加值变量和农村产业增加值变量。估计结果显示，城镇人均可支配收入和城镇人均产业增加值变量的估计系数均在 1%水平上显著为正（除农村人均产业增加值变量前面的回归系数 0.002 不显著外）。从而城镇收入越高和城镇产业规模越大的省份，其商贸流通业发展规模也越大。这与图 5-3（左）和图 5-4（左）中显示的关系是吻合的。而且可以看出，城镇收入对城镇商贸业发展的促进作用远远大于城镇产业发展对城镇商贸业发展的促进作用。在三个考察期中，收入对商贸流通业发展的促进作用在第二个考察期相较于第一个考察期有较大幅度的提升，然而在第三个考察期却有大幅下降。这说明整个考察期中收入对商贸流通业促进作用先增强后减弱（715.71、2050.90、897.28），产业发展对商贸流通业的促进作用在削弱。收入前面系数先升后降的可能原因是：第二个考察期城镇工业和服务业迅速发展，城镇居民可支配收入显著提高，而城乡商贸流通网络不畅通，以至于大幅增加的城镇产品主要在城镇消费；到第三个考察期城乡商贸流通网络得到完善，从而城镇产品大量销往农村，从而出现收入对商贸流通业发展的促进作用先增强后减弱的现象；而城镇产业发展对城镇商贸流通业的促进作用则在三个考察期中依次小幅递减（0.433、0.319、0.283）。需要注意的是，农村产业发展规模的回归系数在第一个考察期和第二个考察期 1%显著性水平上为负，第三个考察期则为正。这说明前两个考察期农村到城镇之

间的商业网络还不畅通，以至于农产品更多地消费在农村。而第三个考察期的系数为正则说明整个考察期农村到城镇之间的商业网络在不断完善，农产品能有效地被销售到城镇。

表 5-9 中的模型回归结果（2）、（4）和（6）说明了三个考察期的农村商贸流通业发展状况，这三个模型包括农村居民人均可支配收入变量、农村人均产业增加值变量和城镇人均产业增加值变量。估计结果显示，农村居民人均收入前面的估计系数均在 1%水平上显著为正，从而说明农村收入越高的省份，商贸流通发展规模也越大。这与图 5-3（右）显示的关系是吻合的；农村人均产业增加值前面的系数在第一个考察期和第二个考察期都为正，第三个考察期为负，可以看出农村产业对农村商贸业发展的在前两个考察期是促进作用，在最后一个考察期是抑制作用。然而最后一个考察期的抑制作用不符合经济学逻辑，这可能是因为，该考察期农村居民纯收入增长慢于农村产业增加，且城乡商贸流通网络得到了一定的完善，使得农产品大量销往城镇。而城镇人均产业增加值前面的系数则在三个考察期都为负数（分别为－0.0416、－0.070、－0.133），这说明城镇产业发展并没有对农村商贸流通业的发展起到促进作用。但事实上也不可能产生抑制作用（不可能系数为负数）。其可能的解释是：城镇产业发展速度远远快于农村居民纯收入的增长速度，从而使得大量快速增加的城镇产品只能在城镇地区消费，表现出城镇社会消费品零售总额的增加，而农村社会消费品零售总额的增加很小。

表 5-10 中的模型回归结果（1）、（3）和（5）说明了三个考察期城镇对农村的商贸统筹状况，这三个模型包括城镇居民人均可支配收入变量和农村人均产业增加值变量。估计显示，城镇收入变量的估计系数均在 1%水平上显著为正，说明城镇收入越高的省份，其城镇对农村的商贸统筹力度越大；农村产值越发达的省份，其城镇对农村商贸统筹力度也越大。这与图 5-5（左）和图 5-6（左）中显示的关系是吻合的。在三个考察期中，城镇收入对商贸统筹的促进作用虽然都很强劲，但却依次递减；而产业发展对商贸统筹虽然都有促进作用，但其促进作用相较于收入而言相对微弱。

表 5-10 中的模型回归结果（2）、（4）和（6）说明了三个考察期的农村商贸流通发展状况，这三个模型包括农村居民人均纯收入变量和城镇产业增加值变量。结果显示，在三个考察期中，农村收入的估计系数均在 1%水平上显著为正，而城镇产业增加值前面的估计系数在 1%的水平上显著为负，从而说明：农村居民人均纯收入越高的省份，其农村对城镇的商贸统筹力度也越大。这与图 5-5（右）和图 5-6（右）显示的关系是吻合的，而且可以看出农村居民人均纯收入提高对农村城镇商贸的促进作用在三个考察期中逐渐下降。城镇产业发展对农村统筹城镇商贸的作用是相反的，这与经济学逻辑不一致。不符合经济学逻

辑的城镇产业增加值对商贸统筹负相关性说明，城镇产业发展速度过快，以至于农村统筹城镇商贸速度远远赶不上城镇产业发展速度，于是表现出回归系数的负值，当然这可能与城乡商贸流通不够完善也有关系。

对比分析表 5-9 和表 5-10 可以看出，无论是城镇居民人均可支配收入还是农村居民人均纯收入，它们的提高对城乡商贸流通业的促进作用远远大于对城乡商贸统筹的促进作用。且不难发现，影响城乡商贸流通业发展和城乡商贸统筹的根本因素是城乡居民可支配收入。于是可以得到如下结论。

结论 2：提高城镇居民可支配收入和农村居民人均纯收入，是发展城乡商贸流通业的前提，也是实现城乡商贸统筹的根本。

第六章

城乡统筹背景下促进我国商贸流通业发展的对策

根据我国商贸流通业发展的基础条件和现状特征，本章结合重庆城乡商贸统筹发展试点区实践经验，探讨统筹城乡背景下我国商贸流通业发展途径，实现以城市商贸带农村商贸，以农村商贸促城市商贸，城乡商贸互动互通。

第一节　构建城乡商贸统筹发展空间布局体系

城乡统筹背景下我国商贸流通业发展，重点在县及县以下的农村，需建立以城市为中心、以乡镇为基础、以村社为切入点的统筹城乡的商业网络空间布局结构，做到各种商业主体并存、多种流通方式并举。通过商业网络设施建设，打造城乡商贸流通业发展平台，形成城乡商贸统筹发展空间布局体系。

一、以城市为中心，分层次实施城市商业网络建设工程

从目前经济发展的实际状况出发，建立和健全城乡商贸流通业体系，首先必须以城市为中心，尤其要充分发挥县城在商品流通中的轴心作用。重点是通过分层次实施城市商业网络建设工程，打造城乡商业网络建设城市平台，作为统筹城乡商贸流通发展的第一层次。

城市，尤其是县城，在建立健全城乡商业网络、在城乡商品流通中发挥着重要作用。一是联结作用，即上联大城市的大中型制造商和批发商，通过批发和配送下联农村各类市场和网点；二是辐射作用，即以县城大中型商贸流通骨干企业为龙头，采取加盟连锁、委托代理等形式，构建乡镇辐射网络，扩大商

圈，延伸市场；三是带动作用，即带动县城、乡镇各种所有制形式的商业业种、业态，特别是带动农村股份合作、个体工商户和私营商业企业发展，为建立健全农村商业网络、开拓农村市场、活跃农村商品流通而积极努力。

在以城市为中心的商业网络建设中，应根据小城市、中等城市、区域性中心城市的特点，对商业设施的建设提出不同的标准，分层次规划建设。

（一）小城市商业网络建设

小城市商业网络建设，可借鉴重庆“十个一”建设工程，作为最低建设标准。所谓“十个一”建设工程，即建成一个中心商圈、一条商业特色街、一个综合批发市场（专业、特色市场）、一条餐饮娱乐夜市街、一个商业示范社区、一个物流配送中心（园区、基地）、一家龙头连锁商贸企业、一家三星级以上宾馆、一家餐饮名店、一个品牌展会。

在完善商业设施建设的同时，要规范商业业态和建设标准。商业业态重点发展连锁综合超市、连锁折扣百货店、品牌专卖店等新型业态，逐步推广连锁经营、电子商务等新型经营方式，发展家政、洗染、保健、废旧物资回收、房地产中介、典当等新型服务业。

规模以上零售商店、商品交易市场、农贸市场和餐饮店等商业网点的建设个数与单体规模建设要求如下：零售商店 3000m^2以上 3～5 个，1000～3000 m^2 8～10 个，500～1000 m^2 10～15 个；商品交易市场 3000 m^2以上 2 个，1000～3000 m^2 3～5 个；农贸市场 3000 m^2以上 2 个，1000～3000 m^2 2～3 个；餐饮店 500 m^2以上 3～5 个，100～500 m^2 5～10 个。

（二）中等城市商业网络建设

对于中等城市，商业网络建设在“十个一”建设工程的基础上，应提高规模，得升档次。提高商业规模，人均商业设施面积达到 1m^2以上；提升商业档次，使主体商业设施面积达到商业中心总面积的 50%，重点规划商业步行街、大型零售商店、超市、专业店、专卖店、餐饮、旅游休闲服务业等商业网点及配套设施，合理设置业态结构和经营结构。

中心商圈建设应集购物消费、休闲娱乐、商务等功能于一体，百货店、大中型超市、专业店、专卖店，餐饮店及休闲娱乐、通信服务、金融保险等业态业种齐全，重点发展连锁综合超市、连锁折扣百货店、品牌专卖店、便利店、餐饮店等商业设施，积极发展宾馆饭店、休闲健身、娱乐等配套设施，各种业种配置比例较为合理，即零售业占 65%，餐饮业占 20%，大众娱乐业占 10%，通信服务业占 5%；中心商圈建设中，应建设培育一条商业特色街，集中布局主力百货店、品牌连锁店、专卖店、专业店，集购物、旅游、餐饮、休闲和文化娱乐于一体；引进连锁品牌企业建设大中型超市，至少建设 3 个经营面积

3000 m^{2}以上的超市；提高宾馆酒店档次，建设星级酒店和餐饮大店，至少建设2家四星级酒店，5家以上500 m^{2}以上的餐饮店。

（三）中心城市商业网络建设

对于区域性中心城市（除省会城市、副省级城市外），由于原有商业发展基础较好，应提高商业设施建设要求，依照城市CBD（中央商务区）标准建设集商务、购物、办公、会展、旅游于一体的多功能综合性商业中心区，按照布局好、功能全、高标准、业态新、现代化程度高的标准进行建设，人均商业设施面积在1.2 m^{2}以上，提升中心城市商贸设施总体服务水平。

二、以乡镇为基础，分层次推进乡镇商业网络建设工程

以乡镇为基础，构筑农村商业网络体系，重点是分层次推进乡镇商业网络建设工程，打造农村商业网络建设镇级平台，作为统筹城乡商贸流通发展的第二层次。

乡镇是城乡消费结合部，一方面，乡镇是城市产品的接收地、消费地，又是扩散地；另一方面，乡镇居民消费兼容城市居民和农村居民的消费特点，且城市化倾向较大，乡镇居民的消费行为、消费观念、消费心理等对真正意义上的农村居民具有引导和示范效应。同时，乡镇作为分布最广、覆盖最全的商业区域，直接面对广大城镇和农村居民，是商业未来开发最具前景的市场，加强乡镇商业网点合理布局与建设，从某种意义上说，是构筑统筹城乡农村商业网络体系的一个突破口。

在乡镇商业网络体系建设中，也应根据一般乡镇、县级中心镇、省级中心镇的特点，其商业设施建设应有不同的标准，并分层次规划建设。

（一）一般乡镇商业网络建设

一般乡镇商业网络建设，可借鉴重庆市“五个一”建设工程，开展最低标准网络建设。所谓“五个一”建设工程，即打造一个商业中心（商业集聚区）、引进一家品牌连锁超市、新建或改造一个农贸市场（专业市场、特色市场、边贸市场）、培育一家知名餐馆、一家星级农家乐。通过“五个一”建设工程，可有效推进乡镇级商业设施不断走向完善，通过市场建设形成扩散点，向广大行政村、自然村扩散，利用乡镇居民的示范效应，引导消费。

（二）县级中心镇商业网络建设

县级中心镇商业网络建设可在“五个一”建设工程基础上，进一步提高建设标准。商业业态重点引进连锁企业，开办综合超市，兴建规范室内集贸市场，发展专卖店、便利店、餐饮、修理、旧货调剂、休闲娱乐等业态业种，并重点加强规模以上零售商店、商品交易市场、农贸市场和餐饮店等商业网点建设，

提高建设个数和单体规模。具体建设要求如下：零售商店 3000 m^2以上 1～2 个，1000～3000 m^2 1～5 个，500～1000 m^2 5～8 个；商品交易市场 1000～3000 m^2 2～3个；农贸市场设 1000～3000 m^2 1～2 个；餐饮店 500 m^2以上 1～2 个，100～500 m^2 3～5 个。

（三）省级中心镇商业网络建设

对于商业发展基础较好的省级中心镇，可按照小城市商业网络建设的“十个一”标准进行，改善农村居民消费环境，满足农民生产生活需要。规模以上零售商店、交易市场、农贸市场和餐饮店等商业网点的建设个数和单体规模建设可采用如下标准：零售商店 3000 m^2以上 2 个，1000～3000 m^2 5～8 个，500～1000 m^2 8～10 个；商品交易市场 3000 m^2以上 1～2 个，1000～3000 m^2 2～3个；农贸市场 3000 m^2以上 1 个，1000～3000 m^2 1～2 个；餐饮店 500 m^2以上 2～3 个，100～500 m^2 3～5 个。

（四）以村社为切入点，稳步推进村级商业综合服务网点全覆盖工程

按照商务部“万村千乡市场工程”和中华全国供销合作总社“新网工程”要求，稳步推进村级商业综合服务网点全覆盖工程，打造农村商业网络建设村级平台，作为统筹城乡商贸发展的第三层次。

“万村千乡市场工程”是商务部在全国推广的一项活动，其内容是构建“以城区为龙头，乡镇店为骨干，村级店为基础的现代流通方式下的农村消费网络”工程，主要是培育遍布乡村的“农家店”。所谓“农家店”，就其零售性、连锁性与规模性而言，具体标准和要求是：店址设在乡镇或村，运用现代化流通方式，以销售商品为主，同时提供收购农产品及其他相关服务；店铺面积村级 20 m^2以上，乡级 100 m^2以上，经营品种村级 400 种以上，乡级 800 种以上，配送率村级 40%，乡级 70%；商品明码标价，向顾客承诺不销售假冒伪劣商品；建立商品准入和可追溯制度，对进货渠道和供货商进行登记管理。因此，“万村千乡市场工程”建设对建立新型农村市场流通网络具有十分重要的意义。

以“万村千乡市场工程”和“新网工程”为重点的村级商业综合服务网点建设，应整合农村有限流通资源，共建共享，实现“一网多用”，形成农村流通的互动发展机制。村级商业综合服务网点应根据实际条件，把村级日用品便民放心商店和村级农资便民放心商店选址在一起，也可整合在组织部门牵头建设的村级社会公共服务中心内。作为村级商贸综合服务网点，应拓宽经营项目，体现多功能的作用，除开展日用消费品和农业生产资料销售外，把在农村不能单独实现零售的如盐业、卷烟、非处方药品、烟花爆竹、图书、音像制品、通信、彩票销售等专营专卖商品整合到商贸综合服务点销售。同时，通过协调业务主管部门，将邮政业务代办、电费代缴、火车、飞机票务代理、农业技术咨

询、农机维修服务、废旧物资回收等业务引入商贸综合服务点，也可以在条件允许的网点推广采用信息化管理硬件和软件系统，提高现代经营管理水平。通过增加商业综合服务网点的商品种类和服务项目，增强其生命力。为此，区县商贸流通主管部门应主动加强同当地财政、发改、税务、工商、金融、质监、食品药品监管、农业、供销、邮政、烟草等有关部门的沟通与合作。

第二节　完善和构建城乡商业网络体系

一、构建日用品销售网络

我国城乡之间商贸流通发展不平衡，城乡居民日用品消费差距较大，农村日用品消费不安全、不方便、不经济，这些问题和矛盾是客观存在的。一是符合农村居民生活特点的日用品种类不多，产品结构比较单一，可选择性比较小，而且大多属于低端产品；二是农村居民购买日用品的渠道比较单一，基本上是以集贸市场为主、城镇连锁超市和专卖店为辅；三是由于集贸市场属于摊贩经营，日用品来源无法保证，商品质量堪忧，存在着大量安全隐患；四是由于价格不透明，农村居民对价格信息了解比较少，经常会发生同一集贸市场中商品同质不同价、同价不同质的情况，甚至出现农村日用品价格高于城市日用品的奇怪现象。因此，构建一个完善的日用品销售网络，可以让农村居民像城市居民一样方便、放心地购买质量有保证的日用品，保证产品同质同价。可以说，小网络改善大民生、小工程抓住大统筹。

日用品下乡销售网络应以大中型日用品连锁流通企业为依托，以连锁经营、物流配送、电子商务等现代流通方式为手段，按照标准要求改造或新建农村商业网点，形成以区县配送中心为龙头、乡镇连锁经营超市为骨干、村级便民放心商店为基础，两级配送、三级销售、双向流通的连点成线、结线成网、连网成片，县、乡、村三位一体的信息化程度高的农村日用品网络体系。

构建并完善日用品下乡销售网络，应从以下方面入手。

第一，培育大中型日用品连锁流通企业。发展跨区域、跨行业、跨所有制的经营业态多元化的优质流通企业。坚决打破地方保护主义，积极引进信誉卓著、实力雄厚的商贸流通企业，将区外的先进管理经验、技术带进来，增强行业竞争力，活跃市场，并严格执行供应商准入制度，保障产品质量，构建内外连接的开放式日用品销售网络。充分发挥龙头骨干企业在日用品销售网络建设中的辐射、带动作用，促进流通渠道下沉、经营网点向乡（镇）、村延伸，加快现代流通业态的发展。

第二，加快日用品配送中心建设。以大中型日用连锁流通企业为龙头企业并以此为依托建设区域配送中心，利用其仓储、物流方面的优势，降低仓储成本、提高物流效率，将产品低成本、高效地配送到销售终端。加快仓储基础设施的建设，及时更新仓储设备，引入先进的管理技术，在提高自身经济效益的同时合理规划、高效利用。加强仓储资源整合，优化布局新建仓库，提升配送中心的库存容量、丰富产品种类、完善产品结构，形成区县有配送中心、乡镇有配送站的从县（区）到乡（镇）、从乡（镇）到村的两级物流配送体系，特别是要完善“家电下乡”、“汽摩下乡”配送体系，根据下乡产品特点和当地实际情况创新配送形式，提升整体物流配送能力。

第三，建设村级便民放心商店（村级综合服务社）。按照商务部“万村千乡市场工程”标准，建设与连锁企业和配送中心对接的村级零售终端，连点成线、结线成网、连网成片。村级零售终端形成连锁制经营，充分利用连锁制的优势，统一由配送中心配送，保证产品质量，让农村居民买到质优价廉的日用品，杜绝假冒伪劣，并建立商品可追溯制度，强化质量控制。村级零售终端通过提高商品配送比例、引入条形码扫描设备、质量责任追究制度，提供售前有保障、销售过程有记录、售后可追究的可控、可查的便民放心服务，树立良好的形象，吸引农村购买力回流，提升持续经营能力。村级便民店（村级综合服务社）应着力推行“一网多用”拓宽经营范围、“一店多柜”丰富商品种类的经营方式，如在村级便民店里设立农资专柜、食盐专柜、图书专柜、烟花爆竹专柜、烟草专柜等，开展多种经营，更好地为农村居民服务。

第四，加大政策支持力度。一方面，加大财税政策的倾斜程度，对农村日用品网络中的连锁流通企业进行财政补贴和税收减免，增强企业参与农村日用品网络建设的热情和积极性，吸引其他企业前来参与，增加网络中的企业主体，优化企业结构。另一方面，给予土地支持，优先考虑流通企业仓储配送中心的建设用地，在合法合规的前提下加快审批，保证质量的前提下缩短仓储中心的建设周期，尽快发挥其在网络中的作用，还可以主动降低土地出让金，减轻企业负担，并引导企业将节省的资金投到日用品销售网络的相关设施上来，加快网络的完善。

第五，建立协调和动态发展机制。在政府和流通企业之间建立一整套协调机制，以加强对日用品销售网络建设的指导、政策的引导，避免盲目发展和方向出现偏差。通过协调机制，企业及时将网络建设中的信息反馈给政府，政府在网络的发展方向、速度、规模上予以指导。同时要建立动态发展机制，通过动态机制淘汰日用品销售网络中的落后企业，优化资源配置，增强网络的活力，提升网络的整体质量，促进其结构优化。

二、完善农业生产资料供应网络

农业生产资料是重要的农业生产要素，是连接工业与农业生产的桥梁，是发展现代农业的重要物资保障和基础。农业生产资料供应保障、质量的优劣直接关系到农业增效、农民增收和农产品竞争力的高低，也关系到农业综合生产能力高低。因此，完善农业生产资料供应网络，是农业生产资料经营向更高水平迈进、提高规范化程度的必然要求，也是加快建设社会主义新农村的必然要求。第一，完善农业生产资料供应网络，通过规模化采购和网络化销售，能够连接大批生产者和千家万户的消费者，可以有效衔接产需，是发展大流通、带动大生产的重要措施。第二，完善农业生产资料供应网络是推进农业产业化的重要组成部分。农业是一个多环节、长周期的产业，实现产业化，必须各环节统筹安排，协调发展。发展农业生产资料供应网络能够有效保证农业生产资料供应，有效控制商品进销渠道，加强质量监督，净化农业生产资料市场，保护农民利益。第三，发展农业生产资料供应网络是促进农民增加收入的重要保障。农业生产资料供应的完善，能够深化供销合作社改革，发挥其带动农民进入市场的作用，对促进农民增加收入具有重大意义。

农业生产资料供应网络就是以供销合作社传统网络为基础，以经营农资的企业为依托，通过连锁经营方式，以企业总部、配送中心和门店为主体构建起来的布局合理、功能完善、资源共享、规范有序的现代经营服务体系。

农业生产资料供应网络的改造完善要求：①大力发展农业生产资料连锁经营和物流配送，形成市级龙头企业、县（区）级骨干企业、乡（镇）及村级连锁门店的农资流通网络体系。依托并充分利用供销合作社系统传统网络优势，加大整合改造力度，大力培育跨区域、集多功能服务于一体的大型农资龙头企业。②发挥大型农资龙头企业的龙头带动作用，发挥县级农资配送中心的骨干作用和村级农资店（或村级综合服务社）的终端作用，建立以集中采购、统一配送为核心的县（区）、乡（镇）、村三级连锁营销体系。③农资龙头企业应将农资销售与服务紧密结合，开展配送、加工、采购及农机具租赁、维修等多样化服务，为农民提供产前、产中、产后技术服务。④各级农资企业之间应联合合作，通过新建、兼并、联合等方式扩大经营规模，提高经营服务能力，发挥农资流通主渠道作用。⑤鼓励各类投资主体进入农业生产资料流通领域，形成多种所有制并存、多种方式并举（如品牌特许、采购配送、经营指导等）、覆盖面广的农业生产资料供应网络。例如，有条件的县（区）通过整合邮政现有的网络资源和社会资源，建立乡镇物流农资配送中心和村级“三农服务站”，开展化肥、种子、农药、农膜等农资产品的配送服务。

三、构建农产品购销网络

农产品是指来源于农业的初级产品，即在农业活动中获得的植物、动物、微生物及其产品。近年来，农产品价格持续上升成为老百姓热议的话题，“蒜你狠”、“豆你玩”、“姜你军”等网络词汇不断出现。2011 年 7 月 9 日公布的国民经济数据显示，6 月份 CPI 同比上涨 6.4%，创三年以来新高，其中食品类价格同比上涨 14.4%，影响价格总水平上涨约 4.26 个百分点。同时，2011 年被认为是水果蔬菜滞销事件发生最频繁的一年，从最先开始的卷心菜、芹菜滞销，到西瓜滞销，再到海南香蕉滞销，农产品积压在手中卖不出去，价格低于成本价，使菜农、瓜农的利益受到了巨大的损失，可以说是菜贱伤农，蔬菜丰产不丰收，农民流汗又流泪。在某些地区，甚至有农民因无法承受菜价下跌而自杀。为何农产品价格在买卖两地差距如此悬殊？流通领域是问题的关键所在。由于农产品在运输环节产生了运输费、油费、过路过桥费、进入农贸市场的摊位费和寻租费，价格节节升高。据统计，流通成本占蔬菜价格的 70%。同时，地域差异和信息不对称等问题的存在，使得同一种农产品在产量丰富的地区供给过剩，在其他地区却供不应求，造成农产品价格不合理。而完善的农产品购销网络可以实现购销双方在网上直接对接，确保信息及时通畅，减少流通渠道环节，保证质量，解决由于缺乏信息导致买卖困难的问题。为了保障农民和消费者的利益，建立现代化的农产品购销网络势在必行。

农产品购销网络是随着现代化供应链管理和流通方式的发展，相对于传统的农产品销售方式所提出的概念，它强调建设农产品直销、电子商务等具备现代交易手段和完善服务功能的现代流通网络。其主要表现形式有：第一，发挥流通对农业生产的带动作用，构建以农产品批发市场为集散平台的“批发商＋农户”购销网络。第二，通过“农超对接”模式建立“龙头企业＋农户”的农产品直销网络，把农产品直接配送到超市、社区菜市场、便利店、餐饮、农产品加工和规模化屠宰场等企业，将农产品营销网络延伸到城市社区。第三，通过专业合作社连接企业和农户，形成以专业合作社为纽带，以连锁超市和农贸市场为终端的“龙头企业＋合作社＋农户”的购销网络。

为保证农产品购销网络的顺利实施，首先，应创新发展模式，提升农户组织化程度。创造条件让农村经纪人、贩运大户、乡土能人建立以产品为纽带的，基于共同购买、共同销售、共享技术服务的“农户联合”专业流通合作社模式；可采用工商联手、农商对接的方式，提升农户组织化程度，通过政策支持和合理的监管体系，保证农产品质量，针对“批发商＋农户”的模式，确保订单的实施成功率。其次，培育龙头企业，提高龙头企业规模化程度。培育农村商贸龙头企业，充分发挥龙头企业在农村商业网络建设中的主体作用；对现有优质龙头企业，以资本品牌为纽带，通过市场机制和政策引导，采用参股、控股、承包、兼并和特许经营等方式，实现跨地区、跨行业、跨所有制联合重组，并以连锁化形式，实现规模扩张；对发展前景好的中小型企业，加大扶持力度，使其成长为龙头企业；在没有龙头企业的区县和经营领域，通过招商引资、联合合作等方式组建龙头企业。

四、构建再生资源回收（利用）网络

再生资源回收利用具有缓解资源短缺、节约利用资源、减轻环境污染等重要作用，也是建设资源节约型和环境友好型社会的重要内容。但是目前再生资源回收利用体系存在很多问题：一是再生资源回收网点布局不合理，行业秩序混乱，无照经营现象严重；二是大部分再生资源回收率较低；三是环境脏乱、安全隐患严重，危及社会治安；四是资源浪费严重，存在税收流失情况。构建再生资源回收利用网络有利于消除行业中存在的无统一组织、无证经营、无行规约束的状态，有利于提高再生资源回收利用率，有利于保护环境、方便农村居民生活，有利于从根本上解决再生资源回收带来的环境、卫生、市容、安全问题。

再生资源回收网络是根据农村发展规划，合理布局、规范建设的以农村再生资源回收点为基础、以乡镇再生资源回收站为核心的、以加工利用为目的的“三位一体”点面结合的再生资源回收利用网络。具体来说，即采取“龙头企业＋回收站＋回收点＋流动收购人员”的模式，以供销合作社控股的再生资源回收企业为龙头，每个镇设置 1 个中心回收管理站，每个行政村设置 1～2 个回收点，并根据实际情况配置流动回收车，每个站配置 3～5 辆流动回收车。

再生资源回收网络的构建，可从以下方面入手。

1. 组建和改造再生资源龙头企业

已成立再生资源回收利用企业的县（区）供销合作社，要进一步完善产权结构，形成供销合作社控股的主导地位，进一步健全企业法人治理结构，增强企业经营活力。尚未成立再生资源回收利用企业的县（区）供销合作社，要按照市场化运作模式，加强与系统内再生资源回收利用企业的合作，以资本和资源为纽带，通过联合合作方式，组建再生资源回收利用企业。

2. 构建再生资源回收利用网络

一是建立再生资源集散交易中心。每个县（区）在相对远离居民区的地区建设 1 个符合环保、市容和消防安全等要求的集散交易中心。中心要设有隔离围墙和绿化带，保持较好的外观环境；实行服务区、经营区分离，业户实行储存区、工作区分离；服务区、经营区、储存区和工作区配备相应的卫生、安全等作业设施。

二是建立再生资源回收站。引导回收企业采取连锁经营方式，整合个体回收人员，按照“便于购销、保护环境”的原则，采取现代流通方式，改造和建设统一、规范的回收站点；乡（镇）街道回收站是转运、分类、整理、暂存、中转的固定场所，即相对集中每天在社区回收点分散回收的再生资源，将再生资源简单地分类、整理，以便企业利用或进入集散交易中心。回收站按照总量调控、合理布局和方便回收的原则统筹设置，每个乡（镇）、街道办事处至少设置一个布局合理，符合环保、市容和消防安全等要求的回收站，并按有关标准配置必备设施。

三是建立再生资源回收点。村回收点负责收集村民交售和生活垃圾中的可再生资源，包括废旧金属、报废电子产品、报废机电设备及其零部件、废造纸原料（如废纸、废棉等）、废轻化工原料（如橡胶、塑料、农药包装物、动物杂骨、毛发等）、废玻璃等。回收点设置，根据自然村实际情况，结合农村生活垃圾“村收集、乡（镇）运输、县处理”机制，回收价格根据市场行情确定，采取定时上门与定点交售，固定设点与流动设点相结合的办法开展回收，回收的再生资源日收日清，原则上不做储存，尽量减少对群众生活环境的污染。

四是加强对回收从业人员的培训。对回收从业人员实行“六统一”和“四规范”（即统一培训、统一标识、统一服装、统一计量器具、统一收购车辆、统一收购范围和规范服务项目、规范服务标准、规范服务用语、规范服务地点）的行业管理，组织开展再生资源业务知识和技能培训，提高从业人员素质。

五、构建农民生活服务网络

生活服务主要包括餐饮预订、酒店预订、票务预订、娱乐场所预订、家政服务、婚庆服务、租房、卖房、汽车服务等，囊括了和生活相关的所有信息。农民生活服务业，是为农民生活提供服务的行业，有农村小卖部、供水、供电、有线电视、电话（含移动）等。现在农民衣食住行的方便生活，无不有赖于生活服务业的发展，这才是实现农民、安居乐业的根本所在。然而，现有的农民生活服务网络，不能满足农民日益增长的物质需求，没有尽最大可能地为广大群众提供方便和实惠。构建农民生活服务网络是迫切的，更是必需的。

农民生活服务网络就是以简便快捷为目的，构建区县有龙头企业、乡镇有连锁服务网点、村社有村级商贸综合服务点，为农民提供上门服务和集中服务相结合的生活服务模式。

构建农民生活服务网络，主要从以下三方面入手。

第一，精心打造服务平台，满足农民的文化娱乐、休闲旅游、体育健身和家政服务等多元化服务需求。大力发展农村家电维修、餐饮、摄影、美容美发等生活服务，各区县根据实际情况选择重点行业择优培育。确认一批有实力、有信誉的家电维修、摄影、餐饮等企业、经营大户和经营网点统一标识，重点扶持。

第二，切实从便民利民出发，加快构建农村流通网络体系，充分发挥各类流通组织优势，建设农村消费品流通网络。全面推进“万村千乡市场工程”，引导城市连锁超市向农村延伸。引导各类中小型商贸流通企业利用品牌、配送、管理等优势，通过投资或加盟连锁的方式，新建或改造农村消费品零售网络，以农家店为载体，送邮政、电信、药品、报刊、图书、文化用品下乡，逐步实现“一网多用”。加大对农村集贸市场和专业批发市场的改造力度，加强规范化管理，提升档次，为满足农村居民多样化消费需求提供途径。

第三，在实现区域连锁配送的基础上，规划建设乡镇直营店，发展加盟店，坚持改造、整合、提升、优化、联合并举，实现小网点、大网络的经营服务格局。以合村并居、建立新型农村社区为契机，将供销合作社参与农村社区服务中心建设纳入新农村建设整体规划，建设社驻地农村社区服务中心试点，为居民提供综合服务，打造新的经济增长点。

六、构建农村商务信息服务网络

农村商务信息服务工程，是商务部2006年以来组织实施的13项重点商务工程之一，是商务部为贯彻党中央关于建设社会主义新农村的战略部署而启动开展的一项富农、惠农工程。党和国家对这项工作高度重视，2007年被列入中央一号文件，作为建设社会主义新农村的重要措施之一。十七大报告把我国社会主义新时期“工业化、城镇化、市场化、国际化”的建设任务，扩展为“工业化、信息化、城镇化、市场化、国际化”，由“四化”变为“五化”，增加了“信息化”，体现了党中央对信息化建设的高度重视，也充分反映了信息化工作在我国经济社会发展中的战略地位。然而，近年来“丰产不丰收”、“价贱伤农”现象时有发生，农民迫切需要市场信息拓展销售渠道，因此为农民提供公共商务信息服务，是帮助农民解决卖难问题的一个有效途径。

农村商务信息服务网络是以建设社会主义新农村为宗旨，全面推进新农村商务信息服务体系建设，提升农村信息化应用水平，为农民获取和发布信息服务，为政府采集信息服务，推动农村流通发展，拉动农村消费市场，帮助农民引福致富的信息服务模式。它的发展目标为逐步建立覆盖全国农村的公共商务信息服务网络，将商务信息服务推广到农村基层，提供商品、市场商务信息，提供商务信息化能力培训，促进农村流通工作，推动农村经济发展。通过构建农村商务信息服务网络，实现信息共享、服务“三农”目的。

一是建立农村商务信息服务站点。充分利用和整合资源，建设集“信息发布、交易对接、咨询互动”三大功能于一体的新农村商务信息网络，形成省级建信息服务平台，区县设信息服务总站，乡镇设信息服务分站，村和农产品流通主体设信息服务点，以镇（乡）、村信息员为保障，纵向覆盖全省所有乡镇和行政村，横向连接全省重要农产品流通市场和流通企业的农村商务信息公共服务网络体系。村级商务信息服务站的主要任务是：从新农村商务网、其他农业商务信息网等因特网上收集农副产品商务信息提供给农民，协助农民上网发布农副产品信息，为农民开展商务信息咨询服务。

二是建立快速、准确、有效的农村商务信息传播网络，建立健全信息收集发布制度，并建立信息中介组织，通过整合通信、银行、农业、商务等部门的网络、信息、资金、服务等资源，集合农村商务信息资源，建设资源共享、标准统一、实用性强的农村商务信息库，搭建连接城乡信息网络的“农村商务信息综合平台”。建立信息资源体系，培育涉农网站的农产品专门数据库，为农民提供农村商务信息，扩大农村商务信息来源，增加服务方式，开辟面向“三农”的服务栏目，为农民提供更加便捷有效的信息查询和发布等服务。

三是以“万村千乡市场工程”或“新网工程”网点为载体，按照“一网多用”的总体思路，在村级商贸综合服务点用信息机集合商品进销存管理、物流配送、交易结算、农产品信息收集发布、农业生产实用技术推广、银行卡刷卡消费、移动增值服务等功能，使村级商贸综合服务点逐步成为农村物流、信息流、资金流的集合体。

七、构建“建材下乡”销售服务网络

2010 年 1 月 31 日，中央发布的一号文件提出：“抓住当前农村建房快速增长和建筑材料供给充裕的时机，把支持农民建房作为扩大内需的重大举措，采取有效措施推动‘建材下乡’，鼓励有条件的地方通过多种形式支持农民依法依规建设自用住房。”改革开放以后，农民生活水平有了大幅度的提高，人们从追求温饱上升到追求生活质量，越来越多的农民对住宅的内在和外观设计都提出了很高的要求，新农村建设要求提高农民住房质量，进一步推动农民对中端建材的需求，在建设过程中，农民对建材品种、材质、质量以及是否环保提出了更高的要求。然而，由于农村信息、交通、经济、消费水平相比城市不够发达，以及地缘因素造成的流通障碍，农民住房建设所用的主要材料，如水泥、砖瓦、沙土大都采取就地取材，而除此之外的大量装饰材料，像钢材、铝合金门窗、涂料、家居等物品，全部依靠外购。由于商家对农村市场消费能力的低估，大量的假冒伪劣建材涌向农村市场。农民只有进城，才能买到质量好的建材，而这又产生了物流费用，并且许多建材在运输过程中造成磨损。这种方式不但造成了高成本，更影响了农民的利益，可谓“钱没少花，质量更差”。“建材下乡”正如一场及时雨，让优质建材品牌下乡，设立连锁超市，保证农民不用进城就能买到同样的砖、瓦等建材。

“建材下乡”销售服务网络就是要形成区“县-乡镇”二级销售网络，扩大乡镇覆盖面，完善“建材下乡”销售服务网络体系，支持“建材下乡”配送中心项目建设，实行两级配送体制，建立区县级配送中心和镇乡分配送中心，形成面向农村市场的完善的分级物流配送体系。

通过构建“建材下乡”服务网络，充分满足社会主义新农村建设中快速增长的农民建房需求。

一是可以借鉴“汽车下乡”、“家电下乡”的政策和经验，借鉴国内许多统一规划、统一建设的新农村示范村的经验，借鉴国际上韩国、德国农村建设的先进经验，把“建材下乡”和新农村建设以及小城镇的改造结合起来。

二是在全国范围内建立“建材下乡”试点。“建材下乡”应因地制宜，在经济发达地区、中部地区、老少边穷地区分别试点，摸清规律后再加以推广，使“建材下乡”收到预期的效果。

三是建立试点保障机制，保证试点工作有效进行。保障机制的具体内容包括：各试点的城乡建设部门主动同财政、发改、工业和信息化、国土资源、商务等部门，建立建材下乡部门工作协调机制；加强农村宅基地管理；加强农房规划建设指导，编制科学合理的村庄建设规划；强化监督检查，包括建材下乡的各个环节、农村建筑用钢材及其他结构材料、主要装修材料等建材产品的质量监管，确保质量合格的建材市场进入农村，切实保障农民利益，建立建材下乡工作考核机制。

八、构建农村药品连锁经营网络

药品连锁零售已经在我国城市药品零售市场占据了主导地位，在整顿和规范药品流通秩序中发挥了重要作用，但在农村地区的发展严重失衡。医药保健是保证社会正常发展的基础，目前，农村市场药品购销混乱，农村药品供应渠道趋于复杂化。一些问题逐渐突出，如某些基层药品供应网点从非法药品集贸市场、个体药贩处购药，假劣药品流入农村市场；村医疗机构超范围经营以及不规范用药情况严重。农村药品供应和农民用药安全问题成为社会关注的焦点问题，药品质量低劣，药品监管市场不到位已经严重阻碍了农村居民生活水平的提高和农村经济社会的发展。完善农村药品连锁经营网络是方便农民购药、保证农村药品质量、净化农村药品市场、维护农民利益、保障农村经济社会健康发展的基本要求。一方面，完善农村药品连锁经营网络能够减少药品流通的中间环节，避免药品流通层层加价、暗箱操作和药品回扣等现象，在有效降低药品价格的同时，规范药品购销渠道，完善药品种类，保证农村市场药品销售的质量。另一方面，农村药品连锁经营网络的发展有助于实现互利互惠互盈，不但为广大农民带来了实惠，而且有助于药品连锁店延伸经营网点，扩大经营空间，增加销售额，不断壮大，实现规模化和集约化经营管理。

农村药品连锁经营网络就是以大型药品批发企业为主体，以药品配送中心为补充，为基层医疗单位和药品零售企业配送药品，以方便农民购药为目的的药品供应网络。创新发展药品连锁经营网络，建立并完善大城市、区县、乡镇、村社四级药品连锁经营网络，才能实现农民小病不出乡、购药不出村的愿望。

加快建设规范化的药品连锁经营网络，依托药品连锁经营龙头企业，规范和打造省级“中心药店—区县连锁药店—乡镇连锁药房—村社连锁专”四级药品连锁经营网络。

加快培育药品龙头企业，通过联合合作，鼓励现有骨干企业向周边市场辐射。

坚持改造与新建并举，采取新建销售专区、对现有乡镇药店进行改造吸收、村级农家店内设立医药专柜等形式构建药品连锁经营网络。

加强药品配送中心建设和管理，注重配送中心内验收养护室、调拨室、冷库等硬件设施的建设，实行省县两级配送体制，在各县（区）设立分配送中心，保证农民群众用药安全、方便。

九、构建烟花爆竹连锁经营网络

烟花爆竹是一种具有爆炸性的特殊消费品，在产品质量得不到保障的情况下很容易造成人身伤亡。由于烟花爆竹产品流通渠道不规范，呈现散而乱的特点，再加上市场监管不到位，每年都有大量假冒伪劣和“三无”产品流入市场，引发了大量事故，积累了大量的安全隐患。虽然每年都有大量烟花爆竹安全事故，造成了重大人员伤亡和财产损失，但烟花爆竹是中国传统文化必不可少的一部分，尤其是在传统氛围比较浓厚的农村地区，烟花爆竹市场仍然处于火爆状态，市场规模还在不断扩大，所以烟花爆竹销售应该形成连锁经营网络。构建规范的烟花爆竹产品流通渠道，既满足人民需要，又能够利用连锁制保证烟花爆竹的质量，减少事故的发生。

烟花爆竹连锁经营网络，是以烟花爆竹集团为中心、资产为纽带，县（区）、乡（镇）配送中心为支撑，销售终端为基点，以点带线、以线活网，采用“龙头企业＋配送中心＋销售终端”纵向配送、横行调剂、终端销售的模式，执行产品准入制度、统一产品配送，以企业、配送中心、销售终端恪守行业安全标准为前提，以安全第一、兼顾效益为原则，合理布局网点、科学安全规划，形成以安全经营、安全消费为重点的信息化程度高的烟花爆竹连锁经营体系。

一是加快龙头企业培育和配送中心建设。从安全生产标准化入手，按照安全生产条件和安全管理状况挑选经营正规、信誉良好的企业，加强政策扶持，引导其开发新产品尤其是适合农村的烟花爆竹产品，丰富产品体系、优化产品结构，既满足市场需求又实现良好经济效益；帮助企业组建专业的烟花爆竹生产队伍、更新生产设备、升级生产技术，增强企业竞争能力，尽快成为行业龙头。联合国土、安监、财政、质监等部门对配送中心的审批进行一条龙式办理，简化行政流程，在用地指标上对配送中心进行倾斜，同时要加强对安全的控制，严格遵守行业安全标准并适度提高，加快建成标准化的配送中心仓库和符合国家标准的批发企业专用仓库。

二是以现代流通方式为主。以连锁企业为龙头，以直营连锁、统一配送、特许加盟等现代流通方式为主要手段，一方面，运用现代方式对原有经营机构、网点进行升级改造、兼并重组、强强联合，改善其营业能力，提升对原有终端的利用效率；另一方面，在县城、乡镇设立连锁直营店、加盟店或连锁专柜，对店面进行标准化设计并按照安全标准对产品进行合理摆放、储存。将网络向农村市场延伸，以连锁店作为农村烟花爆竹的主要零售终端，最大限度地发挥连锁制对产品质量的保证效果，让农村居民买到优质的烟花爆竹。

三是加强安全管理，构建安全连锁网络。烟花爆竹产品的特殊性决定了烟花爆竹生产经营中安全第一、效益第二的原则，安全是时刻都不能松懈的问题。政府应组建烟花爆竹安全小组，小组中的专业人员在烟花爆竹连锁网络建设中对龙头企业、配送中心、销售终端进行上、中、下游三级体系的安全指导，制定针对性强、灵活性好、安全性高的措施，同时建立安全激励约束机制，加大安全设施的投入，做到软件有保证、硬件有保障，严格执行行业安全标准，建成“危险品”的安全连锁网络。

四是构建现代化、信息化的配送中心和物流体系。配送中心要改变粗放式、低效的仓储和配送方式，加强信息系统建设，充分利用现代信息技术增强配送中心各子系统间的协调性，实现集约化、高效化，提升配送中心效率，同时提高配送中心的机械化、自动化程度，实施标准化作业，消除人为因素造成的安全隐患。在仓储、物流体系中实施全过程联网监控系统和流向信息系统，实现仓储、配送两级安全。重视现代物流技术的培育，用信息技术提升企业配送水平，从供应链管理角度构筑物流配送系统，使整个新型烟花爆竹连锁经营网络体系现代、安全、高效。

第三节　提升城乡商贸流通主体组织化规模化程度

一、创新发展模式，提升农户组织化程度

以《农民专业合作经济组织法》为基准，引导鼓励农民进入流通行业，农

村经纪人和贩运大户、乡土能人可建立以产品为联系或纽带的，基于共同购买、共同销售、共享技术和服务的“农户联合”专业流通合作社模式，促进农村经纪人队伍朝组织化、规范化、专业化方向发展，发挥农户在农产品流通中的主体地位。

根据区域农业产业化和农业产业基地建设，采用“龙头企业＋专业合作组织＋农户”模式、“公司＋基地＋农户”或“研究机构＋支部＋专合组织”模式等，通过工商联手、农商对接，提升农户组织化程度，将特色农产品推向市场，带动农产品流通。

也可通过农业产业化经营带动模式、农民专业合作社模式、现代公司制企业模式、传统农村合作组织改造转型模式、社区集体经济组织模式以及生产服务组织化提供模式等，提高农户组织化程度。

同时，通过发展农村个体商户，多层面打造农村商业主体体系。

二、培育龙头企业，增强龙头企业规模化程度

龙头企业是服务“三农”的重要力量，对带动农村商业经济快速发展、提升农村商业形象有着举足轻重的作用。培育龙头企业是商业经济快速发展的重要组成部分，也是加快农村商业网络建设与农村商业网络结构调整的重要途径和关键措施。要通过农村商品流通龙头企业培育，带动商品流通连锁化，打造农村商业网络体系建设主体，以充分发挥龙头企业在城乡商贸流通中的核心主体作用。

要加大对农村商贸流通龙头企业的培育和扶持力度。对现有大型龙头企业，通过输出品牌、输出管理等途径，吸聚社会资源，进一步扩大规模、增强实力、提高市场占有率；对现有具有发展前景的中小型企业，根据市场需求，加大政策、资金等多方面的扶持力度，使其尽快成长为龙头企业；在没有龙头企业的县区和经营领域，通过招商引资、联合合作等多种方式组建龙头企业。

优质企业应以资本和品牌为纽带，通过政策引导，采用参股、控股、承包、兼并和特许经营等方式，实现跨地区、跨行业、跨所有制重组，并以连锁化的组织形式，实现规模扩张，成为竞争能力强、带动作用大的农产品批发市场和农村商贸流通企业。

农村商贸流通龙头企业在发展中，应按照现代企业制度和产权制度运作经营，建立健全现代化企业运营机制、管理机制和决策机制；注重强化品牌建设，不断提高品牌的知名度和信誉度；引进一流管理和技术人才，打造一支走在市场前沿的经营管理和技术创新队伍。

第四节　打造农产品流通渠道体系

要通过“万村千乡市场工程”、“新网工程”等，建立起日趋完善的日用工业品下乡“两级配送、三级销售”的流通渠道体系和“县-乡-村”三级农业生产资料连锁供销渠道体系；通过日用工业品和农业生产资料流通渠道的创新，打造一个基本满足农村需求的日用品和农业生产资料供销渠道体系，并不断完善优化。鉴于此，本节重点讨论农产品流通渠道创新。通过流通渠道创新，打造农产品流通渠道体系。

一、渠道关系创新

农产品流通渠道关系的创新主要体现在建立农产品渠道联盟上。应从资源优势的角度充分发挥龙头企业、合作社和农户三个联盟主体的作用，特别是龙头企业的核心作用。农产品流通渠道联盟模式主要包括生产、加工和流通三方面内容。

（一）合作社（协会）指导下的农户生产

这种联盟模式主要是以农户间共通性和互补性资源，构建产业群聚体系，整合农户间专业化技能、信息和生产设施等关键性资源，以一致性的定位，推动农产品生产技术化和规模化。例如，蔬菜联盟、水果联盟、谷物联盟、西瓜联盟等，通过采取共同采购种苗、共同育苗、共同租地，以及共同采购农药、肥料、饲料，共同采购耕耘机与车辆等进行农产品生产。由于农户的分散性和弱组织性，这种联盟应在合作社或其他农业协会的指导下，遵循积极引导、操作透明、农户自愿的原则进行。

（二）加工企业主导下的企业加工联盟

要利用龙头加工企业农业生产技术和食品加工优势，通过建立“企业加工联盟体”，实现资源共享、风险共担、优势互补等。可采取的具体策略有：企业间加强合作，通过同业与异业联盟，提高特色农产品的市场竞争力和附加值；大区域（如县级以上）建立共同品牌，组建农产品加工中心，建立网络化、立体化的农产品加工联盟体系，扶植小型农村加工企业，共同推动产地品牌的共同营销和建设；共同建立本身不具生产优势的境外原料供应联盟体系，降低成本，维持加工原料的稳定供应。

（三）营销企业主导下的流通联盟

要通过与同业或异业营销企业进行联盟，整合农产品之间以及农产品与其他产品之间的流通渠道，建立快速、高效、稳定的农产品配销体系。可以采取的具体策略有：整合营销企业的物流设施，通过同业联盟建立专业、高效及具规模效应的现代化农产品物流配送中心；与其他非农企业异业联盟，建立农产品运销公司或区域物流中心，进行农产品共同配送；打造农产品加工配送基地、高效的物流配送体系和规范的连锁经营体系，建立“生产者—加工配送中心—农产品销售集团连锁店—消费者”的新型流通渠道模式。

（四）超市主导下的纵向直销联盟

构建超市主导下的直销联盟，可使农产品从分散的农户通过超市直接到达消费者手中，减少环节，实现“农商对接”，控制农产品品质和质量。但由于超市在农产品物流中所占的比例还比较低，物流配送中心、标准化生产基地还比较缺乏，因此超市主导下的纵向直销联盟重点应集中在物流配送中心、标准化生产基地建设上。

超市主导下的纵向直销联盟，重点是做好“农超对接”。“农超对接”是国外普遍采用的一种农产品生产销售模式，是由农户或合作社直接给超市供货的一种销售模式，或超市直接到农产品产地采购农产品。目前，亚太地区农产品经超市销售的比重达70％以上，美国达80％，而我国只有15％左右。“农超对接”减少了农产品流通环节、降低了流通成本，对建立农产品现代流通体制、增加农民收入和促进城乡统筹协调发展具有重要的现实意义。据统计，“农超对接”在减少零售环节过程中能够降低20％～30％的渠道费用，从而让生产环节的农户和零售终端的超市共同得益。

目前我国的“农超对接”模式有以家乐福为代表的“超市＋合作社＋农民社员”的模式；以麦德龙为代表的“超市＋龙头企业＋农民”的模式；以家家悦为代表的“超市＋农民”的模式三种。

我国“农超对接”，应根据不同地区经济发展水平、连锁商业企业实力、城乡居民收入水平等实际情况，采取不同的发展模式稳步推进。在大中型城市选择部分大型连锁商业企业和部分农民专业合作社进行鲜活农产品“农超对接”试点，建立新型农产品流通渠道，促进连锁企业产业链的延伸和农产品供应链的整合。

作为政府的商务、农业主管部门，应抓好“农超对接”的三大主要任务：一是积极搭建对接平台，畅通农超对接渠道。通过组织开展农超对接推广活动，如洽谈会、展销会等形式，为供需双方创造见面和沟通的机会；加强农超对接信息化建设，鼓励通过农超对接信息系统发布供求信息，开展网上签约和交易试点。二是培育对接主体，提升农超对接水平。加强对连锁经营企业的培训和指导，帮助建立现代经营管理制度；加强对农民专业合作社的指导和扶持，形成规模效益；开设农超对接培训班，为超市和合作社人员提供专业知识和技术培训。三是加强指导监督，规范农超对接行为。降低合作社鲜活农产品进入超市的门槛，鼓励对接双方建立长期对接合同；推进农产品标准化生产和流通，支持品牌建设，实现质量可追溯。

在渠道关系创新过程中，要特别注重渠道参与主体创新，实现农户组织化、龙头企业规模化、经销商品品牌化。

二、流通业态创新

流通业态的创新是农村商业网络建设的关键，主要体现在经营连锁化、销售超市化和配送集中化三个方面。

（一）经营连锁化

农产品连锁经营是提高农产品流通效率的重要途径之一。开展连锁经营，首先，积极培育农产品连锁经营主体，可结合龙头企业、专业合作组织建设情况，培育连锁经营主体。其次，鼓励龙头企业发展连锁经营，引导它们通过开设直销店、连锁店等形式，不断壮大连锁网络，将更多的名特优新农产品推向市场，打响企业品牌。最后，积极推进工商企业投资农产品连锁经营，引导相同业态或经营内容相近的企业，通过兼并、联合、合作等方式发展农产品连锁经营业务，带动连锁经营实现低成本扩张和跨地区发展。在建设发展过程中可充分借鉴“江苏苏果”超市的成功经验：一是无锡的“天惠连锁超市＋批发市场＋基地＋保险承诺”；二是镇江的“万方连锁超市＋基地”；三是盐城的“放心粮油专卖连锁店＋加工企业＋基地”。

（二）销售超市化

农产品销售超市化是农产品进入品牌竞争阶段的标志。农产品销售超市化的实质，是商业企业从流通领域向农产品生产领域渗透和扩张，融入农业产业化经营，以现代流通业为引导，更好地推动农业产业化的发展，进而提高农产品的竞争力。可采取的策略有：在超市、量贩店设立品牌农产品及其加工品专柜；扶植农业大户和大型超市（卖场）直接建立渠道战略合作关系，强化对超市（卖场）的新鲜农产品供应。

（三）配送集中化

配送集中化就是要求农产品流通施行以“物流中心”为连接纽带的一体化渠道模式，可通过第三方物流或开展物流共同化业务来实施。物流共同化是指企业间通过物流联盟等方式处理营运中有关物品流通的业务。共同化可通过企业间共组物流体系或共享物流专长等方式实现，具体形式如策略联盟、伙伴关系、中心卫星工厂制度、物流外包等。

三、流通方式创新

农产品流通方式创新可通过在农产品领域逐渐采用拍卖、仓单、远程合约、期货交易等方式实现。

(一) 农产品拍卖制度试验试点

在条件具备的情况下，农产品批发市场可逐步采用拍卖、合约交易等新型交易方式。对于拍卖设施不完备的农产品批发市场可以暂时采取传统的叫价方式，而对于档次高、标准化和规格化程度高的农产品批发市场可以开展计算机拍卖试点。在实施过程中可借鉴深圳“布吉模式”的做法。

(二) 发展农产品期货交易

由于农户经营分散，生产规模小，市场能力不足，并不具备直接利用期货市场的能力和条件，可通过合作社把农户和期货结合起来，试行建立“期货合作社”，发展农产品期货交易。一是建立“企农联合型期货合作社”，农户组建或参加合作社，合作组织代表农户与订单企业签订订单合同，利用期货市场规避风险，不仅可维护农民利益，而且还可降低企业与农户的交易成本，实现农户、合作社、龙头企业三方共赢。二是建立“信农互动型期货合作社”，信贷机构根据农户与合作社签订的期货销售协议向合作社提供一定比例的贷款，合作社以这笔贷款开展资金互助，扩大资金需求，联结更多农户进入合作社，同时解决信贷机构面对分散农户提供小额贷款运行高成本的问题。

第五节　创新城乡商贸流通体制机制

可以通过体制机制创新，构建城乡商贸流通发展政策支持新体系。

一、建立协调机构，建立运作高效、服务到位的行政管理体制

发挥政府在商贸流通建设中的组织领导作用，以解决部门自成体系、各自为政的问题，省市商务主管部门应统一领导协调城乡商业发展，定期召开相关部门参加的城乡商业网络建设协调会议，尤其要加强对农村商业网络建设及农村商贸流通发展工作的指导、协调；研究城乡商贸流通发展的重大事项，协调解决城乡统筹发展中的重大问题，共同推进城乡商贸统筹发展；制定并分解年度工作目标任务，把目标任务分解落实到区县，并将目标任务纳入年度目标考核范围；统筹使用向国家部委争取的“服务业发展”、“万村千乡市场工程”、“新网工程”等项目资金，发挥资金的整体效益，更好地发挥专项资金的政策导向作用，加快城乡商业网络体系建设。

区县商业主管部门，是本区县范围内的农村商业网络建设领导协调部门，要协调工商、药监、质检、烟草、粮食、供销等行政管理资源，形成统一规范的商贸流通行政管理体制，加强农村商业网络建设发展的管理。结合各区县实际，整合县级以下商贸流通网点，建立统一的农村商贸流通体系和商业网络体系，实现配送、销售、回收和电子支付等综合服务，解决政府协调难度大、部门利益影响、商业网络重复建设等问题。

创新商贸统计指标体系，完善或建立符合行业发展趋势、切合商贸流通业发展实际的商贸监测统计体系，依托镇乡、重点企业（市场），加强区县商贸监测和数据统计工作，完善对农村商业网络建设阶段的标准化监控与规范，为及时、有效进行商业网络建设调控提供依据。

区县商业主管部门应策划储备一批统筹城乡的商贸流通重点建设项目，作为城乡商贸统筹发展的支撑和载体，重点建设一批为农业生产、农民生活提供载体的基础性商业服务设施项目。

二、构建农村商业网络建设要素公平、有序、合理流动的市场体制

通过政府以及中介、资源、要素市场等多方式组织引导，增强大城市商业组团与县城和镇乡中心商业区之间、市场之间、企业之间、企业与农业生产组织之间的联系，实现城乡商贸互动。

通过大中型商贸流通品牌企业规模化使用农民土地，建立农业产业化项目、开办市场商场等，将农村劳动力转移与农民承包土地流转结合起来。

通过建立农村商贸流通市场中介服务组织机制，组织培育一批从农产品、工业品到商贸流通多种资源的农村商贸中介服务队伍，探索农民变商人的政策支持；对于开办农家乐或乡村饭店的农民，可以参照农村“双建工程”中的优惠政策，给予支持；对于进城开设便民商店、便利店或从事第三产业的农民，可以参照城市社区“双进工程”中的相关政策给予支持。

三、鼓励引导和培育壮大投资、管理主体，建立城乡商贸统筹发展的激励机制

城乡商贸统筹发展需要有明确的投资和管理主体，特别是在农村商贸流通领域，单纯依靠市场机制无法解决农村商贸发展滞后、主体规模水平小而低的问题。统筹城乡商贸发展，提高农村商贸发展水平，必须通过建立有效的政府激励机制，鼓励和引导商贸投资和管理主体在农村商贸领域发展壮大，有效解决城乡商贸统筹发展中存在的投资主体不明确、管理主体不清晰的问题，从而推动城乡商贸统筹持续健康发展。

一是鼓励和引导商贸流通企业成为城乡商贸统筹发展的投资和经营鼓励主体。鼓励大型流通企业向农村延伸经营网络，增加农村商业网点，扩展网点功能，建立城乡一体化的营销网络，畅通农产品进城和工业品下乡的双向流通渠道。鼓励发展中小商贸流通企业，引导其向农村地区发展，鼓励其参与特许加盟连锁和电子商务，带动农村商贸发展；鼓励支持商贸企业通过收购、兼并等方式参与农村市场建设和农产品、农业生产资料经营，成为农村市场流通的组织骨干；重视农产品营销大户培育，重点扶持一批经营门路好、综合素质高、发展潜力大、带动能力强的农产品营销大户，逐步形成农村营销大户群体；鼓励和支持农民进入农村流通领域，积极支持农村经纪人队伍、产品营销队伍以及农村合作经济组织等各类流通中介组织的发展，使其成为市场流通主体的有益补充。

二是建立政府投资和管理平台，确立政府主导的城乡商贸统筹发展机制。借鉴政府在城市投融资管理平台建设方面的经验，政府应该在城乡商贸统筹发展机制基础上，建立专门的投资和管理主体，比如设立专门负责农村商贸领域重大基础设施规划建设和协调管理的公司机构，明确行使政府统筹持续商贸发展的投资和管理主体职能。应该在政府商务主管部门下设立专门的城乡商贸一体化办公室，负责落实和协调有关城乡商贸统筹发展激励政策的制定和实施工作。

三是建立真正的公平准入机制，鼓励和引导商贸流通领域民间投资又好又快发展。在政府主导城乡商贸统筹发展投资和管理的同时，要让民间资本、外资自由进入农村商贸流通领域；在税费征缴、用水用电用气用地价格等方面给予公平待遇。鼓励企业以名牌、名店为龙头，通过合资、联合、并购等方式，实行连锁、集团等规模化发展，做大做强商贸流通企业，对在农村商贸领域中发展成绩突出的企业给予奖励。

四是建立有效的政府激励机制，鼓励商贸投资主体发展壮大，推动农村商贸流通业繁荣发展。政府通过财政政策，建立城乡商贸统筹发展专项奖励资金，对在农村商贸流通领域投资额、销售额、上缴税收额以及解决农村就业等方面达到一定规模或做出突出贡献的商贸流通主体，给予明确的支持和奖励；定期开展“突出贡献商贸流通企业”、“商贸流通业十强”等表彰活动，大力宣传，激励商贸流通企业在农村商贸流通领域做大做强；加快考核奖惩机制的建立，对政府投资管理平台以及政府商贸主管部门在城乡商贸统筹发展领域的成绩功过进行定期考核，激励政府相关部门扎实有效地推进城乡商贸统筹发展。

四、构建农村商业网络建设要素公平、有序、合理流动的市场体制

通过政府以及中介、资源、要素市场等多方式组织引导，增强大城市与县

城和镇乡之间、市场之间、企业之间、企业与农业生产组织之间的有机联系，实现城乡商贸互动。

通过大中型商贸流通品牌企业规模化使用农民土地，建立农业产业化项目、开办市场、设立商场等，将农村劳动力转移与农民承包土地流转结合起来。

通过建立农村商贸流通市场中介服务组织机制，组织培育一批从农产品、工业品到商贸流通等多种资源的农村商贸中介服务队伍，探索农民变商人的政策支持手段；对于开办农家乐或乡村饭店的农民，可参照农村“双建工程”中的优惠政策予以支持；对于进城开设便民商店、便利店或从事第三产业的农民，可参照城市社区“双进工程”中的相关政策给予支持。

五、建立促进农村商业网络建设发展的政策支持机制

（一）财政扶持

国家及各省市商贸、农业部门要充分使用相关支持、扶持资金，通过补助、贴息、奖励等方式，重点扶持特色农产品生产基地、冷链系统、加工配送系统、信息系统、质量可追溯系统和平台搭建，以及“家电下乡”、“建材下乡”等项目；将重点市场、大型超市纳入农业产业化龙头企业认定总盘子；积极争取国家专项扶持资金；各区县配套安排专项资金，对重要商品储备设施、大型农产品流通设施、农村地区物流配送中心、市场信息和电子商务平台等流通基础设施建设，在资金上予以大力支持，共同支持农村商业网络体系建设。

（二）政策优惠

对农村日用消费品、农业生产资料等大宗商品物流配送中心，以及被列入省级规划和重点扶持之列的大型农产品交易市场、物流中心、大型配送中心的用地及乡镇商业设施建设用地，在符合土地利用总体规划的前提下优先予以保证；经批准占用耕地的，耕地开垦费按有关规定标准的底限缴纳；农产品生产、流通重点企业发展和建设所需用地视同重点项目建设用地，鲜活农产品加工配送中心、仓储设施建设用地按工业用地政策对待；试点超市企业在用电、用水、用气价格等方面享受优惠待遇，执行与工业同价政策。

（三）税收减免

允许试点企业购进减免税农产品，建设以冷藏、低温仓库、运输为主的农产品冷链系统可实行加速折旧，个体工商户加盟农村商贸网点建设三年内不改变交税方式和数额，全面激发农村商贸流通的内在活力；对农业产业化龙头企业、种养大户，在销售鲜活农产品时，参照执行农民专业合作社税收优惠政策，并允许独立开具农产品收购专用发票；西部地区，对纳入“农商对接”试点的

超市、农业产业化龙头企业、农民专业合作社、种养大户，享受西部大开发所得税减按15%征收的优惠政策。

（四）金融支持

各级金融机构应将农产品规模化生产经济组织、大型农产品流通市场、超市等列入优先支持对象，适当放宽放贷条件，增加授信总量；保险金融机构应加强县以下服务网点建设，积极探索与龙头企业、基层服务机构合作发展农业保险；探索建立担保基金、担保公司，解决农产品生产、流通融资难问题。拓宽投融资渠道，积极争取国家开发政策资金支持城乡商贸统筹发展，重点支持大型流通企业在农村建设的具有带动效应的商贸流通业建设项目；引导商业银行对影响效应大、示范性强的城乡商贸统筹发展重点项目加大信贷支持力度，优先安排贷款资金，加强对农村商贸流通网络建设发展小额信贷的支持，促进银企合作；通过政策杠杆引导社会资金加大对农村商业网络体系建设的投入。

（五）进一步探索“万村千乡市场工程”运行的长效机制

各级政府应重视对“万村千乡市场工程”后期扶持问题研究，尤其是加强后期扶持政策研究，确保“万村千乡市场工程”可持续发展，便民利民。

健全配送机制，加大乡镇配送站建设力度，使乡镇超市向村级商店配送形成工作常态，提高配送比例。

健全联席机制，研究解决实施过程中的重大问题，合力推进“万村千乡市场工程”后续健康开展。

认真研究龙头企业配送体系建设、商品配送率提高、强化区县实施责任、龙头企业实施效果等问题。建立一套区县、龙头企业绩效考核考评体系，完善激励淘汰机制，确保建设质量。

第六节　建立农村商业网络与商品流通基础设施体系

流通产业是一个非常市场化的产业，但在农村建设现代流通体系不能完全依靠市场。农村现代商品流通网络的建设具有部分公益性质，应属农村基础设施建设范畴。农村基础设施建设不只是农田水利，还应包括居民点、农村道路、自来水、电力、教育、卫生等很多方面，流通设施也是其中之一。乡村连锁农家店、农产品批发市场等现代流通设施，并不完全是为商家赚钱，在相当程度上是为社会、为城乡居民（工业品下乡、农产品进城和出口）服务，为多种经济部门服务的，具有部分的公共财政性质。因此，《国务院办公厅转发商务部等八部门关于进一步做好农村商品流通工作意见的通知》（国办发〔2004〕57号）明确提出，“要把农村流通设施建设纳入农村基础设施建设范围”。

目前，我国农村流通基础设施落后，供水、供电、道路、通信网络、市场、仓储设施等现代流通和消费的公共、准公共基础设施，在相当多的农村地区没有配套，没有形成网络体系，现代商品和服务到达农村缺乏适合的“流通走廊”。没有农村流通的基础设施建设，农民收益大打折扣。

“要想富，先修路”，“搞流通，上交通”。因此，县政府应认真贯彻落实“要把农村流通设施建设纳入农村基础设施建设范围”的文件精神，加大农村流通基础设施建设，尤其是交通基础设施建设力度，把农村流通设施纳入农村基础设施建设范围，通过“把农村流通设施纳入农村基础设施建设范围”，建立农村商业网络与商品流通基础设施体系，将农村流通基础设施建设纳入城乡总体规划，加大财政专项投入，为农村现代商品流通网络建设打下坚实的物质基础。

第七节 构建城乡商贸流通发展人才队伍支撑体系

城乡商贸流通的发展，关键在有一支商贸流通发展人才队伍。培训与教育，在城乡商贸流通发展人才队伍建设中有着重要的作用。健全能力、技能、知识“三位一体”培训机制，通过培训与教育，着力构建城乡商贸流通发展的人才队伍支撑与保障体系。

结合城市消费需求和城乡流通方式改革，省市级相关部门应制订农村商贸人才培训计划，积极开展农村商贸流通人才技能培训，整合培训资源，规范培训工作，实行免费培训机制，加强农村商贸人才队伍建设，提高市场竞争意识。

举办各种培训班，加强对区县、镇乡、村社负责人的培训，提高服务“三农”包括服务农村商贸流通发展的水平。

利用高等学校和培训机构，对龙头企业管理人员、超市店长、农家店负责人开展免费实用技能培训，尤其是加强对农家店从业人员的业务培训，培训内容可以包括进货理货、销售服务、商品知识和识别假冒伪劣商品技能等。通过培训使村级商贸综合服务网点的从业人员掌握相关知识，了解连锁经营的内容和业态，不断提高经营管理水平。提升“万村千乡市场工程”超市和农家店服务功能质量。

对大农村合作经济组织带头人、农业经纪人及从事商贸流通业的农民个体户，进行免费实用技能培训，壮大农村贩运力量。

以村社为基础，从实际出发创新培训形式，定期或不定期开展包括商业营销知识在内的农民知识培训（可称为“全民培训”），培养农民的市场意识。

第八节　建立农村商业网络监测指标体系

省市尤其是区县商业主管部门，应积极争取党委行政对城乡商贸流通发展，尤其是农村商业网络建设、农村商贸流通工作的支持，将其纳入当地统筹城乡发展的总盘子，成立专门工作班子，明确专人负责，精心研究制订工作方案，大胆探索创新。在农村商业网络建设过程中，要注重部门配合，细化分解落实相关部门和乡镇责任，建立绩效考核评价机制，将农村商业工作开展情况纳入年度工作目标考核，并从落实乡镇分管领导、组织机构、商务助理抓起，以确保各项工作落到基层。

为有效实施绩效考核评价，应构建城乡商贸流通发展监测指标体系。

构建城乡商贸流通发展监测指标体系具有重要意义，这是客观反映我国城乡尤其是农村商贸流通业发展以及农村商业网络建设发展的需要。快速发展的农村商贸流通业以及农村商业网络，客观上要求对我国城乡尤其是农村商贸流通业发展状况在数量上有一个全面的反映，以反映其规模、水平、速度、潜力，这是强化政府商贸流通管理职能的需要。研究制订一套城乡商贸流通发展监测指标体系，既是发挥政府引导和调节经济职能的重要体现，也是进一步转变政府商贸管理职能的一种有益尝试，政府商贸流通主管部门能及时做到“胸中有数”，清醒认识、科学评价、准确把握本区县农村商贸流通及农村商业网络建设发展状况，以及在发展过程中出现的新情况、新问题，采取切实有效的措施，科学引导农村商贸流通及农村商业网络建设的健康快速发展。

城乡商贸流通发展监测指标体系在设计中，应能够全面反映城乡商贸流通以及商业网络建设发展状况，并符合新国民经济核算体系的要求，指标设置应遵循与国民经济核算体系相衔接、统一性与灵活性相结合、科学性与可操作性相结合的原则。

根据城乡商贸流通发展监测指标体系设置原则，本书在统计数据和问卷调查信息系统分析的基础上，通过筛选识别，建立了由五个子体系构成的城乡商贸流通发展监测指标体系（表 6-1），以客观真实地反映城乡商贸流通发展的绩效，反映城乡商贸流通发展规模、水平、结构、速度、环境、效率、现代化以及社会贡献的作用，为进一步优化城乡商贸流通提供客观依据。

表 6-1　城乡商贸流通发展监测指标体系

维度	一级指标及权重	二级指标及权重
规模与水平（0.25）	总规模指标（0.35）	商业增加值（0.37）
		商品销售总额（0.20）
		商业网点数（0.12）
		商业营业面积（0.13）
		实现税收总值（0.18）
	平均水平指标（0.35）	人均商业增加值（0.30）
		人均商品销售总额（0.25）
		人均商业网点数（0.15）
		人均商业营业面积（0.15）
		每平方米销售额（0.15）
	建设速度指标（0.30）	商业增加值增长速度（0.44）
		商品销售总额增长速度（0.26）
		社会商品零售总额增长速度（0.30）
现代化水平（0.25）	人力与信息技术现代化指标（0.47）	从业人员中本科及以上学历者比重（0.30）
		企业主要现代信息化设施综合普及率（0.26）
		企业网页网站普及率（0.28）
		电子商务交易额比重（0.16）
	流通方式与结构现代化指标（0.53）	连锁经营化程度（0.44）
		物流配送化程度（0.23）
		乡镇连锁超市覆盖率（0.16）
		规模以上批发零售业综合占比（0.17）
发展潜力与环境（0.10）	建设发展潜力指标（0.6）	城镇人均可支配收入和农村人均纯收入（0.35）
		人均储蓄（0.20）
		最终消费率（0.30）
		商业投资增长率（0.15）
	建设发展环境指标（0.4）	产品质量检查综合合格率（0.65）
		年批次合格率（0.35）
财务状态（0.20）	经济效益指标（0.42）	资金净值率（0.18）
		库存周转率（0.17）
		资金周转速度（0.23）
		资金利税率（0.42）
	劳动效益指标（0.30）	人均利税额（0.40）
		从业人员人均销售额（0.60）
	成本与流通效益指标（0.28）	百元费用利税率（0.67）
		库存商品与销售额比值（0.33）
综合社会贡献（0.20）	经济贡献指标（0.60）	商业增加值边际倾向（0.65）
		商业增加值占地区生产总值比重（0.35）
	社会贡献指标（0.40）	商业从业人员占社会就业人数比重（0.58）
		消费推进系数（0.42）

第七章

“城乡商贸统筹发展试点区”实践探索：重庆经验

重庆作为全国“城乡商贸统筹发展试点区”，先行先试，重点突破，在城乡商贸统筹发展中进行了有益探索。本章主要对重庆城乡商贸统筹发展试点经验进行初步总结。

第一节 “城乡商贸统筹发展试点区”的由来

长期以来，我国城乡发展不协调问题十分突出，严峻的“三农”问题、全面建设小康社会的目标，使统筹城乡发展成为新时期我国社会经济发展的重大任务。2007 年 6 月，中央批准重庆成为全国统筹城乡综合配套改革试验区，目的是在重庆这样一个具有中等省构架和欠发达省特征的直辖市，探索统筹城乡发展之路，为全国统筹城乡发展寻求突破。

城乡商贸统筹发展，是全国统筹城乡综合配套改革试验区建设工作的重要内容和组成部分。

我国城乡商贸发展不协调问题十分突出。改革开放以来，我国商贸流通取得了长足发展，流通规模显著扩大，流通结构逐步优化，流通多元化格局基本形成。但是，由于受“重生产、轻流通”、“重城市、轻农村”等传统思想的影响，城乡之间商贸流通发展不平衡，城乡居民消费差距较大，农村商业相对于城市商业仍显落后。农村商贸发展中仍存在着一些问题：市场网络体系不健全，流通基础设施建设薄弱，流通结构性矛盾突出；商贸流通主体规模小、实力弱，龙头企业培育不够，带动能力不强；商贸流通现代化程度不高，信息不对称，城乡商品流通不畅；流通资源配置统筹不够，资源缺乏有效利用；农村服务不完善，不能满足农民需求；农村商贸人才较为匮乏，流通组织化程度不高；农村市场不够规范，竞争不尽公平，经营成本较高；农村消费不安全、不方便、不经济等。

调查显示，上述这些问题在重庆显得特别突出，具体表现为以下几点。

（1）农民增收相对缓慢，城乡消费差距进一步拉大。重庆具有典型的“二元”经济结构特征，由于农村个体生产、分散经营的组织形式，农业生产缺少有效市场信息和专业技术的依托指导，缺乏规模优势，形不成批量生产，抵御自然风险的能力薄弱，农产品优势不明显，商品转化率低，城乡居民收入差距大，2007年重庆农村居民人均可支配收入3509.28元，只有城镇居民人均可支配收入的25.59%，农民增收难度大，消费增长动力不足，占重庆54.8%的农村人口消费总量只占26.6%，城乡居民人均消费之比大致为4∶1。可见，扩大消费的重点在农村，难点也在农村，但也是潜力所在，希望所在。

（2）基础设施薄弱，农村商品流通市场建设滞后。由于没有统一规划，重庆大部分农村市场存在着布局不合理、规模偏小、场地狭窄、设施简陋等问题，有的以路为市，以棚为市。同时，由于农村集镇建设规划滞后，受房地产商利益驱使，在已建成的商业设施中，楼上为住房，楼下小门面居多，缺乏大型专业市场和可以承接大型商业企业入驻的商业设施，结构性矛盾突出。还有农村水、电、路、通信等基础设施整体水平较差，普遍存在供水困难、交通不畅、电信号覆盖率低等问题，从客观上增加了农民的消费成本，制约农村的消费需求。居住的分散、信息不灵、售后服务跟不上等导致一些消费性产业尚未兴起，新的消费不能启动、商品流通市场不能延伸。

（3）单纯追求价低的消费观念，成为提升农村市场的重要阻力。农民收入低导致了农村居民的购买力低水平，多数农民为此形成了选择廉价的理性消费动机。受购买力水平的限制，商品价格在相当程度上成为决定农村居民消费的首选要素，而对商品最重要的品质和安全要求往往局限于直观感觉，尤其对商品可能存在的潜在品质与安全问题大都缺乏必要的防范意识，有的明知是假冒伪劣商品，也同样购买消费，唯一的原因和充足的理由就是价格低廉，“只求价而不求质，只求有而不求好”成为农村地区消费者的普遍消费心理。

（4）市场监管乏力，假冒伪劣商品客观存在。由于对农村市场总体上缺乏正确的定位，不少地方政府主管部门对农村商业监管力不够，存在盲区。市场准入、商品质量检测措施还有待进一步强化，农户个体经营的流程就是周边县镇集市以较低价格批发回商品，带回乡后再出售给村民，从中赚取批零价差。由于农村市场点多面广，地处偏远，在整个经营过程中，工商、税务、质监、卫生等主管部门均难以保证连续有效地履行法定的监管职能，无论是农产品、工业品，还是生产资料，均存在销售渠道混乱、不合格率较高、假冒伪劣较为严重等问题，危害了农民的生产和生活。据有关权威部门调查，74.8%的农民曾买到过假冒伪劣商品，这严重制约了农村市场的快速发展，显然对守信的商业资本介入经营造成了一定的市场难度和障碍。

（5）人才匮乏，农村商业经营管理落后。随着农村传统购销模式的逐步瓦解，农村流通模式主要以个体工商户为主，市场整体呈现出“散、乱、差、小”的特点，网点分布随意散乱、缺乏合理规划，经营环境差、商品质量得不到保证，经营面积普遍偏小、商品单一，有的农家小卖店就是几百元钱的投入甚至经营与生活不分，缺乏专门的经营人员和基本的商业常识，他们的经营动机只是在不脱离农业生产的同时，通过附带经营获得一些额外生活补贴，无税收、工资、租金等经营成本负担，经营的投机性较强。即使这样，许多农村小卖部也存在经营困扰，即农民邻里间的信用赊欠问题，有的甚至连初始资本金都赊欠出去了。归结原因，还是农村居民的现实购买力水平低。这样一种市场条件，难免给商业资本的自然流入带来负面影响。由于商业经营的利润期待和市场条件与农村居民现实生活状况之间的矛盾，商业资本在农村商品流通的商业价值在传统模式下难以正常实现，很难主动地流向农村，农村商品流通主体陷入恶性循环。

（6）物流成本高，农村现代流通方式起步较难。受农村基础条件的制约，传统流通方式在农村占主导地位。随着农村集镇建设和新农村建设的逐步推进，日用消费品、农业生产资料、药品、家电、餐饮服务业等经营企业开始向农村延伸网点，农村连锁经营有所发展。农村信息闭塞、流通不畅、物流成本高，同样的商品，到农村的配送成本高出城市两成以上，这部分成本直接转化到消费品价格中，降低了商品的市场竞争力，致使现代物流、电子商务等现代物流方式在农村起步较难。

鉴于此，重庆市向商务部提出了《关于申请将重庆设立为国家级城乡商贸统筹发展试点区的请示》（渝商委文〔2007〕67 号），2007 年 7 月，商务部下发了《关于支持重庆市加强城乡商贸统筹发展的有关意见》（商办财函〔2007〕106 号），同意重庆市设立为国家级“城乡商贸统筹发展试点区”的请示，希望通过重庆市作为“城乡商贸统筹发展试点区”，先行先试，实现重点突破，形成机制，促进发展，为全国城乡商贸统筹发展做出示范。

按照《关于支持重庆市加强城乡商贸统筹发展的有关意见》精神，“城乡商贸统筹发展试点区”立足在“加快”、“率先”，即在商贸立法、会展业、乡镇商业、商业文化、人才培训、解放思想六个方面“加快”；在商业规划、行业管理、商圈打造、市场建设、现代流通、大企业培育、生活服务业、商务信息八个方面“率先”。

为搞好"城乡商贸统筹发展试点区"试点工作，重庆市选择了九龙坡区、万州区、黔江区、垫江县、梁平县、荣昌县六个区（县）作为"城乡商贸统筹发展试点区"的首批试点区县，并出台了《关于城乡统筹商贸网络体系建设的实施意见》、《重庆市关于推进城乡商贸统筹发展的实施意见》，从通过政策层面推进重庆城乡商贸统筹发展。重庆城乡商贸统筹发展试点，对于全国商贸流通改革发展，探索全国特别是西部地区城乡商贸统筹发展之路，具有全局和典型意义。

第二节 "城乡商贸统筹发展试点区"建设的重要意义

一、是深入实践科学发展观，全面建设小康社会的战略举措

党的十六大以来，全面建设小康社会的目标和科学发展观已深入人心。从全国来看，全面建设小康社会的重点难点都在农村，没有广大农村的小康，就没有国家的全面小康。就重庆市言，这里集大城市、大农村、大库区、大山区和民族地区于一体，城乡二元结构矛盾更加突出，农村小康社会的建设任重道远。

城乡二元结构矛盾表现出来的城乡差距，最主要的就是城乡居民消费水平和生活质量的巨大反差。一方面，城市完善的商贸流通服务功能为城市居民提供了丰富多彩、多样化、多层次的生活消费平台和购物环境，城市居民在现代化的商业服务网络体系中提高了消费水平，提升了生活质量；另一方面，广大农村商贸发展相对滞后，农村商业网络体系不健全、水平低，使得农村居民生活消费水平在很大程度上仍然停留在传统落后的阶段，农村购物环境差、商品质量难以保障、买难卖难问题长期存在，农村居民的消费水平和生活质量远低于城市居民。农村居民消费水平和生活质量不提高，全面建设小康社会的目标就难实现，科学发展观的实践就会落空。

因此，加强"城乡商贸统筹发展试点区"建设，完善农村商业网络，改善农村购物和消费环境，提高农村居民生活消费水平和质量，是深入实践科学发展观、全面建设小康社会的战略举措和有效途径。

二、是统筹城乡改革发展，贯彻落实中央重大部署的现实体现

2007年3月，胡锦涛总书记对重庆工作作出了"314"总体部署，明确了重庆新阶段发展的"三大定位"、"一大目标"和"四大任务"，从全局和战略的高度为重庆市未来发展"导航定向"。2007年6月，国务院批准重庆市成为全国统

筹城乡综合配套改革试验区。同年 7 月，重庆市获得商务部批准，成为全国城乡商贸统筹试验区，将重庆市城乡商贸统筹发展纳入部市合作建设内陆开放型经济示范城市机制，从多方面支持重庆市城乡商贸统筹发展。2009 年 1 月，国务院《关于推进重庆市统筹城乡改革和发展的若干意见》（国发〔2009〕3 号），进一步明确定位重庆是长江上游地区现代物流基地、商贸会展中心、综合交通枢纽和国际贸易大通道，提出了重庆打造长江上游地区的“会展之都”、“购物之都”和“美食之都”，形成区域商贸会展中心，促进实现流通现代化的目标。中央的这些重大战略部署和任务，统筹城乡改革和发展是核心，也是关键。要把重庆加快建设成为西部地区的重要增长极、长江上游地区的经济中心、城乡统筹发展的直辖市，重点和难点仍然在农村。农村区域和人口在重庆所占的比重最大，只有农村经济和社会各项事业发展取得了突破，城乡统筹发展的愿望才能实现。

加强城乡商贸统筹发展，是重庆市建设统筹城乡改革试验区工作的重要内容和组成部分。农村商贸流通在农村生产生活领域发挥着越来越重要的先导和服务保障作用，加快农村商贸服务网络体系建设，不仅是促进农村经济发展、提高农村居民生活水平的内在要求，也是贯彻落实国务院〔2009〕3 号文件精神、统筹城乡改革和发展、实现“314”总体部署的需要。

实践证明，完全靠市场机制自发形成农村现代商业网络体系，是无法适应重庆市农村经济社会发展和农民日益提高的生产生活需要的，各级党委政府必须充分认识到农村商业网络建设的战略意义，加强组织保障，加大政策支持力度，加快推进农村商业网络体系建设，促进城乡商贸流通协调发展。

三、是建设新农村、构建和谐社会的重要内容

建设社会主义新农村，是党中央为解决“三农”问题，按照统筹城乡发展的要求，贯彻工业反哺农业、城市支持农村的方针，巩固和加强农业基础地位、全面建设小康社会的重大举措，也是广大农民平等分享工业化、城市化成果的共同愿望。新农村建设，总的要求是“生产发展、生活富裕、乡风文明、村容整洁、管理民主”。新农村建设搞好了，构建和谐社会的愿望才能落到实处。

“城乡商贸统筹发展试点区”建设的重要内容是建设农村商业网络体系，这与新农村建设有着紧密的联系：通过建设农业生产资料现代经营服务网络和农村商务信息服务网络，为农民提供质优价廉的农业生产资料，提供全面及时的市场信息，帮助农民发展生产，促进农村经济发展，提高农村生产力水平；通过建设农村日用消费品经营网络，在乡镇建连锁超市，在村社建便民放心商店，为农民提供安全放心、质优价廉的日用消费品，能够让农民安全消费、实惠消费、方便消费，不出门就可以享受与城市居民同等的消费水

平和消费待遇，有利于改善农民消费结构，提高农民生活质量；通过构建农产品购销网络，可以有效解决农产品产销矛盾，增加农民收入，促进生活富裕；通过大力发展农村生活服务网络，倡导健康向上的生活方式，有利于促进乡风文明，推动农村精神文明建设；通过建设再生资源回收利用网络，解决农村废旧物资回收问题，有利于塑造美观整洁的农村新形象，推动资源节约型、环境友好型社会的建设。

因此，加强"城乡商贸统筹发展试点区"建设，是建设社会主义新农村、构建和谐社会的重要内容和举措。

四、是全面完成重庆市委、市政府工作部署的现实需要

重庆市委、市政府高度重视城乡商贸统筹发展，2008 年市委召开了第三届三次、四次委员会全体会议，两次会议所作的决定中都明确地提出：要用两年的时间，在重庆基本实现"县县（包括区）有配送中心、乡乡有连锁超市、村村有商贸网点"的目标。2009 年市委、市政府提出的八大民心工程之一，就是全面实施"万村千乡市场工程"，表明了市委、市政府进行农村商业网络建设的决心和工作部署。因此，加强"城乡商贸统筹发展试点区"建设，是全面完成市委、市政府工作部署的抓手，具有重要的现实意义和紧迫性。

五、是加快重庆市商贸流通业发展的内在要求

围绕加快建设西部地区重要增长极、长江上游地区经济中心、城乡统筹发展的战略目标，重庆市提出了加快建成西部地区商贸流通业的重要增长极、长江上游地区的商贸物流中心，构建城乡商贸统筹发展的市场体系，率先在西部地区实现流通现代化的发展目标。

自重庆成为直辖市以来，伴随着经济快速发展和城市建设的快速推进，商贸流通业呈现出了规模显著扩大、结构不断优化的良好发展态势。但是，商贸流通业发展过程中的矛盾也日益暴露出来，突出表现在：城乡之间商贸流通业发展极不平衡，商业资源、商圈建设大多集中在城市，特别是高度集聚于大城市，而农村商贸发展相对滞后；农村商贸流通"小、散、乱"现象突出，假冒伪劣问题还比较普遍；城乡居民消费差距进一步拉大，农村市场运行成本较高，开拓难度较大；农村商贸人才队伍建设不足，商贸龙头企业发展滞后。同时，城市商贸流通领域竞争日益激烈，商贸流通企业迫切需要更为广阔的发展空间。

加强"城乡商贸统筹发展试点区"建设，加快农村商业网络建设，不仅可以推动解决农村商贸发展滞后的问题，也能够有效吸引城市商贸龙头企业向农村扩展发展空间，发展壮大自己，从而实现城乡商贸"双向流通"，推动城乡商贸统筹发展，加快重庆市商贸流通业发展。

六、对全国城乡商贸发展不协调问题的解决具有借鉴与示范意义

城乡商贸发展不协调，不仅仅是重庆的问题，也是全国性的突出问题。加强与推进“城乡商贸统筹发展试点区”建设，对优化我国区域商贸发展布局、促进区域商贸协调发展、探索全国特别是西部地区城乡商贸统筹发展道路、解决我国区域和城乡商贸发展不平衡问题，具有重要的示范与带动效应。

第三节　推进“城乡商贸统筹发展试点区”建设的思路、原则和目标

一、总体思路

重庆市在推进“城乡商贸统筹发展试点区”建设中，遵循的总体思路是：以胡锦涛“314”总体部署为总纲，以科学发展观统揽商贸流通工作全局，以城乡商贸统筹发展为主线，建设大市场，培育大企业，发展大商贸，搞活大流通，以城市商贸带动农村商贸，城乡商贸协调发展，把重庆加快建设成为西部地区商贸流通业的重要增长极、长江上游的商贸物流中心、城乡商贸统筹发展的直辖市，在西部地区率先实现现代化，为全城乡商贸统筹发展做出示范。

按照统筹城乡发展的要求，结合重庆市经济社会发展总体要求，重庆市“城乡商贸统筹发展试点区”建设具体思路如下。

（1）围绕农村市场需求，结合“万村千乡市场工程”和“新网工程”，整合农村流通资源，拓展空间分布，形成和完善以县城（区县配送中心）为中心、乡镇（连锁经营超市）为基础、村社（商贸综合服务点）为切入点的农村商业空间发展体系。

（2）以城乡有机联结的市场体系为核心，以连锁经营等现代流通方式为手段，以商贸龙头企业为载体，着力构建和完善农村日用品销售、农业生产资料供应、农产品流通、再生资源回收、农民生活服务、农村商务信息服务六大新型商贸网络体系。

（3）以龙头企业为抓手，培育壮大商贸流通主体，积极鼓励和支持商贸连锁经营企业向农村扩大发展，鼓励和支持农民进入流通领域，积极支持农村经纪人队伍和各类流通中介组织的发展，加大支持农村培养商贸流通经营管理人才的力度。

（4）以体制和机制创新为突破，整合政策资源，建立运作高效、服务到位的商贸流通行政管理体制，建立和完善商贸流通法律法规，建立促进农村商业

网络建设的财税金融等政策支持机制，有效保障农村商业网络的快速建设和可持续发展。

二、基本原则

（一）体制创新，内外开放

以建设内陆开放型经济示范城市为支撑，立足商贸流通业的区域协调发展和城乡商贸统筹发展，强化改革开放意识，重点解决农村商品流通及市场改革发展难题，实现商贸统筹发展的体制创新，解放和发展现代流通生产力，优化商贸资源布局。

（二）城乡互动，产业联动

支持大中型流通企业在本区域合理分布，使大中型流通企业成为连接城乡商品双向流通的主渠道、产业联动的重要核心环节，并带动城乡商贸流通业、制造业和服务业的现代化发展。以城带乡，以工促农，以商促农，重点解决农村生产和消费、农产品现代流通方式和市场体系建设。

（三）政府引导，市场主体

加强政府对城乡商贸市场体系的调控，保障城乡流通市场建设的适当与合理规模，优化城市流通市场结构，拓展农村流通市场。注重大中小、综合与专业等市场规模的比例协调，促进市场的有序发展、合理布局和功能完善。发挥公共财政和产业政策的引导作用，从财政、信贷、税收等方面，对重点目标实施扶持。加快培育以连锁经营等新型经营业态为主的市场主体，扶优扶强现有大中型流通企业，鼓励支持新办小型流通企业，支持流通企业的现代化改造，提高流通生产力。注重发挥流通企业的主体作用，鼓励和引导流通企业在建设城乡协调发展的大市场中发挥积极性、创造性。

（四）整体规划，分类指导

坚持规划先行，以规划统领城乡商贸统筹发展。按照适度超前、城乡统筹发展的要求，加快完善规划，结合城乡商贸统筹发展的实际需要，调整完善商贸流通业统筹发展规划和城乡商业网点规划。结合实际，明确重点，区分类型，分类指导和规划功能各异的商贸流通体系和层次。

（五）统筹兼顾，持续发展

坚持重点突破，以点带面，全面推进，稳步发展。以流通带动乡镇经济繁荣，以流通促进农村生活的现代化，以流通促进农民收入的可持续发展。把地方特色与现代文明相结合，继承和发扬传统优秀商业文化，实现商业文明的可持续发展。

（六）以人为本、便民利民

应坚持以人为本、便民利民的原则，充分考虑不同消费者、不同消费层次的消费需求。城乡商贸统筹与商业网点建设与人民生活密切相关，为了适应经济发展和人民生活水平提高的需要，规划必须坚持“以人为本”的原则，以公众利益为先导，充分体现方便生活、服务大众的方针，以满足和扩大人民群众的消费需求为根本出发点，为消费者提供良好的商贸业服务环境和条件。在促进城市商业繁华、繁荣的同时，更加注重满足老百姓日常需求的商贸业和生活服务设施的建设，为城乡居民创造一个更方便、更舒适的购物环境；在业态上，体现便利性、实用性；在功能上，以老百姓不断发展变化的消费需求为取向，完善服务设施，提高服务功能。

三、发展目标

（一）总体目标

按照“加快”和“率先”的要求，城乡商贸统筹发展试点立足在商贸立法、会展业、乡镇商业、商业文化、人才培训、解放思想六个方面“加快”；在商业规划、行业管理、商圈打造、市场建设、现代流通、大企业培育、生活服务业、商务信息八个方面“率先”，争创全国商贸工作一流。

（二）发展阶段

重庆市城乡商贸统筹发展是按照“两阶段”推进的。

第一阶段，2007～2012年。到2012年实现“重点突破、成功破题”。按照先易后难、力求突破的思路，在城乡商贸设施建设、农村新型流通体系、城市社区服务体系、龙头企业培育、商业文化建设等方面取得突破性进展，创造了一些成功经验。

第二阶段，2013～2020年。到2020年实现“全面推进、建设机制”。按照消除空白、上档升级的思路，形成科学发展、和谐发展理念，在重庆市建立具有示范作用的城乡商贸统筹发展新模式。

（三）具体目标

（1）社会消费品零售总额。到2012年，社会消费品零售总额达到3500亿元，年均增长16%，其中，农村社会消费品零售总额达到850亿元，增长14.5%；到2020年，社会消费品零售总额达到10 000亿元，年均增长15%，其中，农村社会消费品零售总额达到2400亿元，增长14%。

（2）商圈建设。到2012年，解放碑、观音桥、三峡广场、南坪、杨家坪5个商圈社会消费品零售总额超过100亿元，解放碑商圈零售总额达200亿元以上。建成30个区县级商圈。

（3）市场群建设。到2012年，建成10个“百亿市场群”，其中朝天门市场和观农贸市场超过200亿元。

（4）企业集团。到2012年，销售额超100亿元的企业集团达10家，其中商社集团达到500亿元；50亿～100亿元的10家；10亿～50亿元的20家。

（5）连锁经营额。到2012年，连锁经营额占重庆市社会消费品零售总额的比重达35%以上，农村市场连锁经营销售额占农村社会消费品零售总额的比重达20%以上。

（6）乡镇商业中心。到2012年，重庆市乡镇商业中心达100个。

（7）“万村千城乡市场工程”。到2009年年底，在重庆市实现农资乡镇连锁经营超市和村级便民放心商店全覆盖。

（8）乡镇规范化农贸市场。到2012年，实现重庆市乡镇规范化农贸市场全覆盖。

第四节　重庆“城乡商贸统筹发展试点区”的实践探索

一、以“四个层次”商贸设施建设为平台，打造城乡商贸统筹发展的载体

重庆城乡商贸统筹发展，首先就是围绕中央商务区、区县中心商圈、商业特色街（专业市场）和乡镇（社区）商业中心“四个层次”平台进行商贸设施布局，按照老城优化、新城拓展，都市提档、区县加速，商圈集聚、社区通达，城乡联动、聚合辐射的总体要求，分步实施，逐步打造并构建层次分明、特色突出、规模适度、布局合理、结构优化、功能完善的城乡商贸统筹发展的载体，建设“购物之都”。

（一）加快建设和完善中央商务区

重庆中央商务区是指解放碑—江北城—弹子石构成的“金三角”地区，主要由解放碑商贸中心区、江北城商务中心区和弹子石滨江地带功能配套区构成。解放碑商贸区中心是中央商务区核心组成部分的商贸中心，以商贸为主要功能，也包括部分商务办公职能；江北城商务中心区以商务办公职能为主，同时包括部分商贸职能；弹子石滨江地带则承担配套服务功能，包括高级居住、公寓、酒店、文化设施等。通过加快建设和完善，基本形成两江三岸、面积5km^{2}的中央商务区，成为长江上游地区商务商贸高地，成为重庆城乡商贸统筹发展的最高层次平台。

（二）精心打造区县政府所在地中心商圈

大力推进区县中心商圈建设，有条件的地方尽量做到“商住分开，人车分

流，立体开发，集中打造”，增强聚合辐射能力，建成区县中心商圈30个以上，成为重庆城乡商贸统筹发展的第二层次平台。

在打造成一批50亿商圈基础上，重点打造解放碑、观音桥、南坪、杨家坪、三峡广场5个“百亿商圈”。

为加快城乡商贸统筹发展，重庆市还大力实施区县商贸“十个一”建设工程，即要求所有区县至少建成一个中心商圈、一条商业特色街、一个综合批发市场（专业、特色市场）、一条餐饮娱乐夜市街、一个商业示范社区、一个物流配送中心（园区、基地）、一家龙头商贸企业、一家三星级以上宾馆、一家餐饮名店、一个品牌展会。

（三）大力发展商业特色街和大型批发市场

注重培育特色，挖掘历史文化，突出旅游、休闲、娱乐等服务功能，重点打造南滨路等商业特色街30条，大力推动批发市场群改造升级，重点打造朝天门市场、观音桥市场等10个“百亿市场群”，使商业特色街和大型批发市场成为重庆城乡商贸统筹发展的第三层次平台。

（四）积极推进乡镇（社区）商业中心建设

以中心镇为重点，大力推进和完善乡镇商业服务设施建设，积极发展连锁超市、便利店等新型流通业态，改造提升集贸市场，建设乡镇“微型”商圈，形成一批乡镇商业中心，使其成为重庆城乡商贸统筹发展的第四层次平台。

为做实城乡商贸统筹发展第四层次平台，积极推进乡镇商贸“五个一”建设工程，要求所有乡镇至少打造一个商业中心（商业集聚区）、引进一家品牌连锁超市、新建或改造一个农贸市场（专业市场、特色市场、边贸市场）、培育一家知名餐馆、一家星级农家乐。同时，以“便利消费进社区，便民服务进家庭”为主要内容，建设培育街道片区型和住宅小区型商业社区，推动大型商业集团和连锁经营企业开放社区商业，开设社区超市、便利店和折扣店。

二、以“六大网络”为重点，建设城乡统筹商贸网络体系

为扎实推进城乡商贸统筹发展试点工作，促进城乡商贸共同繁荣，重庆市商业委员会出台了《关于城乡统筹商贸网络体系建设的实施意见》（渝商委发〔2008〕167号），确定以“六大网络”为重点，建设重庆城乡统筹商贸网络体系。

（一）“两级配送、三级销售、双向流通”的城乡日用消费品网络体系

全面推进农村市场“万村千乡市场工程”，引进培育日用品龙头企业，以大中型连锁流通企业为依托，以连锁经营、物流配送、电子商务等现代流通方式为手段，按照标准和要求改造或新建农村商业网点，着力构建以区县配送中心（仓储式卖场）为龙头、乡镇连锁经营超市为骨干、村级便民放心商店为基础，

"两级配送、三级销售、双向流通"的农村日用消费品网络体系。2009 年年底前，在重庆市实现日用品乡镇连锁经营超市和村级便民放心商店全覆盖。

着力构建多功能村级商贸综合服务网点。在进行村级日用品便民放心商店选址时，原则上要求与农资便民放心商店选在一起，共同构成村级商贸的有形载体，并开展农产品收购、再生资源回收、农民生活服务、商务信息服务及邮政通信代办等业务，从而成为商贸综合服务网络体系终端，构成集多功能于一体的村级商贸综合服务网点。

延伸阅读

"万村千乡市场工程"的龙头企业——云阳县腾龙商贸有限公司

云阳县腾龙商贸有限公司，是重庆市云阳县一家本土企业，成立于 2003 年 10 月 1 日。在政府引导培育下，该公司于 2006 年被商务部核准为实施"万村千乡市场工程"的龙头企业。该公司是集酒店、超市经营服务、蔬菜生产、加工、销售于一体的综合性民营企业，下设世纪风农业开发有限公司、重庆腾龙百货超市有限公司。公司目前经营酒店、连锁超市 28 家，村级加盟店、便民店 677 家。超市主要经营副食、百货、文具、生鲜、熟食、蔬菜、水果等 50 多个大类。

云阳县腾龙商贸有限公司，是重庆市万州区、云阳县、奉节县、梁平县实施"万村千乡市场工程"的龙头企业，在云阳县建镇级连锁店 20 家，放心便民店 312 家，在万州区建镇级连锁店 8 家，放心便民店 160 家，在梁平县建立镇级连锁店 12 家，放心便民店 167 家，在奉节县建镇级连锁店 8 家，便民店 110 家，在重庆市主城杨家坪建立了"重庆土特产专卖"超市经营店 1 个。公司的理念是"创一流服务，服务三农"，在营销上建立了"厂商联盟"的互赢模式。公司着力于"三网"建设：一是腾龙农村商业网，以国家发展"万村千乡市场工程"为契机，把腾龙农村商业网建在广大的农村乡镇、村社和社区，在乡镇建连锁超市、在村和社区建便民放心店。把农民需要的产品、商品、工业品送到农村，为农民搭建方便平台，引导农村放心消费，安全消费。二是农产品收购网，依托腾龙农村商业网，逐步建成农产品收购网，将所有的农产品依托各连锁店回收、加工。公司下设的重庆世纪风农业开发公司负责农产品生产加工，在大的乡镇建加工点，在每个县城建农产品加工中心，将农副产品粗加工、精包装后送下乡。三是便民直销网，引入美国 7-11 便利店模式，建设"便民直销网"，在车站、码头、小区等人员集中的地方建设便民放心直营店，成立营销队伍，实行服务体系直销推销模式，营销服务到家，服务到单位，服务到个人。

（二）以集中采购、统一配送为核心的“县—乡—村”三级农业生产资料供应网络体系

借农村市场“万村千乡市场工程”实施的契机，依托供销合作社系统传统网络优势，加大整合与改造力度，大力培育跨区域、集多功能服务于一体的大型农资龙头企业，以农资连锁经营方式，建立和完善以集中采购、统一配送为核心的“县—乡—村”三级农业生产资料供应网络体系。

特别鼓励农资龙头企业将农资销售与服务紧密结合，开展配送、加工、采购服务和技术服务，以及农机具租赁、维修等多样化服务，为农民提供产前、产中、产后服务。

放开农资市场准入条件，鼓励投资主体进入农业生产资料流通领域，通过新建、兼并、联合等方式参与农资经营，形成多种所有制并存，以品牌特许、采购配送服务、经营指导等多种方式并举，覆盖面广的农业生产资料流通网络。2009年12月底前，在重庆市实现农资乡镇连锁经营超市和村级便民放心商店全覆盖。

（三）农产品进城的购销网络体系

大力实施农产品流通“双百市场工程”、“双十工程”，积极培育农产品流通大型龙头企业、专业批发企业，加强农村经纪人、运销大户队伍建设，依托村级商贸综合服务点延伸收购服务，畅通农产品流通渠道，构建农产品进城的购销网络。

组织引导超市、餐饮、食品加工、农产品批发市场、规模化屠宰厂等企业到农产品产地实行产地直采，自建无公害、标准化、规模化生产基地。鼓励跨区域大型连锁超市对优势农产品实行贴牌生产销售，把重庆产品带入市内外、国内外网络和市场。

通过召开农产品产销对接洽谈会，西部、西南地区农商对接区域协作会，利用网络信息资源，开发搭建农产品网上购销对接平台等多种形式，促进农产品产销无缝对接，减少流通环节，降低流通成本，扩展辐射范围，增加农民收入，扩大农村消费。

（四）城乡再生资源回收网络体系

商务部把重庆市确定为全国再生资源回收体系建设试点地区，重庆市按照统一规划、合理布局、规范建设的原则，完善规划，培育龙头企业，设立社区、村社（村级商贸综合服务点）回收站点，建设片区分拣中心，发展区域性中心城市集散交易市场，构建布局合理、网络健全、设施适用、功能完善、管理科学的城乡再生资源回收网络体系，促进再生资源的回收利用，实现网络化、产业化和无害化目标。

(1) 建设社区回收网络。按照统一规划、合理布局、方便交售、绿色环保的原则，依据城市每1000～1500户居民设置一个回收站点，乡、镇每1500～2000户居民设置一个简易收购站点或固定收购站点的标准，结合城市社区商业“双进工程”和农村市场“万村千乡市场工程”，由各区县（自治县）商贸行政管理部门牵头，会同市政、工商、公安、供销合作社等部门及街道（镇、乡）、社区，编制本地区回收站（亭）的数量和布局规划。回收站（亭）应与再生资源集散交易市场紧密衔接，社区回收网络建设单位要配备统一标识的专用运输车，及时将收购的废旧物运出城区，回收物日收日清，原则上不在回收站点存储，尽量减少对居民生活环境的污染；应按照“七统一、一规范”的原则，统一规划、统一标识、统一服饰、统一指导收购价格、统一计量工具、统一车辆、统一管理，规范经营服务行为。

(2) 建设非居民区再生资源回收网络。对企事业单位即非居民区再生资源的回收，采取回收企业定时、定点上门回收的方式，由统一标识、封闭式分类回收车运输至集散市场。从事运输回收的人员需经过岗位培训，统一着装，规范作业。

(3) 建设生产性废旧金属回收网络。选择有一定经营规模、经营规范的回收企业负责回收，形成生产性废旧金属回收网络，逐步提高生产性废旧金属回收企业的技术水平和初加工能力，促进其与以废旧金属为原料的加工利用企业形成产业链，实现回收行业的产业化。

(4) 建设再生资源集散交易市场。由重庆市商业委员会牵头会同重庆市规划局、国土资源和房屋管理局、工商行政管理局等部门和有关区县（自治县）人民政府在规范现有集散市场的基础上，规划设置再生资源集散交易市场，逐步形成集散功能分明、科学有序的再生资源市场。设立再生资源集散交易市场，应取得重庆市商业委员会的批准文件。市场的设立需符合环保和公安消防有关要求，与居民区相对隔离，且便于运输，具有一定的规模；市场应同时具有储存、集散、初级加工、交易、信息收集发布等功能；市场内每个摊位经营面积不应低于100m^2，储存场地相对固定，有围墙隔断，避免造成二次污染。

(五) 农民生活服务网络体系

大力发展农村家电维修、餐饮、摄影、美容美发等生活服务，各区县重点选择1～2个行业，择优培育扶持、培训，确认有实力、有信誉的家电维修、摄影、餐饮（包括承办“红白喜事”餐饮服务）等企业、经营大户和网点，统一标识，逐步探索建设形成区县（自治县）有龙头企业、乡镇设连锁服务网点、村级商贸综合服务点为服务联系点、上门服务和集中服务相结合，统筹城乡的简便快捷的农民生活服务网络模式。

（六）农村商务信息服务网络体系

以服务“三农”为目的，加快构建农村商务信息服务网络。按照“政府主导、统一规划、资源整合、分级负责”的原则，充分利用和整合组织、科技、信息产业、农业、移动电信等部门和单位的农村信息资源，规划建设集“信息发布、交易对接、咨询互动”三大功能于一体的重庆市新农村商务信息网络。

该网络作为农村商务信息公共服务网络体系，在市级建统一平台，区县设置信息服务总站，乡镇设分站，村和农产品流通主体设信息点，以镇（乡）、村信息员队伍为保障，纵向覆盖重庆市所有乡镇和行政村，横向连接重庆市重要农产品流通市场和企业。

三、以“百亿企业”培育为重点，打造城乡商贸统筹发展的主体

（一）培育大公司大集团

以资本和品牌为纽带，通过控股、参股、兼并、收购、特许经营等多种方式，实现商贸流通企业有效扩张。鼓励实施流通资源的战略性整合，推动资产向优势企业、资本向优势品牌集中，迅速做大做强。通过开展商贸流通企业100强考核评选和政策支持等措施，培育一批如重庆商社集团、渝惠食品集团等经营主业突出、管理技术先进、核心竞争力强的大型流通企业群体。

延伸阅读

重庆商社集团

重庆商社（集团）有限公司（简称重庆商社集团）成立于1996年，是中国西部最大的商贸流通集团，国家重点扶持的重庆市精心培育打造的现代大型流通企业，连续多年跻身中国企业500强、零售企业百强、连锁企业百强，位列2010年中国企业500强第244名（商业零售业第3名），曾荣获“中国商业名牌企业”、“全国五一劳动奖状”、“国企贡献奖”、“重庆十强企业”等称号。

集团形成了以百货（含电器）、汽车贸易等为核心，覆盖化工原料、进出口贸易、农业生产资料、物流、房地产开发、酒店等领域的经营格局，业态涉及综合商场、连锁超市、便利店、专业店等。旗下有“商社新世纪百货”、“重庆百货”、“商社电器”、“商社汽贸”、“商社化工”等知名品牌企业。

2010年，集团销售收入突破382亿元，实现税利突破13.3亿元，总资产120多亿元，网点300多个，经营面积140万m^2，从业人员9万余人。

集团旗下的“商社新世纪百货”成立于1995年1月29日，是重庆著名大

型零售企业，目前已拥有14家综合商场，86家连锁超市，从开业时的1个店扩展到今天的100个店，网点面积从9000 m^2猛增到目前的60万 m^2，网点遍及重庆、四川28个区市县，由开业当年的销售额1.67亿元、利润额663万元，发展到2009年的销售额109.27亿元，利润额超过3.26亿元。2005～2009年，新世纪百货连续五年居重庆百货业市场份额第一位，其中新世纪百货世纪新都、解放碑商都、凯瑞商都分别占据了重庆零售业单店销售的前三甲，新世纪百货在重庆城乡消费者中享有良好的口碑及形象。

延伸阅读

渝惠食品集团

渝惠食品集团有限公司（简称渝惠食品集团）是重庆城乡商贸统筹大型龙头企业，负责重庆市“三级农产品市场现代流通体系”的打造。该公司是经重庆市人民政府批准，于2008年2月成立的国有独资大型企业，集团旗下现有双福国际农贸城、观音桥农贸市场、重客隆超市、渝惠旅业、黄花园酿造、重庆糖酒、康河食品、恒升资产、亚热带房地产等39家子公司。集团注册资本金6.8亿元，总资产37亿元，年交易额超过200亿元，从业人员4万余人。

渝惠食品集团以农产品加工和食品市场建设经营为核心，结合餐饮、宾馆、物流、会展等集团优势业务，已经发展成为集第一、第二、第三产业于一体的综合性食品产业集团，并被重庆市政府确立为重庆市重点商贸流通企业和农业产业化龙头企业。集团旗下的观音桥农贸市场更已跻身“全国农产品综合批发市场十强”行列，年销售收入超过150亿元。

2009年，重庆市政府第28次常务会议正式决定由渝惠食品集团负责全面打造重庆市“三级农产品市场现代流通体系”。2010年9月8日，占地面积达5000亩①、总投资达80亿元的西部最大的农产品批发市场——江津双福市场正式破土动工，重庆市各区县农产品批零市场也正在建设中，配合集团旗下的重客隆超市、人道美公司拥有的上千个销售网点，一张遍布重庆城乡、辐射整个西部的农产品销售网络已逐步形成。

该集团努力探索建立产销一体、服务城乡、产业互动、连锁经营等多层次服务供应体系。

① 1亩=2000/3 m^2≈667 m^2

（二）扶持中小流通企业发展

推动中小流通企业体制和机制创新，推进中小流通企业加快发展连锁经营、物流配送、代理制、电子商务等现代流通方式，重点扶持特许加盟和中小流通企业间的自由连锁，进一步提高中小流通企业的组织化程度，尤其要引导中小流通企业向社区和农村发展连锁经营网络。重庆市政府出台了《重庆市微型企业扶持管理办法》，在税收、金融等方面予以扶持，加快促进包括中小流通企业在内的微型企业健康发展。

（三）扩大对外开放，培育外向型市场竞争主体

引进、消化、吸收和嫁接国际先进的商贸流通模式、经营理念和营销方式，促进市内商贸流通企业与跨国商贸企业的合资、合作。引导市内外商业投资逐渐由主城核心商圈向区域性中心城市及其他大中城市发展，开拓农村市场。加快培育重庆商社集团、渝惠食品集团等“内外贸一体化”经营主体。支持有条件的商贸流通企业拓展国内外市场，尤其是促进本地大型商贸流通企业向云贵川陕及其他周边省市辐射。

四、以“六化”为主要内容，打造城乡商贸统筹发展的新结构

（1）以规范化促进连锁经营发展。制定规范和标准，严格连锁企业资质认证，推动连锁经营朝规范化、标准化、品牌化方向发展，引导大型品牌企业走出去，向市外、国外拓展，做强做大，向农村市场延伸，提高农村市场连锁经营比重。

（2）以集约化促进现代物流发展。重点打造物流园和重点物流基地，实施一批大型物流项目，改造提升一批传统物流企业，引进一批国内外知名物流企业，重点培育第三方物流企业，整合物流资源，加强物流公共信息平台建设，推动现代物流业集约化发展。

（3）以社会化促进电子商务发展。促进电子商务与现代物流、企业信息化、社区“双进工程”、农村“万村千乡市场工程”有机结合。

（4）以品牌化促进会展业发展。整合会展资源，培育会展服务主体，壮大会展人才队伍，各地结合本地实际举办有影响、有特色的品牌展会，以会展带动本地商贸发展，建设“会展之都”。

（5）以多元化促进服务业发展。实施品牌发展战略，支持优势餐饮企业开展连锁经营、兼并重组，打造成餐饮大集团，促进餐饮业向品牌化、规模化发展，打造“美食之都”。开展“星级”农家乐评定，规范发展“农家乐”。按照“毗邻商业中心、配套宾馆餐饮、贴近生活社区”的思路，促进洗染、家政、维修、废旧物品回收等行业进社区服务。

（6）以信息化促进农工商联动发展。充分发挥流通对促进生产发展，特别是农村经济发展的作用，以最大限度降低中间流通环节成本为出发点，以生产和零售终端的高效链接为着眼点，采用信息化手段，多形式搭建大生产与大市场的有效对接平台，为农工商效益最大化搭起“金桥”。推进农村商务信息体系建设，搞好试点，探索成功模式。利用“新农村商网”和重庆市商业委员会“一库两网”网络资源，与农业、工商管理等部门合作，建立生产、销售信息收集体系，整合各方面信息资源，搭建网上高效对接平台。通过农产品采购会、展销会、订单农业、“基地＋超市”等多种形式，促进产品税产销直接对接。

五、以“六双工程”为突破口，打造城乡商贸统筹发展的抓手

（一）双建工程

双建工程，即“万村千乡市场工程”，乡镇建连锁超市、村社建便民放心商店。通过“万村千乡市场工程”建设，形成以县城为重点、乡镇为骨干、村社为基础的商品零售网络，构建工副食品和农资下乡进村、农产品和废旧物资出村进城的双向流通平台。

延伸阅读

“万村千乡市场工程”的重庆模式

“万村千乡市场工程”，即是国家从2005年开始实施的农村现代流通网络建设工程。安排财政资金，以补助（6000元）或贴息（5％）的方式，引导城市连锁店和超市等流通企业向农村延伸发展，形成以城区店为龙头、乡镇店为骨干、村级店为基础的农村现代流通网络，改善农村消费环境，满足农民生产生活需求。重庆“万村千乡市场工程”从2005年开始启动，2008年起提速，作为城乡商贸统筹发展的重要抓手和载体。

1. 在全国率先提出乡镇、行政村全覆盖

重庆“万村千乡市场工程”在重庆市委、市政府高度重视下，后发制人，强势推进，在全国率先提出到2009年年底重庆实现“县县有商品配送中心，乡乡有连锁超市、村村有商贸综合服务网点”，实现乡镇和行政村连锁超市、便民商店全覆盖（国家“万村千乡市场工程”将覆盖全国70％乡镇、50％自然村）。

2. 功能聚合，实现“一网多用”

在指导龙头企业开展“万村千乡市场工程”建设时，明确要求建设改造后的农家店不仅要开展日用消费品和农业生产资料的销售，还要把在农村不能单独实现零售的（如盐业、卷烟、非处方药品、烟花爆竹、图书、

音像制品、通信、彩票销售等）专营专卖商品整合到农家店来销售。同时，通过协调业务主管部门，在农家店开展邮政业务代办、电费代缴、火车、飞机票务代理、农业技术咨询、农机维修服务、废旧物资回收等业务。在村设便民放心商店，一个店的综合服务功能达18项之多。

通过探索实践，结合村级社会公共服务中心建设和农村商贸历史习惯，提出在农家店实物载体基础上，依托“万村千乡市场工程”，逐步构建农村商贸六大网络。围绕农村市场需求，结合“万村千乡市场工程”三级体系，整合农村流通资源，以龙头企业为抓手，以县城为中心、乡镇为结点、村级店为基础，着力构建农村“日用品销售、农业生产资料供应、农产品收购、再生资源回收、农民生活服务、农村商务信息服务”六大网络，在村级打造集商品销售、各项服务于一体的商贸综合服务点。

3. 实现“工业品下乡进村、农产品出村进城”的“双向流通”

鼓励和引导承办企业利用延伸到乡镇、村社的网络，在把工业品送下乡的同时，积极开展农村的大米、杂粮、鸡蛋、活禽、蔬菜、水果收购业务。利用返空运输车辆，把新鲜的农副产品运往城市超市销售，一定程度上解决了农民卖难问题。一些农业生产资料承办企业还开展了用稻谷换购农资商品活动，有力解决了农民资金短缺问题。承办企业还通过延伸的网络，开展生鲜农产品基地建设，与当地加工企业开展定点贴牌生产。

4. 以配送为核心，探索农村流通“三级销售两级配送”营销模式体系

一方面，每年市级财政都拨出专款支持承办企业配送中心和乡镇直营大规模超市建设，对企业投入信息系统和配送车辆给予资金扶持。另一方面，为降低进入农村商品的采购成本，牵头组建了“重庆市万村千乡市场工程联合采购中心”，通过联合统一采购，贴牌定向销售，有效地降低成本，同时加强了企业间的合作与交流，极大地提高了承办企业的经营管理能力和水平。

以县级物流配送中心（城区连锁店）、乡镇连锁经营超市和村级便民放心商店为载体，构建农村县（区）、乡（镇）、村三层销售平台，从县（区）到乡（镇）、从乡（镇）到村的两级物流配送体系。在全国创造出由乡镇连锁超市向村级便民放心商店配送的新模式，得到商务部陈德铭部长高度肯定，要求在全国范围内推广。

5. 积极开展农村商业信息化建设

推进“万村千乡市场工程综合信息服务平台”的建设，建立电子支付网络和农村综合服务信息村级网络终端，促进商贸网点的“一网多用”，方便农民消费。村级信息终端2010年内确保建成2000个，力争实现5000个，到2011年年底争取实现重庆市近9000个村全覆盖，构建起农村综合信息服务网络。

6. 把工作重点放在乡镇，各级联动推进

从宣传发动到选址定点，从建设到验收，从任务目标到考核奖励，始终把重点放在乡镇，上下联动，做到市、县（区）、乡三级层层有责任、有规划、有政策、有配套扶持。

7. 注重规范建设，保证建店质量

在全国实现三个“率先”，率先细化提出龙头企业准入条件、率先制定连锁经营超市和便民放心商店的建设与改造规范、率先制定《项目验收实施办法》，在全国推广，形成了保证项目建设质量的准入、建设、验收、评估机制。

（二）双进工程

“双进工程”，即便利消费进社区，便民服务进家庭。通过“双进工程”建设，主城9区和8个区域性商业中心城市社区商业覆盖率达90%以上，其余区县达70%以上，力争15个社区成为国家级示范商业社区。

（三）双十工程

“双十工程”即培育10个大型农产品批发市场、10个大型农产品流通企业，形成一批带动力强的大型农产品流通主体。按照商务部“双百市场工程”的要求，支持817个乡镇农贸市场进行规范化建设和改造，完善交易设施，改善交易环境，建立健全管理制度；逐步形成以批发市场为核心，农贸市场为基础，覆盖城乡的农产品流通体系，不断降低流通成本，减少农产品损耗，拓宽流通渠道，解决农产品“卖难”问题，促进农民增收，保证城乡居民吃上“放心菜”。为此，重庆市实施了乡镇规范化农贸市场全覆盖建设工程。

延伸阅读

乡镇规范化农贸市场全覆盖建设工程

新建改造规范化乡镇农贸市场（城市标准化菜市），是城乡商贸统筹发展的重要内容与载体。重庆市把新建改造规范化乡镇农贸市场（城市标准化菜市）列入市政府为民办实事的“十大民心工程”，要求做好重庆市统一规划，对区县分解明确目标任务，纳入对区县党政目标的考核。

乡镇农贸市场，是指在各区县（自治县）乡镇政府所在地，进行农副产品及其与之相关联的商品交易活动中以零售为主的综合性交易场所（不含以路为市、以街为市的集贸市场），是重庆市农产品的基础交易平台。

规范乡镇农贸市场建设管理，对维护消费者、从业人员和物业业主的合法权益，改善人民群众的购物环境，丰富广大人民群众的“菜篮子”，促进农民增产增收，实现城乡统筹发展等都具有重要的意义。

重庆市商业委员会制定的《关于实施乡镇规范化农贸市场全覆盖建设工程的方案》(2010 年 10 月)，对该工程做出了诠释。

1. 重庆市乡镇农贸市场基本情况

重庆市除渝中区没有乡镇外，其他 39 个区县共有乡镇 871 个。其中，建有农贸市场的乡镇为 504 个，拥有乡镇农贸市场 622 个；367 个乡镇目前尚无固定摊位式农贸市场，只有以路为市、以街为市的集贸市场。

由于缺乏统一规划，缺乏建设规范，目前，重庆市乡镇农贸市场规范性较差，基本上是“以路为市”，脏、乱、差严重，安全隐患突出。重庆市已建的 600 多个乡镇农贸市场由业主自发建设，有 450 余个需要按规范改造建设；尚无农贸市场的 367 个乡镇需要新建。为此，为实现重庆市乡镇规范化农贸市场全覆盖，还需新建改造 817 个乡镇农贸市场。

2. 建设改造的范围、期限

范围：规划范围为重庆市 39 个区、县（自治县）的 797 个乡镇农贸市场。

期限：2010～2012 年，共 3 年时间。

3. 目的

(1) 按照商务部“双百市场工程”的要求（重点改造 100 家大型农产品批发市场、培育 100 家大型农产品流通企业），支持 817 个乡镇农贸市场进行规范化建设和改造；

(2) 逐步形成以批发市场为核心，乡镇农贸市场为基础，覆盖城乡的农产品流通体系，减少农产品损耗，拓宽流通渠道，解决农产品“卖难”问题，促进农民增收，保证城乡居民吃上“放心菜”。

4. 任务

3 年内新建规范化乡镇农贸市场 367 个，改造规范化乡镇农贸市场 450 个，实现乡镇规范化农贸市场全覆盖。其中，2010 年新建 130 个、改造 150 个，2011 年新建 130 个、改造 150 个，2012 年新建 107 个、改造 150 个，完成乡镇规范化农贸市场全覆盖目标。

5. 措施

(1) 乡镇规范化农贸市场三年新建改造规划。

(2) 严格按照商务部《农贸市场建设标准》，制定《重庆市乡镇规范化农贸市场建设改造规范》，制定《重庆市乡镇规范化农贸市场验收办法》，指导区县严格按要求组织实施。

(3) 切实加强领导，加大督促、指导力度，把乡镇规范化农贸市场建设改造纳入对区县党政和商务主管部门的年度考核，确保各项工作落到实处。

(4) 出台扶持政策，采取中央、市、区县三级联动，共同筹集补助扶持资金，并加强资金监管，确保发挥乘数效应。建立完善的管理体系，强化监督管理。

(5) 制定乡镇规范化农贸市场管理制度，建立完善长效管理机制。

6. 资金筹措及补助标准

(1) 新建乡镇规范化农贸市场补助标准及所需补助资金总量。重庆市新建乡镇规范化农贸市场367个，每个投入150万元左右，业主自筹80万元，建议补助70万元，其中，中央财政补助50万元，地方财政补助20万元，共需中央财政补助18 350万元，地方财政自筹7340万元。

(2) 改造乡镇规范化农贸市场补助标准及所需补助资金总量。重庆市需改造乡镇规范化农贸市场450个，每个投入100万元左右，业主自筹50万元以上，建议补助50万元，其中，中央财政补助35万元，地方财政补助15万元，共需中央财政补助15 750万元，地方财政自筹6750万元。新建、改造共需补助资金48 190万元，其中，中央财政补助34 100万元，地方财政自筹14 090万元。

(3) 年度补助资金筹措办法。按三年实现乡镇规范化农贸市场全覆盖目标，48 190万元补助资金采取中央、地方共同筹集的办法。一是拟向商务部申报中央财政补助资金34 100万元，分三年到位，即2010年11 750亿元（新建补助6500万元、改造补助5250万元）、2011年11 750亿元（新建补助6500万元、改造补助5250万元）、2012年10 600亿元（新建补助5350万元、改造补助5250万元）。二是地方财政自筹14 090元，分三年到位，即2010年4850万元（新建补助2600万元、改造补助2250万元）、2011年4850万元（新建补助2600万元、改造补助2250万元）、2012年4390万元（新建补助2140万元、改造补助2250万元）。

（四）双带工程

组织发动大型农产品流通企业到农村建生产基地，办加工厂，带动农业产业化经营，带动农产品流通，使农产品不仅卖得出去，而且能卖个好价钱，促进农民增收致富。

（五）双会工程

举办一年一次的农产品产销对接会，搭建农商对接平台，以商促农，以商活农；召开一年一次的品牌连锁企业连锁加盟对接会，支持大型连锁企业以品牌和资金为纽带，通过连锁加盟方式尽快做强做大。

（六）双转工程

充分发挥商贸流通业吸纳就业能力强的优势，通过多形式、多行业、多层次的职业技能培训，将一大批农民培训转化为商人，将一大批“两翼”农民转移到“一圈”从商就业。

六、推进体制创新，构建城乡商贸统筹发展的新机制

（一）探索运作高效、服务到位的行政管理体制

逐步改革完善重庆市商贸流通管理体制，有效配置工商管理、质量检查、药品监督、烟草、粮食、供销等行政管理资源，从上到下形成统一规范的行政管理体系。本着互动共进、互利双赢的原则，建立城乡商贸统筹协调发展的新机制，实行主城、区域性商贸中心城市对口帮扶“两翼”（渝东南翼、渝东北翼）县域，加快城乡商贸统筹发展。简政放权，将能够下放的行政管理及行政许可权限，以合理合法的方式最大限度地分别赋予“一圈两翼”商贸行政主管部门。

（二）探索建立商贸法律法规体系，加强地方法规和规范、标准创新，加强行业管理

在商业网点布局、流通企业竞争、流通企业监管等工作领域，出台反垄断、反假冒伪劣、反地方贸易保护的法规，制定牲畜屠宰、酒类管理、会展业及民生性服务业的地方规范。

（三）建立促进城乡商贸统筹发展的财政金融等政策支持机制

建立市区（县）两级商业结构调整资金，重点对区县商圈、专业批发市场、乡镇商业发展给予支持。

协调税务部门，对到农村拓展市场、建立网点的大型商贸流通企业提供税收优惠政策。对以连锁经营方式发展的零售、餐饮、生活服务业龙头企业，以及开展现代物流、建立规模化的现代物流配送中心的企业，解决当地由农民转变身份的就业人员达到一定数量以上的，企业所得税征收按西部大开发优惠政策执行。重点支持大型流通企业在农村建设的具有带动效应的商贸流通业建设项目。

统筹协调规划，形成项目建设推进机制，按照城乡商贸发展重点，策划一批重大项目，作为城乡商贸统筹发展的支撑和载体。

拓宽投融资渠道，积极争取国家开放政策资金支持城商贸统筹发展，重点支持大型流通企业在农村建设的具有带动示范效应的商贸流通业建设项目。引导商业银行对影响效应大、示范效应强的城乡商贸统筹发展重点项目加大信贷支持力度，优先安排信贷资金，加强对农村商品流通发展览厅小额信贷的支持，促进银企合作。

（四）构建城乡商贸统筹发展要素公平、有序、合理流动的市场体制

通过政府、中介、资源、要素市场等多方式组织引导，破除城乡分割、地区封锁，增强城市组团与县域组团之间、市场之间、企业之间，以及企业与农业生产组织、生产基地之间，不同地区市场之间的专业、定向、互动联系，使城乡市场系统由孤立的市场区向相互依赖且等级多样的一体化市场网络转变，打造互相呼应的城乡商贸流通业链，实现城乡互动。

建立农村商贸流通市场中介服务组织机制，组织培育发展一批从农产品、工业品到商贸流通等多种资源的农村商贸中介服务队伍作为城商贸发展沟通发展的重要载体。

建立商贸流通业吸纳农民转变身份就业机制，以渐进的方式将务农农民转为就业居民。通过大中型商贸流通品牌企业规模化使用农民土地建立农业产业化项目、开办市场、开办商场等，将农村劳动力转移与农民承包土地流转有机结合起来。

（五）进一步扩大城乡商贸对外开放水平

打破地方封锁、分割、保护，加强区域间城乡商贸发展多边合作。联手川、陕、鄂、湘、黔、滇等周边地区打造区域性市场平台，积极推进跨省市商品流通，建设商品流通绿色通道，打造政府间的合作机制和合作平台，逐步建立统一、开放、竞争、有序、快捷、畅通的大市场、大流通格局。

（六）实施“两翼”农户万元增收工程

重庆实施城乡商贸统筹的难点在农村，在渝东北与渝东南“两翼”。商贸流通的发展不仅受制于生产，也受消费和分配的制约。提高“两翼”农村居民的购买力水平，提高农村居民的消费水平，是重庆城乡商贸统筹发展的重要条件。实施“两翼”农户万元增收工程，应该说是提高“两翼”农村居民购买力水平和消费水平的一种有效尝试。两翼农户万元增收工程商贸五大行动，是“两翼”农户万元增收工程的组成部分。

延伸阅读

“两翼”农户万元增收工程

1. “两翼”农户万元增收工程的内涵

通过三年努力，确保渝东北、渝东南“两翼”农民收入年均增速明显快于重庆市平均水平，与重庆“一小时经济圈”农民和城镇居民收入差距明显缩小，到2012年，95%的有劳动能力的农户增收1万元。

2. 背景由来

实施“两翼”农户万元增收工程，是统筹城乡发展的重要抓手。工程的实施主要基于四点。

第一，重庆的特殊市情。重庆集大城市和大农村于一体，农村面积和人口分别是京津沪总和的2倍和2.7倍，城乡二元结构突出，区域发展不平衡。尤其是渝东南、渝东北“两翼”，地广人多条件差，贫困连片程度深，发展滞后收入低，是重庆市经济社会最薄弱的板块。没有“两翼”的振兴，就没有重庆的腾飞；没有“两翼”的小康，就没有重庆的小康；没有“两翼”的繁荣，就没有重庆的科学发展。

第二，重庆的特殊使命。胡锦涛总书记做出“314”总体部署，国务院批准重庆为全国统筹城乡综合配套改革试验区，国发〔2009〕3号文件要求重庆为全国统筹城乡改革发展提供示范。“两翼”是大农村的集中地区，重庆统筹城乡发展的关键在振兴“两翼”，振兴“两翼”的关键在繁荣农村，繁荣农村的关键在农民增收。

第三，“两翼”的特殊地位。“两翼”是三峡库区、少数民族地区和集中连片贫困区，世人关注，牵动着各级领导的心。

第四，林改的特殊时机。森林工程建设不仅要绿山，还要富民。“两翼”林业资源丰富，目前正在深入推进的林权制度改革，激活了山林经营，使农民靠山致富成为可能。

3. 四条原则

一是政府引导，农民主体。发挥政府的组织领导和在资源配置中的宏观调控作用，加大财政投入，着力解决发展“瓶颈”。强化政策扶持，调动农民的积极性，发挥农民的主体作用。

二是户为基础，龙头带动。分户制订增收方案，因户施策，做到规划、项目、指导、培训“四到户”。发挥龙头企业、农民专业合作社和专业大户的辐射带动作用，促进农工商、产加销一体化。

三是市场运作，突出特色。坚持市场导向，运用市场机制，加强市场建设，培育市场主体，提高农产品商品化程度。发挥比较优势，突出区域特色，宜林则林，宜农则农，宜牧则牧，打造特色产业。

四是科学开发，保护生态。转变发展方式，推行高产、优质、高效、生态、安全生产。坚持开发与保护并重，做到经济发展与环境承载能力相协调，确保可持续发展。

4. 四大支撑

一是产业支撑。立足本地发展，继续稳定粮油生产，提升主导产业，壮大非农产业，重点发展林下经济，突出抓好林禽养殖、林下养畜、林地种植、经果业、林产业及森林旅游五大产业，主推28种模式。到2012年，开发400万亩林地养鸡、养鸭、养鹅，实现产值80亿元；开发430万亩林地发展肉牛、奶牛、山羊、肉兔，实现产值70亿元；因地制宜开展蔬菜、杂粮、豆类、食用菌等林下种植，实现产值50亿元；结合“森林重庆”建设，做大速丰林、油茶、茶叶、橄榄、中药材、蚕桑和林产品加工等林产业，实现产值140亿元；积极发展柑橘、核桃、板栗、龙眼等经果业，柑橘面积达到250万亩、综合产值100亿元以上；大力发展森林旅游和乡村旅游，建成森林公园40个。

二是龙头支撑。立足本地培育，扩大开放引进，引导城市资本下乡入驻。到2012年，培育200家市级以上龙头企业，年销售收入超过400亿元。大力发展农民专业合社，力争3年内发展到3500个，农民参合率达到40%以上。

三是科技支撑。建设150个良种繁育场和一批扩繁大户；组建了由28名首席专家领衔的108名专家团队；组织万名科技人员进村入户；大规模培训农村基层干部和农民；扶持发展有机食品、绿色食品和无公害农产品。

四是市场支撑。开展市场建设、“农超对接”、基地建设、展会推介、商务网络促销五大行动，规划建设一批专业性、区域性农产品批发市场和特色农产品市场，组织一批超市与农民专业合作社对接，引导一批商贸、餐饮企业到“两翼”建立原料生产加工基地。利用供销网络，在“两翼”培育10个年销售收入上亿元的企业、100个农产品交易市场、1000个农产品集散配送点。

5. 措施保障

抓住三个关键。一要健全社会化服务体系。从良种推广、物资供应、技术培训、产品销售等方面，为农民提供全程优质服务。重点抓好良种繁育体系建设，加大科技推广力度，高度重视发展农民专业合作社。二要建立产业化经营体系。大力培育龙头企业，实施龙头带动战略，推进产加销、农工商一体化发展。龙头企业是产业的引领者和市场开拓者，培育发展一个龙头，就能带动一大产业，致富一方群众。三要完善市场营销体系。生产发展速度，农民增收幅度，取决于市场开拓力度。市场销路不打开，生产越多包袱越重、亏损越多。要坚持一手抓生产，一手抓销售。

强化三大保障。一是政策保障。为支持“两翼”农户万元增收工程，重庆市政府制定了“1＋6”配套政策，主要包括“三大投入”、“四项扶持”、“两大举措”。“三大投入”，即财政、项目、金融投入。2010年市财政安排6.5亿元，整合国家和市级农业、林业、移民、扶贫、国土等项目资金10亿元以上，区县配套6亿元，采取新增贷款营业税返还政策，引导金融机构贷款40亿元，政府性和金融性投资达到60亿元以上。“四项扶持”，即实行林下经济补贴、良种繁育体系建设补助、龙头企业税收返还、银行贷款返地方税收。“两大举措”，指搞好承包地、林地、宅基地“三地”确权，换发土地承包证，确保农民在土地流转中不“吃亏”；农村建设用地复垦计划重点安排“两翼”区县，“地票”交易收入主要用于补助农民。二是组织保障。市里成立了以市长为组长的领导小组，“两翼”农户万元增收工程实行区县负责制，作为“一把手工程”。三是机制保障。建立专项考核、定期排位、以奖代补、现场推动四大机制。

搞好五个结合。把“两翼”农户万元增收工程与发展现代农业结合，与扶贫开发结合；与库区安稳致富结合，与“森林重庆”建设结合，与“三项活动”结合。

延伸阅读

“两翼”农户万元增收工程商贸五大行动

围绕农林产品“卖得出、卖得远、卖得久、卖个好价钱”的总体思路，重点实施“商贸五大行动”，助推“两翼”农户万元增收工程。到2012年，建成两翼地区5个以上区域性农林产品大型批发市场、2个以上大宗特色农产品交易所、5个以上特色农产品专业市场、63个城市社区标准化菜市、495个规范化乡镇农贸市场；鲜活农产品冷藏冷冻能力达10万t以上，特色农产品产销直接对接率达30%以上；100家以上大中型商贸服务企业建设规模化种养殖业基地100个，建生产采购基地100万亩，吸纳农民就业10万人；农产品电子商务交易率达20%以上；培育100户以上农林产品营销贩运大户；农产品商品化率每年提高3个百分点，达到70%以上，基本实现两翼地区农林产品不烂市、不滞销、不积压。基本形成城乡一体、布局合理、结构优化、功能完善、高效有序的农林产品现代流通体系。

1. 农林产品农超对接行动

大胆创新农林产品流通模式，以“超市＋专业合作社”为主要形式，以冷链运输、加工配送为核心，在试点的基础上，组织50家以上超市企业，对接两翼地区500个以上农林产品专业合作社，加强冷链系统、加工配送中心、农产品质量检测系统、农产品品牌建设，产销对接、贴牌生产农林产品。充分发挥已经全覆盖的“万村千乡市场工程”的作用，在搞好工业品下乡进村的同时，大力推进农林产品出村进城，实现双向流通。到2012年，“两翼”地区农产品冷藏冷冻能力达到10万t以上，直接对接销售比重达到30%以上。

2. 农林产品市场建设行动

加强农林产品流通基础设施建设，完善农林产品流通体系。充分发挥观农贸等现有大型农产品市场的带动作用，加快建设中国西部农贸城（江津双福），在区位较好、有产业基础和辐射带动能力的区县布局建设一批区域性农林产品批发市场，改造或新建一批特色农林产品专业市场。拓展农林产品交易模式，建设生猪、柑橘、中药材、辣椒等优势农林产品大宗商品交易所，大力发展农林产品中远期交易。推进农林产品市内外直销点、专营店建设。改造“两翼”地区63个社区菜市场、206个乡镇农贸市场，新建289个乡镇农贸市场，确保三年、力争两年实现“两翼”城区标准化菜市场和乡镇规范化农贸市场全覆盖。

3. 农林产品基地建设行动

采取工业抓园区的办法，以订单农业模式，工厂化生产形式，组织引导餐饮、食品加工企业到两翼地区建原辅材料生产基地、加工基地，连锁超市企业建蔬菜、水果、畜禽等种养殖生产采购基地，推动城市资本、技术、人才下乡，按需规模化、标准化发展壮大优势农林产品产业，同时让农民变为农业工人获得工资性收入。到2012年，组织100家以上大中型商贸服务企业到“两翼”地区建规模化种养殖业基地100个，建生产采购基地100万亩，吸纳农民就业10万人。

4. 农林产品展会推介行动

继续办好中国西部农交会等大型会展活动，设立“两翼”地区特色农产品专区，组织“两翼”地区特色农产品免费参展。每年在“两翼”各区县至少组织一次大型农商对接活动。每年组织“两翼”地区农林产品龙头企业和专业合作社参加全国糖酒会、中国绿色食品博览会、中国（宁波）食品博览会、中国（长沙）国际食品博览会等国内知名展会，对龙头企业补贴展位费，对专业合作社增补差旅费，扩大“两翼”地区农林产品市外销售比重。力争每年通过外出参会、办展对接洽谈，签约及现场销售10亿元以上。加强农村经纪人、营销贩运大户队伍建设，培育100户以上有实力、有规模的营销贩运大户。

5. 商务网络促销行动

充分利用商务部“新农村商网”，搞好春、夏、秋、冬四季网上交易对接会，交易额年均增长30%以上。在“全球制造网”开辟重庆特色农产品交易平台，利用“奇易网”搭建农村专业合作组织网上营销平台，到2012年使“两翼”地区1500户以上的农林产品加工企业、专业合作组织在线展示、洽谈、交易，实现线上销售5亿元以上，带动线下交易50亿元以上。充分发挥本市自主开发的“万村千乡市场工程综合信息服务平台”功能，畅通农产品销售、农资供应等供求信息，方便农民生产、销售。

第五节 “城乡商贸统筹发展试点区”实践的成效与经验

一、成效

经过3年的实践，重庆市城乡商贸统筹发展试点取得了初步成效，培育了重庆商社集团等一批城乡商贸统筹发展主体，基本形成以“四个层次”商贸设施建设平台、“六大网络”为主体的城乡商贸网络体系，构建了城乡商贸统筹发展的新机制，“六化”、“六双”工程成效显著，城乡商贸统筹发展的现代化水平逐步提高。

（一）社会消费品零售总额

2010年重庆市实现社会消费品零售总额2878.04亿元，比上年增长16.1%，扣除价格因素，实际增长17.0%，比2005年增加1.37倍（表7-1，图7-1）。分城乡看，城镇实现社会消费品零售额2718.71亿元，增长19.1%；乡村实现社会消费品零售额159.33亿元，增长17.7%；分行业看，批发零售贸易业零售额2430.75亿元，增长19.3%；住宿和餐饮业零售额447.29亿元，增长17.3%。

表 7-1 重庆市社会消费品零售总额及增长率

年份	社会消费品零售总额/亿元	增速/%
1997	507.93	—
1998	553.7	9.0
1999	596.26	7.7
2000	643.58	7.9
2001	699.33	8.7
2002	763.06	9.1
2003	835.53	9.5
2004	1061.49	27.0
2005	1215.76	14.5
2006	1403.58	15.4
2007	1661.23	18.4
2008	2147.12	29.2
2009	2479.01	15.5
2010	2878.04	16.1
年均增速	—	14.3

资料来源：《重庆统计年鉴》及《重庆市国民经济和社会发展统计公报》（1997～2010）

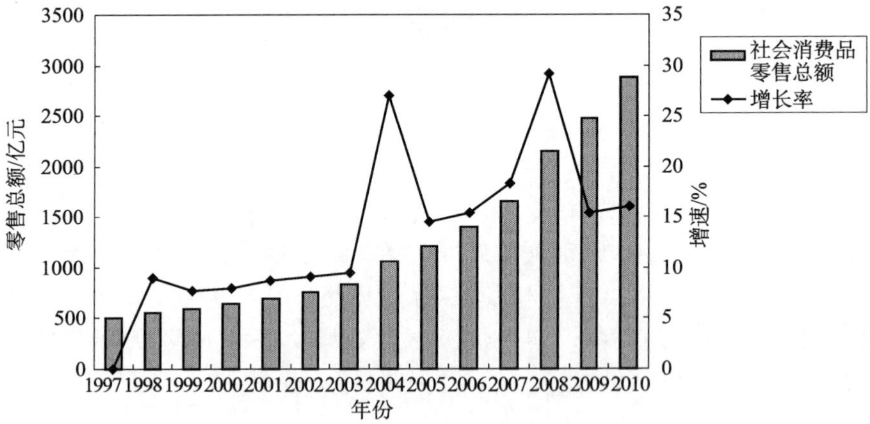

图 7-1 重庆市社会消费品零售总额和增长率变化趋势

按销售单位所在地划分，市、县、县以下社会消费品零售总额和增长率变化，更能反映城乡商贸统筹发展试点的效果，其中县以下社会消费品零售总额和增长率，能较好地反映农村商贸流通发展情况，如表 7-2、图 7-2～图 7-4 所示。

表 7-2　重庆市市、县、县以下社会消费品零售总额和增长率

年份	市社会消费品零售总额		县社会消费品零售总额		县以下社会消费品零售总额	
	绝对值/万元	增速/%	绝对值/万元	增速/%	绝对值/万元	增速/%
1999	3 316 349	8.60	820 106	6.20	1 826 115	6.70
2000	3 615 666	9.00	889 187	8.40	1 930 964	5.70
2001	3 974 379	9.90	960 898	8.10	2 057 996	6.60
2002	4 346 933	9.40	1 064 981	10.80	2 218 592	7.80
2003	4 823 056	10.95	1 127 143	5.84	2 405 055	8.40
2004	6 532 316	35.44	1 201 346	6.58	2 881 190	19.80
2005	7 147 796	9.42	1 630 276	35.70	3 379 512	17.30
2006	8 338 328	16.66	1 872 093	14.83	3 825 388	13.19
2007	9 996 528	19.89	2 190 054	16.98	4 425 693	15.69
2008	13 164 658	31.69	2 879 467	31.48	5 427 084	22.63
2009	15 211 289	15.55	3 318 188	15.24	6 260 633	15.36
年均增速	—	16.00	—	15.00	—	13.00

资料来源：《重庆统计年鉴》(2000～2010)

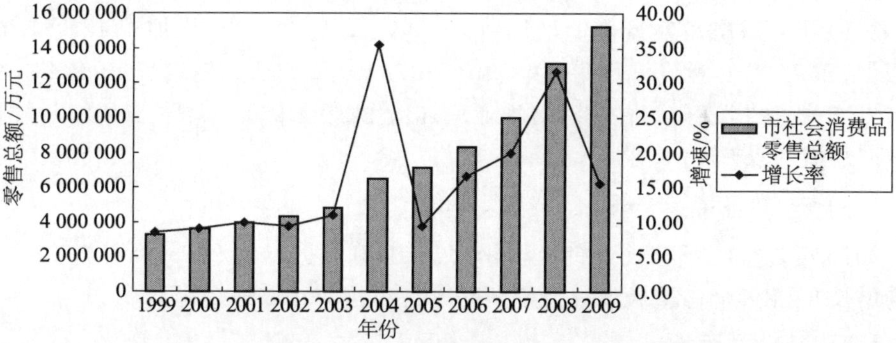

图 7-2　重庆市社会消费品零售总额和增长率变化趋势

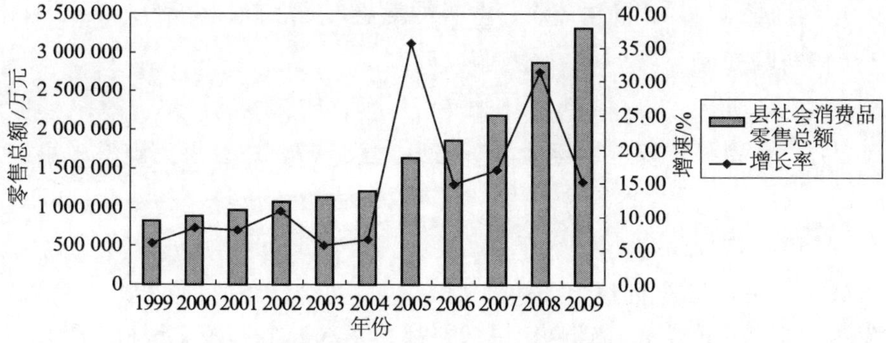

图 7-3　重庆市县社会消费品零售总额和增长率变化趋势

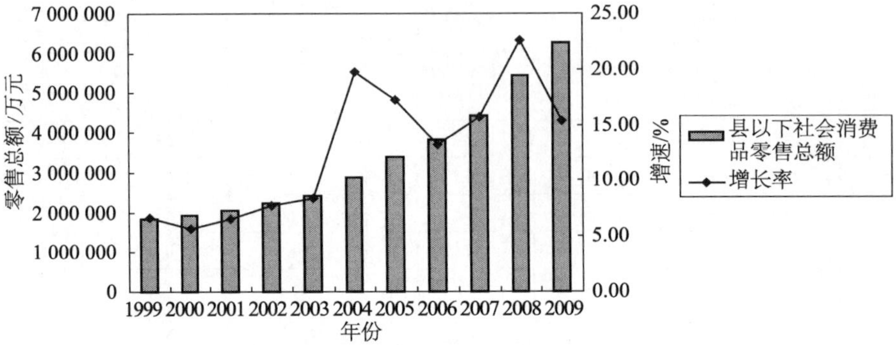

图 7-4 重庆市县以下社会消费品零售总额和增长率变化趋势

(二) 商品销售总额

2010 年，重庆市实现商品销售总额 7760 亿元，比 2005 年增加 1.83 倍，年均增长 23.1%。

(三) 商业增加值

2010 年，重庆市实现商业增加值 730 亿元，比 2005 年增加 1.12 倍，年均增长 16.2%。全年批发和零售业增加值 617.83 亿元，比上年增长 16.2%，占重庆市生产总值的 7.8%；住宿和餐饮业增加值 142.11 亿元，增长 1.4%，占重庆市生产总值的 1.8%。

(四) 连锁经营销售额

2010 年，重庆市实现连锁经营销售额 1000 亿元，比 2005 年增加 2.41 倍，年均增长 27.8%，占重庆市社会消费品零售总额的比重达 34.75%。

(五) 从业人员

2010 年，重庆市商贸流通业实现从业人员近 380 万人，比 2005 年增加 42.7 万人，年均增长 2.4%，稳居非农行业吸纳就业人员之首。

(六) 商圈建设

2010 年，建成 30 个商圈，其中解放碑、观音桥、三峡广场、南坪、杨家坪 5 个商圈社会消费品零售总额超过 100 亿元，解放碑、观音桥商圈率先突破 200 亿元。

(七) 市场建设

2010 年，重庆市亿元级市场达到 145 个，其中朝天门、观农贸、南坪医药、巨龙钢材、汽博中心、恒冠钢材、绿云石都、龙水五金、龙文钢材、璧山鞋材、万吨冷冻品等 11 个市场销售额超过 100 亿元，朝天门、观农贸、南坪医药市场超过 200 亿元。

(八) 企业集团

2010年，重庆商社集团、重庆烟草、重庆中石油、重庆中石化、医药股份5个企业销售超100亿元，重庆商社集团实现销售收入382亿元。

(九) “万村千乡市场工程”

2009年年底，在全国率先实现“县县有商品配送中心，乡乡有连锁超市、村村有商贸综合服务网点”，建成县级配送中心62个，乡镇超市1728个，村级便民商店18 256个，实现了乡镇和行政村连锁超市、便民商店全覆盖，而国家要求的“万村千乡市场工程”覆盖率乡镇为70%、自然村为50%。建成“万村千乡市场工程”综合信息服务平台终端3415个，乡镇农贸市场120个。

二、经验

第一，统一思想，充分认识加快城乡商贸统筹发展的意义，这是推进城乡商贸统筹发展的前提。

商贸流通业是国民经济的先导产业和基础产业。推进城乡商贸统筹发展，是推进全国统筹城乡综合配套改革试验区建设的有效路径，是重庆市经济社会发展的战略需求，是建设长江上游商贸会展中心的客观需要，是加快重庆市商贸流通业发展的内在需求。因此，重庆市上下，尤其是重庆市委、市政府站在全局和战略的高度，充分认识加快城乡商贸统筹发展的重大意义和商贸流通业在国民经济中的战略地位，在商务部《关于支持重庆市加强城乡商贸统筹发展的有关意见》基础上，出台了《重庆市人民政府关于加快商贸流通发展的决定》(渝府发〔2008〕98号)、《重庆市关于推进城乡商贸统筹发展的实施意见》，并制订了《重庆市一小时经济圈商贸流通业发展规划》、《渝东北地区商贸流通业发展专项规划》、《渝东南地区商贸流通业发展专项规划》，作为“实施意见”的配套，着力推进城乡商贸统筹发展，并定期召开城乡商贸流通统筹工作分析会，专题研究如何将城乡商贸统筹发展的重要性落实到具体的工作之中。

第二，统筹规划，衔接商贸流通规划与相关规划的关系，这是推进城乡商贸统筹发展的依据。

商贸流通业发展规划是政府履行商贸流通管理职责的依据，是调节流通领域经济行为的工具，是约束商贸流通领域社会行为的“第二准则”。因此，重庆市级层面、区县级层面都十分重视商贸流通规划、商业网点规划、市场发展规划、商圈发展规划等体现城乡商贸统筹内容等的规划的制定工作，要求与城市规划、土地规划、国民经济与社会发展规划的协调衔接，同时要求城市规划面积中有25%～30%的商业用地面积，确保城市发展规划中充分体现商贸流通发展规划的主要内容。

第三，突出重点，实施“四个层次”商贸设施平台建设和“六大网络”建设，这是推进城乡商贸统筹发展的载体。

重庆城乡商贸统筹发展试点区实践的重要经验，就是突出重点，大力实施“四个层次”商贸设施建设和“六大网络”建设，并作为推进城乡商贸统筹发展的重要载体。

中央商务区、区县中心商圈、商业特色街（专业市场）和乡镇（社区）商业中心“四个层次”平台建设，逐步打造并构建了层次分明、特色突出、规模适度、布局合理、结构优化、功能完善的城乡商贸统筹发展的载体。其中，区县商贸“十个一”建设工程、乡镇商贸“五个一”建设工程，对城乡商贸统筹发展的作用尤为明显。

以农村日用品销售、农业生产资料供应、农产品流通、再生资源回收、农民生活服务、农村商务信息服务“六大网络”为重点，建设城乡统筹商贸网络体系，成为促进城乡商贸共繁荣、实现城乡有机联结的纽带。

第四，培育龙头，提升商贸流通企业组织化规模化程度，这是推进城乡商贸统筹发展的主体。

以资本和品牌为纽带，通过控股、参股、兼并、收购、特许经营等方式，培育商贸流通的大公司、大集团。以重庆商社集团为代表的大型流通企业，成为日用品流通的龙头企业；以渝惠食品集团为代表的大型流通企业，成为农产品流通的龙头企业，把特色农产品推向市场。同时，着力扶持特许加盟和中小流通企业间的自由连锁，提高中小流通企业的组织化程度，尤其要引导中小流通企业向社区和农村发展连锁经营网络，培育了云阳县腾龙商贸有限公司等“万村千乡市场工程”龙头企业，实现了“工业品下乡进村、农产品出村进城”的“双向流通”。

第五，民生导向，切实做好城乡商贸统筹工作，这是推进城乡商贸统筹发展的出发点。

所实施的“商贸系统八大民心工程”，充分体现以人为本，民生导向。例如，在农村实施“万村千乡市场工程”、家电（汽摩）下乡工程、农贸市场改扩建工程、农户科学储粮工程。在城区，实施社区商业网点工程（如改造建成社区标准化菜市场50个，培育示范超市100个）、家政信息服务网络工程、早餐示范工程、再生资源回收体系工程。

其中有两点特别值得借鉴：一是“万村千乡市场工程”，实现乡镇和行政村连锁超市、便民商店全覆盖；二是乡镇规范化农贸市场全覆盖建设工程，建立覆盖城乡的农产品流通体系，解决农产品“卖难”问题，促进农民增收。

第六，转变职能，理顺商贸流通管理体系，这是推进城乡商贸统筹发展的保障。

为推进“城乡商贸统筹发展试点区”发展，建立以市商业委员会为主的统一规范的重庆市商贸流通管理体系，有效配置工商、质检、药监、烟草、粮食、供销等行政管理资源。本着互动共进、互利双赢原则，建立城乡商贸统筹协调发展机制，实行主城区、区域性商贸中心城市对口帮扶渝东南翼、渝东北翼县域，加快城乡商贸统筹发展。简政放权，将能够下放的行政管理及行政许可权限，以合理合法的方式最大限度地分别赋予“一圈两翼”商贸行政主管部门。

第七，提高收入，实施“两翼”农户万元增收工程以及“两翼”农户万元增收工程商贸五大行动，这是推进城乡商贸统筹发展的基础。

实施城乡商贸统筹发展的难点在农村，为提高农村居民购买力水平和消费水平，重庆在“两翼”地区实施“两翼”农户万元增收工程以及“两翼”农户万元增收工程商贸五大行动，切实增加农村居民收入，提高农村居民购买力，从而构建城乡商贸统筹发展的基础。

第八，政策配套，确保城乡商贸统筹发展优惠政策到位到点，这是推进城乡商贸统筹发展的关键。

为确保“城乡商贸统筹发展试点区”试点有成效，除商务部《关于支持重庆市加强城乡商贸统筹发展的有关意见》之外，国务院出台了《关于推进重庆市统筹城乡改革和发展的若干意见》（国发〔2009〕3号），重庆市及各区县都出台了关于城乡商贸统筹发展的各类优惠扶持政策，从税收、规费、土地、融资、奖励等方面鼓励城乡商贸流通业发展，培育壮大商贸流通企业。例如，每年安排商贸流通业重点项目扶持发展资金，建立商贸企业奖励基金，确保重点城乡商贸统筹项目用地等。

第八章

“城乡商贸统筹发展试点区”实践探索：区县经验

九龙坡区、万州区、黔江区、垫江县、梁平县、荣昌县作为“城乡商贸统筹发展试点区”首批试点区县，经过三年的城乡商贸统筹发展试点，取得了一些成绩，积累了一些经验。本章对各区县的情况加以介绍，总结各自的特色与值得借鉴之处。

第一节　万州区城乡商贸统筹试点经验与成效

一、万州区经济社会发展概况

万州区地处三峡库区腹心，重庆市东北边缘，东与云阳、南与石柱和湖北利川、西与忠县和梁平、北与开江和开县接壤，辖区面积 3457km^2，辖龙宝、天城、五桥 3 个移民开发区和江南新区，52 个镇乡、街道。2010 年，总人口 173.32 万人，在重庆 40 个区县中人口最多，城区人口新增 5.5 万人，达到 75 万人；新增建成区面积 6 km^2，城市建成区面积达到 51 km^2，是重庆主城以外最大的中心城市。

2010 年，万州区实现生产总值 500.13 亿元，列重庆市第 4 位，按可比价格计算，比上年增长 20.1％（图 8-1），比全国、重庆市分别高 9.8 和 3 个百分点，增速列重庆市第 3 位。分产业看，第一产业实现增加值 33.87 亿元，增长 6.6％；第二产业实现增加值 273.73 亿元，增长 25.0％；第三产业实现增加值为 192.53 亿元，增长 16.4％ 。

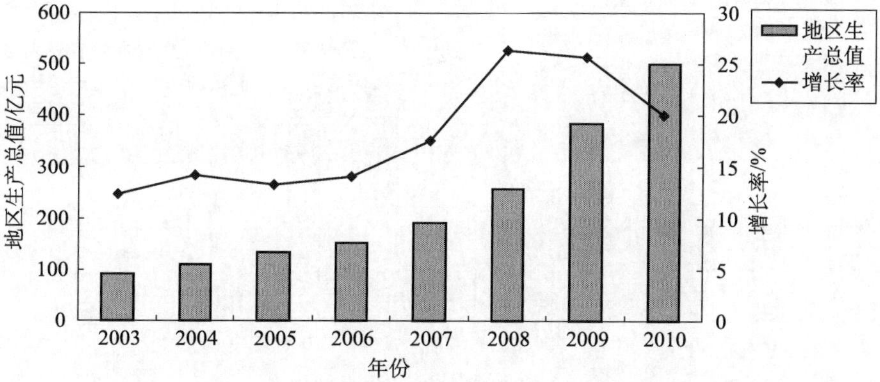

图 8-1　2003～2010 年万州区地区生产总值及增长率

按照常住人口计算，万州区人均地区生产总值 32 350 元，比 2009 年增加 7218 元，同比增长 28.7%，按照 2010 年平均汇率计算，突破 4000 美元大关，达到 4779 美元，首次超过全国、重庆市平均水平。产业结构进一步优化，三大产业结构比由 2009 年的 7.7∶51.2∶41.1 调整为 6.8∶54.7∶38.5，第二产业占生产总值的比重比 2009 年提高 3.5 个百分点。

城乡居民收入增加，城镇居民人均可支配收入为 16 633 元，比 2009 年增长 11.5%。具体情况如图 8-2 所示。

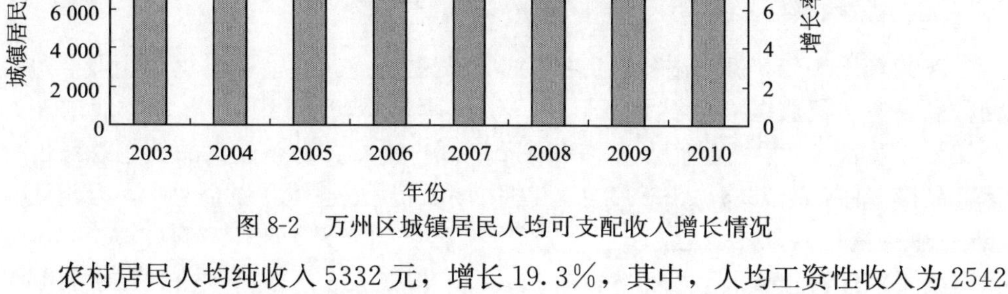

图 8-2　万州区城镇居民人均可支配收入增长情况

农村居民人均纯收入 5332 元，增长 19.3%，其中，人均工资性收入为 2542 元，增长 17.7%。具体情况如图 8-3 所示。

万州区交通便利，素有“川东门户”之称，是长江十大港口之一。318 国道穿越全境，达万铁路、万州机场及渝万、万开、万云高速公路建成开通，鞍子坝客运中心、集装箱码头建成投入使用，1700 万 t 深水港码头已具雏形，渝万城际铁路即将开工建设，水、陆、空立体交通网络基本形成。

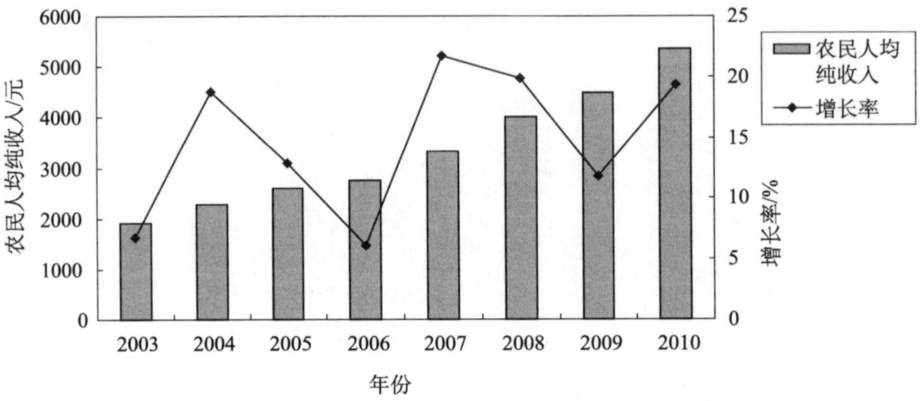

图 8-3　万州区农村居民人均纯收入及其增长速度

二、万州区城乡商贸流通业发展现状

(一) 商贸流通业增长态势良好，龙头企业成长快

万州区 2010 年社会消费品零售总额 129.74 亿元，比上年增长 21.99%（表 8-1）。从城乡来看，城镇实现社会消费品零售总额 123.25 亿元，增长 22.1%；乡村实现社会消费品零售总额 6.49 亿元，增长 20.9%。从各行业来看，批发贸易业零售总额 35.6 亿元，增长 56.1%；零售贸易业零售额 72.64 亿元，增长 10.8%；住宿和餐饮业零售额 21.5 亿元，增长 19.7%。

表 8-1　2003～2010 年万州区社会消费品零售总额增长情况表

项目	2003 年	2004 年	2005 年	2006 年	2007 年	2008 年	2009 年	2010 年
社会消费品零售总额/亿元	36.48	42.37	48.8	56.67	67.12	87.1	106.35	129.74
增长率/%	11.7	16.1	15.2	16.1	18.4	29.4	22.1	21.99

资料来源：据 2003～2010 年万州区统计年鉴整理所得

2009 年上半年，新增限额以上批发零售贸易企业、住宿和餐饮业企业 27 户，使限额以上商贸服务企业达到 170 户。从行业上看，限额以上批发企业增速达 45.8%，限额以上零售企业增速达 36.4%。13 户重点贸易企业商品销售总额占全区商品销售总额的 38.3%。2010 年，在重庆市商贸流通 100 强企业中，万州区有 8 家企业荣登该榜，分别是扬子江物流发展有限公司、天圣药业有限公司、鄂渝钢铁（集团）有限公司、小八仙餐饮有限公司、川江人家餐饮有限公司、小天鹅综合批发市场、商贸城、宏远批发市场。这些企业是万州区商业服务业在加快发展过程中涌现出来的经营突出、管理技术先进、核心竞争力较强的优秀代表，2009 年，它们实现销售/营业收入总额 103.3 亿元，安置就业人口 1.6 万人，在扩大消费、引导生产、促进就业、完善城市功能、拉动经济增长等方面发挥了积极作用。

2009 年，沃尔玛、福建永辉、吉田投资控股（厦门）分公司等一批知名企业落户万州区，其中沃尔玛公司投资1亿元建立的万州太白路分店、福建永辉集团投资3000万元建立的永辉民意超市已于2009年9月相继在万州隆重开业；福建吉田投资控股（厦门）分公司在万州投资1.6亿元建设渝东吉田国际商贸物流产业项目已签订投资协议。截至2009年9月底，招商引资实际到位资金16 500万元。

（二）商圈建设初具规模，市场培育取得突破

高笋塘商圈，是万州区的经济、文化中心，被人们誉为“万州的聚宝盆”，辖区面积3km^2，东接高笋塘商业中心广场，西连万州中天广场，南临长江，北靠万州区名山太白岩。辖10个社区，总人口10万余人。其发展优势十分明显，辖区内交通便捷，基础设施完善，商贸业极其繁荣。新城路、太白路、沙龙路、王牌路等多条万州区城市交通主干线贯穿全境。建有库区最大的客运码头——鞍子坝客运港，年客运量可达580万人次；三峡移民广场、万州古民居、见证三峡文化街等一批城市基础设施和旅游项目的建设，为市民休闲、娱乐、健身提供了好去处；辖区内商贸业发达，除世界商业零售“巨头”百盛商场，世界500强企业麦当劳、肯德基，万州第一步行街三峡福斯德广场，重庆商业骄子新世纪商都等国内外资本纷纷抢滩街道外，还建有新城路服装、太白路通信、沙龙路建材、王牌路餐饮、高笋塘地下商场时尚女人街等一批特色商业街，有专业市场6个，非公有制企业300多家，个体工商户2600多家，2009年实现辖区国内生产总值24.8亿元，全口径财政收入2448万元。该商圈成为万州及库区最具活力和竞争力的商贸区之一。

百安坝亦在重点打造以汽车南站、学府广场为核心的商贸业发展集聚点。目前，拥有商业、餐饮、旅店、运输、安装、房地产等30多个行业，100多个门类；建有国贸广场、银河商贸城、沪万农贸市场等专业批发市场和集贸市场6处；个体餐饮点150余家，娱乐、休闲场所近20家。

小天鹅、商贸城、宏远三个重点市场实现交易额快速增长，后街金座商业广场、颐高数码城、桐君阁物流配送中心等市场相继竣工开业。北山商业中心等商场，天鸿物流仓储基地、和谐物流配送中心、鄂渝钢铁集装箱基地等物流项目正在实施。

与此同时，社区城市居民消费水平的不断提高，带动了社区商业的快速发展。美容美发、洗浴保健、洗染维修、家政服务等消费持续升温，全年营业收入快速增长。

（三）以连锁经营为基础，现代流通业快速发展

万州区商贸流通业现代化流通方式呈现快速发展态势，连锁经营、现代物流、电子商务等现代化流通方式和各种新型业态发展迅速，超级市场、便民连

锁店、专卖店、购物中心等遍布城乡。2008 年，全区连锁经营店 2148 个，实现商品销售额 28.8 亿元，占社会消费品零售总额的 33.2%；物流进出口总量 3640t，物流收入 4.32 亿元；电子商务网上购物交易额每年以 30%的速度递增。

（四）假日会展经济升级，现代服务业蓬勃发展

近年来，会展经济日趋活跃，万州区先后举办了中国·三峡重要中药博览会、重庆市“家电下乡”启动仪式、丹霞美食文化节、三峡火锅节、名优特迎春展销会等多项会展展会活动。2009 年上半年，会展活动实现交易额 7.5 亿元。

与此同时，万州美食城、万州火锅特色餐饮街、万州烤鱼城等特色美食街已形成规模，万州面、万州烤鱼等名特小吃闻名全国，连锁经营店遍布全国各地，星级以上酒店不断出现。仅 2009 年上半年，住宿和餐饮业营业收入就达 9.4 亿元，同比增长 30.2%。

三、万州区城乡商贸统筹建设经验

万州区城乡商贸统筹发展总体模式是：借势、互动、基础。所谓“借势”，就是借助基础优势，提高城乡商贸统筹发展能力；所谓“互动”，就是完善商贸体，加强城乡商贸互动；所谓“基础”，就是以“万村千乡市场工程”为基础，发展农村商贸服务业。

（一）借助基础优势，提高统筹城乡商贸发展能力

作为城乡商贸统筹发展的试点区县，万州区在城乡商贸统筹发展方面有其独特的优势，万州区正是借助这些基础优势提升商贸发展能力。万州区主要拥有如下基础优势。

（1）区位优势。万州区距重庆 327km，距宜昌 321km，北距安康 350km，南距黔江 300km，以万州为中心、半径 300km 的范围内万州是唯一城市人口超过 50 万的城市，可辐射 1000km^2、2000 万人口，具有建设区域性商贸流通中心的广阔空间和腹地，其地位和作用是其他城市无法替代的。

（2）交通优势。万州区拥有机场、铁路、高速公路、长江水道和深水码头，水陆空立体交通网络基本形成，初步形成“一江两岸、三大片区、八大组团”的大城市格局，这些都为区域性商贸流通中心的建设奠定了坚实的发展基础。

（3）快速发展和政策优势并存。近年来，万州区大力推进工业发展，带动了一批商贸物流服务企业，有力地推动了城乡商贸业的发展，同时，与中央政策相匹配，万州区出台政策支持发展大商贸市场。

以此为基础，万州区主要从以下方面提高城乡商贸统筹发展能力。

（1）构建城市综合服务功能区，提高城市商圈带动作用。全力打造高笋塘商圈，重点培育福斯德购物广场、颐高数码城、老万州不夜城、后街金座广场

等大型购物中心。通过引进沃尔玛、肯德基、福建永辉等国内外知名企业和著名品牌入驻，逐步打造集商业购物、酒店餐饮、金融物资、商务办公、文化娱乐等功能于一体的城市综合服务功能区，实现消费市场繁荣活跃、消费水平不断提升、消费结构快速调整、商贸经济持续高位增长。

（2）推动市场集群发展，构建多元城乡一体化大市场。为了统筹城乡商贸发展，万州区以市场建设和培育专业化、特色化、规模化市场为导向，立足建设渝东北和三峡库区大市场，促进城乡市场一体化，主要以调整市场结构、加快培育大型专业市场和打造一批特色商业街为重点。一方面，抓好小天鹅、宏远、商贸城、银河等大型综合批发市场的结构调整和升级，增强对外聚集辐射能力，截至2009年，已建成30亿元级市场1个，15亿元级市场2个；另一方面，重点发展三峡中药材物流中心、光彩大市场、三峡国际车界、鄂渝钢铁、渝东农副产品批发市场等五大专业市场，建成三峡库区中药材、建材、汽车销售、钢材、农副产品交易中心。同时，打造双白鹿精品一条街、观音岩汽车销售一条街、王牌路火锅一条街、北滨大道餐饮服务休闲一条街共四条特色街，使之成为城市商业文化名片。

（二）完善商贸体系，加强城乡商贸互动

完善商贸流通体系，包括商贸流通业的法律、法规、政策等相关服务体系和专项配套措施，尤其是农村商贸流通业发展的配套支持措施、商业设施建设以及农村商贸流通业发展的支持措施，推动农村商贸业快速发展，加强城乡互动，以城带乡，实现城乡互动协调发展。

一方面，推动"双进工程"，提升城市社区商业服务功能。实施"便利消费进社区，便民服务进家庭"的城市社区"双进工程"，继续推进钟鼓楼、牌楼、龙都、双河口、沙河、映水坪、观音岩等社区商业服务中心和市级"双进工程"商业示范社区建设，逐步满足社区居民购物、餐饮、维修、美容美发、洗衣、家政服务等生活需求。

另一方面，以"双进工程"推动"双建工程"，强化城乡商贸业的相互沟通，即推进"乡镇建连锁超市，村社建便民放心店"的农村商贸发展规划，建设一批中心镇连锁超市、镇级商业中心和村社便民店，培育邮政物流、腾龙超市、福意、百货等龙头企业，以此为支撑，推进城乡消费和城乡商贸互动发展。

（三）以"万村千乡市场工程"为基础，发展农村商贸服务业

1. 精心组织，积极推进"万村千乡市场工程"

第一，加大推进力度，将从事日用百货的龙头企业从1个增加到2个，共同打造农村市场商贸网络。第二，按镇推进的原则，制订龙头企业实施"万村千乡市场工程"指导性计划。第三，加强镇乡之间的联系，将各镇乡具体实施计

划用商委函件通知到各镇乡街道，要求龙头企业在具体实施该工程时加强与镇乡政府的联系，争取镇乡政府的支持；各镇乡政府在指导龙头企业在辖区内布点时，选择有代表性的商贸网点推荐。第四，区商委与龙头企业一起到各镇乡、村社加强衔接，指导商贸网点的选点工作。第五，对日用百货镇级超市建设，制定了“2.3.5”标准，经济条件较好的镇超市面积在500m^2以上，一般镇300 m^2以上，乡级超市200 m^2以上，达到以上标准的直营店，除了可享受上级项目资金处，各镇乡和龙头企业还可享受区级资金补贴，确保网络体系建设。第六，各龙头企业针对企业特点和镇乡实际，制订工作计划，切实在各村各镇建点推进。

截至2009年，万州区新建“万村千乡市场工程”农村零售网点1039个，在重庆市率先实现了区内全覆盖。家电下乡（汽车摩托车下乡）销售家电7.2万台、汽车摩托车销售1.9万辆，完成销售额3.28亿元，均居重庆市第一。

2. 强化政策支持，营造宽松环境

第一，简化工商登记手续。对龙头企业新建改造的乡镇连锁经营超市和村级便民放心商店，在登记办照或换照时实行“直通车”，简化手续，集中办理，限时办结。第二，放宽卷烟零售许可。为完善服务功能，对“万村千乡市场工程”龙头企业新建改造的连锁经营超市和村级便民放心商店，申请经营卷烟零售业务的，在办理许可证时，符合相关法律文件的，不受布店间距限制。对取得烟草专卖许可证的连锁经营超市和村级便民放心商店，由烟草公司配送。第三，加大村级便民放心商店税收扶持。根据国家和重庆市有关税收政策，税务机关对“万村千乡市场工程”龙头企业新建、改造的村级便民放心商店给予支持和扶持。第四，减轻村级便民放心商店负担，对“万村千乡市场工程”村级便民放心商店卫生监测、计量器具监测收费，实行减半征收。

3. 整合各方资源，给予资金补助

“万村千乡市场工程”项目建设所需资金采取以企业自筹为主、政府补助为辅，鼓励各类项目资金、社会资金共建农村商贸流通体系。具体补助标准如下。

第一，对日用品龙头企业每建设改造一个“万村千乡市场工程”乡镇连锁经营超市或村级便民放心商店给予6000元的资金补助。

第二，从2008年开始，由市级财政筹集资金，对农资龙头企业每建设改造一个“万村千乡市场工程”乡镇农资连锁超市或村级便民放心商店给予4000元的资金补助。

第三，对龙头企业为配套“万村千乡市场工程”项目建设改造配送中心的，其固定资产投资的中长期贷款由重庆市级财政给予一年期不超过5%的贷款贴息补助。

第四，对按时完成目标任务的镇（乡、街道）和龙头企业，区政府给予适当奖励和补贴。

（四）大力发展邮政物流，推进邮政服务农村物流业快速发展

1. 邮政物流在农村商贸物流发展中的优势

邮政企业发展农村物流具有得天独厚的优势：一是点多面广、遍布城乡、深入千家万户的网络优势；二是具有业务种类丰富、服务功能完善，信息流、资金流和物流“三流合一”的平台优势；三是具有历史悠久、信誉良好、值得信赖的品牌优势；四是具有依托交通运输平台，整合邮政、交通运输资源的运能优势；五是具有信息化程度高、电子商务网络的支撑优势。

2. 邮政服务三农、繁荣农村商贸物流业的具体做法

第一，实施“万村千乡市场工程”，构建服务“三农”网络。通过整合邮政现有的网络资源和社会资源，初步建立了乡镇物流农资配送中心和村级“三农服务站”，开展农资和日化等日用消费品配送服务，成为万州农村“万村千乡市场工程”的主力军。截至2009年6月，在万州片区58.9%的行政村建立了1852个村级三农服务站，配送各行总农资产品数十种，形成了以万州区邮政局为产品区域调拨、配送中心，乡镇支局（所）为骨干经营配送中心，村级“三农服务站”为终端的“三农”服务平台。同时，加大资金投入，加快邮政储蓄网点改造和设备更新，实施绿卡村建设工程，便利异地资金往来，方便农民经营户资金结算，开办邮政储蓄定期存单小额质押贷款、小额信用贷款业务，促进了农村经济的繁荣。

第二，积极开展“送科技下乡”活动，推进农业科技转化。万州区邮政局聘请了部分农科所和乡镇农技站技术人员，传授农民科技知识，指导农民正确使用农药、化肥等农资产品。农技人员利用乡镇赶集，积极开展“送科技下乡”活动，经常深入农家，现场向农民讲解科学种田知识，带去新的农业科技，促进了科技在农村的普及。

第三，发展农资连锁配送，促进新农村建设。万州区邮政局通过完善网络建设，扩宽网络渠道，大力发展农资连锁配送，依托配送中心和农家店开展了化肥、种子、农药等农资产品，以及酒类、日用百货等商品的配送服务，为便利农民群众、建设社会主义新农村、实现“500亿万州”做出了贡献。截至2009年2月，累计向农村配送饲料2000t，农肥8000t，农药50t，销售总额3788万元。

3. 取得的成效

第一，促进了农民减负。邮政农资配送减少了流通环节，打破了垄断经营，实行微利政策，减少了农民支出。

第二，维护了农民利益。邮政农资配送选择有实力、有信誉、有保证的大

型知名企业作为农资配送合作伙伴，确保了产品质量，杜绝了假冒伪劣产品，防止了坑农、害农现象。

第三，普及了科技知识。大力开展“送科技下乡”活动，为农民提供技术指导，将优质的农业科技产品推向农业生产，提高了农业生产与生活水平，为农民增收提供了保障。

第四，便利了农民群众。“万村千乡市场工程”建设，促进了农村流通服务体系建设，方便了农民群众的生产生活，满足了农民群众对农资、日用生活品的消费需要。

四、万州区城乡商贸统筹存在的问题与障碍

(一) 城乡商贸经济总量偏低与城乡发展不协调并存

2010 年年底，万州区实现社会消费品零售总额 129.74 亿元，占重庆市的 4.5%；贸易业商品销售总额 299.7 亿元，同比增长 29%，占重庆市的 4%左右，与渝北区（405.99 亿元）相比，差距较大，与第一位的渝中区相比（1416.5 亿元），低 1115.8 亿元，商贸经济总量不足。

与此同时，由于农村商贸体系不完善，商业设施落后，农村总体消费水平偏低，农村社会消费品零售总额仅占全区社会消费品零售总额的 5%。

(二) 城乡商业建设缺乏规划，商贸流通业发展不协调

万州区商贸流通设施建设基本由投资者和开发商自发建设，布局缺乏合理性，造成了商业设施闲置和大型商业设施缺乏并存的现象。例如，城市内商业中心地段商业设施过度开发，而城郊和农村地区商业设施建设滞后，最终导致商业中心商贸业过度发展而农村商贸流通业严重落后的局面，阻碍了城乡商贸的统筹发展。

(三) 现代商贸人才短缺，商贸流通业对外开放与创新意识薄弱

随着连锁经营、电子商务、物流配送、国际贸易、商务会展、网络销售等知识密集型商贸业的快速发展，人才短缺成为制约当前商贸流通对外开放、流通现代化和创新意识提高的根本原因。流通现代化的滞后发展和现代流通创新意识薄弱成为城市流通业对农村流通带动小、辐射力低的重要原因。

(四) 城乡商贸统筹发展的环境有待改善

尽管各级政府出台了一系列商贸服务业优惠政策，但是各地执行情况不一样。例如，在重庆市主城区的餐饮服务业享受水电气优惠价格，而万州区等区县内的企业却没有享受此项优惠。

五、万州区统筹城乡商贸及构建农村商业网络的思路

（一）合理规划，使城乡商贸协调稳步发展

将商业网点规划纳入城市建设总规划，作为城市规划的子规划；将农村市场体系建设纳入小城镇建设规划；商贸流通主管部门应参与指导大型商业设施项目的规划、审批及验收工作。

（二）加强政策措施配套，推动万州农村商贸快速发展

进一步出台和落实农村商贸流通业发展扶持政策，同时适当增加商业发展资金和产业发展资金，增强承办农村商贸企业发展的后劲。解决村级便民店各种证件办理的问题，缩短时间、减少程序。政府应该扶持、培育一批商贸服务企业大集团、大公司。对各级政府出台的商贸服务业发展政策，应不折不扣地贯彻执行，主城区和渝西享受的政策，万州区也应同时享受；支持服务业向乡镇发展，建立乡镇服务网络体系。

（三）应以专项资金支持，促进商贸流通业繁荣

重庆市商业委员会等相关部门应对万州区恢复沿江商贸经济带的基础设施建设予以支持。万州区有90%以上的商贸服务企业及商业设施因三峡工程而全部被淹没，在整个移民搬迁过程中损失重大，做出了较大的牺牲。对于现在恢复建设的滨江商贸经济带，包括0.5km^{2}的临港商务区及北滨商贸经济带，万州区基础建设资金出现困难，重庆市政府应该给予专项资金支持。

第二节　黔江区城乡商贸统筹试点经验与成效

一、黔江区经济社会发展概况

黔江区地处武陵山腹地，渝东南边陲，东西相距45 km，南北相距90 km，面积2402 km^2。东临湖北省咸丰县，西界彭水县，南连酉阳县，北接湖北利川市，共辖6个街道办事处、12个镇、12个乡、489个村民委员会。2010年年末，全区户籍总人口53.6万人，比上年增加0.92万人，非农业人口22.35万人，农业人口31.25万人；人口自然增长率为6.1‰。少数民族人口占总人口的75%左右，是重庆市唯一的少数民族聚居区。

2010年，黔江区实现地区生产总值100.13亿元，比上年增长19.3%，其中第一产业增加值10.66亿元，增长6.1%；第二产业增加值53.56亿元，增长28.9%；第三产业增加值35.91亿元，增长11.2%。三大产业结构比由2009年

的 11.7∶48.7∶39.6 调整为 10.6∶53.5 ∶35.9，三大产业对经济增长的贡献率分别为 3.7%、73.2%和 23.1%；按常住人口计算的人均 GDP 为 22 501 元。黔江区 2010 年三次产业增加值与 2005 年和 2000 年的比较情况如图 8-4 所示。

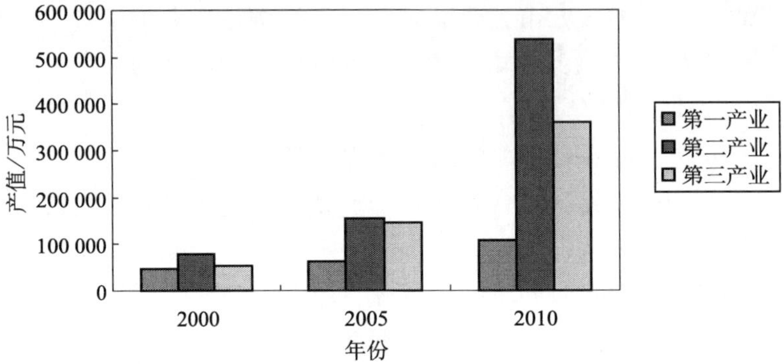

图 8-4　2000 年、2005 年、2010 年黔江区三次产业发展比较示意图

2010 年，黔江区城镇居民人均可支配收入 13 797 元，比上年增加 1418 元，增长 11.5 %。城镇居民人均消费支出 10 385 元，同比增长 9.1%。城镇居民家庭恩格尔系数为 32%。全年农村居民人均纯收入 4417 元，比上年增加 667 元，增长 19.5%，其中人均工资性收入 1508 元，同比增长 19.6%。农民人均生活消费支出 4173 元，同比增长 24.8%。农村居民家庭恩格尔系数为 46.2%。

2010 年，全区公路通车里程达到 2270km，其中等级公路 1850km。全年完成公路货物运输周转量 34 952 万 t/km，比上年增长 19.3%；完成公路旅客运输周转量 54 685 万人/km，增长 15.4 %。

2010 年，全区实现旅游总收入 5.51 亿元，比上年增长 54%。接待旅游人数 180.45 万人次，同比增长 60%。其中，住宿设施接待旅游人数 54.6 万人次，同比增长 36.8%；景区景点接待旅游人数 124.7 万人次，同比增长 72.7%。

二、黔江区城乡商贸流通业发展现状

黔江区现有各类商业网点 1 万余个，各类商品交易市场 31 个，商贸物流从业人员 4.2 万人。2010 年，全区社会消费品零售总额实现 36.24 亿元，总量在渝东南居第一位，在六大区域性中心城市列第六位。

(一) 以消费增长为动力，商贸流通业快速发展

2010 年，全区实现社会消费品零售总额 36.24 亿元，比上年增长 21.1%。以分城乡而言，城镇实现消费品零售额 25.5 亿元，增长 20.9%；农村实现消费品零售额 10.74 亿元，增长 21.7%。以行业而言，批发零售业实现零售额 31.23 亿元，增长 19.1%；住宿和餐饮业实现零售额 5.01 亿元，增长 35.2%。消费对

经济增长的贡献率为40%，拉动经济增长7.7个百分点。

消费增长快速推进了商贸流通业的发展。首先，随着重百黔江商场1570m^2家用电器超市的投入使用，重百集团所有业态全部入驻黔江，区域性中心店及二级配送平台基本形成；其次，新大兴黔江中心店依蝶百货店，提升档次，穗丰农资和喜万家配送业务覆盖全区镇（乡）村；最后，武陵山家居市场经过几年的培育，区域辐射能力和效益显著提高。

（二）加快商贸业基础设施建设，商贸流通业态调整步伐加快

2009年该区完成了《主城核心商圈控制性规划》、《城乡商业网点布局规划》，策划了核心商圈C区、正阳市场群、会展中心、武陵山农副产品批发市场、现代粮食物流中心、渝东南机动车交易市场、大十字购物广场、老城核心商圈、再生资源集散交易市场等10大项目。全区建成商业社区12个，新建商业社区2个，规范再生资源网点40个，新增社区商业经营网点102个，全面启动了乡镇“五个一”建设工作和农村六大市场网络体系建设，推动城乡商贸统筹发展。

（三）商贸流通业招商引资力度加大，骨干企业和专业市场支撑作用明显

2009年，全区超亿元企业达5家，重百超市实现年销售额1.52亿元，穗丰农资年销售额1.49亿元，新大兴超市实现年销售额1.32亿元，喜万家超市实现年销售额1.08亿元，汽车交易市场实现销售额3亿元。新增限额以上商贸流通企业25家，全区44家限额以上商贸企业实现批发零售额23.6亿元，同比增长74%。2010年，重百黔江商场、新大兴超市、穗丰农资、武陵山家居市场、喜万家超市销售额超2亿元，机动车交易市场销售额达4亿元。征程贸易公司、宏鼎钢材市场、朝天门商贸公司亦将成长为亿元企业。截至2010年6月，全区已建成星级宾馆5家，上档次上规模的大型酒楼近10家，培育星级农家乐2～3家，具有黔江特色的中餐馆和农家乐50余家。全区餐饮住宿营业额实现5.42亿元，同比增长24.1%。

（四）农村商贸流通网络逐步完善，农产品现代流通体系形成

农村流通体系逐步完善。2009年，镇乡有各类商业网点1万余个，镇乡连锁超市59个，村社连锁便民商店422个，在濯水、石会、黑溪、鹅池建有农贸市场4个，基本实现了“镇乡有连锁超市，村村有商贸综合服务网点”的全覆盖目标。2010年，新增示范超市10个，经营网点30个以上，建立“万村千乡市场工程”网点486家，培育生活日用品配送中心1个和农业生产配送中心1个，在全区实现全覆盖，新建农村再生资源网点24个。

到2011年，完工投用区域性农产品批发市场、镇乡规范化农贸市场10个，畜牧交易市场4个，新建投用社区标准化菜市场3个；2012年，建成区域性农

产品大型交易市场1个、区域性会展中心1个、林产品专业市场1个、蔬菜批发市场1个、城市社区标准化菜市场8个、规范化镇乡农贸市场24个、镇乡畜牧专业市场8个。特色农产品直接对接率达到30%以上，农产品电子商务交易率达20%以上，农产品商品化率达到70%以上，基本形成城乡一体、布局合理、结构优化、功能完善、高效有序的农产品现代流通体系。

三、黔江区城乡商贸统筹建设经验

从城市商贸流通业的发展来看，初步形成了以“南海鑫城—新华桥—文体中心”为核心的主城商圈，以及武陵山家居市场、解放路商业街、太平岗美食街等一批特色专业市场和特色街区。物流基地建设正起步实施，目前已涌现出一批现代商贸物流龙头企业，如重百、中石油、烟草、新大兴、和平药房、喜万家、穗丰农资等。这些商贸骨干企业在促进黔江区产业升级、打造新型经济业态、带动相关产业发展和促进就业方面发挥了重要作用，成为黔江新兴经济增长极。

从农村商贸流通来看，通过实施“万村千乡市场工程”建设，镇乡及行政村已建成连锁超市和便民放心商店403个，在镇乡建设连锁超市55个，在行政村建便民放心商店348个，实现全覆盖的目标。和平药房、喜万家、穗丰农资等商贸龙头企业网点已延伸至全区各乡镇、村社，带动了农村商业的发展。

黔江区城乡商贸统筹发展总体模式是“35”模式。所谓“3”，就是指构建主城区核心商圈、正阳物流基地和专业市场群三大发展平台，夯实城乡商贸发展基础；所谓“5”，是指构建包括日用品和农资销售网络、农产品购销网络、再生资源回收网络、农民生活服务网络和农村商务信息服务网络在内的五大农村市场流通网络。

具体经验如下。

1. 以发展城市商业为切入点，带动农村商业发展

按照加快发展的总体要求，黔江区明确了“3525”的城乡商贸统筹发展重点工作目标。“3”是指构建主城区核心商圈、正阳物流基地和专业市场群三大发展平台；“5”是指培育5个以上销售上亿元的重点商贸流通企业；“2”是指培育2个销售上亿元的专业市场；“5”是指构建包括日用品和农资销售网络、农产品购销网络、再生资源回收网络、农民生活服务网络和农村商务信息服务网络在内的五大农村市场流通网络。

2. 抓规划编制，以农村综合服务社为基础，统筹城乡商贸协调发展

坚持规划先导的工作思路，切实把商贸流通发展规划与城市总体规划、土地利用总体规划相结合，做到旅游、文化、体育等产业相促进，加强对大型商贸设施的合理调控，促进城乡商贸统筹协调发展。为了推进规划编制工作，区政府预算了专项规划编制经费，另外还从商贸发展资金中安排了一定的资金，专门聘请专业机构编制城乡商贸统筹发展规划、主城核心商圈规划和商业网点规划等重大商贸发展规划。

3. 打造主城商圈，谋划专业市场建设

按照“商住分开，人车分开，集中开发，立体打造”的要求，坚持商圈用地优先，把商圈建设用地放在重要位置，为商圈发展预留空间，区委区府严格控制商圈拟规划范围内的房产开发。

按照“立足黔江，辐射武陵山”的发展定位，把专业市场确定为全区商贸经济发展新的增长点和城乡商贸统筹发展的重要平台，采取了重点扶持政策，对重点市场实行了2～3年的培育期制度，培育期内享受税收、规费等一系列优惠政策。

4. 建设物流基地，培育大型农资超市

依托渝怀铁路编制了物流基地建设及控制性规划，启动了物流基地道路等基础设施建设工作，开展了正阳铁路油库、正阳现代农资配送中心等项目，策划了快捷仓储物流园等一批重大物流项目，不断提升区域聚集辐射能力，推动区域城乡商贸统筹发展。

延伸阅读

正阳现代物流配送中心

正阳现代物流配送中心是一个以服务“三农”、经营化肥等农业生产资料为主的惠民项目，该项目于2006年11月落户于正阳物流园区，2007年3月14日正式启动，总投资800多万元，是黔江区建立的稳定安全的农资供应体系。该中心属重庆市黔江区穗丰化肥有限公司，该公司成立于1992年，是一家较成熟的农资经营企业，经营范围包括化肥、种子、农药、农膜、农业机具、饲料、建材、物流配送等。

正阳现代物流配送中心作为一家政府特批的农资配送公司，不但可以满足黔江本地化肥的供应需求，还可辐射到湖北咸丰、恩施、来凤、龙山，湖南吉首，以及重庆酉阳、秀山等地。公司拥有完善的配货系统和销售网络，2007年就已有100多个终端销售网点，经营场所和仓储场地1000m^2，配送服务车辆5辆，日常组织储备各类化肥2500t、农药品种100～300个。2006年，公司为黔江供应化肥11.9万t，农药8.4万kg，农膜61.2万kg。2007年穗丰化肥有限公司拥有农资经营网点138个，其中，实行连锁经营的112个，中心示范店2个，基本覆盖了全区所有乡村。

配送中心实行“统一形象、统一配送、统一价格、统一管理、统一服务”的运作模式，杜绝一切坑农行为，主要面向广大农村销售配送化肥、复合肥、磷肥、钾肥、高效肥，以及各类农药、杀虫剂、杀菌剂、农膜、植物激素、喷雾器及其配件等各类农资。在改造传统经营网络的基础上，加快实施“区-镇-乡-村”四级农资营销网络建设，按照“配送中心＋中心示范店＋加盟店”的建设模式，进一步规范现有农资经营网络。

为了充分发挥农资供应主渠道作用，强化为“三农”服务的功能，公司联合工商、质检、农业局、供销合作社、电视台等多家单位，规范128个乡村农资店，使统一管理、连锁经营的农资店达到192个，基本形成统一的连锁经营模式。以“大型农资公司—配送中心—代销点—农民”为模式的逐级辐射的配送体系，对全区范围内的192家农资经营户实行全程配送，从源头上控制农资质量，打造安全、可靠的农资销售网络。

5. 借助龙头企业参与“双建工程”，统筹城乡商贸发展

加大实施“万村千乡市场工程”力度，完善农村商品流通服务网络，构筑城乡互动、商品双向流动，多层次、多主体、多元化的市场体系。为加大对“万村千乡市场工程”网点的投入，每年从商贸发展资金中安排10万～20万元资金，打造“万村千乡市场工程”示范点。现已建成连锁超市和便民放心商店403个，其中连锁超市55个，便民放心商店348个，实现了全覆盖。参加建设农村流通网络的企业主要是喜万家百货有限公司，该公司在统筹城乡商贸发展及农村商业网络建设中做出了贡献。

延伸阅读

黔江区喜万家百货有限公司

1. 公司简介

重庆市黔江区喜万家百货有限公司，是工商行政管理部门登记核准的民营股份制企业。该公司成立于2002年4月，注册资金50万元，位于黔江区解放路555号，主要服务产品为农副产品、食品、家电、日用百货、副食、地方特产等。公司现有总资产1200万元，职工108人，其中高级管理人员11人，高级营销人员16人，专业人员15人，女职工占职工总人数的83.3%。先后吸纳、安置下岗、失业职工100余人次，两年来上缴税费30余万元。喜万家百货有限公司于2006年被商务部确定为“万村千乡市场工程”试点单位、重庆市“双建工程”龙头企业、“重庆市2006年再就业重点企业”和“重庆市诚信守法中小企业”等。

2. 经营现状

重庆市黔江区喜万家百货有限公司拥有一个占地2000m²、有30多个品种的仓库式配送中心，先后发展连锁经营超市170多家，现有县级超市6个，20余个乡镇二级配送点，154个村级小型便利店。城市超市配送率达100%，镇级配送率为20%，乡镇学校食品方面配送率达60%。

3. 基本做法

黔江喜万家百货有限公司拥有完善的质量承诺制度、售后服务制度、质量记录制度、商品质量检验制度。作为黔江区的“双建”龙头企业，自2006年参加“双建工程”以来，公司以统筹城乡经济发展为基本要求，坚持农民受益、市场导向、因地制宜、规范发展和先试点后推开的原则，坚持“诚信经营，服务至上”的经营理念，以“最低价位占市场，星级服务树形象，优质商品赢顾客”为经营战略，初步建立起覆盖全区的农村现代流通体系，为促进地方新农村建设做出了应有的贡献。

黔江喜万家百货有限公司一直在关注金融风暴发生以来黔江的返乡农民工，向返乡农民工提供招聘信息并为招聘工作开通绿色服务通道。喜万家已提供30多个就业岗位。为了缓解返乡农民工的就业压力，该公司还专门增加新的工作岗位，包括营业员、导购员等工种。

6. 市场供应保证有利，特种商品管理安全有序

政府制定了《重庆市黔江区突发事件应急物资供应应急预案》，建立了5个生活必需品检测点，确定了4个生活必需品应急物资供应企业，为及时把握全区市场物资供应奠定了基础。在特种商品管理方面，生猪定点屠宰管理逐步规范，保证了市场供应。

7. 加快再生资源回收体系网络建设

黔江区为了加快再生资源回收体系网络建设，施行了包括财政支持、税收优惠和土地支持政策在内的一系列政策支持措施，合理设置再生资源回收站点，加快再生资源集散市场建设，并规范了再生资源回收经营行为。

（1）合理设置再生资源回收站点。按照城区每1000～1500户居民设置一个回收站点，镇、乡每1500～2000户居民设置一个简易或固定收购站点的标准，编制回收站点布局规划。

（2）加快再生资源集散市场建设。第一，设立再生资源集散交易市场应符合城市服务功能与环保要求，与居民区相对隔离。第二，再生资源集散交易市场由区贸易局会同区规划局、国土房管局、工商分局、供销合作社等部门共同规划并报市商委批准后设立。第三，由企业法人筹集资金建设，企业自主经营，自负盈亏。

（3）规范再生资源回收经营行为。第一，建立再生资源回收备案登记制度。第二，严格再生资源回收管理规定。第三，街道社区实行“统一规划、统一标识、统一服饰、统一指导收购价格 、统一计量工具、统一车辆、统一管理、经营服务规范”的“七统一、一规范”管理制度。

（4）加大政策支持力度。第一，财政支持政策。对再生资源集散市场和社区回收网络建设项目，给予资金补助或贷款贴息。第二，税费优惠政策。对符合条件的再生资源回收经营单位销售其收购的废旧物资免征增值税；对具备增值税一般纳税人资格的废旧生产企业购入废旧物资回收经营单位销售的废旧物资，取得增值税专用发票的，可按专用发票票面金额（不含进项税）的10％计算抵扣进项税额；对纳入再生资源回收体系的社区回收网络公司、新（扩）建的集散交易市场和回收处置中心，符合条件的可在2010年年底前按减15％的税率征收企业所得税。第三，土地支持政策。对再生资源回收体系建设项目，包括市场、分拣等设施建设项目应优先保障用地，其用地和各种费用按照工业园区用地政策执行，免收配套费。土地出让金按照工业用地标准执行，其金额较大的经区人民政府批准，可延期支付或分期支付。

四、黔江区城乡商贸统筹存在的问题与障碍

（一）农村购买力弱、消费层次低

2010年，全区农民人均收入仅为4417元，农民购买力偏低，消费层次处于较低水平。从全区2010年社会消费品零售总额构成可以看出，城镇17万人社会消费品零售总额为25.5亿元，农村37万人社会消费品零售总额仅为10.74亿元。占全区总人口近70％的农村人口占社会消费品零售总额的比重不到全区的1/3。

（二）农村基础条件差，建设资金缺口大

大多数村级商业网点规模小、条件差，设施简陋，需要扩建改装装修、购置设施设备等，建设资金较为困难。尽管黔江区与各镇之间的道路已经开通，但镇通村级公路多为土路，通而不畅，而且人口居住分散，修路成本较大，在一定程度上加大了村级商品配送的难度，加大了城乡商贸统筹的难度。

（三）商贸企业资金回笼难度大

目前农资产品赊销较多，资金回笼有问题，且目前关于化肥淡季储备的资金政策尚未出台，店主存在资金和风险等问题。

（四）“万村千乡市场工程”建设缺乏后续激励机制

“万村千乡市场工程”各项扶持政策于2009年截止，没有后续激励机制，发展后劲不足。

第三节 垫江县城乡商贸统筹试点经验与成效

一、垫江县经济社会发展概况

垫江县距重庆主城区 120km，地处涪陵、万州等大中城市中心结合部，有 1500 多年的悠久历史，面积 1518km²，下辖 21 个镇 4 个乡 258 个行政村、40 个社区居委会。2009 年年末，全县总人口 94.2 万人，常住人口 72.27 万人，其中城镇人口 23.28 万人，比上年增加 1.23 万人，城镇化率为 32.2%。

2010 年垫江县实现地区生产总值 113.87 亿元，突破 100 亿元大关，同比增长 20.26%（表 8-2，图 8-5），是 2005 年的 2.37 倍，按常住人口计算，人均 GDP 为 15 685 元，同比增长 19.55%。GDP 贡献额占渝东北地区 GDP 总额的 8.5%，在渝东北地区居万州区、开县之后，排在第三位，在全重庆市 40 个区县中排在第 24 位。

表 8-2 2004～2010 年垫江县 GDP 总量及增长率

年份	GDP/亿元	增长率/%
2004	44.0813	12.7
2005	47.9416	13
2006	54.1234	12
2007	66.8282	16.1
2008	81.5592	15.5
2009	94.6825	16.1
2010	113.8705	16

资料来源：《重庆统计年鉴》（2005～2011）及 2010 年《垫江县国民经济和社会发展统计公报》

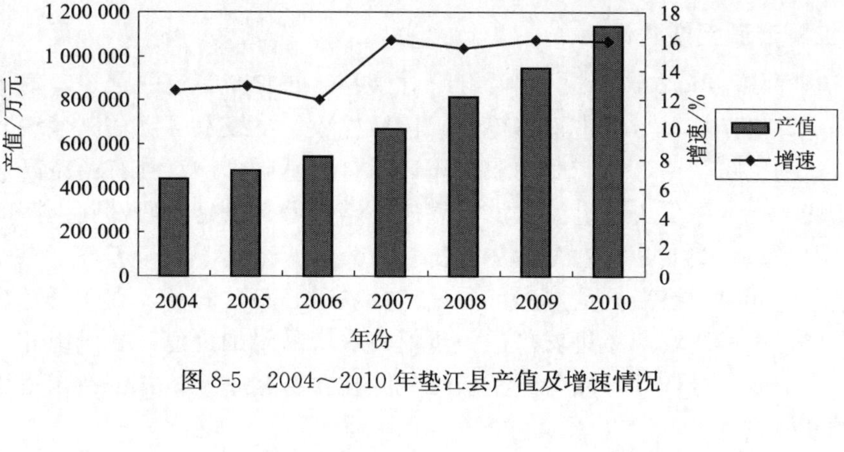

图 8-5 2004～2010 年垫江县产值及增速情况

2010 年，垫江县第一、第二、第三产业增加值分别为 20.6405 亿元、53.4745 亿元和 39.7555 亿元，同比增长 6.3%，20.6%，14.9%；三大产业增加值比例为 18.1∶47∶34.9，为“二、三、一”的产业结构。三大产业对经济增长的贡献率分别为 11.19%、31.43%和 57.38%（图 8-6）。

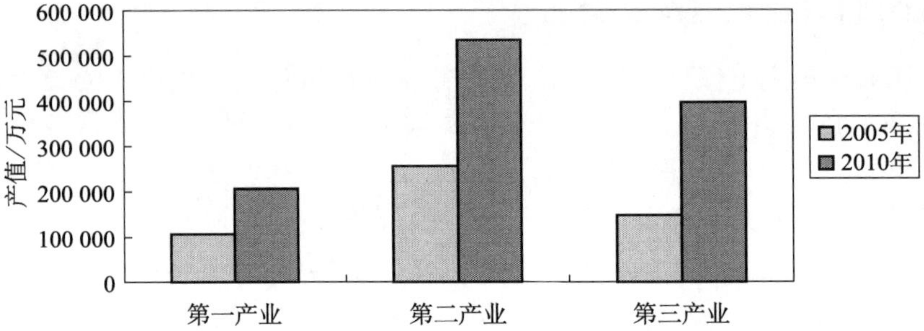

图 8-6　2005 年、2010 年三大产业发展比较示意图

垫江县交通优势明显，是连接“一圈”与“一翼”、川东与库区的节点。全县两条高速公路、四条高等级公路纵横交汇，40 min 可达 7 个区县市，特别是随着渝宜高速公路和垫恩高速公路的开通、渝万城际铁路建设的启动，垫江扼据渝东陆上交通枢纽的地位日益突显。

二、垫江县城乡商贸流通业发展现状

（一）商贸流通网点建设

垫江县商贸流通业发展状况可以简单描述为“四多”：商品多、专业市场多、星级饭店多和连锁商店多。自 2007 年 8 月实施“万村千乡市场工程”以来，垫江县投入了大量的人、财、物推动工程建设，促进商贸流通业的快速发展，2009 年完成“万村千乡市场工程”全覆盖任务。

（二）流通渠道建设

“工业品下乡，农产品进城”，组织对接畅通的农产品流通渠道。为了畅通流通渠道，垫江县大力推进道路建设，包括村级、乡级及县级道路建设，构建四通八达的道路网络，为产品“双向流通”打下基础。垫江县有两条高速公路国家干线，一条是重庆到上海的沪渝高速公路，另一条是从成都到上海的沪蓉高速公路到垫江交汇，以垫江县为中心，40min 可以到达大足、广安、梁平、丰都、忠县；同时，垫江县是重庆市最早“乡乡通公路”的县，现在每一个村都通了公路。为推进农产品进城，进一步提高农产品附加价值，县里组建了各种各样的农业专业合作社，如引进重庆红九九建立辣椒基地，并创新了适合本地发展的新模式。

(三) 专业市场建设

垫江县按照培育批发市场的思路引进了一批企业。温州商贸城是以小商品为主体的大型市场，渝东南建材市场是以建材工业为主体的大型市场。渝东建材市场开业以来，交易规模达到 7 亿～8 亿元，一半销往县外。

(四) 以“万村千乡市场工程”为契机，零售业发展迅速

为了更好地发挥零售业对商贸流通的带动作用，垫江县政府整合优势资源、节约成本，改造并升级零售商业业态，作为提升商业发展水平的切入点和原动力。引进了重庆百货、新世纪主力店、国美电器等大型商业企业，同时在发展“万村千乡市场工程”时引入了重客隆作为主力企业，参与农村流通零售店建设。

垫江县还进一步完善农村综合服务社服务站，销售粮油、饮品、烟草等 300 多种日用生活用品，配送率达 80%。如粮油由粮油公司配送、饮品等食品由重客隆配送、烟草由烟草公司统一配送。村级店中配备丰谷农资超市连锁店，直接由供销合作社管理，经营化肥、农药、农膜、种子和农机具。

三、垫江县城乡商贸统筹建设经验

垫江县城乡商贸统筹发展总体模式为中心模式，即以商贸流通网络体系建设为中心，构建“村-镇-县”三级流通网络。

(一) 以商贸流通网络体系建设为中心，构建“村-镇-县”三级流通网络

1. 打造县城中心商圈

着力打造了以南门口为中心的县城中心商圈，建成集高档购物、休闲娱乐、现代服务为一体的、功能完善的商贸流通标志性区域。加快中心广场片区改造，建设购物广场，引进一批大型百货商场和高档酒店，大力发展专业店和专卖店，鼓励金融、保险、咨询等现代服务业入驻。改造南门口交通环境，进一步改善西欧花园商业步行街及中心商圈购物环境。

2. 提升乡镇商贸水平

推进乡镇商贸“五个一”工程，在 2012 年前，各乡镇至少打造一个商业集聚区、引进一家品牌连锁超市、新建和改造一个综合农贸市场、培育以家知名餐馆和一家星级“农家乐”。重点规划建设澄溪、高安、新民、周嘉、坪山、鹤游、沙坪 7 个镇级商圈，形成一批独具特色、风格各异的商业亮点，充分发挥镇级商贸在衔接城乡发展中的作用。

3. 以农村商贸服务综合服务点为中心，构建农村基础流通网络

加快构建统筹城乡日用消费品、农业生产资料、再生资源、商务信息和农民生活服务等五大新型流通网络。大力推进“万村千乡市场工程”，同时注重“万村千乡

市场工程”的后期维护，逐步建成以大型连锁企业为载体、县级配送中心为龙头、乡镇连锁经营超市为骨干、村级商贸综合服务网点为基础的农村日用消费品和农业生产资料连锁经营网络。同时，大力发展商品“双向流通”，加快发展农村合作社。

发展村级连锁店，改善农村消费环境。主要采取引进知名零售企业进驻农村的方法，如把永辉、国美等引进乡镇，重客隆在垫江县进行加盟改造村级店，在乡镇级超市内面积一般不低于 $300m^2$，而村级超市面积在 20～30 m^2，覆盖所有乡镇，而且部分农产品贴牌进驻重客隆超市。惠农十子便民店就是重客隆的一个村级加盟店，店面由私人租房，经营粮油调料、方便食品、休闲食品、滋补、冲调食品和饮料等，单品种类不少于 400 种，属于“双建项目”，经营的商品中有 80％由重客隆统一配送，确保商品质量。对于烟花爆竹的代销权和烟草的代销权，由重客隆为各加盟店统一办理，既节约成本，又可以提高效率。

垫江县在开展村级便民店建设过程中，除了采取引进知名超市开展加盟连锁外，还采取消费合作社的形式进行建设。消费合作社由农民采取集资入股的形式进行组建，其中商品销售的 80％采取赊销形式，这种形式有助于缓解农民暂时资金困难问题，尤其是在农资产品的购买上。一个面积 $70m^2$、经营 300 余种商品的消费合作社，每年销售额可达 200 多万元，能够满足全村 3000 多人的需要，同时辐射周边 5000 余人。化肥的年销售达到 3000 多吨。

4. *以农村专业合作社为基础，积极开展“农超对接”项目*

垫江县为了加快推进农产品流通现代化，以农村专业合作社为基础，积极推进“农超对接”项目，并取得了显著成绩。以澄溪镇为例，积极推进大型连锁超市、农产品流通企业直接与鲜活农产品产业的农民专业合作社对接，将在澄溪镇具有影响力的澄溪富麟瓜果专业合作社、百香果专业合作社与百家福、重客隆等超市对接。

富麟瓜果专业合作社位于垫江县澄溪镇永兴居委，与渝巫路、川汉路、渝宜高速路相接，距澄溪镇 2km，交通便利，基础设施完善。该专业合作社 2005 年 9 月 12 日经垫江县民政局正式批准，于 2009 年 1 月 28 日变更为垫江县澄溪镇富麟瓜果种植专业合作社，是一个具有独立法人资格的专业社会团体，现有会员 501 人。该合作社先后引进琯溪蜜柚和梨子等优质果品，已规模化栽植果树 4500 亩 22 万余株，年产瓜果 6000t，可实现年销售收入 1200 万元。“农超对接”工作的顺利开展，直接把农产品与市场挂钩，解除了多年来果农对销路不畅问题的担忧，同时，引导农民专业合作社调整生产结构，培育农产品合作社自主品牌，提高农民专业合作社的市场竞争力，有利于减少农产品流通环节、降低流通成本，建立农产品合作社和大型连锁超市利益联结机制，促进农业增收、农民增效，提高超市的盈利水平，对促进经济社会快速健康发展发挥着重要作用。

（二）逐步完善专业市场建设，增强商贸流通聚合辐射能力

1. 做大做强商品批发市场，充分发挥批发市场的辐射与凝聚力

在批发市场的建设与完善过程中，垫江县重点规划建设温州商贸城和家具建材、农产品、农业生产资料、再生资源、木材等批发市场和专业特色市场；为了优化批发市场布局，沿迎宾大道、桂东大道形成了商品批发市场群；坚持以产业兴市场、以市场促产业发展，推进白家瓜果市场等产地批发市场建设；推进兑买制度、拍卖制度、电子网络等现代化交易形式，促进传统批发市场转型升级。在批发市场建设过程中，政府为企业做好指导和服务工作，使企业实现购销重心的战略转移。

目前，批发市场中最成功的案例是温州商贸城。温州商贸城是建筑面积达30万m^2的大型商贸城，由数家知名企业联合投资组建，是温州市政府重点扶持的100个“温州广场”之一，也是西部地区唯一的一个。温州商贸城选择垫江的理由有三：一是地价便宜，较重庆主城区成本低，适合做小商品批发；二是交通便利，垫江有两条高速公路、一条铁路，在物流、商品集散方面有着非常大的潜力；三是垫江政府的支持及商贸业发展的优势，垫江县政府在商贸业规划中，重点培育几个大型批发市场，为批发业在县的集聚提供了政策保证和市场保障，因此，温州商贸城选择了垫江。

作为一级批发市场，未来温州商品城的商品从浙江杭州、温州、义乌等地直接被运往垫江，减少了中间环节，能让消费者买到更多物美价廉的商品。凭借交通优势，商贸城辐射范围将扩展到重庆主城区、万州、长寿、涪陵、梁平，以及四川广安、领水等地，辐射600万人的消费人群。

2. 以牡丹节为基础，积极发展会展业

为推动商贸流通业的发展，垫江县政府以牡丹节为契机，加快展览馆和配套设施建设，继续办好牡丹文化节商品展、汽车展、迎春年货展、美食展等综合性和专业型会展，搭建了经贸合作平台，培育在市内外有影响的市场主体和会展品牌，积极争取重庆市内的大型会展项目在垫江举办。

（三）制定“万村千乡市场工程”长效机制，保证城乡商贸平衡发展

国家推行的“万村千乡市场工程”是城乡商贸统筹发展的一项措施，在这一工程推动下，村级便民店迅速发展，但村级品牌连锁便民店的后期生存与发展问题，在垫江乃至很多地区的农村都成为一个突出的问题，如何使这一工程发挥其后期作用，垫江县采取专项资金扶持与市场干预并行的办法，制定“万村千乡市场工程”长效机制，逐步推进城乡商贸的平衡发展。

（四）政府切实做好商贸流通引导工作，优化商贸流通发展环境

垫江县在优化商贸流通环境方面，以引导为主线，以加强部门协作为中心。

首先，各级行政部门充分认识商贸流通工作的重要性，把商贸流通业发展纳入重要议事日程，并组织专项领导小组，定期研究商贸流通业改革发展的重大问题，进一步明确商贸流通主管部门的职责，强化统筹协调职能。各乡镇狠抓商贸流通工作，成立商贸流通发展领导小组，具体落实人员负责商贸流通发展和协调服务工作，坚持把商贸流通工作纳入各乡镇政府和县级有关部门的年度考核内容，县政府督察室加强督促检查。

其次，充实县商业发展资金、加强规划引导。垫江县商业发展资金 2009 年安排了 100 万元，以后每年增加 20 万元，主要用于支持全县商业规划布局调整、重点基础设施建设、骨干企业培育、现代流通业发展以及建立政府激励机制，其中安排不低于 40%的部分用于支持乡镇商贸发展。商业发展资金实行专款专用，由县贸易局、财政局共同提出安排计划，报县政府审定后使用。同时，为发展商业县里制定的相应的税收政策和奖励政策。例如，为了培育商业特色街，凡进入县政府统一规划并命名的商业特色（专业）街开设相关的专业店且年纳税额 5 万元以上的，自政府命名之日起三年内，按当年上缴税收县财政实得新增部分的 20%奖励企业；为了鼓励招商引资，商贸业重庆市 30 强、全国 100 强企业享受招商引资奖励政策。同时，自引进企业开业之日起三年内，按投资单位上缴税收地方实得部分的 10%奖励商业地产商用于再投资。

最后，加强人才培养，促进商贸流通业发展。垫江县把人才培养作为加快商贸流通业发展的重要切入点，加强对各级人才的培养与专项培训。加快商贸流通人才培训基地建设，以职业学校、企业培训基地为载体，强化对服务业管理人员、专业技术人员的进修培养，推进职业资格证书制度。加大商贸人才引进力度，着力引进高层次商贸流通经营管理人才。

以百家镇合兴社区劳动力转移技能培训为例，合兴社区积极开展农村劳动力免费培训，以订单带项目、以项目带培训，采取边做边学的办法进行培训，主要培训缝纫、销售、焊接等技能，解决农村劳动力就业问题，同时可以带动农民增收，一年盈利为 70 万～80 万元。

四、垫江县城乡商贸统筹建设存在的问题与障碍

（一）农村商贸流通基础薄弱，现代化流通企业生存困难

城乡发展不均衡，各村、乡及县发展不平衡。农村商业发展滞后主要表现在商业网点分散、布局不合理、网络不健全、设施不配套、信息不畅通、综合运行成本偏高，导致这些地区商品流通网络建设十分薄弱，即使通过“万村千乡市场工程”专项资金，建起了零售网络，由于运营成本高、配送率不高等，农家连锁店的后期生存与发展面临严重困难。

（二）农村购买力不高，现代化流通业发展受阻

全县商贸基础较差，目前仍有 8 个乡镇没有农贸市场，农商水平尚不成熟。农民购买力较低，为了买便宜商品常选择劣质品，即使村级连锁店能够提供优质安全商品，从其销售情况来看，农村购买优质商品的能力较低，便民店的经营业绩在较长时间内表现较差。

以白家镇合兴社区便民连锁店为例，加盟店的生存十分困难，由于经营商品属于品牌商品，价格较高，消费者依然倾向于选择价格低廉的商品，而对于商品的安全性考虑较少。

（三）发展资金受限，商贸流通业发展缓慢

对于城乡商贸统筹发展的试点地区，政府仅仅给予了一个口号，没有适当的资金和政策配套。从垫江县的情况来看，统筹城乡商贸的任务十分艰巨，农村商贸业严重滞后，农业现代化发展水平低，要想统筹城乡商贸发展，专项政策与专项资金是必需的。同时，政策不完善，除了“万村千乡市场工程”的政策和资金外，没有其他的发展资金和政策。城乡统筹商贸发展，必须有相应的农业、工业发展政策相配套，相互促动，这正是目前城乡商贸统筹尚未考虑的，所以商贸发展依然滞后。尽管地方政府在争取相应的政策和专项资金保障，但效果不明显。

（四）农民增收难，城乡统筹发展难度大

消费的基础是收入，农民没有增收，即使在农村建成大商场，也依然没有办法保证农民能消费好的商品。从垫江县的实际情况来看，增收的措施多，但是难以兑现，农民增收难。例如，发展农业专业合作社，可以提高农产品的附加价值，但是在发展过程中，遇到了各种各样的问题，制约了合作社的快速发展。农业产业化的发展也受到了很多因素的制约，没有长效机制作为保障，农民增收难。

五、垫江县统筹城乡商贸的思路

（一）制定适宜的统筹城乡商贸流通业发展目标及任务

为了更好地发展商贸流通业，坚持城乡商贸统筹发展的主线，垫江县人民政府出台了《垫江县人民政府关于加快全县商贸流通业发展的决定》，明确了发展目标和任务，紧紧围绕建设川渝东部区域性商贸物流中心的目标，按照建设大市场、培育大企业、发展大商贸、搞活大流通的思路，突出抓好建设商贸网络体系、增强聚合辐射能力、提升流通现代化水平三大任务。到 2012 年，实现“三个翻番”、“五个突破”，并建成“85561”工程，即实现社会消费品零售总额、商品市场交易额和商业增加值在 2007 年的基础上翻一番；大商圈、大市

场、大企业、大网络和大物流建设培育实现突破性进展，打造县城中心商圈和7个镇级商圈（8个商圈），建成5个交易额超过5亿元的专业大市场，培育5个年营业收入超过亿元的商贸大企业，构建统筹城乡六大新型流通网络，建设1个现代物流园，基本建成川渝东南部区域性商贸物流中心。

（二）整合资源、优势互补，积极开展农村商贸流通新业务

积极培育农产品流通龙头企业、运销大户、经纪人和专业合作经济组织，建设农产品批发市场，开展农产品农商对接，着力打造从基地、加工到市场、配送、终端的产销衔接、畅通快捷的农产品购销网络。整合现有渠道，建立以城乡居民回收点为基础，县镇回收、分拣站为结点，集散交易市场为龙头，加工利用为目的的农村再生资源回收利用网络。充分利用和整合科技、信息、通信等部门和单位的农村信息资源，搭建农村商务信息服务公共平台，建设纵向覆盖所有镇村、横向连接农产品市场和企业的农村商务信息服务网络。大力发展城乡餐饮、洗染、摄影、美容美发、足浴保健、家电维修、家政服务等生活服务网点，逐步建立县级有龙头企业、乡镇有连锁服务网点、村级有商贸综合服务联系点、上门服务和集中服务相结合的农村生活服务网络。

（三）发展城市休闲消费，促动城乡商贸沟通

统一规划和整体打造布局集中、环境优美、功能齐全的农家乐项目。开展农家乐等级评定工作，促进农家乐上档升级。进一步提升盛世华都美食风情街，建设培育民俗文化商业步行街和花卉园艺、IT数码、品牌服饰、广告创意等专业特色街。适度开发凤山公园、天宝寨城市公园的休闲娱乐功能。沿桂溪河两岸规划建设绿色生态休闲长廊和民居风格的商业网点，提升宜居环境。大力发展餐饮业，加快特色菜品和风味小吃方面的开发创新，突出“巴渝文化”特色，培育垫江餐饮品牌。

（四）逐步推进“双进工程”，完善社区商业服务功能

推进“便利消费进社区、便民服务进家庭”。积极引导发展社区小型连锁超市、便利店、果蔬店、餐饮店、洗衣店等各类便民利民商业网点。建成3～5个规范的商业示范社区，促进社区商业健康发展。

（五）大力发展现代物流，推动商品城乡双向流通

为解决农村流通业发展滞后问题，促进商品在城乡间的双向流通，为农超对接打下基础，垫江县以着力构建大型现代化物流基地为核心，以各种物流配送中心为节点，构建布局结构合理、技术设施先进、运转畅达高效的现代物流体系。规划建设了垫江县物流园区，同时进一步整合物流资源，重点引进和培育一批大型物流企业，推进理货、采购、仓储、分拨、配送等第三方物流企业的发展，鼓励连锁企业建立具有现代化管理水平的采购配送中心。

（六）以创新流通业态为中心，努力提升商贸流通现代化水平

一是围绕品牌、资产运作，通过直营连锁、特许加盟等方式大力发展连锁网络，引导城市连锁店、专卖店向农村延伸。适应消费方式的新变化，稳步发展拍卖、竞买、直销、网上购物、电视购物、邮购、自动售货等新型销售方式，充分满足人民群众的生活需求。

二是启动了大中型商贸流通企业、专业市场信息化工程，用信息化改造提升传统商贸流通业。大力推广 POS 系统，建立和完善管理信息系统、客户关系管理系统、企业资源计划系统等商业智能体系，积极探索传统零售方式与电子商务相结合的模式，逐步提高网上交易比例。促进银企合作，推广信用卡消费，扩大刷卡结算覆盖率和比例。

三是推动商贸对外开放，加强商贸流通对外交流与互动。积极引进市内外知名商贸服务企业，学习借鉴外来企业的经营管理经验，提高行业整体水平。建立商贸发展项目库，搞好项目包装，强力招商引资，加快商贸发展。大力实施“引进来，走出去”战略，鼓励和支持商贸服务企业拓展县外市场。积极推进川渝东部区域商贸合作，加强商贸往来，拓展区域市场。

（七）农村商贸流通业为先导，逐步构建农村“工—商—农”互动的新局面

逐步认识到商贸流通业在各产业发展中的先导作用，在未来五年内，逐步提升商贸流通业的地位、资金支持和政策保证，制定农村商贸流通业进一步发展的专项长效制度，确保流通业的先导地位。同时，完善“工—农—商”的三级互动，以商促工、促农，以工辅商、助农，实现农业产业化，打造具有垫江特色的商贸流通高地。

第四节　梁平县城乡商贸统筹试点经验与成效

一、梁平县经济社会发展概况

梁平县位于重庆市东北部，东西横跨 52.1km，南北纵观 60.35km，东邻万州，西接垫江、大竹，南临忠县，北倚达县、开江，面积 1892.13km^2，下辖 25 个镇 8 个乡 23 个居委会，315 个行政村。至 2010 年年底，梁平县总人口为 91.11 万人，常住人口为 71.57 万人，其中城镇居民 23.89 万人，城镇化率 33.4%。

2010 年，梁平县实现地区生产总值 111.1066 亿元，比上年增加 18.5587 亿元（表 8-3），按可比价格计算，比上年增长 20.1%。其 GDP 贡献额占渝东北地区 GDP 总额的 8.3%，在渝东北地区居万州区、开县、垫江县之后排名第四，在重庆市 40 个区县中排在第 25 位。

表 8-3　2004～2010 年梁平县产值及增长情况

年份	产值/亿元	增速/%
2004	42.6140	20.1
2005	48.8426	14.6
2006	52.3987	7.3
2007	63.2293	20.7
2008	75.4187	19.3
2009	92.5479	22.7
2010	111.1066	20.1

资料来源：《重庆统计年鉴》(2005～2011) 及《梁平县 2010 年国民经济和社会发展统计公报》

2010 年，垫江县第一、第二、第三产业增加值分别为 19.4752 亿元、45.5343 亿元和 46.0971 亿元，同比增长 6.4%、22.9%和 14.1%；三大产业增加值比例为 17.53∶40.98∶41.49，为“二、三、一”产业结构，但不存在三大产业比例严重失衡的情况（图 8-7）。

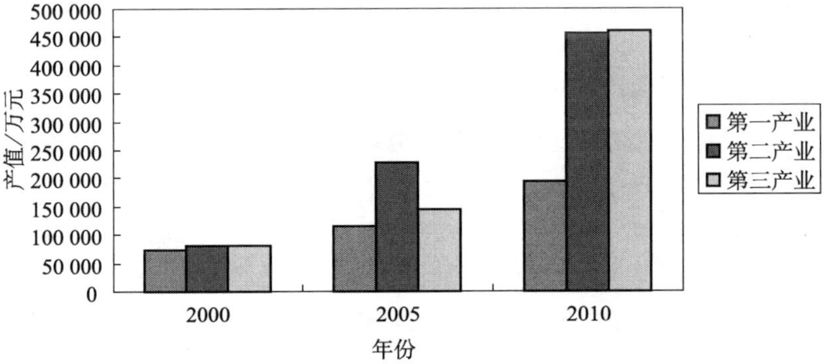

图 8-7　2000 年、2005 年、2010 年梁平县三大产业发展比较分析图

梁平县是重庆市三峡库区生态经济区的战略支持轴，是川渝通江达海的陆路要塞，距重庆市主城区 180km，距长江黄金水道深水港及机场仅 67km，318 国道、沪蓉高速贯穿全境，从成都至宜昌、上海的铁路贯穿梁平并设站点，从重庆经梁平到万州的城际高速铁路已开工建设，是集水、陆、空于一体的渝东北重要交通枢纽和物资集散重地。2010 年，梁平县公路通车里程 984km，与上年持平，但公路技术等级有所提升（含乡镇公路，不含高速公路和村级公路）。全县公路客运周转量 86 206 万人/km，比上年增长 22.8%，公路货运周转量 123 066万 t/km，比上年增长 25.5%。

二、梁平县城乡商贸流通业发展现状

梁平县是重庆市商委确定的统筹城乡商贸流通发展改革试点县之一。近年来，全县商贸流通发展总体态势良好，城乡市场持续活跃，商品供需较为平衡，流通规模进一步扩大，服务业快速发展，消费环境逐渐优化，开放型经济起步并得到发展。

（一）梁平县商贸流通业总体发展迅速

梁平县社会消费品零售总额快速增长，2010 年全县社会消费品零售总额 37.0806 亿元，同比增长 18.3%，其中城镇的零售额 34.6703 亿元，比上年增长 19.1%；乡村的零售额 2.4103 亿元，比上年增长 17.5%。在各种行业类型的消费品零售中，批发零售贸易业增长 18.3%，住宿和餐饮业增长 18.0%(表 8-4)。

表 8-4 2004～2010 年梁平县社会消费品零售总额、批发零售、餐饮业总额

年份	社会消费品零售总额/万元	批发零售业/万元	住宿和餐饮业/万元
2004	141 493	119 741	20 329
2005	161 444	136 033	23 972
2006	185 682	154 981	29 224
2007	216 341	180 970	33 854
2008	262 494	219 051	41 775
2009	313 470	262 232	49 411
2010	370 806	310 220	58 300
各年指标平均增长率/%	17.42	17.19	19.20

资料来源：据《重庆统计年鉴》(2005～2011) 及《梁平县 2010 年国民经济和社会发展统计公报》整理所得

（二）业态结构基本合理，商圈建设初具规模

2010 年，梁平县坚持核心商圈“一城两区”错位式发展，合理调整新世纪百货等大型卖场布局，重百、兴茂、渝惠、戴斯等重点项目加快建设。多方筹资 5000 余万元资金，新建、改建乡镇农贸市场 32 个，城区菜市场 2 个，率先实现农贸市场全覆盖；建成山羊交易、水果批发等一批特色专业市场，新增商业设施面积 12 万 m^2，限额以上商贸企业 77 家。推广农商通 205 个，小粮仓 5000 个。新建梁平购物网，积极开展特色产品网上交易，电子商务交易额同比增长 25%。成功举办“名优特产品展”、“三峡美食节”、“首届中国（重庆）国际飞行爱好者年会暨国际通用航空器展示交易会”等大中型展览、促销活动 7 次，展出面积近 3 万 m^2，直接收入超亿元，签约引资项目 3.5 亿元。家电汽摩下乡网点 100 个，销售下乡家电汽摩产品 2.7 亿元，同比增长 125%，兑付补贴 3200 万元，同比增长 184%。

梁平县成功引进永辉超市、国美电器、重庆重祥百货集团、中国移动通信等实力商贸企业入驻，另外，名豪集团在梁平县投入巨资精心打造中央商务区，新增地下商场 9870 m^2，经营设施一流，环境优雅，人气旺，商气浓，提升了梁平商贸流通业档次。目前，梁平中央商务区商贸服务功能完善，商品集散能力

增强，中心商圈的优势凸显。入驻名豪商圈的骑龙火锅和九州宾馆已于2009年开业。具体情况如表8-5所示。

表8-5 梁平县现有百货商场基本情况

企业名称	入驻年份	营业面积/m²	年销售额/万元	年利润额/万元
旺客隆	2003年6月	1 300	120	85
新世纪超市	2004年9月	3 600	7 000	210
重祥百货	2005年3月	1 100	700	50
永辉超市	2008年4月	4 200	11 000	300
屏锦重客隆	2008年1月	800	800	80
合计		11 000	19 620	725

资料来源：据梁平县历年统计年鉴整理所得

截至2010年8月，梁平县限额以上商贸流通企业共计108家，与去年同期的14家相比，增长了672%。截至2010年年底，已建成乡镇规范化农贸市场22个、城区标准化菜市场2个，其中完成验收12个、待验收12个，农贸市场和菜市场基本实现全覆盖，新增市场面积3.6万m^2。

（三）初步构建了再生资源回收体系

按照县政府《关于加快再生资源回收体系建设的实施意见》的精神，遵循再生资源回收体系建设"七统一、一规范"的目标要求，目前已按规划建设以梁山镇为重点的31个回收网点，粗具规模，运作正常。

（四）商贸招商异军突起

2010年，梁平县成功引进重百商业广场、渝惠农产品批发市场、兴茂时代商业广场、戴斯五星级酒店等一批大型商贸项目，合同引资10.6亿元，到位资金5.2亿元，商贸招商成为全县招商引资的新亮点。其中，渝惠食品集团有限公司已在梁平新城区征地200亩，计划投资3亿元建设渝东北农资交易中心；重百集团和海韵房地产开发有限公司投资2.5亿元，占地15亩的重百梁平商业广场项目抓紧建设，商业旺铺正在火爆销售中；帝豪华都国际酒店计划投资2.37亿元打造五星级国际酒店。

三、梁平县城乡商贸统筹建设经验

梁平县城乡商贸统筹发展总体模式为商圈模式，即以县城为中心商圈、乡镇为次级商圈、村为边缘商圈的模式，促进城乡商贸统筹发展。

（一）以城镇化为基础，推动梁平县城乡商贸统筹发展

梁平县在城乡商贸统筹发展过程中，借助城镇化进程的各项政策措施，实施以县城为中心商圈、乡镇为次级商圈、村为边缘商圈的模式，促进城乡商贸统筹发展。

梁平县实施城乡商贸统筹发展的战略核心是把新农村建设、农村城镇化及农村商贸流通业相结合，一方面，借助城镇化建设提速升级，把农村消费市场搞活，使农村居民增收，加快农村劳动力转移，完善城镇功能，同时完善农村商贸流通业综合功能，加快城乡商贸统筹发展的步伐；另一方面，大力实施新区开发和旧城改造工程，注重基础设施配套建设，增强梁平县城镇辐射带动作用，促进农村富余劳动力就地向城镇和非农产业转移。同时，加强城镇管理，保持卫生镇成果，为居民生活、娱乐、休闲和购物提供良好的人居环境。

（二）基础设施不断完善，为农村商贸流通业发展提供保障

2007年以来，梁平县公路硬化、便民道等交通状况得到极大改善，房屋立面改造，休闲广场及附属设施建设逐步完善，农村“吃水不用抬、煮饭不用柴、出门不湿鞋”工程已经完成。同时，农村生态家园富民工程巩固退耕还林成果显著，荒山绿化取得一定成果，农房、危房改造，建沼气池、改水、改厕等基本设施改造基本完成，农业生产基础条件得到较大改善，这些项目的完成推进了农村产业化的发展，为商贸流通业发展提供了保障。

（三）以城乡再生资源回收网络为依托，完善农村商业网络体系建设

梁平县再生资源回收网络体系是其城乡商贸统筹发展进程中的一个亮点。在构建城乡再生资源回收网络过程中，按照统一规划、合理布局、规范建设的原则，完善规划，选育龙头企业，设立社区、村社再生资源回收站点，建设县级再生资源分拣中心，镇乡建回收站。梁平县再生资源回收体系隶属于重庆金属回收有限责任公司，该公司成立于2000年4月，前身为重庆市金属回收总公司，长期向世界各地工业、企事业单位回收废旧有色金属、仓库积压物品、闲置物品、库存设备、民用物资、废旧物资等，是一家集回收、再利用、加工、销售于一体的综合性服务公司和物资流通专业公司。

目前，公司是重庆唯一获得向社会回收报废汽车资格认证的企业。公司有直属经营单位8个，有色金属参股公司2个及区县（市）分公司38个，年经营各类物资10万t以上，年营业额2亿多元。公司本部现有料场仓库附属设施35 000 m^2，员工2000多人，其中大中专和具有初级以上职称的人员560多人。

重庆金属回收有限责任公司梁平分公司主要经营废金属（车辆）、塑料、废纸、废旧电池、各类充电器的回收，有正式职工10人，镇、乡设有金属回收网点。一年的再生资源利用量根据总量来定，利润率为40%，净利润为10%，约100万元/年。作为梁平县再生资源回收网络的支撑，梁平县的再生资源回收基本实现了全覆盖。

（四）以“万村千乡市场工程”为契机，完善“村-镇-县”商贸流通网络体系

梁平县全力推进“万村千乡市场工程”，落实职责任务，建设镇乡日用消费品连锁超市13个，村社便民店69个，实现全覆盖目标。

一方面，在全面构建农村日用品销售网络上，梁平县引导督促龙头企业按照标准新建或改造农村商业网点，在县城建大型超市和日用消费品配送中心，在33个镇乡建连锁超市、在315个村建便民放心店。以连续经营、物流配送、电子商务等现代化流通方式为手段，形成以县级配送中心为龙头、镇乡连锁经营超市为骨干，村级便民放心店为基础，两级配送、三级销售、双向流通的农村日用消费品网络体系。村级日用品便民放心店选址，原则上与村级农资便民放心店一起选址，主要开展农产品收购、再生资源回收、农贸生活服务、商务信息和邮政通信代办等业务，构成集各功能于一体的村级商贸综合服务网点，配送率达到70％。

另一方面，在完善农业生产资料流通网络上，梁平县依托农资龙头企业的资源、网络、物流优势，积极发展农资连锁经营，建立和完善以集中采购、统一配送为核心的“县-乡-村”三级连锁营销体系。鼓励农资龙头企业将农资销售与服务紧密结合，为农民提供产前、产中、产后技术服务。

梁平群益副食店是“万村千乡市场工程”的村社便民放心店之一，经营面积50 m^2，主要经营烟酒、副食、日化，年销售额50万元左右，利润率为15％，4万～5万元，净利润约3万元。该店是加盟店，由渝严配送，配送率达75％，除经营副食外，兼营手机充值业务，收取一定的劳务费。

（五）以启动消费为重点，加强商贸流通市场统筹建设

一方面，梁平县以扩大消费为重点，鼓励、引导消费，大力开展促销活动，抓好名店、名品下乡工作，保障市场供应。着力发展生活服务消费，充分发挥城市核心商业街区的消费服务功能，以连锁方式发展快餐店，做大做强餐饮品牌，促进餐饮消费增长。

另一方面，抓好家电下乡工作，加大家电下乡政策宣传力度，通过梁平党政网、电视、报刊、标语、展板、宣传单、发贺年片等方式让农民家喻户晓。同相关部门严把产品质量关和流通关，规范销售网点建设，方便农民购买，抓好补贴资金发放和售后服务工作，实现年销售额3000万元。

同时，梁平县加强市场建设，重点打造服装、汽配、旅游产品、特色文化产品四大专业市场，加快建设新合农资农产品综合交易市场、粮食批发市场、建材批发市场、竹木交易市场、蔬菜批发市场五大专业批发市场，改造十大农贸市场，加快发展电子商务无形市场。

四、梁平县城乡商贸统筹存在的问题与障碍

（一）商贸流通竞争力不强

梁平县传统商贸流通方式、传统业态仍处于主导地位，现代流通业所占份额小，连锁经营、物流配送、电子商务发展速度慢。

（二）城乡商贸发展不平衡与商贸流通粗放的增长方式并存

农村商贸流通存在“小、散、乱”问题；区域商贸流通业发展的软实力较弱，行业发展环境还不宽松，商贸流通人才队伍建设滞后。同时，梁平县依然是以个体私营为主，增长方式中总量增长快速，但是“人均平效、人均地效”等效益增长较差，且增长分散化、传统化。

（三）县城区市场人气不旺，商贸欠活跃

宣传引导工作差，优化环境力度小，优惠政策不多，流动人口增长缓慢，人口聚集态势弱，商家入驻少，消费观念传统。基础设施落后，交通规划不合理，导致市场人气不旺，商贸活动不够活跃。

（四）商贸统筹发展的资金缺口大，政策支持不足

镇乡财政自给能力有限，建成后市里虽解决了部分专项建设资金，但申报程序较为复杂。同时，城乡商贸统筹发展缺乏政策支持和专项资金支持，尤其是对落后农村的特殊支持。

（五）应急保障市场供应缺乏手段

没有建立和完善应急保障市场供应的商品储备机制和体制，地方财力薄弱，市场信息渠道不畅，商品可储备量不足，企业抗风险能力有限。

五、梁平县统筹城乡商贸的思路

（一）统筹城乡，综合利用资源，进一步打造产业链

打造产业链，促进工商业之间的衔接，以工带商，以商促工，强化产业链之间的相互带动功能。同时，发展特色农业，进一步提高农民收入，提升农村居民消费水平。

（二）打造好农资销售中心

农资产品销售渠道畅通，对于整个产业链来说是十分重要的。梁平县农资产品销售主要由新合农资超市承担，单店面积平均为70～80 m^2，另外还有专门的库房面积30～40 m^2，主要经营化肥、农药、种子、农具和饲料，为农户提供送货上门、赊销等服务。

（三）进一步做好“农超对接”

梁平县特色农产品销售价格不高，渠道选择落后，如梁平县的大米缺乏好的销售渠道，一直制约着农业的发展。加强“农超对接”是解决农产品销售问题的重要途径，因此，在统筹城乡商贸发展中将“农超对接”做好是发展农村经济的关键。

（四）完善商贸流通基础设施

发展商贸流通业，尤其是农村商贸流通业，发展农村交通运输是关键，未来几年完善城乡商贸流通的基础设施将成为工作重点。

（五）进一步完善政策措施

政策措施上主要体现在建立专项资金和采取专项配套措施方面。梁平县每年增加 300 万元专项资金用于城乡商贸统筹建设，工商、财政政策也要加大扶持力度，在土地政策方面，尽量使商贸用地享受与工业用地相同的优惠政策，加大招商引资力度，并加强对商贸流通业的行业发展引导。

第五节　荣昌县城乡商贸统筹试点经验与成效

一、荣昌县社会经济发展概况

荣昌县位于重庆市西部，地处四川省、重庆市两地接壤处，全县面积 1079 km^2，东邻重庆市大足县、永川市，西接四川省隆昌县，南邻四川省泸州市，北与四川省内江市、安岳市接壤，共辖 15 个镇和 6 个街道办事处，75 个居委会，92 个村委会。2010 年年末，全县户籍总人口 83.21 万人，其中农业人口 62.48 万人，非农业人口 20.73 万人，自然增长率为 1.5‰。2009 年末常住人口 65.89 万人，其中城镇人口 25.15 万人，城镇化率为 38.2%。

2010 年，荣昌县实现地区生产总值 159.95 亿元，比上年增长 33.2%。其中，第一产业增加值 26.16 亿元，增长 6.0%；第二产业增加值 90.41 亿元，增长 20.3%；第三产业增加值 43.38 亿元，增长 11.2%。按常住人口估算，2010 年，人均 GDP 为 24 088 元，增长 21.8%。“十一五”以来，地区生产总值年均增长 17.9%（表 8-6，图 8-8）。其中，第一产业增加值年均增长 5.6%，第二产业增加值年均增长 28.0%，第三产业增加值年均增长 13.3%。荣昌县 2010 年的三大产业增加值与 2005 年和 2000 年的比较，如图 8-9 所示。

表 8-6 2006～2010 年荣昌县产值及增速

年份	产值/亿元	增速/%
2006	66.6752	13.7
2007	85.7570	20.2
2008	112.9248	20.6
2009	120.0825	17.8
2010	159.9511	15.1

资料来源：由《重庆统计年鉴》（2007～2011）和《荣昌县 2010 年国民经济和社会发展统计公报》整理所得

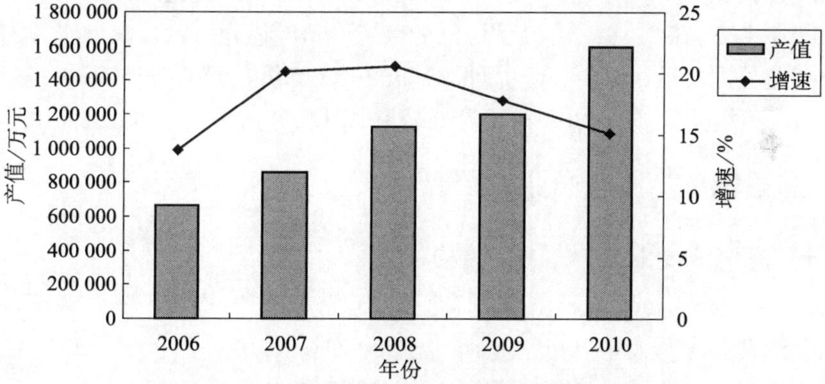

图 8-8 2006～2010 年荣昌县产值及增速示意图

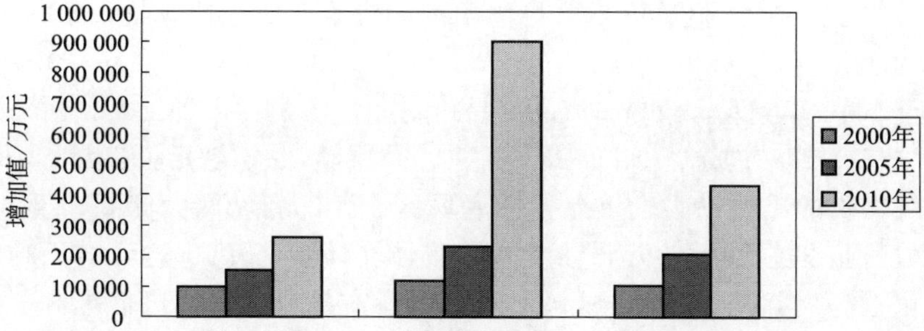

图 8-9 2000 年、2005 年、2010 年荣昌县三大产业发展比较分析图

2010 年全县社会固定资产投资 138.21 亿元，比上年增长 45.2%。全年县域财政总收入达到 35.45 亿元，增长 92.0%，其中县级财政收入 30.02 亿元，比上年增加 15.87 亿元，增长 112.1%。社会消费品零售总额为 44.16 亿元，比上年增长 19.0%。城镇居民人均可支配收入 16 619 元，未扣除价格因素增长 11.4%，城镇居民恩格尔系数为 37.4%。农村居民人均纯收入 6755 元，未扣除价格因素增长 17.6%。农村居民人均生活消费支出为 3770 元，农村居民恩格尔系数为 47.0%。

2010年，全县实现交通运输、仓储和邮政业增加值64 447万元，比上年增长14.7%，占全县生产总值的4.03%。全年公路客运量完成3370万人次，比上年增长14.4 %；公路旅客周转量94 494万人/km，增长17.3%；公路货运量完成504万t，增长12.5%；公路货物周转量40 771万t/km，增长15.1%。水路客运量16.6万人，下降17.8%；水路货运量10.5万t，增长8.2%。到2010年末，全县拥有民用汽车4373辆，其中私人汽车1992辆（营运），城市公共汽车营运车77辆，出租汽车160辆。到2010年年底，全县公路总里程2266.56km。按行政等级划分，国道（高速公路）29.8km，省道134.86km，县道238.49km，乡道327.16km，专用公路11.58km，村道1524.66km。按技术等级分，高速公路29.8km，一级公路24.93km，二级公路167.59km，三级公路75.71km，四级公路1537.18km，等外公路431.35km。

二、荣昌县城乡商贸流通业发展现状

（一）商贸流通业总体规模日益扩大

2010年，荣昌县商贸经济运行良好，各行业零售额均有较大幅度的增长。全年社会消费品零售总额4.42亿元，比上年增长19.0%。分行业看，批发和零售业零售额34.1亿元，增长19.6%；住宿和餐饮业零售额10.1亿元，增长16.8%。全年批发和零售业实现销售收入64.26亿元，增长24.6%，其中批发业增长23.5%，零售业增长24.9%。住宿和餐饮业实现营业收入13.04亿元，增长17.5%。

截至2010年年底，荣昌畜产品交易市场、汇宇建材市场二期、西部浙江国际商贸城三大市场建成，入驻商户685户，交易额23.6亿元，三大市场已成为拉动经济增长的重要动力。重点打造老城区、北部新城两大商圈，投入20亿元，新建商业设施面积45万m^2，老城区商圈交易额突破10亿元。“万村千乡市场信息化工程”实现全覆盖。成功举办渝西川东建材家居博览会等节庆会展活动20余次。家电、汽摩下乡产品销售7万余台，销售额近3亿元，财政补贴3300万元。初步营造濑溪河荣滨路、路孔古镇、昌州故里等休闲旅游、美食文化氛围，旅游业收入1.19亿元。

（二）“县-镇”二级商品交易市场体系逐渐健全

2009年，荣昌县建成的本部饲料兽药市场、汇宇建材市场等各类市场16个，交易面积20万m^2以上；中国（荣昌）畜牧产品交易市场、水口寺综合市场、东门综合农贸市场、汇宇建材市场二期正在建设之中，建成后将形成一个较为庞大的市场群体。在2010年前，引进世界500强流通企业1家以上，构建大型综合商场。

荣昌饲料兽药批发市场获得重庆市商品交易市场20强，被评为市级四星级市场，汇宇建材市场、盘龙新发综合农贸市场被评为三星级市场，水口寺农贸市场、林华综合贸易市场、安富洗布谭农贸市场被评为二星级市场；双河、广顺、吴家、安富四个镇被列入重庆市100个商业小城镇建设项目；包黑子食品有限公司、重庆泰华牧业公司被列为市农产品“双十市场工程”流通企业；盘龙新华综合农贸市场、安富兰草市场、龙集禽苗市场、清江仔猪市场被列入重庆市60个边贸市场建设项目。初步形成了以主城区为核心，各镇均衡发展的城乡贯通的区域商品交易市场体系。

（三）城乡商贸流通网络建设取得较大进展

第一，大力打造城市中心商圈建设。实施县城中心商圈提质增量工程，完成了玉屏路、人民路、滨河路两侧店招亮化、美化工程；积极实施人民路商业步行街的规划设计，着手启动人民路商业步行街建设。目前，荣昌县城区工人俱乐部片区、人民路、滨河路、莲花广场中心商圈形成了较强的辐射力。

第二，以“双建工程”为载体，初步构建了工副食品和农业生产资料下乡进村、农产品和废旧物资出村进城的农村商业双向流通网络。重点指导百货、农资等龙头企业建县级配送中心、村级便民店和村级信息服务点。2007年建镇级连锁超市13个，村级放心便民店110个，镇级连锁超市覆盖率达70%，村级放心便民商店覆盖率达55%。2008年1～11月，建成日用消费品镇级连锁超市3个，日用消费品和农资村级便民店45个，组织县内盘龙花生、天龙养殖合作社等10家农副产品种养、营销大户、专业协会与市内大型超市、餐饮、食品加工企业开展网上产销对接活动，搭建荣昌县农产品生产、加工与商贸企业合作共赢平台，成交金额达1020余万元。截至2009年6月底，全县“家电下乡”工程销量突破万台大关，达13 000台，销售额达2307万元，进一步激活了农村消费市场。

（四）引进和培育现代商贸流通企业，商贸流通现代化初见成效

第一，积极与苏宁、国美、永辉等大型现代流通企业进行洽谈，成功引进全国500强流通企业苏宁电器入驻。第二，促成荣昌县永立物流配送中心和五星级酒店签约建设。第三，通过招商引资，协助新建北海道、三宝堂、吉红三家洗浴保健中心。第四，认真落实荣昌县委县政府工作部署，县城区水口寺农贸市场、东门农贸市场、北安星城农副产品交易市场搬迁建设工作进展顺利。第五，开展了2007年度全县商贸流通企业十强评选工作，中石油川荣公司等10家企业获“荣昌县2007年度商贸流通十强企业”。第六，积极培育壮大汇宇建材市场，拟订了进一步培育汇宇建材市场的意见和首届家具博览会方案，并已着手筹备实施。第七，积极争取市商委结构调整项目资金，积极支持西部兽药

饲料市场提档升级，争创国家一流市场。第八，大力引导餐饮服务业拓展消费项目，在县内各大酒店、宾馆、超市及娱乐场所开展刷卡消费业务，明珠大酒店、天岸大酒店、龙都天城、重百荣昌分店、老百姓超市、三和儒雅、渝西大酒店已安装 POS 机 7 部。

三、荣昌县城乡商贸统筹建设经验

荣昌县城乡商贸统筹发展总体模式为："123" 模式。所谓"1"，即构建城乡商贸网络体系；所谓"2"，即打造城市商圈、荣昌美食城；所谓"3"，即打造"川东渝西"地区会展中心、建设培育边贸中心、构建农村综合服务中心。

（一）依托社会主义新农村建设，构建城乡统筹商贸网络体系

以社会主义新农村建设为契机，加快构建农村商贸流通"六大"网络。一是加快实施农村"万村千乡市场工程"，建设改造县级配送中心、镇级连锁经营超市、村级商贸综合服务店，整合商务、供销、粮食、盐业、烟草、医药、邮政、电信、农业等多部门、多行业资源，在每个行政村建设集农村日用品销售、农业生产资料供应、农副产品收购、再生资源回收、农机推广、商务信息服务、邮政通信、农民生活服务、农村中介等多功能于一体的村级商贸综合服务店。二是实施农产品流通"双百市场"、"双十工程"，大力发展批发市场和产地批发市场，积极培育重庆包黑子食品有限公司、重庆泰华牧业集团两家重庆市"双十工程"企业，培育盘龙综合农贸市场、河包粉条市场，着力打造从基地、加工到市场、配送、终端一条龙的农副产品购销网络。三是充分发挥供销合作社等农资流通企业的骨干作用，提供产前、产中、产后技术服务，建立农业生产资料流通网络。四是规划再生资源回收网点，培育再生资源龙头企业，整合现有回收渠道，形成以农村居民点回收网络为基础，镇街回收、分拣站为结点，集散交易市场为核心，加工利用为目的的农村再生资源回收利用网络体系。五是充分利用整合组织、科技、信产、农业、通信等部门和单位的农村信息资源，搭建农村商务信息服务公共平台，加快建设完善农村商务信息服务网络。六是大力发展城乡餐饮、洗染、摄影、足浴保健、家电维修、家政服务等生活服务网点，建设方便农民生活的农村生活服务网络。到 2012 年，荣昌县实现商贸"十个一"目标，镇街实现"五个一"目标，建设"万村千乡市场工程"镇级连锁经营超市、村级商贸综合服务网点 406 个，实现所有镇街和行政村全覆盖。

（二）合理规划，打造城市商圈

一是打造中心商圈，即重点打造"一新、一老"两个商业中心。"一新"是指建成以北部新区新政府机构所在地附近为中心的商务中心，以满足荣昌县以商务服务为主，兼顾居民大众生活消费的要求。"一老"是指以"整体改造、提

升品质、完善功能、凸现特色、引领周边”为原则，以人民路、南门桥、莲花广场为核心商圈，实施工人俱乐部新建标志性商贸大楼，扩展莲花广场；开发祥和当片区，建设休闲步行街；规划建设人民路商业步行街；建设现代购物广场；搬迁县政府机关，建设黄桷树商贸广场，开发文化馆片区。二是构建人民路商业步行街，建成集服饰、休闲、商业于一体的商业步行街。三是引进流通品牌企业入驻中心商圈。引进世界500强流通企业入驻老中心商圈，构建大型综合商场，在莲花广场形成购物消费中心。

（三）以特色美食为中心，打造荣昌美食名城

一是加强餐饮与旅游、休闲、会展等特色经济的结合，引导餐饮企业加强整体形象策划、增强服务功能和服务水平。二是打造美食文化长廊，以餐饮、休闲娱乐为主，以中档消费为主，高档为辅，培育夜市文化满足大众消费，适当考虑零售等配套商业，同时加强配套商业基础设施建设，充分体现和谐、环保、自然的主题，打造具有荣昌特色优势的消费亮点。三是发展集生态休闲、娱乐、农家美食于一体的农家乐项目，通过举办美食展、名特小吃评审会等美食文化活动，提升荣昌美食文化的内涵；结合农业产业化，抓好以种养殖为主的原辅材料基地建设，促进餐饮业布局和结构优化，积极发展地方特色餐饮业，大力实施餐饮品牌战略，抢占餐饮、小吃商标注册，扶持区域性成长餐饮品牌，推动传统餐饮店品牌化经营。

（四）充分发挥“一小时经济圈”功能，打造“川东渝西”地区会展中心

编制实施《荣昌县会展业发展规划》。加快现代化展馆建设，在北部新区新建上万平方米的会展场馆；围绕展馆配套建设一批高档次办公大楼、商住楼、五星级酒店以及休闲娱乐设施，积聚一批策划设计、广告等配套服务业企业；大力培育会展品牌，打造“中国畜科论坛暨三新博览会”、“巴蜀文化艺术节”、“川东渝西家居博览会”、房交会、美食文化展等具有较大影响力的综合性和专业性展会；积极申办全国、重庆市和“川东渝西”八区县展会，培育会展企业，培育会展专业人才，加强会展管理，充分发挥县商贸委作用，统筹协调各类展会，促进会展业健康发展。

（五）以特色市场为基础，建设培育边贸中心

培育边贸市场和特色市场、大力培育商品批发市场是荣昌县城乡商贸统筹发展的一项重要措施。

第一，强化市场服务辐射及县城和周边乡镇的功能，将专业特色市场建设与城镇建设和发展相结合，立足当地特色资源、特色产业、区位优势和交通条件，做好边贸市场发展规划，加快市场建设，完善市场功能，并配套发展特色农副产品生产基地，逐步形成“市场＋基地”的良好格局，不断增强市场的竞

争力和辐射力。

第二，推进西部饲料兽药市场整体搬迁，汇宇建材市场、灯饰配件市场建设。打造全国一流的饲料兽药市场，新建占地面积300亩、建筑面积10万m^2的集畜产品交易、展览、冷链物流等于一体的，全国档次最高、功能最全、信息最灵的五星级专业市场，年交易额达50亿～100亿元；培育汇宇建材市场，每年举办一次川东渝西家居博览会，加强宣传，提高知名度，积聚人气，增加容量，开发灯饰批发项目，扩大规模，增强辐射能力，打造“川东渝西”结合部规模最大、业态最先进的综合性专业化建材家私市场。

第三，建设3个上万平方米的农贸超市。加快对东门农贸市场、水口寺农贸市场、北门农贸市场的改造和建设。

第四，引导和扶持仔猪、禽苗、夏布、阀门、禽蛋、条粉、生姜、陶器和兰草等特色市场做大做强。鼓励多种所有制经营主体在县城投资建设农产品、畜产品、粮油、旧货等专业批发市场，推动特色经济快速发展。

（六）加大政策支持，为城乡商贸统筹发展提供保障

荣昌县制定出台了有关城乡综合配套改革试验的总体方案及相关子方案，荣昌县商业委员会出台了《荣昌县关于进一步加快商贸流通发展意见》、《荣昌县城中心商圈建设培育政策意见》、《荣昌县加快饮食服务行业发展意见》、《关于参与“1小时经济圈”建设的工作举措》等相关文件。县政府也加大了对商贸流通业的扶持力度，每年拨款200万元，作为其商业发展资金，同时还出台了名优特食品奖励政策。

（七）依托“双建工程”，构建农村综合服务中心

1. 整合资源，共同发展

一是将“双建工程”与新农村建设相结合，与农村交通、电力、邮政、通信、自来水等基础设施建设配套，为改善和繁荣农村市场奠定基础；二是与村级公共服务中心建设相结合，实现基础设施、信息网络、信息资源共建共享；三是与“两社两化”工作相结合，广泛开展联合、合作经营，加快现代经营网络建设，实现双向流通，切实解决农民“买难”、“卖难”问题。

2. 建立双向流通网络

“双建工程”是构建新型流通网络的重要手段，经过近两年的实施，荣昌县基本形成了以县城为重点、镇街为骨干、村组为基础的商品零售网络，搭建了工副食品和农资下乡进村、农产品和废旧物资出村进城的双向流通平台。双向流通在为农民提供食品、百货、农资、通信、音像制品、代办汽车、火车、飞机票、邮政等服务的同时，更加注重解决农民的“卖难”问题，利用配送网络收购当地农副土特产品和废旧物资，促进双向流通。

3. 推进农村商务信息服务工程建设

充分利用农村党员远程教育网络工程，依托龙头企业建立村级商务信息服务站，推进农村商务信息服务体系建设，提升农村信息化应用水平，为农民获取和发布商务信息服务，为政府采集农民需求信息服务，推动“双建工程”双向流通发展。

4. 加强管理，规范商贸流通运作

一是不断完善企业加盟制度。龙头企业在实施“双建工程”过程中，不断完善制度管理，提高龙头企业和加盟店整体形象，提高服务档次，增强加盟店的宣传效果；实施统一台账，由龙头企业统一制作标准，由加盟店明确记录商品供应商、配送时间、配送种类信息，加强对食品保质期的管理，以此规范加盟店进货、购销渠道，提升加盟店经营水平；实施统一规范标准，在加盟店建设上，统一加盟店必须具备相应的硬性指标，即经营面积必须达到规定标准，营业室地面必须达到硬化，售货必须采取开架形式，全县范围内统一牌匾格式及内容。二是进一步健全物流配送体系。严格实行两级配送三级经营，加强配送中心建设，提高配送率，即实行配送中心统一配送和镇级超市二级配送，县、镇街、村三级经营模式；在加强企业配送中心总部建设的同时，结合本县实际，采取“店配合一”模式，加强县级配送中心建设，引进仓储、配送、运输、包装、装卸等第三方物流企业，开展集中配送活动；镇级连锁超市对个别加盟店紧缺商品实行二级配送，以保证加盟店经营商品的质量和相应的配送率。

（八）荣昌县“万村千乡市场工程”的典型做法

1. 公司简介

重庆市永立百货超市有限公司前身为荣昌县老百姓超市，公司建于2002年7月，是一家集休闲、娱乐、购物于一体的大型综合超市，主要经营副食、百货、日杂、家电、文体用品、生鲜熟食等1万多种商品。公司注册资金为200万元，现有员工600多人。公司先后获得“先进个体工商户”、“消费者信得过商店”、“巾帼文明岗”、“山城百店无假货”等荣誉称号，并被确定为荣昌县龙头企业，重庆市“万村千乡”和“双建工程”试点企业。

2. 经营现状

2007年7月，荣昌老百姓超市已有20家，其中村级日用消费店8个，最好店铺平均每天卖出上千元的商品，已经吸纳了600余名下岗职工和城乡失业人员。截至2008年年底，老百姓超市已经在荣昌县开设了140多家直营门店和加盟门店，网点遍及荣昌县各乡镇和村庄，辐射川南地区，具有较为完善的配送体系，同时，还在四川叙永县开办了一个近6000 m^2、在四川省二级县城中最大的超市卖场。

3. 基本做法

重庆市永立百货超市有限公司在整个经营管理过程中，始终坚持“一切来自百姓、一切依靠百姓、一切为了百姓”的企业理念，狠抓服务质量，深受顾客的好评和信赖，并带动了荣昌零售行业的快速发展。在“万村千乡市场工程”和“双建工程”试点过程中，公司坚持以顾客为本、顾客至上的原则，实行工业品下乡、农产品出村进城的双向流通，将荣昌土特产成功推向市外。公司在建立和完善一流的物流配送中心、加强员工素质培训、提高管理水平和服务质量上也做出了不少努力。

重庆市永立百货超市有限公司在自身受益的同时，也带动了当地经济的发展。公司实行直营和加盟模式，其中开设村级日用消费店免收加盟费，店面为农民家中自建房屋，店内商品由公司统一配送，运抵商店的价格为批发价，为当地农民省去了专门坐车进城购物花费的时间和精力，开店者经营、务农两不误。

（九）荣昌县农资产品销售的典型做法

1. 公司简介

重庆丰谷农资荣昌连锁超市有限公司于2003年5月由重庆市农资公司、荣昌县农资配送中心、农资经营大户以股份合作形式组建成立，主要经营化肥、农药、种子，农机具、农用货车等农业生产资料。该公司获得“全国首批80家农资连锁经营重点企业”、“全国质量服务信誉三优农资经销单位”、全国“万村千乡市场工程”试点企业、重庆市“双建工程”的龙头企业、“重庆市守合同重信用企业”、“荣昌县消费者信得过企业”、“荣昌县农业产业化龙头企业”等荣誉。丰谷农资荣昌公司还成功入选“2007中国农资流通诚信建设示范企业”，这是重庆市入选的唯一企业，也是全国20家入选企业中唯一的县级企业。

2. 经营现状

公司现有“丰谷”超市、农资储运仓库上万平方米，在全县20个镇建立了县、镇、村三级农资连锁配送网络，网点有100多个，辐射周边省、市、县，年配送销售农资商品上万吨。

3. 基本做法

丰谷农资荣昌连锁超市作为现代化物流企业，实行“统一配送、统一价格”规范经营，保证杜绝假冒伪劣产品。丰谷农资荣昌连锁超市邀请专家“坐诊”为农民提供技术服务、科技讲座，其公司的配送车还将农药、化肥、种子亲自送到农民田间，从实质上增加农民收入。

4. 丰谷农资连锁超市石河店和丰谷农资连锁超市梅石坝店简介

丰谷农资连锁超市石河站，于2006年4月开业，在2003年被荣昌县评为

“先进合作社”，在2007年“两社两化”工作目标考核中被评为“先进综合服务社”，同时也是荣昌县昌元镇石河村的“反假货币网络联系站”。店铺由供销合作社的综合服务站和农资店共同经营，具有营业执照和烟花爆竹经营许可证。除经营日用品外，还经营烟草、烟花爆竹、废旧物资收购、移动通信、桶装水、煤气管、公用电话、代售邮票等项目。

丰谷农资连锁超市梅石坝店。丰谷农资连锁超市梅石坝店和老百姓超市联合经营，由于经营农资物品有淡、旺季，这样可以实现优势互补。产品经营范围为化肥、农药、种子、农机等，产品配送率达80%。店内有营业执照、卫生许可证、烟花爆竹许可证，目前还没有烟草证。丰谷农资连锁超市梅石坝店同时还是中国邮政、中国电信、飞机票、车票的代办点。

四、荣昌县城乡商贸统筹建设存在的问题与障碍

荣昌县城乡商贸统筹发展具有一定的基础，并取得了一些成绩，但同重庆市经济社会发展快速的先进地区相比，仍存在很大的差距。

（一）城乡消费能力不足，人均消费水平较低

随着部分生产资料和生活消费品价格的上涨，粮食、猪肉、食用油等部分生活必需品价格持续高位运行，而城乡居民消费能力不足，不仅直接影响中低收入家庭的正常消费，还对居民的消费心理产生负面冲击，增加居民消费预期的不确定性，影响消费需求的持续增长。

（二）农村市场运行不规范，运营成本高

荣昌县属于典型的传统农业县，农村人口占全县总人口的80%以上，“二元”结构突出，广大农村消费水平较低，运营成本较高。农村市场开拓集中于农村集贸市场，而农村集贸市场尚存在监管不规范、商品质量低劣、缺乏规范布局、卫生状况差、安全意识淡漠等问题。

（三）商贸流通业总量不足与结构不合理并存

近年荣昌县的主要经济指标在渝西经济走廊万盛区、双桥区、江津区、合川区、永川区、南川区、綦江县、潼南县、铜梁县、大足县、荣昌县、璧山县等12个区县中处于偏下水平，且商贸流通业经济总量中零售、批发结构严重不合理。

（四）流通规模总体不大，现代流通方式发展相对滞后

第一，县城中心商圈现有商业网点档次不高。县城中心商圈建设虽加强了布局规划，但由于拆迁成本高、情况复杂且难度大，项目实施进展缓慢。第二，专业市场面临改革。专业市场面临体制改革、提档升级的迫切要求，昌元城区农贸市场建设滞后，市场脏、乱、差成为制约消费的瓶颈，形成了经营市场业

主的垄断和入驻市场经营户打捆集体垄断。第三，特色产业不大不强。名特小吃规模小，档次低，有待加大培育扶持力度。第四，商贸队伍建设需进一步加强，需要切实转变政府职能，充分发挥市场的基础性作用。

(五) 城乡商贸统筹资金缺口大与专项配套政策缺乏并存

城乡商贸统筹的实施，资金缺口是难度，而目前除了“双建工程”的专项资金外，没有专项资金扶持。同时，缺乏专项的配套政策扶持农村商贸发展。

第六节 九龙坡区城乡商贸统筹试点经验与成效

一、九龙坡区社会经济发展概况

九龙坡区位于重庆市主城区西南部，地处长江、嘉陵江交汇的腹心地带，是重庆主城核心区之一。其南北长 33km，东西宽 29km，全区面积 437 km^2，东邻渝中区，北壤沙坪坝区，南接市经济技术开发区，西踞成渝高速公路大门，共辖 7 个街道和 11 个镇，106 个行政村。2009 年年末全区户籍总人口 80.62 万人，常住人口 100.82 万人，城镇化率为 100%。

九龙坡区是重庆都市发达经济圈的重要核心区、重庆“城乡发展综合改革先行示范区”，荣获“2007 年中国最具投资价值区县”殊荣。近年来，全区深入实施“高新技术、城市化、都市农业”三大战略，实现了经济又好又快发展。2009 年，全区实现地区生产总值 500.03 亿元，同比增长 12.1%，占重庆市生产总值的 7.66%，总量继续位居重庆市区县榜首。分产业看，第一产业增加值 6.29 亿元，略高于上年；第二产业增加值 236.10 亿元，增长 9.2%；第三产业增加值 257.64 亿元，增长 23.3%。三大产业结构由 2008 年的 1.5∶50.1∶48.4 转变为 2009 年的 1.3∶47.2∶51.5。从三大产业对经济增长的贡献看，第二产业和第三产业对全区经济的贡献率分别为 29.0%、70.89%。按常住人口计算，2009 年人均 GDP 为 49 916 元，比上年增长 8.6%。九龙坡区 2009 年的三次产业增加值与 2005 年和 2000 年的比较，如图 8-10 所示。

2009 年，全区城镇居民人均可支配收入 17 210 元，比上年增加 1480 元，增长 9.4%。全区农村居民人均纯收入 7440 元，比上年增加 713 元，增长 10.6%。农民人均生活消费支出 5370 元，比上年增加 272 元，增长 5.34%。全社会固定资产投资 240.2 亿元，增长 19%。社会消费品零售总额突破 200 亿元，达到 215.5 亿元，增长 19%。地方财政收入 23.2 亿元，同比增长 31%。

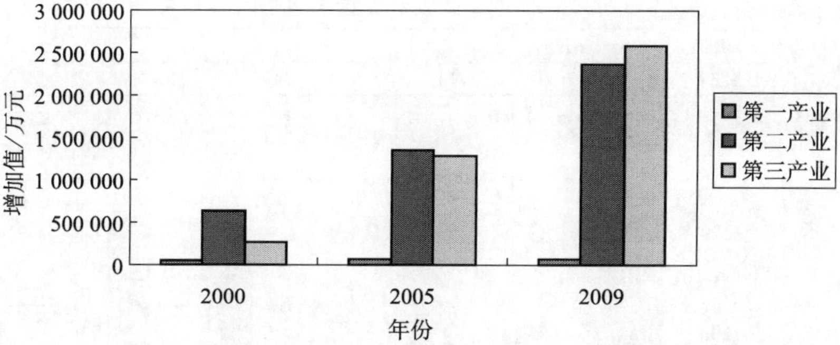

图 8-10 2000 年、2005 年、2009 年九龙坡区三大产业增加值比较分析图

九龙坡区交通便捷，水陆交通布局合理。九龙坡区拥有长江上游最大的水陆联运港——九龙坡和西南地区最大的铁路货运编组站——重庆西站，目前正规划建设长江上游一流的水陆联运物流基地——黄港。长江鹅公岩、李家沱大桥连接两岸，成渝、川黔、襄渝铁路出境通关，2 号轻轨穿境而过，成渝、内环、绕城高速公路串线成网，华福大道横贯东西，白彭公路纵贯南北，构建了便捷高效的综合交通网络。

2009 年，全区商品销售总额突破 1000 亿元。杨家坪商圈实现“超百亿”目标。绿云石都、恒冠钢材建设成为百亿专业市场。新引进鑫邦建材市场等商贸项目 9 个。新增金融机构 5 家，存款和贷款余额分别增长 38%和 44.6%。编制完成物流规划，黄磏物流园区启动建设。“万村千乡市场工程”和社区“双进工程”稳步推进，家电（汽摩）下乡发放补贴 629 万元，创建市级商业示范社区 1 个。巴国城时尚风情街规模扩大，白彭路沿线餐饮、休闲、旅游业快速发展。黄桷坪艺术品交易市场开工建设，龙门阵魔幻山和水魔方公园建成开放。首届黄桷坪新年（国际）艺术节、重庆山水都市旅游节等一批节会成功举办，九龙坡区荣膺“重庆十大都市乡村旅游目的地”之首。全年来区旅游人数首次突破千万人次，旅游收入达到 17 亿元。

二、九龙坡区城乡商贸流通业发展现状

九龙坡区商贸发展紧紧围绕“建设主城西部商贸中心”的战略目标，建设大市场，培育大企业，发展大商贸，搞活大流通，在开拓市场、扩大消费、优化布局、调整结构、促进城乡商贸统筹发展等方面取得了新的发展。

（一）商贸经济规模不断扩大，商贸各行业协调发展

2009 年，全年实现社会消费品零售总额 216.06 亿元，比上年增长 22.53%。增长 32.9%。2004～2009 年九龙坡区社会消费品零售总额如表 8-7 和图 8-11 所示。

表 8-7　2004～2009 年九龙坡区社会消费品零售总额（单位：亿元）

年份	2004	2005	2006	2007	2008	2009
九龙坡区	92.1	107.29	127.09	147.59	176.33	216.06

资料来源：《重庆统计年鉴》（2005～2010）

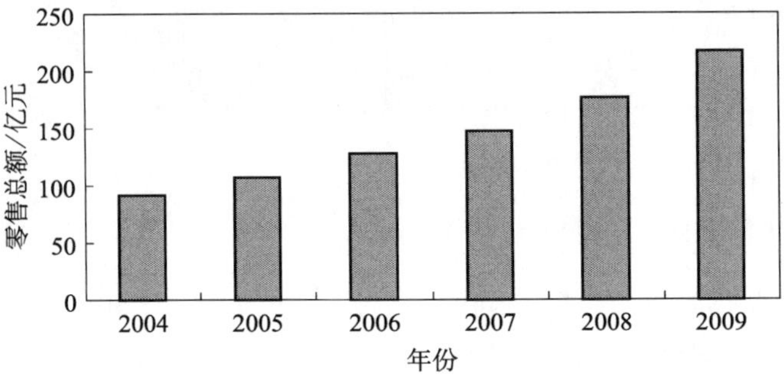

图 8-11　2004～2009 年九龙坡区社会消费品零售总额增长情况

通过对商贸重点行业的统计可知：全年批发零售业商品销售总额突破 1000 亿元，其中，限额以上贸易企业（年销售额 2000 万元及以上批发企业和年销售额 500 万元及以上零售企业）销售额 336.2 亿元，同比增长 14.5%；限下贸易企业和个体户销售额 437.33 亿元，同比增长 32.1%。金银珠宝类、中西药类、化妆品类和食品饮料烟酒类增幅较大，分别增长 57%、34%、32%、31%。商贸各行业在经济危机的情况下，保持了平稳增长的态势，尤其是批发零售、餐饮业、生活服务业增长快速。沃尔玛、家乐福、新世纪、国美电器等重点商贸骨干企业对商贸发展发挥了重要的带动作用。

（二）以商圈建设为基础，商贸品牌聚集度迅速提升

九龙坡区杨家坪商圈集中了一批有知名度的商贸企业。杨家坪商圈年销售额超过亿元的商业零售企业有 9 家，营业面积 5000 m^2 以上的商场 16 家，共 23 万 m^2 以上，其中西城天街如期开业吸引津乐会、顺风 123 等一批知名商家入驻，目前该商城呈现良好发展势头，对提升杨家坪商圈档次、增强商业人气发挥了重要作用。2008 年以来，瑞成商都、重百、国美电器等各大商场在原有基础上，不断提升商品档次，调整品牌结构，引领消费导向，为打造"百亿商圈"奠定了基础。目前，九龙坡区中心商圈初步形成了以特色商贸企业为支柱、次级商圈规模不断扩大、业态多元化互补的商贸发展格局。

（三）依托专业市场，市场发展有条不紊

九龙坡区市场尤其是九龙园区生产资料市场聚集辐射能力不断增强，以"抓住机遇、应对竞争、发展市场"为主，在发展专业市场方面突出了三个重点：一是做调整。制订了重点商品市场、专业市场群、亿元以上大型商贸企业、

大型连锁企业近5年总体发展目标，引导市场确定合理的经营定位，推动市场向个性特色突出的专业市场发展。二是抓升级。认真落实全区专业市场发展规划，引导专业市场加快结构调整和上档升级，引导现有条件差的农产品市场改造升级和白石驿太慈蔬菜批发市场实施农产品批发市场标准化改造工程。三是搞引进。对2008年引进的有色金属市场、光华机电城等认真做好跟踪服务，在花卉园区新引进了重庆渝惠集团投资建设的重庆农副产品批发市场，该市场前期投资约2亿元。2008年1～10月，10家重点专业市场实现交易额170亿元，同比增长30.2%。2009年1～5月，10家重点专业市场实现交易额86.5亿元，同比增长13.3%。专业市场在商贸流通业发展中的重要作用日益明显。

（四）服务业稳定发展，专业特色街基本形成

直港中华美食街环境不断改善，影响力进一步增强。巴国城时尚风情街引进了小天鹅、龙苑风府、乡村火锅、七十二行、禄禄禄等一批特色餐饮、休闲企业入驻，消费氛围日益浓厚。白彭路沿线餐饮、休闲、娱乐和旅游一体化发展，陶然居、贝迪颐园等重点企业知名度进一步提高。2009年，全区实现餐饮业社会消费品零售总额21.9亿元，同比增长27.3%，全区餐饮业呈现高速增长势头。

（五）以零售市场为基础，商贸促销活动带动商贸流通业快速发展

一是加强监督，规范零售企业促销活动，制定《重庆市商业零售企业促销行为规范》和《零售商促销行为管理办法》。二是开展2009年“迎新春促消费”购物美食月活动，组织了20多家餐饮企业参与，吸引人流量15万人次，餐饮营业收入1200万元。三是推陈出新，搞活假日促销活动，“春节”、“五一”等节假日开展的一系列创意促销活动，吸引了大量外区消费者，增加了人气，带来了商机。四是开展多种形式的会展活动，2009年上半年，与相关部门携手举办了重庆2009年黄桷坪新年（国际）艺术品展览会、云阳农产品展销会、春季家居文化展、“3·15”放心消费展等10个展会，展位360个，展会面积达15 476 m^2，成交额近200万元。

（六）招商引资初见成效

2008年引进永辉超市、津乐会百货、顺风123、大洋百货等商业项目。2009年上半年引进招商项目2个，其中禄禄禄餐饮文化有限公司与金科集团签约“六六六巴国城风味酒店”项目，投资总额500万元；重庆永辉实业有限公司与重庆同创欧翔开发有限公司正式签约“永辉超市石坪桥店”项目，投资总额2500万元。

三、九龙坡区城乡商贸统筹建设经验

九龙坡区明确以城乡商贸统筹为载体发展经济，并以强化城乡商贸统筹发

展载体为突破口，把重心放在解决城乡商贸中商业合理布局、业态调整、城乡商贸互动、规模化经营等商贸热点与难点问题上，打破城乡商贸二元结构，促进区域商贸一体化。

九龙区城乡商贸统筹发展总体模式为城乡商贸统筹发展一体化模式，即以杨家坪商圈为核心，大力发展华岩寺、西彭、白市驿三个次级商业中心，构建城乡商贸统筹发展网络体系。

（一）科学规划，实现城乡商贸统筹发展一体化布局

根据城乡商贸统筹发展的要求，九龙坡区从2008年下半年开始对现有的全区商贸流通总体规划和六个子规划进行修编，重点突出东西两大地域、三大板块在商贸流通分工中的互补性。经过布局调整，全区商贸发展初步确定了以杨家坪商圈为核心，大力发展华岩寺、西彭、白市驿三个次级商业中心，构建城乡商贸统筹发展网络体系。2009年年初，启动了全区城乡商贸统筹发展一体化规划，使其与全区产业规划、土地利用规划、城市规划等相关规划保持协调一致。在华岩寺地区主要依托九龙工业园区和佛教文化，充分发挥其承东启西的区位优势，大力培育集贸易、购物、休闲娱乐、旅游于一体的区域性商贸中心；在西彭地区依托铝产品加工贸易和物流业园区建设，打造加工、物流型区域商贸中心；在白市驿地区主要以花卉苗木、都市特色农产品和农科贸易城为依托，努力培育产地型区域商贸中心。在社区重点探索电子商务进社区的发展模式。通过规划、调整和培育，目前，该区初步形成集主城商贸中心、次级商贸中心、镇级商业中心和社区商业中心于一体，协调发展的城乡商贸统筹发展新格局框架。

（二）依托专业市场的快速发展，搭建城乡商贸发展平台

根据九龙坡区的区位优势和产业基础，将一批专业市场建设在城乡结合部，既有利于调整农业产业结构，也有利于解决农民工就近就业问题，是推进城乡商贸统筹发展的一项重要内容。该区专业市场主要围绕三大板块、一个专业市场圈、四大专业市场群、八个重点发展专业市场来培育发展，规划在5年内，培育和引进2家以上交易额达100亿元的专业市场、4～6家50亿元的专业市场、7～9家10亿元的专业市场。为此，区政府专门出台了《促进专业市场和物流业快速发展的意见》，并成立了全区专业市场和物流业发展协调小组，专门设立了全区专业市场发展资金，支持专业市场发展。区政府还专门针对金科机电城、滩子口玻璃市场等一批新建市场，落实了土地租用、农民工就业、市场环境营造等优惠政策，为专业市场做大做强创造了条件。2007年，绿云时都、新世界建材等重点专业市场在扩大规模，增强企业辐射力，尤其是在解决农民工就业等方面取得了较好效果，全年实现交易额161.4亿元，同比增长26.2%，

2007～2010年保持了20%以上的增速。2008年，新引进的光华机电城等8个专业市场相继投入规划建设。2009年1～6月，全区10家重点专业市场实现成交额95.9亿元，同比增长28.7%，保持了较快增长势头。专业市场成为推动城乡商贸经济协调发展、解决农民就业的重要渠道。

（三）以“双建”、“双进”工程为基础，完善城乡商贸统筹发展网络体系

实施农村“双建工程”是九龙坡区城乡商贸统筹发展的一个新课题。根据九龙坡区西部地区农产品生产特点和农村消费市场的发展变化情况，九龙坡区主要从商业基础设施抓起，在培育商场方面，鼓励有实力、带动性强的连锁企业进入“双建工程”。通过引入重客隆、新世纪、高兴等知名连锁企业，在九龙坡区农村地区已建立了一批便民超市和放心店，在西部九镇设置了大小自选超市50家，镇级自选便民店34家，村设日用品连锁店7家、农资店18家。在扶持商业企业发展方面，给予各方面优惠政策支持，让企业对发展前景有所预期。在培育企业家方面，各乡镇将其纳入培训工作总体安排，从政治地位到环境营造形成安商、亲商的氛围。在城市社区，主要探索电子商务进社区的商业模式。

（四）引进品牌商贸企业，为城乡商贸统筹发展提供有力保障

九龙坡区把龙头商贸企业作为城乡商贸统筹发展的重要载体。在原有引进和培育一批龙头企业的基础上，将在华岩、西彭、白石驿各引进1～2家具有区域带动效应的大型中高档商贸流通企业形成区域聚集核心作为城乡统筹发展的一项重要任务。2008年，在主城商圈引进国美旗舰店、香港津乐会、福建千巡会等一批知名商贸企业。2009年引进了台湾大洋百货。2009年以来，区政府将招商引资的工作列为全年工作重点，成立了商贸流通招商工作领导小组，明确了在主城西部三大板块中实施招商引资的重点领域，着力引进商贸物流、中高档商业项目、餐饮品牌店、专业市场等。目前，正全力开展华岩新城、西彭物流园区等重点区域的招商工作。同时，结合该区旧城改造和城市建设，配合相关部门积极搞好城乡结合部一批大型商业项目的规划，积极培育城乡商贸统筹发展载体和龙头企业。

（五）强势打造城市商圈，构建城乡商贸统筹发展核心增长极

杨家坪商圈是九龙坡区城乡商贸统筹发展的核心增长极，对于带动次级商圈和乡镇商业发展有十分重要的作用。为此，区委、区政府决定投入巨资对杨家坪商圈实施整体包装，进一步改善商圈环道交通，拓展地下通道，着力提升商圈档次和形象，充分发挥城乡商贸统筹发展核心增长极作用。区政府主要在在城乡结合部大力培育主题商场、搞好业态调整、提升整体档次等方面做了一些探索。2008年和2009年，杨家坪中心地区新增商业面积18万m^2，主要商业项目为西城天街、金鹰女人街、千巡会、国美旗舰店等，在华岩、西彭、白市

驿乡镇商业中心新增商业面积近 8 万 m^2。杨家坪商圈的骨干百货业和品牌餐饮连锁店逐步向乡镇地区延伸。据统计，2009 年 1～6 月，西彭镇实现商品销售额 29 亿元，同比增长 16.3%，其中餐饮销售额增长 19.2%，商业网点近 2500 个，面积达到 6 万 m^2。

(六) 创新实施“万村千乡市场工程”，推动农村商贸流通业现代化

领导高度重视，确保“万村千乡市场工程”的顺利开展。区政府高度重视“万村千乡市场工程”，区商委将“万村千乡市场工程”列入重要工作日程，并将其作为建设社会主义新农村、构建农村新型流通网络的重要内容，明确分工、安排专人、真抓实干，“万村千乡市场工程”得到了扎实推进。

突出市场主导，精选龙头企业，科学合理制订实施方案。龙头企业是实施“万村千乡市场工程”的主体，区商委严格按照“万村千乡市场工程”的要求，结合农村市场实际，确定了重庆高兴超市有限公司和重庆峻邑肥业有限公司作为实施九龙坡区“万村千乡市场工程”的龙头企业。重庆高兴百货超市有限公司负责镇村日用品超市和便民店的新建改造与商品配送；重庆峻邑肥业有限公司负责镇村农资超市和便民店的新建改造和农资配送。商委主要领导带队和龙头企业一起，深入各个乡镇进行调查，在调查过程中对选中的网点进行登记造册，并对收集到的信息进行分析评估，最后制订出合理的实施方案；在明确了工作任务、投资数额、建设进度等内容后，依照乡镇超市、村级便民店的标准，对具体工作进行部署，使“万村千乡市场工程”开展得更加客观、科学、合理。

统一规范，严格标准，扎实推进“万村千乡市场工程”建设。为实施好“万村千乡市场工程”工作，区商委严格按照“万村千乡市场工程”农家店建设改造的标准来建设改造的农家店网点，在农家店建设改造中坚持做到“六个统一”，即“统一标示、统一采购、统一管理、统一价格、统一配送、统一服务”的标准，与龙头企业一起深入网点，从店面选址、设计施工到装修选材全程参与指导，并根据各店的面积和货品区尺寸，统一制作货柜货架，统一印制商品台账、价格标签，确保规范。

“万村千乡市场工程”的参与企业高兴超市，在统筹城乡商贸流通中总结了一些经验与方法，举例说明如下。

1. 公司简介

重庆市高兴百货连锁超市有限公司于 2002 年成立，公司总部位于重庆市九龙坡区白市驿，占地 1800m^2，主要经营日用百货、休闲食品、干副食品、酒水、生鲜食品等。重庆高兴百货连锁超市有限公司一直致力于现代商业创新和以优质服务回报百姓，秉承“尊重合作，服务超越”的经营理念，以“树立一流的形象、创一流的品牌”为目标，曾先后被重庆市委宣传部、工商行政管理局九龙坡分局、营业中协会、消费者权益保护委员会、工商业联合会及九龙坡区企

业信用促进会授予“诚信工商户”、“优秀工商户”、“消费者信得过企业”、“会员单位”、“企业会员”等荣誉称号。

2. 经营现状

公司经过不断努力，在百姓心中树立了良好的形象，同时形成了具有高兴超市特色的标准化、正规化的连锁型超市体制。高兴百货连锁超市于 2009 年 5 月被重庆市商委确定为九龙坡区“万村千乡市场工程”的龙头企业，年利润 500 万元左右，现有 20 多家直营店、50 多家加盟店、1 个高兴超市物流配送中心。

高兴超市物流配送中心内有产品陈列室、饮料区、配货区等，面积超过 1 万 m^2，有员工 30 人，配送车 4 台。其仓库分为两部分，一部分面积为 4200 m^2，负责给直营店供货；一部分面积超过 8000 m^2，负责给加盟店供货。

3. 基本做法

高兴超市既有加盟店，也有直营店；既做零售，也做批发。其中加盟店的做法如下：

（1）加盟条件。①依法办理工商营业执照。②认同高兴超市企业文化，能捍卫高兴品牌；具有敬业精神并愿意倾注全部精力和时间；亲自参与店铺运营和管理。③提供 30～500 m^2 的运营场所（位于主次干道的网点优先考虑）。④对经营场所拥有独立产权或拥有一年以上的租赁证明。⑤拥有与特许经营相适应的资金、人员等。⑥身体健康、信用良好、善于沟通、有商业经验，具备一定经营管理与市场竞争及策划能力。

（2）总部提供的支持。①企划支持（免费提供门头招牌，免收加盟费）：商圈调查及营销策划制定；店堂商品布局（设计）指导；广告支持、海报支持及促销方案指导。②培训支持：对加盟店从业人员进行各类培训，包括教材培训、课堂研修及门店实地操作培训。③营运支持：指导门店进行标准化营运操作及规范管理；开业前后的各类筹备、指导工作；专职督导负责门店的营运指导协调工作。④咨询服务：商品信息服务；最新管理资讯；财务会计账务处理服务。⑤商品配送：门店经营商品根据自身需求部分或全部由高兴超市提供。

四、九龙坡区城乡商贸统筹建设存在的问题与障碍

虽然九龙坡区相对于重庆市其他几个商贸统筹试点区县，拥有众多无可比拟的优势，但是在重庆一小时经济圈内，其整体的经济发展水平相对于经济较发达的江北区、渝中区、渝北区等区还有一些差距。

（一）区域条件劣势阻碍城乡统筹

九龙坡区境内横贯南北的中梁山山脉将其分为“东城西乡”两大部分，东部地区已基本实现城市化，西部地区除了场镇所在地外，绝大部分地区仍属农村形态，这为九龙坡区城乡商贸统筹工作带来了挑战。

(二) 城乡商贸发展不平衡

2008年，九龙坡区第一、第二、第三产业的产值之比为1.45∶50∶48.3，农业人口占全区总人口的26%左右。统筹城乡中产业转移及减少农业人口是否顺利，是决定九龙坡区城乡商贸统筹工作能否顺利完成的一个重大的问题。城市商贸业与镇乡商贸业无论是在商业网点建设方面，还是在业态结构、空间布局、消费观念、服务水平等方面都存在较大的差距。

(三) 农村商贸流通业发展水平较低

多数商贸企业规模小、缺乏竞争力，特别是农村流通主体组织化程度低，经营者及经纪人素质偏低，亟待培育和规范。

(四) 商贸对外开放程度不高，行业管理力度不够

对投资者的投资项目跟踪服务还存在差距，在营造“亲商、爱商、富商、忧商、安商”的软环境方面研究不多，各项促进商贸经济发展的优惠政策宣传不及时，未广泛面向群众和企业进行宣传。

参考文献

安虎森，等．2008．新区域经济学．大连：东北财经大学出版社．

柏群．2001．重庆商业布局结构与功能调整研究．经济师，(12)：109-110.

财贸经济编辑部．1985．社会主义流通理论探索．北京：中国展望出版社．

陈广汉．2000．刘易斯的经济思想研究．广州：中山大学出版社．

陈鸿彬．2007．城乡统筹发展定量评价指标体系的构建．地域研究与开发，(4)：62-65.

陈金生．2005．对欠发达地区城乡市场统筹建设若干问题的探讨．前沿，(12)：191-194.

陈文玲，路志凌，刘勇．1999．重新认识中国商业的地位和作用．管理世界，(3)：124-133.

程国强．2007．我国农村流通体系建设：现状、问题与政策建议．农业经济问题，(4)：59-62.

丁俊发．1995．流通经济学．北京：人民出版社．

丁俊发．1998．商品流通热点探索．北京：中国物资出版社．

丁俊发．2003a．重新认识流通（上）．中国流通经济，(1)：17-20.

丁俊发．2003b．重新认识流通（下）．中国流通经济，(2)：9-12.

丁俊发．2006．中国流通．北京：中国人民大学出版社．

丁俊发．2007．构建现代流通体系面临的形势和任务．中国流通经济，(2)：8-11.

丁俊发，张绪昌．1998．跨世纪的中国流通发展战略．北京：中国人民大学出版社．

丁旭辉．2009．安徽省“双向流通”连锁经营阶段性发展探究，中国集体经济，(4)：77-78.

段娟，文余源，鲁奇，等．2006．近十五年国内外城乡互动发展研究述评．地理科学进展，25(7)：118-128.

费景汉，拉尼斯．1992．劳动剩余经济的发展：理论与对策．王月，甘杏娣，吴立范译．北京：经济科学出版社．

高铁生．2005．关于中国市场体系建设和流通现代化的几个问题．中国流通经济，(3)：4-8.

高云虹，曾菊新．2006．城乡网络化与西部地区城乡发展模式选择．经济问题探索，(8)：13-18.

宫力平．2007．基于社会主义新农村建设的统筹城乡经济社会发展研究．安徽农业科学，35(8)：2406-2407.

郭冬乐，宋则．2000．中国商业理论前沿．北京：社会科学文献出版社．

郭鸿懋，江曼琦，陆军，等．2002．城市空间经济学．北京：经济科学出版社．

韩枫．2003．论我国流通模式的创新发展．商业研究，(15)：1-3.

何培香．2006．长沙商贸流通业国际化竞争新格局的形成及特点．湖南商学院学报，13(3)：49-51.

洪涛．2004．流通基础产业论：理论与案例．北京：经济管理出版社．

洪涛．2007. 流通产业经济学．北京：经济管理出版社．
黄伯勇．2007. 城乡统筹发展实现路径探讨．农村经济，(6)：82-83.
黄国雄．2003a. 流通新论．商业时代，(1)：3-14.
黄国雄．2003b. 论流通产业是基础产业．市场营销导刊，(2)：6 -8.
黄国雄．2006. 充分发挥我国商业在促进内需中的基础性作用．市场营销导刊，(3)：16-17.
纪宝成，等．1993. 商品流通论：体制与运行。北京：中国人民大学出版社．
贾后明，何春宏．2007. 以科学发展观统筹城乡市场建设．学术交流，(3)：66-69.
贾履让，张立中．1998. 中国流通产业及其运行．北京：中国物资出版社．
简真瑜．2007. 多元创新促进重庆商贸流通大发展．新重庆，(31)：11-13.
蒋华江，宋瑛．2009. 城乡统筹视角下重庆农村商贸体系的构建．商业时代，(32)：121-122.
蒋勇．2011. 永川全力打造西部统筹城乡商贸发展样板．决策导刊，(1)：15-17.
金永生．2003. 论流通产业组织及其创新．南京经济学院学报，(3)：16-21.
靳俊喜．2003. 现代商业发展与中心城市商贸发展创新．重庆：重庆出版社．
黎筠．2009. 城乡商贸统筹发展中存在的问题及对策探讨．河北农业科学，13 (2)：117-119.
李春海．2005. 制约农产品流通效率的制度瓶颈及其消减．财贸研究，(3)：22-26.
梁云．2009. 城乡商贸统筹发展模式及实践．商业研究，(8)：205-208.
林建华．2011. 城乡双向流动的商贸管理体系建设研究．经济纵横，(3)：23-27.
林素娟．2006. 构建双向流通低成本的模式促进社会主义新农村建设．商业研究，(24)：142-146.
林素娟．2008. 新农村建设背景下西南地区城乡流通一体化体系构建．商业时代，(13)：91-92.
林文益．1995. 贸易经济学．北京：中国财政经济出版社．
林周二．2000. 流通革命——产品、路径及消费者．北京：华夏出版社．
刘国光．1999a. 推进流通改革，加快流通业从末端行业向先导性行业转化．商业经济研究，(1)：9-11.
刘国光．1999b. 把流通业从末端行业转向先导行业．商业经济文荟，(2)：7-8.
刘国光．1999c. 加快流通业从末端行业向先导性行业转化．中国商贸，(2)：7-8.
刘远．2005. 农村商贸流通业的滞后要素与提升思路．南京社会科学，(11)：58-61.
刘子峰．2005. 论流通产业的战略地位．财贸研究，(2)：39-45.
柳春岩．2007. 基于农村商贸流通业的农产品供应链商贸流通业城乡协调发展战略研究之一．中国市场，(49)：90-91.
柳思维．2004a. 新时期的中国流通现代化．北京：中国市场出版社．
柳思维．2004b. 努力实现城乡消费品市场协调发展的思考．财贸经济，(3)：64-68.
柳思维．2004c. 优化城市商贸流通结构有关问题的研究．湖南商学院学报，(3)：1-5.
柳思维，晏国祥，唐红涛．2007. 国外统筹城乡发展理论研究述评．财经理论与实践，28 (150)：111-114.

鲁志国 . 2007. 深圳商贸流通服务业发展研究 . 珠江经济，(8)：46-53.
路小昆 . 2006. 市场一体化：统筹城乡发展的体制基础 . 理论界，(1)：71-72.
马尔科姆 · 吉利斯 . 1998. 发展经济学 . 彭刚译 . 北京：人民大学出版社 .
马克思 . 1953. 资本论 . 北京：中华书局 .
马远军，张小林、梁丹，等 . 2006. 国外城乡关系研究动向及其启示 . 经济问题探索，(1)：45-49.
潘红梅 . 2002. 我国农村市场的现状 · 障碍及开拓对策 . 江苏商论，(2)：20.
冉净斐，文启湘 . 2005. 流通战略产业论 . 商业经济与管理，(6)：10-15.
任保平 . 2010. 统筹城乡商贸流通：态势、机制与模式选择 . 社会科学辑刊，(4)：140-143.
任保平 . 2011a. 论统筹城乡商贸流通的基本原则 . 求索，(1)：8-10.
任保平 . 2011b. 市场分割背景下城乡商贸流通一体化运行模式及其实现路径 . 福建论坛（人文社会科学版），(4)：18-24.
任保平，魏婕 . 2011. 中国城乡商贸流通一体化的测度及其评价 . 统计与信息论坛，(9)：28-33.
任保平，杨斐 . 2011. 基于城乡商贸流通的政府与市场的关系 . 黑龙江社会科学，(3)：52-22.
石原武政，加藤司 . 2004. 商品流通 . 吴小丁译 . 北京：中国人民大学出版社 .
宋则 . 2003. 新世纪新主题：流通现代化——促进流通创新，提高流通效能政策研究 . 产业经济研究（3)：25-36.
宋则 . 2004a. 中国流通创新前沿报告 . 北京：中国人民大学出版社 .
宋则 . 2004b. 中国流通现代化核心评价指标研究 . 商业时代，(32)：17-18
宋则 . 2006a. 流通现代化及流通业竞争力研究：上 . 商业时代，(4)：11-13
宋则 . 2006b. 流通现代化及流通业竞争力研究：中 . 商业时代，(5)：15-17
宋则 . 2006c. 流通现代化及流通业竞争力研究：下 . 商业时代，(6)：7-9
宋则 . 2006d. 从市场和流通入手 . 狠抓挖潜增效的新思路 . 中国经济导刊，(12)：6-7.
宋则 . 2009. 商贸流通服务业对产业结构合理化和高度化的贡献 . 经济研究参考，(31)：21-27.
宋则，张弘 . 2003. 中国流通现代化评价指标体系 . 北京市财贸管理干部学院学报，(3)：9-13.
孙冶方 . 1981. 流通概论 . 财贸经济，(1)：6-14
汤向俊，任保平 . 2011. 统筹城乡商贸流通体系的约束条件及其路径选择 . 西安财经学院学报，24（2)：74-78.
汤宇卿 . 2001. 面向 WTO 的城市流通空间规划 . 城市规划汇刊，(6)：26-29.
唐婧 . 2007. 新农村视域中的湖南农村现代流通体系建设 . 湖南农业大学学报（社会科学版），(4)：11-12.
唐靖廷 . 2006. 农村经济发展与农村超市营运研究 . 产业与科技论坛，(7)：35-36.

托达罗 . 1992. 经济发展与第三世界 . 印金强等译 . 北京：中国经济出版社 .
汪洋 . 2007. 以城乡统筹发展为主线促进重庆更好更快的发展 . 求实，(13)：13-15.
王成慧，郭冬乐 . 2008. 我国农村流通发展 30 年之成就 . 中国流通经济，(12)：8-11.
王崇举 . 2008. 现代服务业与城乡统筹 . 社会科学，(3)：112-116.
王德章，朱艳丽 . 2006. 现代流通业在区域经济中的作用 . 商业经济，(2)：3-5.
王莉莉，孙宏岭 . 2008. 现行农村流通体系对农民利益影响的经济学分析 . 农村经济与科技，(4)：57-58.
王绍飞，孙冶方 . 1990. 流通理论探索 . 北京：中国物资出版社 .
王新利，吕火花 . 2006. 农村流通体系对农村消费的影响 . 农业经济问题，(3)：69-71.
威廉・阿瑟・刘易斯 . 1989. 二元经济论 . 施伟译 . 北京：北京经济学院出版社 .
魏后凯 . 2006. 现代区域经济学 . 北京：经济管理出版社 .
魏婕，何爱平 . 2011. 城乡分工、交易效率与城乡商贸流通一体化 . 商业经济与管理，(10)：12-19.
魏婕，任保平 . 2011. 西部地区城乡商贸流通一体化的模式选择及实现路径 . 贵州社会科学，(5)：33-38.
吴华安 . 2011. 城乡商贸统筹与我国商贸流通业转型升级的新思考——以重庆为例 . 贵州财经学院院报，(2)：94-99.
吴建国 . 2009. 中国流通理论研究六十年 . 上海商学院学报，10 (5)：1-7.
吴先华，王志燕，雷刚 . 2010. 城乡统筹发展水平评价——以山东省为例 . 经济地理，30 (4)：597- 601.
夏春玉 . 1997. 马克思的流通理论及其评价 . 当代经济科学，(3)：26-32.
夏春玉 . 2005. 城市与流通的互动：城市流通系统-城市与流通问题研究的新视角 . 财贸经济，(11)：73-79.
夏春玉，等 . 2006. 流通概论 . 大连：东北财经大学出版社 .
夏春玉，张闯，梁守砚 . 2009. 城乡互动的双向流通系统：互动机制与建立路径 . 财贸经济，(10)：106-112.
谢朝斌 . 1995. 工业化过程与现代商品流通 . 北京：东方出版社 .
徐从才 . 2000. 现代商品流通：转型与发展 . 北京：人民出版社 .
徐从才 . 2006a. 流通经济学：过程、组织、政策 . 北京：中国人民大学出版社 .
徐从才 . 2006b. 流通理论研究的比较综合与创新 . 财贸经济，(4)：27-35.
徐今瑾，郭晓艳 . 2010. 郑州同国内外区域商贸中心城市的比较 . 郑州航空工业管理学院学报，28 (2)：34-37.
徐莉莉 . 2003. 中国十五大城市商贸发展的比较分析 . 商业研究，(21)：153-155.
严莉 . 2006. 推进重庆商贸流通业发展的若干思考 . 江苏商论，(6)：35-36.
晏维龙 . 2006. 中国城市化对流通业发展影响的实证研究 . 财贸经济，(3)：55-59.
晏维龙 . 2009. 马克思主义流通理论当代视界与发展 . 北京：中国人民出版社 .

晏维龙，韩耀、杨益民，等．2004. 城市化与商品流通的关系研究理论与实证．经济研究，(2)：75-83.
杨承训．1988. 社会主义流通理论问题．北京：中国物资出版社．
杨文兵．2005. 加快发展农村零售业开拓农村市场．乡镇经济，(1)：25.
杨宜苗．2006. 试论流通产业的贡献．财贸经济，(7)：16-22.
易开刚．2005. 我国城市商业网点空间布局及其优化．科技进步与对策，(8)：106-108.
易开刚．2006. 我国农村现代化商贸流通体系的构建．商业经济与管理，(12)：18-21.
易开刚．2010. 统筹城乡商贸发展的路径探讨．中国流通经济，(8)：66-69.
易开刚．2011. 城乡商贸统筹发展的模型设计与博弈分析——以浙江省“千万工程”实施绩效为例．经济地理，31 (12)：2071-2075.
易开刚，厉飞芹．2011. 基于效用偏好与主体博弈的城乡商贸统筹模型建构．商业研究，(9)：47-51.
易文彬．2010. 城乡关系演变的历史与理论阐释．河南大学学报（社会科学版），(5)：62-65.
喻问兰．2008. 推进重庆市城乡商贸统筹发展探讨．现代商贸工业，(8)：94-95.
原梅生，弓志刚．2005. 论现代农村商品流通体系的构建．财贸经济，(3)：81-83.
曾庆均．1999. 西部大开发中的重庆商贸发展——构建重庆大区域商贸中心．重庆商学院学报，(3)：25-39.
曾庆均．2001a. 我国城乡市场协调发展的策略．商业研究，(11)：53-55.
曾庆均．2001b. 我国城乡市场协调发展与不发展．商业研究，(12)：70-71.
曾庆均，丁谦．2004. 西部地区商贸发展研究．北京：经济日报出版社．
曾庆均，干勤，周文兴，等．2001. 重庆商贸发展研究——重庆商贸中心的历史、现状与前景．重庆：重庆出版社．
张国．2002. 中国城乡结构调整研究——工业化进程中的城乡协调发展．北京：中国农业出版社．
张智．2009. 论城乡商贸统筹中商贸流通．重庆职业技术学院学报，(1)：58-60.
赵萍．2007. 论流通产业集群与区域经济发展．财贸经济，(2)：111-115.
赵勇．2004. 城乡良性互动战略．北京：商务印书馆．
中共中央马恩列斯著作编译局．1972. 马克思恩格斯选集．第二卷．北京：人民出版社．中国产业经济信息网．2011. 中国已建设 523 家连锁化农家店．http：//news. xinhuanet. com/society/2011-07/10/c _ 121646464. htm [2012-06-10]
中国经济网．2011. 全国供销社系统 2010 年销售总额再创新高．http：//news. china. com. cn/rounews/2011-01/17/conntent _ 6110613. htm. [2013-07-17]
中国科学院国情分析研究小组．1994. 城市与乡村——中国城乡矛盾与协调发展研究．北京：科学出版社．
钟春艳，李保明，王敬华．2007. 城乡差距与统筹城乡发展途径．经济地理，(6)：936-938.
周万钧，干勤．2001. 城乡一体化与商贸发展战略研究．重庆：重庆出版社．

周文兴，曾庆均.1999. 提高商贸流通业对重庆市国民经济的贡献度研究. 重庆商学院学报，(6)：1-5.

周日星，肖奋，朱发仓，等.2008. 浙江省流通服务业影响力研究. 财贸经济，(2)：85-91.

朱建成，刘国栋.2009. 区域商贸物流发展模式与对策研究. 商业时代，(34)：19-22.

Cecilia T. 1998a. Rural-urban interactions: a guide to the literature. Environment and Urbanisation, 10 (1): 147-166.

Cecilia T. 1998b. Rural-urban linkages and sustainable rural livelihoods//Carney D. Sustainable Rural Livelihoods. London: DFID.

Cecilia T. 2004. Rural-urban linkages and pro-poor agriculture growth: an overview. Prepared for OECD DAC POVNET Agriculture and Pro-poor Growth Task Team, Helsinki Workshop.

Douglass M. 1998a. A regional network strategy for reciprocal rural-urban linkages. An Agenda for Policy Research with Reference to Indonesia. Third World Planning Review, 20 (1): 1-33.

Douglass M . 1998b. Rural-urban linkages and poverty alleviation: toward a policy framework. International Workshop on Rural-Urban Linkages, Curitiba, Brazil.

Fields G S. 2005. A welfare economic analysis of labor market policies in the Harris-Todaro Model. Journal of Development Economics, 76 (1): 127-146.

Friedmann J. 1996. Modular cities: beyond the rural-urban divide. Environment and Urbanisation, 8 (1): 8-9.

Friedmann J, Douglass M. 1975. Agropolitan develop ment: towards a new strategy for regional planning in Asia. Los Angeles: University of California.

Ginsburg N. 1991. Extended metropolitan region in Asia: a new spatial paradigm//Ginsburg N, Koppel B, McGee T G. The Extended Metropolis: Settlement Transition in Asia. Honolulu: University of Hawaii Press.

Lucas R E. 1988. On the mechanics of economic development. Journal of Monetary Economics. 22 (10): 3-42.

Mcgee T G. 1989. Urbanisasi or kotadesasi? Evolving patterns of urbanization in Asia //Costa F J, Dutt A K, Ma L J C, et al. Urbanization in Asia: Spatial Dimensions and Policy Issues. Honolulu: University of Hawaii Press

Mcgee T G. 1991. The emergence of desakota regions in Asia: expanding a hypothesis//Ginsburg N, Koppel B, McGee T G. The Extended Metropolis: SettlementTransition in Asia. Honolulu: University of Hawaii Press.

Mcgee T G. 1994. Labour force change and mobility in the extended metropolitan regions of Asia//Fuchs R . Mega-City Growth and The Future. Tokyo: UN University Press

Mcgee T G. 1997. Globalisation，urbanisation and the emergence of sub-global regions//Watters R F，Mcgee T. Asia Pacific：New Geographies of the Pacific Rim. London：Hurstand Company.

Romer P M. 1986. Increasing returns and long-run growth. Journal of Political Economy. 94（2）：1002-1037.

Romer P M. 1990. Endongenous technological Change. Journal of Politica Economy，98（5）：71-102.

附　录

附表1　城乡商贸统筹发展潜力和统筹规模

obs	DIUR 城乡收入 统筹指标	ACUR 城乡消费 统筹指标	RSCUR 社会消费品零售 总额总量统筹	ARSCUR 社会消费品零售 总额人均统筹	LOAUR 城乡贷款 总额统筹	ALOAUR 城乡贷款 人均统筹
江西						
1－85	0.669	0.880	1.032	1.297	1.346	1.692
1－86	0.752	0.801	1.107	1.427	1.143	1.474
1－87	0.707	0.852	1.178	1.602	0.995	1.354
1－88	0.681	0.922	1.143	1.590	0.962	1.338
1－89	0.681	0.887	1.100	1.563	1.024	1.454
1－90	0.601	0.801	1.076	1.516	1.038	1.463
1－91	0.594	0.761	1.066	1.477	1.011	1.401
1－92	0.629	0.792	1.093	1.489	1.019	1.387
1－93	0.644	0.786	0.712	0.953	1.052	1.409
1－94	0.655	0.820	0.747	0.985	0.547	0.721
1－95	0.646	0.767	0.735	0.963	0.555	0.727
1－96	0.658	0.755	0.735	0.992	0.528	0.713
1－97	0.625	0.826	0.779	1.080	0.747	1.036
1－98	0.633	0.814	0.807	1.146	0.725	1.029
1－99	0.628	0.803	0.813	1.177	0.778	1.127
1－00	0.659	0.897	0.813	1.211	0.903	1.344
1－01	0.685	0.928	0.815	1.119	0.909	1.248
1－02	0.765	0.879	0.790	1.065	0.837	1.127
1－03	0.782	0.808	0.782	1.031	0.782	1.031
1－04	0.738	0.838	0.762	0.994	0.768	1.002
1－05	0.749	0.884	0.819	1.046	5.312	6.784
1－06	0.754	0.863	0.791	0.979	10.010	12.378
1－07	0.776	0.903	0.790	0.980	10.566	13.105
1－08	0.761	0.796	0.784	0.934		
安徽						
2－85	0.744	0.994	0.943	1.541	0.892	1.458
2－86	0.838	0.906	1.076	1.734	1.290	2.080
2－87	0.826	0.929	1.113	1.824	1.370	2.247
2－88	0.784	0.970	1.139	1.881	1.366	2.257
2－89	0.852	0.964	1.213	2.017	1.455	2.420
2－90	0.852	1.043	1.203	1.979	1.501	2.470
2－91	1.074	0.999	1.132	1.914	1.240	2.097
2－92	0.954	0.970	1.087	1.856	1.295	2.210
2－93	0.870	0.934	0.838	1.443	1.394	2.399
2－94	0.897	0.955	0.775	1.341	1.670	2.890

续表

obs	DIUR 城乡收入统筹指标	ACUR 城乡消费统筹指标	RSCUR 社会消费品零售总额总量统筹	ARSCUR 社会消费品零售总额人均统筹	LOAUR 城乡贷款总额统筹	ALOAUR 城乡贷款人均统筹
2-95	0.853	1.090	0.842	1.463	1.887	3.278
2-96	0.910	1.189	0.803	1.274	1.826	2.899
2-97	0.823	1.220	0.795	1.323	0.857	1.427
2-98	0.781	1.675	0.789	1.372	0.845	1.469
2-99	0.755	1.130	0.804	1.213	0.834	1.258
2-00	0.754	1.148	0.797	1.168	0.834	1.222
2-01	0.780	1.103	0.788	1.140	0.821	1.188
2-02	0.802	1.032	0.777	1.123	0.802	1.159
2-03	0.888	0.982	0.775	1.121	0.771	1.114
2-04	0.866	0.981	0.768	1.098	0.772	1.103
2-05	0.872	0.900	0.781	1.064	0.768	1.047
2-06	0.899	0.919	0.799	1.057	0.775	1.025
2-07	0.884	0.930	0.806	1.047	6.456	8.386
2-08	0.859	0.876	0.805	0.993		
浙江						
3-85	0.713	0.902	0.832	0.419	2.147	1.082
3-86	0.740	0.811	0.848	0.527	2.247	1.396
3-87	0.649	0.769	0.833	0.265	2.213	0.705
3-88	0.625	0.798	0.831	0.215	2.711	0.700
3-89	0.626	0.736	0.790	0.174	2.812	0.619
3-90	0.596	0.771	0.782	0.168	1.177	0.253
3-91	0.571	0.733	0.830	0.172	1.060	0.219
3-92	0.588	0.751	0.856	0.145	1.004	0.170
3-93	0.587	0.808	0.580	0.104	1.030	0.184
3-94	0.654	0.849	0.630	0.118	1.047	0.196
3-95	0.617	0.817	0.605	0.120	1.073	0.213
3-96	0.654	0.850	0.630	0.139	0.940	0.208
3-97	0.646	0.880	0.629	0.154	1.302	0.319
3-98	0.626	0.857	0.629	0.171	1.297	0.352
3-99	0.605	0.877	0.637	0.245	1.234	0.475
3-00	0.601	0.779	0.631	0.379	1.121	0.673
3-01	0.634	0.788	0.649	0.376	1.053	0.609
3-02	0.668	0.759	0.658	0.391	1.013	0.601
3-03	0.676	0.701	0.869	0.524	0.899	0.542
3-04	0.688	0.711	0.860	0.527	1.015	0.623
3-05	0.665	0.735	0.866	0.510	1.269	0.747
3-06	0.680	0.672	0.857	0.515	1.495	0.898
3-07	0.682	0.622	0.848	0.521	1.545	0.948
3-08	0.682	0.608	0.851	0.526		
江苏						
4-85	0.673	0.723	0.804	0.721	3.259	2.923
4-86	0.662	0.662	0.800	0.523	3.182	2.082

续表

obs	DIUR 城乡收入 统筹指标	ACUR 城乡消费 统筹指标	RSCUR 社会消费品零售 总额总量统筹	ARSCUR 社会消费品零售 总额人均统筹	LOAUR 城乡贷款 总额统筹	ALOAUR 城乡贷款 人均统筹
4 - 87	0.614	0.681	0.805	0.329	3.407	1.394
4 - 88	0.542	0.714	0.825	0.290	1.964	0.690
4 - 89	0.551	0.712	0.816	0.256	1.821	0.571
4 - 90	0.561	0.773	0.809	1.059	1.738	2.277
4 - 91	0.568	0.743	0.861	1.054	1.545	1.893
4 - 92	0.614	0.724	0.884	1.077	1.486	1.810
4 - 93	0.618	0.699	0.632	0.780	1.446	1.783
4 - 94	0.593	0.718	0.651	0.795	1.066	1.301
4 - 95	0.555	0.996	0.671	0.732	1.018	1.111
4 - 96	0.558	0.988	0.718	0.840	0.902	1.055
4 - 97	0.571	0.922	0.721	0.797	1.228	1.357
4 - 98	0.543	0.834	0.738	0.802	1.163	1.265
4 - 99	0.530	0.824	0.752	0.742	1.279	1.262
4 - 00	0.521	0.816	0.759	0.610	1.351	1.086
4 - 01	0.541	0.803	0.916	0.740	1.177	0.951
4 - 02	0.576	0.740	0.978	0.774	1.152	0.912
4 - 03	0.609	0.768	1.014	0.785	1.147	0.888
4 - 04	0.635	0.753	0.989	0.766	1.288	0.997
4 - 05	0.634	0.751	0.992	0.741	1.434	1.071
4 - 06	0.662	0.710	1.032	0.746	1.739	1.257
4 - 07	0.684	0.672	1.051	0.758	1.824	1.316
4 - 08	0.705	0.679	1.061	0.750		
上海						
5 - 85	0.577	1.281	1.606	0.310	11.606	2.241
5 - 86	0.564	1.057	1.796	0.333	9.816	1.821
5 - 87	0.520	0.911	1.867	0.358	7.709	1.479
5 - 88	0.470	0.938	2.128	0.413	4.055	0.787
5 - 89	0.458	0.786	2.113	0.370	4.252	0.745
5 - 90	0.444	0.698	1.857	0.319	4.427	0.761
5 - 91	0.400	0.586	1.880	0.325	3.773	0.652
5 - 92	0.412	0.494	1.995	0.345	3.612	0.625
5 - 93	0.443	0.573	1.591	0.154	11.467	1.106
5 - 94	0.491	0.601	1.822	0.117	3.879	0.250
5 - 95	0.497	0.643	2.119	0.027	48.911	0.623
5 - 96	0.548	0.697	2.404	0.030	4.905	0.062
5 - 97	0.518	0.653	2.500	0.018	7.439	0.054
5 - 98	0.495	0.650	2.565	0.018	10.018	0.072
5 - 99	0.565	0.805	2.545	0.015	9.075	0.055
5 - 00	0.580	0.768	2.495	0.016	8.182	0.053
5 - 01	0.612	0.677	2.400	0.016	7.813	0.052
5 - 02	0.601	0.634	2.293	0.009	11.220	0.044
5 - 03	0.622	0.603	2.227	0.009	9.414	0.039

续表

obs	DIUR 城乡收入 统筹指标	ACUR 城乡消费 统筹指标	RSCUR 社会消费品零售 总额总量统筹	ARSCUR 社会消费品零售 总额人均统筹	LOAUR 城乡贷款 总额统筹	ALOAUR 城乡贷款 人均统筹
5-04	0.655	0.622	2.148	0.009	12.590	0.055
5-05	0.614	0.589	1.998	0.184	22.758	2.091
5-06	0.618	0.562	2.035	0.202	62.911	6.252
5-07	0.638	0.586	2.069	0.216	47.256	4.936
5-08	0.648	0.643	2.107	0.227		
黑龙江						
6-85	0.807	1.142	3.626	1.495	0.658	0.271
6-86	0.712	0.819	3.707	1.517	0.785	0.321
6-87	0.719	0.862	4.033	1.685	0.782	0.327
6-88	0.644	0.837	3.690	1.524	0.870	0.359
6-89	0.749	0.933	4.221	1.720	0.953	0.388
6-90	0.542	0.816	4.491	1.754	1.150	0.449
6-91	0.610	0.787	4.727	1.817	1.197	0.460
6-92	0.524	0.666	3.881	1.467	1.674	0.633
6-93	0.539	0.681	2.650	0.982	2.520	0.934
6-94	0.535	0.651	2.525	0.917	1.126	0.409
6-95	0.562	0.692	2.295	0.813	1.271	0.450
6-96	0.562	0.688	2.340	0.882	1.313	0.495
6-97	0.574	0.718	2.304	0.926	2.116	0.851
6-98	0.578	0.755	2.208	0.941	2.519	1.073
6-99	0.601	0.958	2.223	0.995	2.204	0.987
6-00	0.630	0.890	2.222	1.172	2.712	1.430
6-01	0.661	0.901	2.190	1.195	2.819	1.538
6-02	0.715	0.857	2.107	1.217	2.976	1.718
6-03	0.742	0.934	2.184	1.339	2.874	1.762
6-04	0.716	0.944	2.096	1.350	2.445	1.575
6-05	0.698	0.754	2.043	1.353	4.633	3.069
6-06	0.706	0.775	2.047	1.388	4.072	2.760
6-07	0.679	0.724	2.152	1.510	2.815	1.974
6-08	0.663	0.670	2.126	1.438		
吉林						
7-85	0.636	0.817	1.084	0.207	1.008	0.193
7-86	0.674	0.799	1.542	0.283	1.063	0.195
7-87	0.624	0.746	1.559	0.245	1.159	0.182
7-88	0.557	0.804	1.606	0.204	1.260	0.160
7-89	0.626	0.754	1.561	0.195	1.218	0.152
7-90	0.519	0.818	1.459	0.154	1.400	0.147
7-91	0.602	0.767	1.459	0.156	1.411	0.151
7-92	0.618	0.829	1.504	0.115	1.445	0.110
7-93	0.618	0.851	2.058	0.139	1.550	0.105
7-94	0.579	0.859	2.065	0.120	1.132	0.066
7-95	0.580	0.641	2.700	0.166	1.189	0.073

续表

obs	DIUR 城乡收入统筹指标	ACUR 城乡消费统筹指标	RSCUR 社会消费品零售总额总量统筹	ARSCUR 社会消费品零售总额人均统筹	LOAUR 城乡贷款总额统筹	ALOAUR 城乡贷款人均统筹
7-96	0.583	0.800	2.024	0.127	1.278	0.080
7-97	0.620	0.850	2.092	0.140	1.837	0.123
7-98	0.538	0.934	2.347	0.164	2.033	0.142
7-99	0.561	1.376	2.309	0.170	1.718	0.126
7-00	0.655	1.196	1.430	0.104	2.132	0.155
7-01	0.680	0.900	1.492	0.902	2.277	1.377
7-02	0.747	0.948	1.606	0.992	2.280	1.409
7-03	0.771	0.937	1.646	1.043	2.186	1.385
7-04	0.753	0.959	1.641	1.078	1.822	1.196
7-05	0.724	1.060	1.624	1.101	1.654	1.121
7-06	0.734	0.830	1.601	1.109	1.398	0.968
7-07	0.738	0.839	1.633	1.180	1.098	0.794
7-08	0.722	0.854	1.610	1.189		
河北						
8-85	0.710	4.808	1.336	2.621	1.223	2.400
8-86	0.766	3.749	1.441	2.849	1.368	2.704
8-87	0.738	3.286	1.434	2.941	1.051	2.156
8-88	0.700	2.934	1.362	2.813	1.878	3.878
8-89	0.751	2.493	1.323	2.740	1.821	3.770
8-90	0.761	2.307	1.264	2.711	1.807	3.877
8-91	0.731	1.888	1.224	2.664	1.692	3.682
8-92	0.788	1.568	1.169	2.456	1.411	2.966
8-93	0.773	1.290	0.760	1.599	1.392	2.926
8-94	0.781	1.128	0.772	1.601	0.965	2.001
8-95	0.647	1.088	0.782	1.557	1.077	2.144
8-96	0.702	0.975	0.754	1.538	1.062	2.166
8-97	0.702	1.162	0.706	1.488	1.343	2.833
8-98	0.645	1.176	0.682	1.492	1.491	3.263
8-99	0.622	1.135	0.672	1.521	1.647	3.728
8-00	0.629	1.142	0.671	1.084	2.135	3.448
8-01	0.638	1.080	0.670	1.574	2.350	5.519
8-02	0.701	1.104	0.657	1.550	2.795	6.596
8-03	0.707	1.053	0.662	0.893	3.261	4.398
8-04	0.723	0.988	0.591	0.762	0.454	0.585
8-05	0.711	1.085	0.564	0.699	0.517	0.641
8-06	0.741	0.897	0.567	0.708	0.380	0.475
8-07	0.746	0.887	0.570	0.694	0.368	0.448
8-08		0.878	0.565	0.659		
天津						
9-85	0.672	4.135	6.175	1.737	1.222	0.344
9-86	0.688		7.373	2.168	2.144	0.630
9-87	0.607	2.915	8.118	2.536	1.612	0.504

续表

obs	DIUR 城乡收入统筹指标	ACUR 城乡消费统筹指标	RSCUR 社会消费品零售总额总量统筹	ARSCUR 社会消费品零售总额人均统筹	LOAUR 城乡贷款总额统筹	ALOAUR 城乡贷款人均统筹
9-88	0.529	2.677	8.536	2.694	1.431	0.452
9-89	0.510	1.978	9.174	2.962	1.304	0.421
9-90	0.520	1.760	9.699	3.119	1.140	0.367
9-91	0.509	1.366	10.399	3.423	0.959	0.316
9-92	0.484	1.176	10.988	3.704	0.808	0.272
9-93	0.491	1.015	7.909	2.726	0.728	0.251
9-94	0.585	0.994	3.800	1.338	1.580	0.556
9-95	0.573	0.873	3.208	1.152	1.488	0.534
9-96	0.619	1.036	3.109	1.188	1.357	0.518
9-97	0.603	1.117	3.590	1.459	1.554	0.631
9-98	0.557	1.103	2.137	0.916	1.644	0.704
9-99	0.534	0.946	1.844	0.828	1.779	0.798
9-00	0.513	0.917	1.913	0.917	1.986	0.952
9-01	0.516	0.920	2.017	1.013	2.207	1.108
9-02	0.495	0.832	10.101	5.365	1.663	0.883
9-03	0.490	0.808	9.931	5.540	1.100	0.614
9-04	0.506	0.832	9.800	5.748	0.914	0.536
9-05	0.615	1.014	9.195	2.285	1.168	0.290
9-06	0.627	0.963	9.719	2.429	1.495	0.374
9-07	0.639	1.021	9.287	2.364	1.881	0.479
9-08	0.444	1.060	10.012	2.482		
北京						
10-85	0.507	0.973	6.395	1.336	2.608	0.545
10-86	0.530	0.777	7.206	1.511	2.019	0.424
10-87	0.494	0.750	7.488	1.639	1.694	0.371
10-88	0.479	0.759	7.706	1.705	3.568	0.790
10-89	0.457	0.683	7.542	1.681	3.225	0.719
10-90	0.467	0.763	8.600	1.900	2.623	0.579
10-91	0.463	0.705	8.148	1.814	2.288	0.509
10-92	0.459	0.702	7.477	1.683	2.170	0.488
10-93	0.502	0.802	4.194	0.937	2.327	0.520
10-94	0.561	0.862	4.167	0.920	1.191	0.263
10-95	0.538	0.761	3.227	0.709	1.522	0.334
10-96	0.629	0.860	1.666	0.380	1.691	0.386
10-97	0.672	0.946	2.051	0.484	2.597	0.613
10-98	0.641	0.943	2.211	0.539	3.302	0.805
10-99	0.603	0.903	2.076	0.519	4.166	1.042
10-00	0.608	0.885	2.021	0.334	4.247	0.701
10-01	0.610	0.795	1.903	0.321	3.389	0.572
10-02	0.597	0.786	1.728	0.302	4.169	0.728
10-03	0.595	0.740	1.716	0.309	5.435	0.979
10-04	0.628	0.778	1.615	0.299	6.296	1.167

续表

obs	DIUR 城乡收入 统筹指标	ACUR 城乡消费 统筹指标	RSCUR 社会消费品零售 总额总量统筹	ARSCUR 社会消费品零售 总额人均统筹	LOAUR 城乡贷款 总额统筹	ALOAUR 城乡贷款 人均统筹
10-05	0.610	0.746	1.824	0.268	8.048	1.185
10-06	0.633	0.746	1.869	0.271	8.237	1.194
10-07	0.630	0.674	1.908	0.287	8.786	1.322
10-08	0.639	0.650	1.925	0.288		
辽宁						
11-85	0.627	0.829	2.424	0.792	1.372	0.448
11-86	0.675	0.997	2.768	0.925	1.376	0.460
11-87	0.635	0.977	2.955	1.012	1.266	0.434
11-88	0.610	0.974	3.059	1.045	1.257	0.430
11-89	0.674	0.925	3.069	1.059	1.252	0.432
11-90	0.629	0.957	3.125	1.087	1.304	0.454
11-91	0.614	0.875	3.300	1.140	1.279	0.442
11-92	0.593	0.812	3.431	1.243	1.160	0.420
11-93	0.560	0.747	2.190	0.804	1.173	0.431
11-94	0.615	0.729	2.311	0.860	1.386	0.516
11-95	0.618	0.780	2.493	0.940	1.337	0.504
11-96	0.637	0.789	2.546	0.994	1.405	0.548
11-97	0.635	0.841	2.497	1.037	1.458	0.605
11-98	0.546	0.910	2.497	1.085	1.477	0.642
11-99	0.555	0.931	2.618	1.187	1.588	0.720
11-00	0.626	0.890	2.640	1.236	1.672	0.783
11-01	0.630		2.553	1.253	1.959	0.961
11-02	0.668	0.964	2.528	1.297	2.095	1.074
11-03	0.687	0.999	2.510	1.341	2.284	1.220
11-04	0.698	0.983	2.358	1.333	2.036	1.151
11-05	0.671	0.919	2.249	1.187	1.084	0.572
11-06	0.693	0.794	2.083	1.130	1.081	0.586
11-07	0.706	0.841	2.062	1.166	1.057	0.597
11-08	0.717	0.890	2.012	1.124		
内蒙古						
12-85	0.721	1.368	2.205	0.893	0.855	0.346
12-86	0.827	1.138	2.466	0.938	0.969	0.369
12-87	0.737	1.064	2.543	0.914	0.984	0.354
12-88	0.594	1.014	2.505	0.899	1.087	0.390
12-89	0.670	0.919	2.521	0.917	1.191	0.433
12-90	0.605	0.907	2.497	1.590	1.406	0.895
12-91	0.642	0.882	2.440	1.539	1.374	0.867
12-92	0.627	0.871	2.351	1.519	1.312	0.848
12-93	0.642	0.851	1.542	1.013	0.854	0.561
12-94	0.677	0.884	1.580	1.050	0.954	0.634
12-95	0.644	0.776	1.614	1.070	0.651	0.431
12-96	0.698	0.767	1.701	1.198	0.667	0.469

续表

obs	DIUR 城乡收入 统筹指标	ACUR 城乡消费 统筹指标	RSCUR 社会消费品零售 总额总量统筹	ARSCUR 社会消费品零售 总额人均统筹	LOAUR 城乡贷款 总额统筹	ALOAUR 城乡贷款 人均统筹
12-97	0.717	0.787	1.725	1.271	0.977	0.720
12-98	0.670	0.785	1.774	1.334	1.459	1.097
12-99	0.675	0.854	1.812	1.383	1.328	1.014
12-00	0.693	0.976	1.814	1.416	1.189	0.929
12-01	0.779	1.039	1.814	1.412	1.056	0.822
12-02	0.817	1.455	1.774	1.442	1.074	0.873
12-03	0.861	1.086	1.716	1.441	1.161	0.975
12-04	0.898	1.057	1.748	1.486	1.070	0.909
12-05	0.831	1.080	1.988	1.668	1.130	0.948
12-06	0.847	0.843	2.040	1.680	1.231	1.014
12-07	0.858	0.856	2.031	1.656	1.138	0.927
12-08	0.861	0.904	2.021	1.586		
山西						
13-85	0.719	1.051	1.856	1.807	0.727	0.708
13-86	0.849	1.195	2.106	2.005	0.759	0.722
13-87	0.820	1.117	2.197	2.107	0.779	0.747
13-88	0.763	1.064	2.261	2.120	1.949	1.827
13-89	0.806	0.965	2.365	2.160	2.090	1.909
13-90	0.725	0.953	2.336	2.069	2.113	1.872
13-91	0.801	0.832	2.356	2.128	1.957	1.768
13-92	0.789	0.821	2.336	2.145	1.837	1.686
13-93	0.770	0.802	1.638	1.524	1.801	1.676
13-94	0.834	0.833	1.435	1.351	1.050	0.988
13-95	0.805	0.933	1.360	1.294	1.098	1.045
13-96	0.775	0.838	1.403	1.412	0.421	0.424
13-97	0.743	1.141	1.328	1.408	0.664	0.705
13-98	0.672	1.232	1.358	1.509	0.673	0.748
13-99	0.694	1.259	1.360	1.579	0.692	0.803
13-00	0.683	1.230	1.372	1.398	0.780	0.794
13-01	0.766	1.164	1.349	1.497	0.701	0.778
13-02	0.817	1.118	1.280	1.331	0.670	0.697
13-03	0.849	1.105	1.524	1.634	0.618	0.663
13-04	0.879	1.076	1.405	1.541	0.561	0.615
13-05	0.838	1.049	1.371	1.413	0.604	0.623
13-06	0.861	0.970	1.377	1.423	0.617	0.638
13-07	0.864	0.907	1.388	1.447	0.643	0.671
13-08	0.889	0.859	1.344	1.373		
新疆						
14-85	0.808	1.318	1.034	0.429	0.655	0.272
14-86	0.819	1.169	1.495	0.601	0.582	0.234
14-87	0.778	1.124	1.429	0.598	0.524	0.219
14-88	0.764	1.162	1.889	0.807	0.554	0.237

续表

obs	DIUR 城乡收入统筹指标	ACUR 城乡消费统筹指标	RSCUR 社会消费品零售总额总量统筹	ARSCUR 社会消费品零售总额人均统筹	LOAUR 城乡贷款总额统筹	ALOAUR 城乡贷款人均统筹
14-89	0.758	0.983	1.968	0.859	0.617	0.269
14-90	0.651	0.991	2.096	0.927	0.820	0.363
14-91	0.677	0.886	2.134	0.967	0.906	0.410
14-92	0.804	0.878	2.008	0.922	0.858	0.394
14-93	0.880	0.871	1.348	0.610	1.297	0.587
14-94	0.973	1.019	1.327	0.572	0.629	0.271
14-95	1.077	1.249	1.179	0.493	0.699	0.292
14-96	1.174	1.023	1.188	0.521	0.703	0.308
14-97	1.045	1.128	1.300	0.609	1.267	0.593
14-98	0.953	1.020	1.315	0.655	1.055	0.525
14-99	1.023	1.225	1.358	0.655	1.026	0.495
14-00	0.961	1.282	1.376	1.539	1.057	1.183
14-01	1.010	1.292	1.373	1.617	1.131	1.332
14-02	0.991	0.126	1.369	1.712	1.117	1.398
14-03	0.927	1.187	1.835	2.381	1.227	1.592
14-04	0.963	1.064	1.466	1.946	1.258	1.671
14-05	0.875	1.218	1.492	1.893	1.299	1.649
14-06	0.885	1.010	1.510	1.926	1.187	1.514
14-07	0.888	1.006	1.540	1.963	1.176	1.499
14-08	0.907	0.976	1.561	1.996		
宁夏						
15-85	0.976	1.311	2.836	3.500	0.631	0.779
15-86	0.953	1.150	3.298	3.862	0.878	1.028
15-87	0.942	1.134	3.277	3.865	1.202	1.418
15-88	0.801	1.139	3.162	3.694	1.409	1.646
15-89	0.808	1.088	3.648	4.247	1.417	1.650
15-90	0.811	1.133	3.804	4.355	1.533	1.756
15-91	0.830	1.087	2.789	3.262	1.005	1.175
15-92	0.897	1.040	2.879	3.431	1.007	1.200
15-93	0.919	1.107	1.323	1.603	1.059	1.283
15-94	1.258	1.042	2.163	2.380	0.535	0.588
15-95	0.959	1.000	2.120	2.359	0.922	1.026
15-96	0.831	0.981	1.739	2.067	0.966	1.148
15-97	0.804	1.033	1.817	2.225	1.368	1.675
15-98	0.714	0.997	1.734	2.190	1.372	1.732
15-99	0.708	1.007	1.772	2.344	1.389	1.838
15-00	0.785	1.062	1.793	2.119	1.280	1.513
15-01	0.845	1.148	1.748	2.098	1.005	1.207
15-02	0.891	1.157	1.721	2.119	0.740	0.912
15-03	0.890	1.008	1.710	1.987	0.589	0.684
15-04	0.897	1.113	1.698	1.788	0.485	0.511
15-05	0.877	1.206	1.783	1.820	0.416	0.425

续表

obs	DIUR 城乡收入 统筹指标	ACUR 城乡消费 统筹指标	RSCUR 社会消费品零售 总额总量统筹	ARSCUR 社会消费品零售 总额人均统筹	LOAUR 城乡贷款 总额统筹	ALOAUR 城乡贷款 人均统筹
15－06	0.908	0.978	1.893	1.957	0.394	0.408
15－07	0.935	0.928	1.967	2.051	0.451	0.471
15－08	0.976	0.933	2.152	2.211		
青海						
16－85	1.072	1.328	2.081	1.258	0.882	0.533
16－86	1.083	1.128	3.306	2.101	0.970	0.617
16－87	1.060	1.107	3.945	2.673	1.067	0.723
16－88	0.830	0.121	3.293	2.250	1.183	0.808
16－89	0.967	1.135	3.211	2.220	1.304	0.901
16－90	0.809	1.070	3.249	2.247	1.448	1.002
16－91	0.862	1.080	2.467	1.761	1.689	1.205
16－92	0.888	1.164	2.897	2.132	1.973	1.452
16－93	0.873	1.109	1.891	1.442	2.296	1.752
16－94	0.916	1.136	2.073	1.612	1.386	1.077
16－95	0.965	1.159	2.082	1.666	1.796	1.437
16－96	1.063	1.203	1.951	1.650	1.856	1.570
16－97	0.980	1.231	2.084	1.845	2.522	2.232
16－98	0.907	1.276	2.037	1.926	1.530	1.446
16－99	0.897	1.300	2.026	2.038	4.360	4.385
16－00	0.956	1.232	2.118	2.253	4.461	4.746
16－01	1.009	1.204	2.118	2.227	4.910	5.164
16－02	1.021	1.149	2.107	2.229	5.152	5.451
16－03	1.032	1.061	2.375	2.612	5.622	6.184
16－04	1.053	1.070	2.268	2.599	1.148	1.315
16－05	1.018	1.342	2.132	2.476	0.869	1.009
16－06	1.043	0.914	2.237	2.700	0.999	1.206
16－07	1.049	0.922	2.354	2.887	1.075	1.318
16－08	1.056	0.854	2.413	2.920		
甘肃						
17－85	1.080	1.643	1.480	0.756	0.717	0.366
17－86	1.121	1.487	2.443	1.208	0.854	0.422
17－87	1.101	1.511	2.382	1.199	0.927	0.467
17－88	1.006	1.708	2.506	1.279	0.995	0.508
17－89	1.061	1.577	2.551	1.322	1.093	0.566
17－90	0.941	1.381	2.344	2.985	0.731	0.930
17－91	0.990	1.275	2.210	2.853	0.734	0.948
17－92	1.065	1.346	2.207	2.894	0.701	0.919
17－93	1.027	1.116	2.159	2.864	0.641	0.851
17－94	1.055	1.146	1.368	1.837	0.703	0.944
17－95	1.054	1.055	1.397	1.898	0.618	0.840
17－96	0.992	1.147	1.354	1.948	0.581	0.835
17－97	0.961	1.222	1.478	2.237	0.791	1.198

续表

obs	DIUR 城乡收入统筹指标	ACUR 城乡消费统筹指标	RSCUR 社会消费品零售总额总量统筹	ARSCUR 社会消费品零售总额人均统筹	LOAUR 城乡贷款总额统筹	ALOAUR 城乡贷款人均统筹
17-98	0.878	1.314	1.425	2.274	0.860	1.373
17-99	0.897	1.470	1.418	2.372	0.845	1.412
17-00	0.948	1.364	1.427	2.574	0.734	1.325
17-01	0.991	1.352	1.397	2.583	0.700	1.295
17-02	1.090	1.412	1.344	2.453	0.713	1.302
17-03	1.108	1.227	1.312	2.366	0.755	1.361
17-04	1.148	1.263	1.253	2.252	0.849	1.525
17-05	1.110	1.565	1.189	2.080	0.819	1.433
17-06	1.142	1.146	1.122	1.940	0.616	1.065
17-07	1.178	1.172	1.113	1.976	0.738	1.310
17-08		1.045	1.086	1.925		
陕西						
18-85	0.954	1.259	1.860	0.906	0.803	0.391
18-86	1.111	1.099	1.899	0.929	0.814	0.398
18-87	1.054	1.079	2.007	1.011	0.790	0.398
18-88	0.913	1.079	2.029	0.877	1.577	0.681
18-89	1.005	1.027	2.154	0.949	1.783	0.785
18-90	0.876	1.064	2.159	0.940	1.873	0.815
18-91	0.905	1.299	2.103	0.922	1.873	0.821
18-92	0.930	1.287	2.143	0.945	1.832	0.808
18-93	0.909	1.263	1.460	0.616	1.816	0.766
18-94	0.958	1.053	1.429	0.621	1.799	0.782
18-95	1.011	1.146	1.517	0.635	1.814	0.759
18-96	1.065	1.166	1.598	0.690	1.630	0.704
18-97	1.008	1.153	1.654	0.440	2.216	0.590
18-98	0.915	1.193	1.658	0.341	2.614	0.538
18-99	0.906	1.284	1.667	0.349	0.776	0.163
18-00	0.960	1.225	1.691	0.371	0.731	0.160
18-01	1.002	1.201	1.679	2.263	0.682	0.919
18-02	1.117	1.160	1.629	2.332	0.692	0.991
18-03	1.131	1.205	1.593	2.226	0.741	1.036
18-04	1.156	1.200	1.531	2.240	0.687	1.005
18-05	1.095	1.258	1.375	1.739	0.588	0.744
18-06	1.120	1.056	1.345	1.632	0.640	0.777
18-07	1.115	0.989	1.351	1.619	0.684	0.819
18-08	1.139	0.991	1.351	1.560		
西藏						
19-85	0.796	1.391	0.775	2.095	0.343	0.927
19-86	0.851	1.321	1.217	3.440	0.311	0.880
19-87	0.907	1.409	1.027	2.407	0.238	0.558
19-88	0.852	1.532	0.898	2.083	0.405	0.940
19-89	0.937	1.585	1.197	2.147	0.537	0.963

续表

obs	DIUR 城乡收入 统筹指标	ACUR 城乡消费 统筹指标	RSCUR 社会消费品零售 总额总量统筹	ARSCUR 社会消费品零售 总额人均统筹	LOAUR 城乡贷款 总额统筹	ALOAUR 城乡贷款 人均统筹
19-90	0.939	1.786	1.232	2.328	0.693	1.309
19-91	1.043	1.780	1.929	3.652	0.668	1.265
19-92	0.973	1.800	1.603	3.098	0.665	1.286
19-93	0.939	1.803	1.379	2.716	1.085	2.137
19-94	1.171	1.919	1.401	2.819	0.693	1.394
19-95	1.340	1.654	1.203	2.429	0.799	1.613
19-96	1.680	2.338	1.292	2.799	1.494	3.236
19-97	1.532	2.404	1.641	3.716	2.822	6.391
19-98	1.432	2.826	2.016	4.631	4.573	10.507
19-99	1.351	2.612	2.267	3.250	4.459	6.392
19-00	1.335	1.782	2.267	2.791	5.208	6.412
19-01	1.408	1.839	2.482	3.157	3.837	4.882
19-02	1.438	1.872	2.203	2.894	2.258	2.967
19-03	1.327	2.429	2.187	2.429	1.523	1.692
19-04	1.270	2.107	2.021	60.583	0.860	25.794
19-05	1.233	2.778	1.906	3.901	0.927	1.898
19-06	1.003	0.943	2.106	4.181	0.651	1.293
19-07	1.094	1.020	2.301	4.780	0.800	1.662
19-08	1.092	1.170	2.193	6.291		
云南						
20-85	1.000	1.417	1.174	1.012	0.552	0.475
20-86	1.052	1.253	1.192	0.936	0.527	0.414
20-87	1.040	1.250	1.224	1.060	0.527	0.457
20-88	0.959	1.354	1.238	0.659	0.520	0.277
20-89	0.962	1.147	1.216	0.610	0.599	0.300
20-90	0.951	1.276	1.196	0.633	0.639	0.338
20-91	0.960	1.187	1.213	0.643	0.665	0.352
20-92	1.017	1.232	1.272	0.668	0.644	0.338
20-93	1.105	1.249	1.009	0.525	0.693	0.361
20-94	1.229	1.300	1.043	0.505	0.644	0.312
20-95	1.183	1.297	1.050	0.512	0.759	0.370
20-96	1.319	1.320	1.053	0.545	0.784	0.405
20-97	1.308	1.394	1.101	0.576	1.086	0.568
20-98	1.328	1.528	1.158	0.650	1.053	0.591
20-99	1.218	1.469	1.163	0.681	1.013	0.593
20-00	1.178	1.462	1.159	2.167	0.914	1.710
20-01	1.231	1.273	1.130	2.048	0.836	1.516
20-02	1.268	1.356	1.093	1.990	0.736	1.340
20-03	1.255	1.327	1.058	1.985	0.714	1.340
20-04	1.371	1.357	1.010	1.860	0.702	1.292
20-05	1.233	1.215	0.968	1.735	0.735	1.318
20-06	1.223	1.025	0.965	1.715	0.761	1.353

续表

obs	DIUR 城乡收入统筹指标	ACUR 城乡消费统筹指标	RSCUR 社会消费品零售总额总量统筹	ARSCUR 社会消费品零售总额人均统筹	LOAUR 城乡贷款总额统筹	ALOAUR 城乡贷款人均统筹
20-07	1.196	0.902	0.958	1.701	0.557	0.989
20-08	1.186	0.917	0.964	1.644		
贵州						
21-85	0.977	3.134	1.386	1.016	0.679	0.498
21-86	1.108	2.602	1.274	0.948	0.716	0.533
21-87	1.022	2.428	1.223	0.858	0.642	0.451
21-88	0.983	2.308	1.318	1.055	0.626	0.501
21-89	1.043	2.089	1.273	0.994	0.899	0.703
21-90	1.090	2.058	1.321	0.959	0.704	0.511
21-91	1.105	1.794	1.337	0.829	0.735	0.456
21-92	1.145	1.586	1.260	0.235	0.666	0.124
21-93	1.127	1.390	1.122	0.204	0.707	0.129
21-94	1.176	1.294	1.078	0.198	0.753	0.138
21-95	1.064	1.298	1.097	0.205	0.762	0.143
21-96	1.077	1.332	1.154	0.227	0.820	0.161
21-97	1.107	1.351	1.142	0.236	1.337	0.277
21-98	1.043	1.383	1.114	0.245	1.277	0.281
21-99	1.025	1.398	1.146	0.280	1.213	0.296
21-00	1.027	1.398	1.158	2.095	1.087	1.966
21-01	1.073	1.410	1.149	2.188	0.935	1.780
21-02	1.124	1.300	1.109	2.213	0.798	1.591
21-03	1.169	1.292	1.093	2.258	0.730	1.508
21-04	1.226	1.320	1.073	2.166	0.658	1.329
21-05	1.180	1.746	1.035	2.113	0.586	1.195
21-06	1.255	1.283	1.004	2.068	0.562	1.157
21-07	1.232	1.217	0.941	1.960	0.490	1.022
21-08	1.168	1.165	0.931	1.906		
四川						
22-85	0.955	1.323	0.343	0.017	0.395	0.020
22-86	1.025	1.233	0.588	0.030	0.385	0.019
22-87	0.984	1.207	0.483	0.026	0.370	0.020
22-88	0.892	1.210	0.526	0.030	0.619	0.035
22-89	0.962	1.168	0.515	0.030	0.617	0.036
22-90	0.905	1.276	1.048	0.061	0.602	0.035
22-91	0.925	1.151	1.054	0.064	0.555	0.034
22-92	0.956	1.144	0.974	0.064	0.490	0.032
22-93	0.975	1.062	0.651	0.045	0.437	0.030
22-94	1.001	1.022	0.691	0.052	0.204	0.015
22-95	1.017	1.147	0.762	0.061	0.204	0.016
22-96	0.988	1.262	0.757	0.067	0.198	0.018
22-97	0.909	1.258	0.676	0.066	0.266	0.026
22-98	0.874	1.262	0.649	0.069	0.633	0.067

续表

obs	DIUR 城乡收入 统筹指标	ACUR 城乡消费 统筹指标	RSCUR 社会消费品零售 总额总量统筹	ARSCUR 社会消费品零售 总额人均统筹	LOAUR 城乡贷款 总额统筹	ALOAUR 城乡贷款 人均统筹
22-99	0.842	1.202	0.647	0.075	0.584	0.068
22-00	0.853	1.180	0.636	0.083	0.547	0.071
22-01	0.889	1.197	0.610	0.087	0.580	0.083
22-02	0.883	1.103	0.575	0.091	0.607	0.096
22-03	0.880	1.034	0.576	0.104	0.654	0.119
22-04	0.861	1.008	0.549	0.113	0.679	0.140
22-05	0.813	0.968	0.543	0.827	0.647	0.986
22-06	0.851	0.984	0.529	0.790	0.757	1.131
22-07	0.857	0.950	0.546	0.810	0.757	1.123
22-08	0.852	0.935	0.558	0.785		
重庆						
23-85	1.082	1.386	1.063	1.665	3.098	4.852
23-86	1.119	1.344	1.264	2.040	3.113	5.027
23-87	1.101	1.389	1.231	2.088	3.129	5.307
23-88	0.990	1.427	1.173	2.032	3.170	5.491
23-89	1.000	1.308	1.191	2.096	3.193	5.622
23-90	0.977	1.374	1.178	2.088	3.243	5.749
23-91	0.970	1.309	1.146	2.072	3.273	5.917
23-92	0.988	1.303	1.080	1.956	3.312	5.996
23-93	1.050	1.233	0.688	1.242	3.336	6.024
23-94	1.026	1.243	0.790	1.415	1.743	3.121
23-95	1.013	1.362	0.866	1.550	1.956	3.501
23-96	1.106	1.340	0.877	1.636	2.024	3.773
23-97	1.014	1.433	0.784	1.517	2.962	5.733
23-98	0.921	1.394	0.795	1.583	3.375	6.722
23-99	0.899	1.461	0.803	1.633	3.969	8.072
23-00	0.899	1.405	0.813	1.704	5.243	10.989
23-01	0.926	1.338	0.807	1.692	6.290	13.181
23-02	0.972	1.365	0.779	0.751	7.213	6.953
23-03	1.018	1.392	0.764	0.720	0.737	0.695
23-04	1.048	1.340	0.785	0.734	0.743	0.694
23-05	0.991	1.250	0.721	0.656	0.871	0.792
23-06	1.100	1.299	0.729	0.649	0.817	0.728
23-07	0.983	1.293	0.738	0.647	0.800	0.701
23-08	0.967	1.167	0.763	0.641		
海南						
24-85	0.851	0.682	2.101	4.833	0.378	0.871
24-86	0.802	0.637	2.276	5.265	0.381	0.882
24-87	0.753	0.669	2.212	3.785	0.421	0.721
24-88	0.696	0.716	2.095	3.582	0.570	0.975
24-89	0.692	0.728	2.033	3.426	0.561	0.945
24-90	0.719	0.808	1.920	3.113	0.543	0.880

续表

obs	DIUR 城乡收入统筹指标	ACUR 城乡消费统筹指标	RSCUR 社会消费品零售总额总量统筹	ARSCUR 社会消费品零售总额人均统筹	LOAUR 城乡贷款总额统筹	ALOAUR 城乡贷款人均统筹
24-91	0.634	0.841	1.832	2.992	0.561	0.916
24-92	0.689	0.888	1.745	2.855	0.637	1.041
24-93	0.657	0.930	1.121	1.712	0.709	1.083
24-94	0.695	1.034	1.127	1.763	0.429	0.670
24-95	0.749	1.271	1.132	1.762	0.506	0.787
24-96	0.744	1.299	1.166	1.752	0.473	0.712
24-97	0.862	1.263	1.153	1.762	0.636	0.972
24-98	0.753	1.137	1.159	1.847	0.830	1.323
24-99	0.714	1.054	1.153	1.938	0.732	1.231
24-00	0.662	0.950	1.135	2.006	0.398	0.703
24-01	0.710	0.913	1.095	1.991	0.411	0.748
24-02	0.793	1.077	1.041	1.928	0.454	0.842
24-03	0.781	1.036	1.005	1.957	0.436	0.849
24-04	0.791	1.035	0.953	1.366	0.424	0.608
24-05	0.735	1.208	1.004	0.913	0.393	0.357
24-06	0.789	0.973	1.029	0.938	0.642	0.585
24-07	0.795	0.974	1.028	0.943	0.701	0.643
24-08	0.798	0.986	1.031	0.938		
广西						
25-85	0.976	0.864	1.058	0.528	0.724	0.362
25-86	1.013	0.824	1.096	0.568	0.818	0.424
25-87	0.973	0.883	1.146	0.634	0.770	0.426
25-88	0.969	0.964	1.123	0.546	0.670	0.326
25-89	0.951	1.001	1.106	0.482	0.403	0.176
25-90	0.768	1.133	1.124	0.471	0.320	0.134
25-91	0.791	1.138	1.116	0.446	0.444	0.178
25-92	0.876	1.160	1.098	0.409	0.421	0.157
25-93	0.924	1.171	0.877	0.268	0.649	0.198
25-94	1.033	1.256	0.819	0.207	0.374	0.095
25-95	0.975	1.306	0.805	0.167	0.245	0.051
25-96	0.963	1.236	0.733	0.130	0.254	0.045
25-97	0.882	1.310	0.750	0.131	0.656	0.114
25-98	0.837	1.234	0.756	0.132	0.687	0.120
25-99	0.777	1.188	0.759	0.130	0.747	0.128
25-00	0.862	1.169	0.775	0.142	0.654	0.120
25-01	0.953	1.596	0.796	0.143	0.645	0.116
25-02	1.024	1.032	0.782	1.268	0.617	1.000
25-03	1.035	1.019	0.845	1.403	0.627	1.041
25-04	1.022	0.947	0.822	1.275	0.594	0.921
25-05	1.012	1.174	0.889	1.317	0.524	0.776
25-06	0.976	0.858	0.887	1.306	0.492	0.724
25-07	1.037	0.891	0.884	1.276	0.513	0.740

续表

obs	DIUR 城乡收入 统筹指标	ACUR 城乡消费 统筹指标	RSCUR 社会消费品零售 总额总量统筹	ARSCUR 社会消费品零售 总额人均统筹	LOAUR 城乡贷款 总额统筹	ALOAUR 城乡贷款 人均统筹
25-08	1.065	0.974	0.865	1.177		
广东						
26-85	0.834	1.233	1.046	0.087	0.836	0.070
26-86	0.823	1.033	0.777	0.070	0.344	0.031
26-87	0.764	1.028	0.769	0.076	0.315	0.031
26-88	0.694	1.014	0.754	0.079	0.887	0.093
26-89	0.769	0.968	0.738	0.082	0.833	0.093
26-90	0.749	0.967	1.281	0.143	0.772	0.086
26-91	0.777	1.056	1.177	0.140	0.776	0.092
26-92	0.811	1.035	1.195	0.155	0.592	0.077
26-93	0.781	0.970	0.853	0.126	0.548	0.081
26-94	0.839	0.963	0.903	0.150	0.833	0.139
26-95	0.811	1.023	0.866	0.152	0.898	0.158
26-96	0.835	1.039	0.913	0.177	0.653	0.127
26-97	0.799	1.060	0.892	0.188	0.938	0.198
26-98	0.764	1.047	0.914	0.207	0.922	0.209
26-99	0.712	1.072	0.869	0.209	0.944	0.227
26-00	0.736	1.086	0.870	0.225	1.078	0.278
26-01	0.767	1.033	0.832	0.231	1.317	0.365
26-02	0.802	1.023	0.792	0.287	1.493	0.542
26-03	0.851	1.019	0.761	0.476	1.873	1.172
26-04	0.900	1.028	0.747	0.514	1.964	1.352
26-05	0.856	0.989	0.856	0.416	2.168	1.054
26-06	0.861	0.975	0.828	0.379	2.352	1.077
26-07	0.862	1.025	0.811	0.388	2.541	1.216
26-08	0.856	0.963	0.792	0.385		
湖南						
27-85	0.802	1.102	0.937	1.492	0.473	0.754
27-86	0.786	0.930	1.054	1.657	0.430	0.675
27-87	0.787	0.988	1.094	1.772	0.399	0.646
27-88	0.766	1.001	1.084	1.770	0.400	0.653
27-89	0.858	1.072	1.098	1.871	0.416	0.709
27-90	0.907	1.213	1.094	1.851	0.887	1.500
27-91	0.773	1.045	1.101	1.781	0.840	1.359
27-92	0.789	1.016	1.116	1.737	0.709	1.105
27-93	0.830	1.036	0.776	1.264	0.663	1.081
27-94	0.952	1.070	0.788	1.150	0.499	0.728
27-95	0.991	1.171	0.853	1.092	0.462	0.591
27-96	1.074	1.196	0.802	1.059	0.473	0.624
27-97	0.912	1.041	0.825	1.152	0.672	0.937
27-98	0.780	1.022	0.787	1.125	0.654	0.936
27-99	0.745	0.945	0.829	1.225	0.648	0.957

续表

obs	DIUR 城乡收入 统筹指标	ACUR 城乡消费 统筹指标	RSCUR 社会消费品零售 总额总量统筹	ARSCUR 社会消费品零售 总额人均统筹	LOAUR 城乡贷款 总额统筹	ALOAUR 城乡贷款 人均统筹
27-00	0.746	0.975	0.842	1.133	0.668	0.899
27-01	0.786	1.010	0.838	1.130	0.648	0.874
27-02	0.831	0.961	0.825	1.122	0.672	0.914
27-03	0.808	0.902	0.843	1.138	0.665	0.897
27-04	0.873	0.966	0.824	1.078	0.641	0.838
27-05	0.825	0.932	0.799	1.021	0.671	0.858
27-06	0.835	0.801	0.797	0.984	0.654	0.808
27-07	0.849	0.799	0.807	0.974	0.587	0.708
27-08	0.875	0.804	0.812	0.936		
湖北						
28-85	0.652	0.910	0.936	1.000	0.364	0.389
28-86	0.682	0.904	0.984	1.024	1.023	1.065
28-87	0.733	0.927	1.046	1.057	0.973	0.984
28-88	0.733	0.943	1.071	1.023	2.088	1.995
28-89	0.798	1.031	1.081	0.983	2.031	1.847
28-90	0.736	0.952	1.091	0.984	2.200	1.985
28-91	0.686	0.837	1.119	1.178	2.078	2.188
28-92	0.775	0.869	1.097	1.003	2.044	1.870
28-93	0.781	0.921	0.788	0.696	2.035	1.798
28-94	0.895	1.016	0.847	0.869	1.702	1.747
28-95	0.841	0.996	0.880	0.796	1.845	1.668
28-96	0.866	1.099	0.897	0.775	1.929	1.667
28-97	0.755	0.922	0.849	0.878	1.331	1.377
28-98	0.678	0.925	0.872	0.931	1.363	1.455
28-99	0.629	0.905	0.929	0.977	1.445	1.519
28-00	0.648	0.989	0.942	0.798	1.626	1.377
28-01	0.676	1.030	0.957	0.825	15.563	13.414
28-02	0.701	0.937	1.044	0.934	1.650	1.476
28-03	0.774	0.995	1.059	0.958	1.593	1.442
28-04	0.822	1.031	1.035	0.961	1.617	1.502
28-05	0.754	0.951	1.033	1.019	1.531	1.510
28-06	0.775	0.845	1.067	1.068	1.139	1.140
28-07	0.785	0.813	1.056	1.089	1.176	1.212
28-08	0.798	0.851	1.039	1.058		
河南						
29-85	0.672	1.057	1.221	2.174	1.280	2.279
29-86	0.696	1.005	1.351	2.455	1.222	2.220
29-87	0.766	1.030	1.379	2.633	2.071	3.953
29-88	0.698	1.058	1.344	2.613	1.875	3.645
29-89	0.757	1.134	1.339	2.648	1.722	3.404
29-90	0.753	1.123	1.312	2.573	0.585	1.147
29-91	0.706	1.016	1.337	2.627	0.558	1.096

续表

obs	DIUR 城乡收入统筹指标	ACUR 城乡消费统筹指标	RSCUR 社会消费品零售总额总量统筹	ARSCUR 社会消费品零售总额人均统筹	LOAUR 城乡贷款总额统筹	ALOAUR 城乡贷款人均统筹
29-92	0.707	1.023	1.323	2.604	0.567	1.116
29-93	0.773	1.015	0.897	1.768	0.778	1.534
29-94	0.810	0.996	0.879	1.736	0.397	0.784
29-95	0.846	1.087	0.840	1.660	0.401	0.792
29-96	0.872	1.456	0.821	1.603	0.385	0.752
29-97	0.770	1.010	0.856	1.652	0.559	1.078
29-98	0.720	1.116	0.847	1.612	0.503	0.957
29-99	0.641	1.039	0.841	1.582	0.525	0.986
29-00	0.641	1.077	0.824	1.554	0.518	0.977
29-01	0.667	1.004	0.800	1.485	0.537	0.997
29-02	0.707	0.961	0.776	1.428	0.557	1.026
29-03	0.785	0.961	0.765	1.392	0.571	1.040
29-04	0.893	1.020	0.776	1.374	0.575	1.019
29-05	0.820	0.988	0.764	1.296	0.551	0.935
29-06	0.825	0.973	0.780	1.265	0.596	0.967
29-07	0.824	0.901	0.793	1.244	0.616	0.966
29-08	0.828	0.883	0.798	1.190		
山东						
30-85	0.700	0.975	0.880	0.042	1.145	0.054
30-86	0.748	0.973	0.938	0.043	1.013	0.047
30-87	0.729	0.950	0.991	0.051	0.828	0.043
30-88	0.676	0.922	0.989	0.068	0.814	0.056
30-89	0.701	0.933	1.071	0.085	0.775	0.062
30-90	0.725	1.028	1.083	0.090	0.798	0.066
30-91	0.695	0.936	1.069	0.095	0.772	0.068
30-92	0.674	0.890	1.074	0.105	0.718	0.070
30-93	0.694	0.871	0.749	0.082	0.753	0.083
30-94	0.758	0.940	0.796	0.101	0.641	0.081
30-95	0.767	0.977	0.790	0.108	0.635	0.086
30-96	0.810	0.978	0.812	0.125	0.471	0.072
30-97	0.759	0.924	0.888	0.148	0.629	0.105
30-98	0.690	0.990	0.870	0.152	0.618	0.108
30-99	0.621	0.980	0.868	0.162	0.658	0.123
30-00	0.628	0.963	0.868	0.182	0.562	0.117
30-01	0.678	0.978	0.852	0.198	0.515	0.119
30-02	0.713	0.887	0.842	0.221	0.518	0.136
30-03	0.718	0.867	0.873	0.268	0.516	0.158
30-04	0.768	0.886	0.863	0.295	0.555	0.190
30-05	0.731	0.867	0.845	0.774	0.589	0.540
30-06	0.747	0.831	0.808	0.737	0.606	0.553
30-07	0.765	0.809	0.822	0.768	0.605	0.565
30-08	0.795	0.806	0.842	0.778		

续表

obs	DIUR 城乡收入统筹指标	ACUR 城乡消费统筹指标	RSCUR 社会消费品零售总额总量统筹	ARSCUR 社会消费品零售总额人均统筹	LOAUR 城乡贷款总额统筹	ALOAUR 城乡贷款人均统筹
福建						
31-85	0.730	0.923	0.945	0.058	0.470	0.029
31-86	0.756	0.904	1.194	0.076	0.495	0.031
31-87	0.849	0.924	1.223	0.083	0.520	0.035
31-88	0.747	0.929	1.395	0.098	0.552	0.039
31-89	0.710	0.828	1.335	0.098	0.582	0.043
31-90	0.756	0.933	1.374	0.099	0.619	0.045
31-91	0.738	0.842	1.410	0.105	0.616	0.046
31-92	0.701	0.861	1.270	0.100	0.618	0.049
31-93	0.675	0.845	0.908	0.078	1.075	0.093
31-94	0.694	0.790	0.821	0.075	0.585	0.053
31-95	0.733	0.859	0.767	0.072	0.642	0.060
31-96	0.771	0.918	0.775	0.081	0.667	0.070
31-97	0.724	0.965	0.797	0.090	0.867	0.098
31-98	0.672		0.813	0.101	0.843	0.104
31-99	0.624	0.892	0.811	0.110	0.856	0.116
31-00	0.611	0.838	0.801	0.119	0.734	0.109
31-01	0.639	0.807	0.771	0.124	0.818	0.131
31-02	0.693	0.773	0.787	0.253	0.773	0.249
31-03	0.723	0.795	0.848	0.205	0.784	0.190
31-04	0.772	0.843	0.858	0.277	0.868	0.280
31-05	0.743	0.841	0.820	0.685	0.905	0.756
31-06	0.756	0.915	0.855	0.723	1.002	0.846
31-07	0.779	0.820	0.902	0.779	1.005	0.868
31-08	0.788	0.824	0.915	0.772		

附表 2　统筹强度、统筹前景、统筹效益和统筹基础

obs	ENGUR1 城 engel 与 100－乡 engel	GDPUR 第二、第三产业与第一产业增加值统筹	AGDPUR 第二、第三产业与第一产业人均增加值统筹	EMPUR 城乡就业统筹	EMPIUR 第二、第三产业与第一产业就业统筹	PEOUR 人口基数统筹
江西						
1-85	1.143	0.561	0.707	0.820	0.832	0.795
1-86	1.194	0.568	0.745	0.828	0.811	0.776
1-87	1.184	0.551	0.746	0.840	0.775	0.735
1-88	1.244	0.595	0.821	0.834	0.809	0.719
1-89	1.226	0.601	0.843	0.849	0.799	0.704
1-90	1.213	0.531	0.747	0.812	0.792	0.710
1-91	1.422	0.523	0.723	0.825	0.781	0.722
1-92	1.376	0.506	0.687	0.835	0.812	0.734
1-93	1.164	0.530	0.709	0.853	0.978	0.747
1-94	1.188	0.482	0.634	0.837	0.930	0.759
1-95	1.202	0.509	0.665	0.897	1.043	0.764
1-96	1.252	0.521	0.701	0.891	1.028	0.741
1-97	1.181	0.518	0.716	0.875	1.119	0.721
1-98	1.237	0.580	0.824	0.815	1.136	0.705
1-99	1.184	0.568	0.827	0.764	1.155	0.690
1-00	1.227	0.531	0.787	0.707	1.145	0.672
1-01	1.152	0.524	0.725	0.661	1.164	0.728
1-02	1.162	0.525	0.709	0.688	2.812	0.742
1-03	1.227	0.530	0.699	0.689	1.328	0.758
1-04	1.328	0.533	0.692	0.702	1.274	0.767
1-05	1.198	0.587	0.753	0.511	1.227	0.783
1-06	1.235	0.586	0.726		1.154	0.809
1-07	1.273	0.603	0.744	0.677	1.125	0.806
1-08	1.228	0.633	0.755	0.468		0.840
安徽						
2-85	1.144	0.525	0.859	0.672	0.641	0.612
2-86	1.143	0.530	0.869	0.677	0.625	0.620
2-87	1.043	0.549	0.896	0.694	0.651	0.610
2-88	1.098	0.549	0.901	0.664	0.676	0.605
2-89	1.148	0.584	0.960	0.665	0.666	0.601
2-90	1.050	0.619	1.015	0.633	0.673	0.608
2-91	1.260	0.796	1.342	0.628	0.655	0.591
2-92	1.290	0.687	1.170	0.615	0.681	0.586
2-93	1.256	0.683	1.173	0.575	0.791	0.581
2-94	1.194	0.855	1.476	0.597	0.742	0.578
2-95	1.067	0.614	1.063	0.608	0.705	0.576
2-96	1.115	0.621	0.984	0.582	0.668	0.630
2-97	1.158	0.593	0.985	0.576	0.679	0.601
2-98	1.143	0.588	1.024	0.553	0.676	0.575
2-99	1.165	0.570	0.866	0.538	0.692	0.663
2-00	1.249	0.547	0.799	0.497	0.709	0.682

续表

obs	ENGUR1 城 engel 与 100－乡 engel	GDPUR 第二、第三产业 与第一产业 增加值统筹	AGDPUR 第二、第三产业 与第一产业人均 增加值统筹	EMPUR 城乡就业 统筹	EMPIUR 第二、第三产业 与第一产业 就业统筹	PEOUR 人口基数 统筹
2-01	1.206	0.554	0.808	0.464	0.738	0.691
2-02	1.176	0.576	0.835	0.455	1.853	0.692
2-03	1.204	0.590	0.853	0.450	0.853	0.692
2-04	1.178	0.610	0.869	0.442	0.856	0.699
2-05	1.196	0.617	0.845	0.331	0.780	0.734
2-06	1.184	0.619	0.821	0.309	0.851	0.756
2-07	1.093	0.635	0.821	0.323	0.916	0.770
2-08	1.228	0.675	0.834	0.299		0.811
浙江						
3-85	0.850	0.973	0.491	0.667	1.368	1.983
3-86	0.852	0.996	0.630	0.675	1.362	1.609
3-87	0.833	1.027	0.326	0.690	1.376	3.137
3-88	0.850	1.013	0.260	0.691	1.400	3.872
3-89	0.869	1.004	0.218	0.701	1.337	4.544
3-90	0.774	1.108	0.238	0.686	1.334	4.647
3-91	0.875	1.102	0.227	0.719	1.304	4.833
3-92	0.813	1.171	0.198	0.701	1.286	5.896
3-93	0.827	1.246	0.222	0.722	1.423	5.605
3-94	0.741	1.251	0.234	0.801	1.443	5.339
3-95	0.783	1.334	0.264	0.771	1.386	5.031
3-96	0.848	1.437	0.316	0.746	1.351	4.530
3-97	0.820	1.416	0.347	0.713	1.353	4.077
3-98	0.837	1.487	0.404	0.664	1.343	3.683
3-99	0.840	1.495	0.580	0.650	1.435	2.596
3-00	0.901	1.449	0.867	0.626	1.810	1.665
3-01	0.851	1.541	0.898	0.585	1.990	1.728
3-02	0.915	1.639	0.976	0.603	5.183	1.686
3-03	0.871	1.745	1.054	0.653	2.436	1.658
3-04	0.843	1.974	1.206	0.732	2.511	1.630
3-05	0.936	1.955	1.157	0.703		1.699
3-06	0.953	2.052	1.236	0.872		1.665
3-07	1.007	2.301	1.404	0.903		1.630
3-08	1.013	2.461	1.525	0.938		1.617
江苏						
4-85	0.870	0.923	0.829	0.919	1.462	1.115
4-86	0.845	0.860	0.572	0.938	1.556	1.529
4-87	0.833	1.005	0.409	0.956	1.604	2.445
4-88	0.842	0.970	0.339	0.945	1.643	2.846
4-89	0.894	1.036	0.321	0.962	1.571	3.190
4-90	0.881	1.120	1.463	0.941	1.164	0.763
4-91	0.999	1.191	1.456	0.955	1.141	0.816

续表

obs	ENGUR1 城 engel 与 100－乡 engel	GDPUR 第二、第三产业 与第一产业 增加值统筹	AGDPUR 第二、第三产业 与第一产业人均 增加值统筹	EMPUR 城乡就业 统筹	EMPIUR 第二、第三产业 与第一产业 就业统筹	PEOUR 人口基数 统筹
4－92	0.952	1.244	1.510	0.933	1.191	0.821
4－93	0.827	1.284	1.579	0.949	1.231	0.811
4－94	0.909	1.277	1.556	0.961	1.246	0.819
4－95	0.949	1.293	1.408	0.958	1.230	0.916
4－96	0.933	1.297	1.514	0.908	1.202	0.854
4－97	0.898	1.261	1.389	0.890	1.215	0.905
4－98	0.900	1.287	1.401	0.765	1.243	0.920
4－99	0.896	1.301	1.292	0.728	1.300	1.013
4－00	0.945	1.281	1.026	1.274	1.336	1.245
4－01	0.947	1.293	1.052	1.259	1.445	1.237
4－02	0.962	1.425	1.132	1.280	3.653	1.263
4－03	0.961	1.498	1.161	1.345	1.709	1.292
4－04	1.010	1.657	1.278	1.442	1.749	1.291
4－05	0.991	1.611	1.210	0.815	1.768	1.339
4－06	0.981	1.676	1.215	0.751	1.770	1.383
4－07	0.973	1.689	1.211	0.928	1.809	1.386
4－08	0.964	1.783	1.262	0.987		1.415
上海						
5－85	0.736	9.428	1.823	5.538	8.529	5.179
5－86	0.803	9.223	1.741	5.781	9.412	5.389
5－87	0.836	9.113	1.741	5.944	9.982	5.214
5－88	0.779	8.011	1.544	5.997	11.032	5.154
5－89	0.799	7.638	1.322	6.258	11.714	5.710
5－90	0.799	8.375	1.435	6.103	12.164	5.820
5－91	0.862	8.553	1.473	6.383	12.741	5.792
5－92	0.790	9.083	1.568	6.390	13.275	5.778
5－93	0.826	9.895	0.952	6.182	12.297	10.365
5－94	0.850	10.204	0.656	6.249	11.237	15.535
5－95	0.792	10.034	0.128	6.273	9.945	78.450
5－96	0.791	9.958	0.125	4.818	7.452	79.262
5－97	0.850	9.887	0.072	4.742	6.869	136.612
5－98	0.912	9.961	0.071	4.750	6.967	139.942
5－99	0.893	9.957	0.060	4.677	7.761	165.971
5－00	1.032	9.718	0.063	4.768	8.283	154.805
5－01	0.996	9.724	0.065	3.980	7.629	150.668
5－02	0.869	9.752	0.038	4.167	19.540	255.812
5－03	0.847	9.934	0.041	4.248	9.643	242.133
5－04	0.784	12.043	0.053	4.396	10.121	228.235
5－05	0.848	16.208	1.497	4.491	10.576	10.887
5－06	0.907	14.439	1.439	3.864	11.114	10.063
5－07	0.878	15.576	1.618	4.850	7.003	9.573

续表

obs	ENGUR1 城 engel 与 100－乡 engel	GDPUR 第二、第三产业与第一产业增加值统筹	AGDPUR 第二、第三产业与第一产业人均增加值统筹	EMPUR 城乡就业统筹	EMPIUR 第二、第三产业与第一产业就业统筹	PEOUR 人口基数统筹
5-08	0.924	16.525	1.787	5.049		9.264
黑龙江						
6-85	0.991	1.401	0.579	4.746	2.377	2.425
6-86	1.027	1.219	0.508	4.864	2.258	2.443
6-87	1.006	1.462	0.609	4.981	2.264	2.393
6-88	1.074	1.665	0.683	5.042	2.350	2.421
6-89	0.982	1.895	0.763	4.902	2.290	2.454
6-90	0.892	1.278	0.498	4.679	2.311	2.560
6-91	0.942	1.452	0.557	4.530	2.381	2.601
6-92	1.051	1.289	0.486	4.647	2.422	2.647
6-93	1.051	1.221	0.451	4.472	2.104	2.698
6-94	1.170	1.029	0.373	4.422	2.045	2.754
6-95	0.885	1.059	0.374	4.335	1.869	2.824
6-96	0.927	1.034	0.389	4.017	1.822	2.652
6-97	0.976	1.033	0.414	3.423	1.831	2.488
6-98	1.007	1.087	0.464	2.118	1.046	2.348
6-99	0.964	1.310	0.590	1.971	1.048	2.233
6-00	0.895	1.431	0.752	1.752	0.992	1.896
6-01	0.889	1.281	0.704	1.657	0.979	1.833
6-02	0.868	1.209	0.700	1.574	2.290	1.732
6-03	0.883	1.141	0.700	1.511	0.913	1.631
6-04	0.844	1.228	0.788	1.594	0.947	1.552
6-05	0.786	0.989	0.659	1.505	0.955	1.510
6-06	0.817	0.951	0.646	1.507	0.899	1.475
6-07	0.836	0.856	0.597	1.492	0.888	1.426
6-08	0.808	0.876	0.593	1.135		1.479
吉林						
7-85	0.998	1.015	0.194	3.049	2.008	5.234
7-86	0.999	0.930	0.174	2.945	2.007	5.442
7-87	0.984	0.990	0.155	2.875	1.816	6.361
7-88	0.968	1.038	0.131	2.598	1.709	7.854
7-89	0.986	1.305	0.161	2.629	1.613	8.005
7-90	0.917	0.895	0.094	2.509	1.622	9.498
7-91	0.967	0.924	0.099	2.567	1.599	9.354
7-92	0.987	0.907	0.069	2.459	1.539	13.102
7-93	1.034	0.885	0.060	2.467	1.509	14.757
7-94	1.075	0.688	0.040	2.481	1.417	17.246
7-95	0.968	0.675	0.041	2.464	1.327	16.295
7-96	0.902	0.627	0.039	2.435	1.261	15.931
7-97	1.051	0.653	0.044	2.402	1.246	14.915
7-98	1.042	0.553	0.039	1.898	1.064	14.290

续表

obs	ENGUR1 城 engel 与 100－乡 engel	GDPUR 第二、第三产业 与第一产业 增加值统筹	AGDPUR 第二、第三产业 与第一产业人均 增加值统筹	EMPUR 城乡就业 统筹	EMPIUR 第二、第三产业 与第一产业 就业统筹	PEOUR 人口基数 统筹
7-99	1.021	0.559	0.041	1.707	1.032	13.601
7-00	0.930	0.629	0.045	1.736	0.992	13.776
7-01	0.949	0.644	0.392	1.682	0.993	1.653
7-02	0.930	0.618	0.383	1.586	2.373	1.619
7-03	0.938	0.586	0.372	1.505	0.991	1.579
7-04	0.929	0.635	0.416	1.521	1.035	1.523
7-05	0.916	0.661	0.450	1.079	0.893	1.475
7-06	0.886	0.680	0.472	0.791	0.898	1.444
7-07	0.872	0.725	0.521	0.910	0.857	1.384
7-08	0.840	0.787	0.582	0.937		1.354
河北						
8-85	0.794	0.907	1.783	0.812	0.990	0.510
8-86	0.812	0.944	1.898	0.832	0.999	0.506
8-87	0.828	1.037	2.118	0.846	1.026	0.488
8-88	0.783	1.161	2.380	0.839	1.018	0.484
8-89	0.828	1.074	2.197	0.846	0.960	0.483
8-90	0.762	1.106	2.366	0.809	0.945	0.466
8-91	0.775	1.158	2.512	0.819	0.876	0.460
8-92	0.834	1.122	2.351	0.798	0.925	0.476
8-93	0.927	1.148	2.409	0.785	0.919	0.476
8-94	0.895	0.955	1.976	0.817	0.956	0.482
8-95	0.884	0.876	1.739	0.828	0.957	0.502
8-96	0.837	0.965	1.963	0.791	1.039	0.491
8-97	0.813	0.936	1.970	0.757	1.034	0.474
8-98	0.794	0.929	2.035	0.727	1.030	0.457
8-99	0.752	0.912	2.077	0.640	1.010	0.442
8-00	0.738	0.909	1.463	0.628	1.018	0.619
8-01	0.804	0.852	2.015	0.610	1.034	0.426
8-02	0.828	0.854	2.023	0.598	2.479	0.424
8-03	0.861	0.823	1.112	0.586	1.034	0.742
8-04	0.901	0.833	1.070	0.589	1.045	0.776
8-05	0.875	0.795	0.990	0.421	1.041	0.807
8-06	0.851	0.802	1.004	0.571	1.013	0.801
8-07	0.838	0.842	1.019	0.553	1.016	0.822
8-08		0.922	1.077	0.405		0.858
天津						
9-85	0.821	5.016	1.413	4.592	5.999	3.555
9-86	0.891	4.039	1.208	4.456	6.031	3.400
9-87	0.891	3.788	1.179	4.443	5.976	3.201
9-88	0.863	3.121	0.978	4.460	6.031	3.168
9-89	0.928	3.188	1.017	4.604	6.008	3.097

续表

obs	ENGUR1 城 engel 与 100－乡 engel	GDPUR 第二、第三产业 与第一产业 增加值统筹	AGDPUR 第二、第三产业 与第一产业人均 增加值统筹	EMPUR 城乡就业 统筹	EMPIUR 第二、第三产业 与第一产业 就业统筹	PEOUR 人口基数 统筹
9－90	0.954	3.890	1.248	4.473	6.095	3.110
9－91	0.969	3.508	1.152	4.662	6.010	3.038
9－92	0.940	3.555	1.195	4.510	5.987	2.967
9－93	0.919	3.566	1.226	4.322	6.043	2.901
9－94	0.977	3.663	1.288	4.313	5.944	2.840
9－95	1.004	3.593	1.287	4.194	5.669	2.784
9－96	0.960	3.824	1.457	3.968	5.343	2.617
9－97	0.918	3.825	1.551	3.896	5.315	2.461
9－98	0.859	3.687	1.582	3.635	5.228	2.334
9－99	0.847	3.901	1.762	3.512	5.383	2.228
9－00	0.907	3.852	1.839	3.316	4.990	2.087
9－01	0.852	3.835	1.939	3.124	4.906	1.992
9－02	0.837	3.789	2.020	2.945	11.597	1.883
9－03	0.899	3.819	2.133	2.683	4.943	1.793
9－04	0.852	4.248	2.482	2.486	4.756	1.705
9－05	0.892	4.527	1.131	2.431	3.498	4.024
9－06	0.869	4.674	1.172	6.762	4.400	4.000
9－07	0.900	5.791	1.466	2.184	4.810	3.928
9－08	0.943	6.821	1.694	2.594		4.033
北京						
10－85	0.759	5.168	1.081	5.786	8.199	4.786
10－86	0.775	5.039	1.075	6.038	8.318	4.768
10－87	0.842	4.480	0.977	6.146	8.233	4.570
10－88	0.848	3.436	0.755	6.755	8.246	4.519
10－89	0.907	3.504	0.772	7.130	8.238	4.488
10－90	0.833	3.742	0.824	7.722	8.961	4.526
10－91	0.841	3.933	0.874	8.454	8.798	4.491
10－92	0.823	3.726	0.837	8.355	9.414	4.442
10－93	0.749	3.630	0.809	8.646	11.225	4.476
10－94	0.749	3.279	0.723	7.556	9.628	4.531
10－95	0.795	3.989	0.874	7.319	9.156	4.552
10－96	0.776	4.419	1.006	7.350	8.272	4.384
10－97	0.760	4.473	1.053	7.564	8.355	4.239
10－98	0.741	4.633	1.131	6.625	7.626	4.101
10－99	0.740	4.592	1.156	6.100	7.303	3.998
10－00	0.745	4.620	0.760	5.956	7.495	6.058
10－01	0.762	4.896	0.831	5.752	7.845	5.930
10－02	0.721	4.974	0.872	6.081	21.040	5.724
10－03	0.683	5.388	0.972	5.937	9.824	5.549
10－04	0.673	6.190	1.142	7.376	11.405	5.397
10－05	0.706	9.824	1.454	7.146	11.217	6.794

续表

obs	ENGUR1 城 engel 与 100－乡 engel	GDPUR 第二、第三产业与第一产业增加值统筹	AGDPUR 第二、第三产业与第一产业人均增加值统筹	EMPUR 城乡就业统筹	EMPIUR 第二、第三产业与第一产业就业统筹	PEOUR 人口基数统筹
10－06	0.727	10.315	1.499	9.806	10.557	6.900
10－07	0.754	11.810	1.767	4.108	9.986	6.648
10－08	0.763	12.319	1.844	4.120		6.692
辽宁						
11－85	0.897	2.357	0.771	3.470	2.982	3.061
11－86	0.912	2.069	0.703	3.502	2.827	2.993
11－87	0.899	2.059	0.703	3.584	2.851	2.919
11－88	0.879	1.817	0.617	3.585	2.902	2.927
11－89	0.889	2.037	0.695	3.733	2.892	2.899
11－90	0.913	1.968	0.683	3.671	2.935	2.875
11－91	0.929	1.830	0.630	3.676	2.807	2.896
11－92	0.901	1.837	0.664	3.649	2.817	2.760
11－93	0.937	1.668	0.611	3.402	2.770	2.722
11－94	1.005	1.675	0.622	3.536	2.620	2.688
11－95	1.080	1.547	0.581	3.440	2.397	2.653
11－96	1.028	1.413	0.550	3.248	2.195	2.562
11－97	1.037	1.489	0.617	3.267	2.075	2.408
11－98	0.984	1.363	0.593	2.988	1.958	2.301
11－99	0.987	1.401	0.639	2.637	2.061	2.206
11－00	0.988	1.484	0.692	2.392	1.994	2.136
11－01	1.000	1.398	0.691	2.279	2.013	2.038
11－02	1.008	1.320	0.680	2.037	4.426	1.949
11－03	1.020	1.284	0.687	1.861	1.809	1.872
11－04	1.062	1.212	0.683	1.732	1.689	1.768
11－05	0.969	1.124	0.596	1.615	1.424	1.895
11－06	0.993	1.080	0.587	1.489	1.460	1.844
11－07	0.977	1.104	0.621	1.283	1.441	1.769
11－08	0.980	1.230	0.688	1.246		1.789
内蒙古						
12－85	0.989	0.789	0.320	1.840	1.091	2.470
12－86	0.968	0.843	0.326	1.995	1.059	2.628
12－87	0.909	0.880	0.315	1.934	1.220	2.782
12－88	0.934	0.683	0.244	1.933	1.260	2.786
12－89	0.825	0.755	0.271	2.005	1.273	2.750
12－90	0.804	0.675	0.428	1.996	1.202	1.571
12－91	0.856	0.653	0.411	2.010	1.162	1.585
12－92	0.832	0.619	0.399	2.005	1.178	1.548
12－93	0.875	0.599	0.393	1.991	1.147	1.523
12－94	0.882	0.537	0.356	2.060	1.103	1.505
12－95	0.993	0.533	0.352	1.914	0.997	1.509
12－96	1.062	0.515	0.362	1.754	0.919	1.421

续表

obs	ENGUR1 城 engel 与 100—乡 engel	GDPUR 第二、第三产业与第一产业增加值统筹	AGDPUR 第二、第三产业与第一产业人均增加值统筹	EMPUR 城乡就业统筹	EMPIUR 第二、第三产业与第一产业就业统筹	PEOUR 人口基数统筹
12－97	0.948	0.528	0.388	1.750	0.929	1.357
12－98	0.944	0.517	0.389	1.660	0.926	1.330
12－99	0.853	0.518	0.398	1.525	0.903	1.310
12－00	0.812	0.513	0.399	1.449	0.917	1.281
12－01	0.825	0.534	0.418	1.402	0.938	1.285
12－02	0.795	0.546	0.445	1.313	2.248	1.230
12－03	0.847	0.551	0.464	1.261	0.945	1.191
12－04	0.799	0.616	0.522	0.960	0.820	1.177
12－05	0.824	0.760	0.641	0.906	0.697	1.192
12－06	0.789	0.798	0.659	0.902	0.637	1.214
12－07	0.784	0.874	0.709	0.886	0.620	1.227
12－08	0.830	0.990	0.778	0.938		1.274
山西						
13－85	0.854	1.598	1.558	1.432	1.673	1.027
13－86	0.877	1.877	1.817	1.478	1.645	1.051
13－87	0.854	2.013	1.923	1.527	1.650	1.043
13－88	0.910	1.901	1.770	1.502	1.652	1.066
13－89	0.848	1.640	1.480	1.504	1.638	1.095
13－90	0.788	1.596	1.410	1.466	1.607	1.129
13－91	0.831	1.882	1.696	1.493	1.577	1.107
13－92	0.940	1.579	1.446	1.482	1.592	1.089
13－93	0.953	1.466	1.360	1.471	1.501	1.075
13－94	0.914	1.367	1.285	1.495	1.431	1.062
13－95	1.078	1.294	1.228	1.445	1.347	1.051
13－96	0.989	1.280	1.285	1.387	1.277	0.993
13－97	0.968	1.385	1.466	1.343	1.257	0.943
13－98	1.025	1.293	1.438	1.112	1.158	0.900
13－99	0.936	1.638	1.913	1.047	1.128	0.862
13－00	0.882	1.416	1.437	0.952	1.101	0.982
13－01	0.897	1.543	1.725	0.888	1.113	0.901
13－02	0.828	1.423	1.486	0.829	2.597	0.961
13－03	0.866	1.489	1.599	0.851	1.210	0.933
13－04	0.881	1.659	1.812	0.821	1.138	0.912
13－05	0.867	2.088	2.165	0.760	1.057	0.970
13－06	0.811	2.079	2.155	0.696	1.067	0.968
13－07	0.816	2.596	2.691	0.740	1.033	0.959
13－08	0.826	2.925	2.994	0.739		0.979
新疆						
14－85	0.882	0.605	0.251	3.058	0.929	2.411
14－86	0.856	0.645	0.264	3.130	0.907	2.488
14－87	0.847	0.588	0.245	3.121	0.900	2.389

续表

obs	ENGUR1 城 engel 与 100—乡 engel	GDPUR 第二、第三产业与第一产业增加值统筹	AGDPUR 第二、第三产业与第一产业人均增加值统筹	EMPUR 城乡就业统筹	EMPIUR 第二、第三产业与第一产业就业统筹	PEOUR 人口基数统筹
14-88	0.895	0.557	0.236	3.065	0.995	2.342
14-89	0.899	0.576	0.249	3.175	0.935	2.290
14-90	0.782	0.688	0.303	3.129	0.958	2.260
14-91	0.820	0.619	0.280	3.215	0.944	2.207
14-92	0.869	0.643	0.294	3.205	0.952	2.177
14-93	0.863	0.667	0.301	3.077	0.900	2.210
14-94	0.765	0.587	0.253	3.081	0.848	2.318
14-95	0.742	0.562	0.234	2.983	0.806	2.392
14-96	0.730	0.602	0.263	2.794	0.765	2.281
14-97	0.801	0.569	0.266	2.705	0.698	2.136
14-98	0.908	0.548	0.273	2.227	0.748	2.008
14-99	0.933	0.598	0.290	2.052	0.801	2.072
14-00	0.945	0.600	0.669	1.587	0.788	0.894
14-01	0.961	0.634	0.752	1.787	0.766	0.849
14-02	0.950	0.609	0.765	1.719	1.838	0.799
14-03	0.969	0.470	0.611	1.673	0.785	0.771
14-04	0.928	0.553	0.732	1.638	0.749	0.753
14-05	0.933	0.552	0.704	1.593	0.713	0.788
14-06	0.937	0.595	0.761	1.420	0.710	0.784
14-07	0.912	0.572	0.724	1.425	0.681	0.785
14-08	0.970	0.655	0.838	1.351		0.782
宁夏						
15-85	0.899	0.888	1.097	1.350	0.886	0.810
15-86	0.894	0.819	0.975	1.368	0.872	0.854
15-87	0.958	0.983	1.155	1.376	0.886	0.848
15-88	0.865	0.928	1.077	1.357	0.897	0.856
15-89	0.901	0.988	1.136	1.424	0.925	0.859
15-90	0.920	1.036	1.182	1.384	0.919	0.873
15-91	0.874	0.952	1.110	1.408	0.897	0.855
15-92	0.879	0.954	1.134	1.444	0.885	0.839
15-93	0.831	0.955	1.153	1.301	0.826	0.826
15-94	0.899	0.843	0.927	1.339	0.770	0.909
15-95	0.902	0.937	1.040	1.304	0.735	0.899
15-96	0.989	0.848	1.006	1.212	0.716	0.841
15-97	0.901	0.815	0.996	1.155	0.697	0.817
15-98	0.922	0.758	0.958	1.008	0.666	0.792
15-99	0.886	0.757	1.008	0.909	0.718	0.756
15-00	0.906	0.795	0.936	0.834	0.737	0.846
15-01	0.872	0.785	0.949	0.800	0.776	0.833
15-02	0.897	0.771	0.953	0.764	1.890	0.812
15-03	0.905	0.794	0.924	0.750	0.899	0.861

续表

obs	ENGUR1 城 engel 与 100－乡 engel	GDPUR 第二、第三产业与第一产业增加值统筹	AGDPUR 第二、第三产业与第一产业人均增加值统筹	EMPUR 城乡就业统筹	EMPIUR 第二、第三产业与第一产业就业统筹	PEOUR 人口基数统筹
15－04	0.898	0.867	0.909	0.784	0.893	0.949
15－05	0.928	0.995	1.021	0.738	0.866	0.980
15－06	0.919	0.980	1.016	0.768	0.888	0.967
15－07	0.925	0.996	1.033	0.713	0.818	0.959
15－08	0.897	1.040	1.070	0.605		0.973
青海						
16－85	1.218	0.985	0.596	0.954	1.047	1.655
16－86	1.239	0.899	0.581	0.957	1.096	1.574
16－87	1.181	0.923	0.623	0.960	1.046	1.476
16－88	1.116	0.897	0.608	0.937	1.039	1.463
16－89	1.263	0.899	0.614	0.967	0.997	1.446
16－90	1.186	1.043	0.719	0.944	1.011	1.446
16－91	1.275	0.977	0.695	0.947	0.977	1.401
16－92	1.251	0.900	0.661	0.925	0.925	1.359
16－93	1.231	0.943	0.718	0.904	1.007	1.311
16－94	1.264	0.799	0.621	0.907	0.922	1.286
16－95	1.214	0.787	0.628	0.887	0.852	1.250
16－96	1.329	0.849	0.716	0.848	0.777	1.182
16－97	1.378	0.831	0.734	0.831	0.785	1.129
16－98	1.248	0.847	0.802	0.799	0.788	1.058
16－99	1.244	0.889	0.900	0.767	0.835	0.994
16－00	1.262	0.944	1.001	0.756	0.791	0.940
16－01	1.096	0.903	0.956	0.849	0.676	0.951
16－02	0.998	0.917	0.973	0.839	1.802	0.945
16－03	1.063	0.952	1.048	0.831	0.816	0.909
16－04	0.976	0.969	1.106	0.875	0.844	0.873
16－05	0.989	0.950	1.110	0.877	0.841	0.861
16－06	1.011	0.992	1.201	0.873	0.825	0.829
16－07	1.036	1.018	1.242	0.867	0.866	0.815
16－08	1.044	1.025	1.242	0.669		0.826
甘肃						
17－85	1.014	1.054	0.539	0.694	0.627	1.958
17－86	1.042	0.984	0.495	0.719	0.612	2.022
17－87	1.002	0.913	0.458	0.727	0.764	1.987
17－88	0.970	0.883	0.448	0.696	0.701	1.960
17－89	1.017	0.869	0.445	0.694	0.706	1.930
17－90	1.036	1.017	1.292	0.634	0.662	0.785
17－91	1.035	0.988	1.272	0.683	0.658	0.775
17－92	1.024	0.906	1.184	0.685	0.639	0.763
17－93	0.945	0.798	1.056	0.622	0.592	0.754
17－94	1.213	0.835	1.119	0.641	0.639	0.745

续表

obs	ENGUR1 城 engel 与 100－乡 engel	GDPUR 第二、第三产业与第一产业增加值统筹	AGDPUR 第二、第三产业与第一产业人均增加值统筹	EMPUR 城乡就业统筹	EMPIUR 第二、第三产业与第一产业就业统筹	PEOUR 人口基数统筹
17－95	1.468	1.005	1.362	0.605	0.624	0.736
17－96	1.413	0.689	0.989	0.570	0.595	0.695
17－97	1.106	0.680	1.026	0.544	0.618	0.661
17－98	1.182	0.678	1.083	0.596	0.663	0.626
17－99	1.062	0.714	1.202	0.634	0.695	0.598
17－00	0.946	0.666	1.196	0.589	0.677	0.554
17－01	0.943	0.642	1.195	0.568	0.679	0.541
17－02	0.938	0.639	1.171	0.546	1.601	0.548
17－03	0.944	0.603	1.089	0.533	0.671	0.554
17－04	1.005	0.642	1.150	0.532	0.626	0.556
17－05	1.019	0.712	1.251	0.434	0.609	0.572
17－06	1.028	0.725	1.256	0.443	0.431	0.578
17－07	1.053	0.738	1.303	0.410	0.411	0.563
17－08	1.083	0.748	1.329	0.394		0.564
陕西						
18－85	0.911	0.912	0.445	0.961	0.914	2.053
18－86	0.935	0.937	0.466	0.981	0.956	2.044
18－87	0.945	0.934	0.469	0.987	0.897	1.984
18－88	0.874	0.954	0.409	0.953	0.842	2.314
18－89	0.868	0.961	0.418	0.982	0.853	2.271
18－90	0.947	1.036	0.450	0.932	0.849	2.297
18－91	0.907	0.952	0.416	0.920	0.818	2.280
18－92	0.992	0.891	0.392	0.889	0.796	2.268
18－93	0.930	0.834	0.351	0.902	0.792	2.371
18－94	0.976	0.850	0.369	0.896	0.750	2.300
18－95	0.958	0.840	0.351	0.889	0.712	2.388
18－96	0.940	0.816	0.352	0.871	0.701	2.315
18－97	0.876	0.841	0.223	0.846	0.702	3.756
18－98	0.856	0.789	0.163	0.755	0.688	4.856
18－99	0.800	0.844	0.178	0.731	0.719	4.773
18－00	0.823	0.816	0.178	0.745	0.795	4.557
18－01	0.809	0.842	1.143	0.692	0.796	0.742
18－02	0.784	0.916	1.316	0.735	2.020	0.698
18－03	0.838	0.872	1.220	0.696	0.882	0.716
18－04	0.878	0.893	1.301	0.671	0.895	0.684
18－05	0.943	1.005	1.279	0.554	0.788	0.791
18－06	0.892	1.032	1.256	0.546	0.817	0.824
18－07	0.899	1.018	1.214	0.537	0.819	0.834
18－08	0.876	1.036	1.198	0.534		0.866
西藏						
19－85	1.394	0.338	0.914	0.712	0.392	0.370

续表

obs	ENGUR1 城 engel 与 100－乡 engel	GDPUR 第二、第三产业 与第一产业 增加值统筹	AGDPUR 第二、第三产业 与第一产业人均 增加值统筹	EMPUR 城乡就业 统筹	EMPIUR 第二、第三产业 与第一产业 就业统筹	PEOUR 人口基数 统筹
19－86	1.691	0.394	1.133	0.717	0.394	0.354
19－87	1.496	0.423	0.987	0.723	0.382	0.427
19－88	1.556	0.366	0.843	0.708	0.377	0.431
19－89	1.419	0.376	0.666	0.733	0.357	0.558
19－90	1.947	0.336	0.634	0.718	0.362	0.529
19－91	1.676	0.293	0.554	0.724	0.381	0.528
19－92	1.646	0.266	0.513	0.710	0.392	0.517
19－93	2.293	0.236	0.464	0.696	0.357	0.508
19－94	1.512	0.257	0.517	0.701	0.353	0.497
19－95	1.810	0.269	0.541	0.689	0.311	0.495
19－96	1.408	0.299	0.646	0.660	0.318	0.462
19－97	1.585	0.322	0.727	0.649	0.324	0.442
19－98	1.625	0.356	0.820	0.624	0.343	0.435
19－99	1.820	0.353	0.508	0.602	0.344	0.698
19－00	2.905	0.335	0.410	0.593	0.398	0.812
19－01	1.802	0.383	0.491	0.573	0.409	0.786
19－02	1.601	0.430	0.567	0.555	1.053	0.761
19－03	1.849	0.423	0.471	0.538	0.539	0.900
19－04	1.784	0.480	14.331	0.532	0.527	0.033
19－05	2.126	0.487	1.002	0.517	0.532	0.488
19－06	1.538	0.488	0.971	0.522	0.516	0.504
19－07	1.551	0.534	1.104	0.592	0.541	0.481
19－08	1.607	0.580	1.665	0.613		0.349
云南						
20－85	1.218	0.554	0.478	0.561	0.430	1.161
20－86	1.326	0.568	0.454	0.553	0.415	1.273
20－87	1.354	0.632	0.546	0.549	0.388	1.155
20－88	1.132	0.665	0.351	0.532	0.377	1.880
20－89	1.176	0.692	0.343	0.541	0.375	1.994
20－90	1.101	0.634	0.335	0.525	0.379	1.889
20－91	1.133	0.675	0.357	0.529	0.371	1.887
20－92	1.027	0.650	0.341	0.511	0.366	1.903
20－93	1.048	0.757	0.393	0.497	0.351	1.921
20－94	1.037	0.777	0.376	0.515	0.338	2.065
20－95	1.124	0.746	0.363	0.501	0.324	2.049
20－96	1.140	0.764	0.395	0.477	0.377	1.933
20－97	1.180	0.711	0.371	0.464	0.345	1.911
20－98	1.183	0.706	0.397	0.438	0.325	1.781
20－99	1.396	0.667	0.393	0.418	0.304	1.707
20－00	1.277	0.597	1.113	0.378	0.354	0.535
20－01	1.279	0.584	1.067	0.364	0.358	0.552

续表

obs	ENGUR1 城 engel 与 100－乡 engel	GDPUR 第二、第三产业 与第一产业 增加值统筹	AGDPUR 第二、第三产业 与第一产业人均 增加值统筹	EMPUR 城乡就业 统筹	EMPIUR 第二、第三产业 与第一产业 就业统筹	PEOUR 人口基数 统筹
20－02	1.348	0.574	1.049	0.345	0.848	0.549
20－03	1.301	0.550	1.034	0.330	0.362	0.533
20－04	1.296	0.572	1.049	0.339	0.356	0.543
20－05	1.405	0.567	1.022	0.357	0.358	0.558
20－06	1.303	0.538	0.959	0.338	0.358	0.563
20－07	1.314	0.577	1.018	0.388	0.364	0.563
20－08	1.394	0.590	1.009	0.389		0.586
贵州						
21－85	1.382	0.553	0.406	0.555	0.518	1.364
21－86	1.485	0.536	0.406	0.556	0.489	1.343
21－87	1.507	0.531	0.371	0.549	0.429	1.425
21－88	1.609	0.509	0.405	0.512	0.412	1.249
21－89	1.574	0.513	0.396	0.510	0.416	1.280
21－90	1.425	0.592	0.428	0.494	0.421	1.378
21－91	1.389	0.501	0.310	0.494	0.411	1.612
21－92	1.421	0.500	0.093	0.463	0.394	5.373
21－93	1.560	0.525	0.095	0.439	0.383	5.501
21－94	1.496	0.460	0.084	0.424	0.404	5.451
21－95	1.539	0.449	0.084	0.428	0.413	5.344
21－96	1.744	0.445	0.087	0.441	0.452	5.086
21－97	1.616	0.424	0.088	0.422	0.436	4.834
21－98	1.630	0.454	0.100	0.429	0.431	4.544
21－99	1.459	0.459	0.113	0.358	0.427	4.095
21－00	1.497	0.455	0.820	0.351	0.362	0.553
21－01	1.397	0.475	0.911	0.276	0.222	0.525
21－02	1.326	0.484	0.968	0.273	0.558	0.501
21－03	1.358	0.491	1.016	0.436	0.273	0.484
21－04	1.385	0.552	1.111	0.438	0.272	0.495
21－05	1.262	0.604	1.240	0.434	0.268	0.490
21－06	1.266	0.613	1.266	0.418	0.273	0.485
21－07	1.315	0.654	1.356	0.405	0.272	0.480
21－08	1.332	0.672	1.378	0.229		0.489
四川						
22－85	1.100	0.559	0.028	0.545	0.542	20.103
22－86	1.174	0.562	0.029	0.541	0.541	19.860
22－87	1.166	0.591	0.032	0.548	0.531	18.478
22－88	1.183	0.595	0.033	0.542	0.544	17.788
22－89	1.193	0.611	0.035	0.511	0.528	17.139
22－90	1.158	0.658	0.038	0.529	0.564	17.122
22－91	1.110	0.645	0.039	0.536	0.569	16.488
22－92	1.139	0.596	0.039	0.528	0.581	15.305

续表

obs	ENGUR1 城 engel 与 100－乡 engel	GDPUR 第二、第三产业与第一产业增加值统筹	AGDPUR 第二、第三产业与第一产业人均增加值统筹	EMPUR 城乡就业统筹	EMPIUR 第二、第三产业与第一产业就业统筹	PEOUR 人口基数统筹
22-93	1.183	0.565	0.039	0.525	0.605	14.441
22-94	1.115	0.579	0.043	0.535	0.608	13.354
22-95	1.236	0.608	0.048	0.531	0.596	12.507
22-96	1.272	0.600	0.053	0.514	0.621	11.276
22-97	1.256	0.574	0.056	0.509	0.616	10.255
22-98	1.184	0.581	0.062	0.489	0.640	9.389
22-99	1.203	0.565	0.066	0.490	0.694	8.573
22-00	1.187	0.553	0.072	0.488	0.762	7.671
22-01	1.216	0.565	0.081	0.479	0.797	7.002
22-02	1.233	0.550	0.087	0.472	1.986	6.331
22-03	1.241	0.532	0.097	0.453	0.852	5.517
22-04	1.275	0.549	0.113	0.440	0.812	4.847
22-05	1.296	0.539	0.825	0.377	0.793	0.657
22-06	1.217	0.549	0.822	0.366	0.773	0.669
22-07	1.348	0.517	0.762	0.374	0.750	0.674
22-08	1.368	0.551	0.776	0.382		0.711
重庆						
23-85	1.139	0.724	1.135	0.662	0.623	0.638
23-86	1.209	0.680	1.117	0.981	0.627	0.619
23-87	1.146	0.742	1.254	0.659	0.622	0.590
23-88	1.166	0.761	1.310	0.655	0.635	0.577
23-89	1.239	0.806	1.403	0.667	0.631	0.568
23-90	1.136	0.720	1.274	0.648	0.641	0.564
23-91	1.151	0.676	1.219	0.651	0.638	0.553
23-92	1.168	0.713	1.287	0.628	0.685	0.552
23-93	1.139	0.715	1.288	0.605	0.680	0.554
23-94	1.206	0.715	1.279	0.613	0.747	0.558
23-95	1.185	0.712	1.271	0.653	0.738	0.559
23-96	1.218	0.767	1.427	1.114	0.695	0.536
23-97	1.313	0.759	1.466	0.851	0.688	0.517
23-98	1.227	0.788	1.571	0.844	0.701	0.502
23-99	1.224	0.807	1.652	0.847	0.721	0.492
23-00	1.181	0.789	1.647	0.884	0.782	0.477
23-01	1.218	0.800	1.688	0.914	0.835	0.477
23-02	1.228	0.795	0.769	0.906	2.052	1.037
23-03	1.176	0.795	0.750	0.899	0.899	1.061
23-04	1.210	0.774	0.721	1.097	0.862	1.070
23-05	1.150	0.761	0.697	1.117	0.982	1.099
23-06	1.207	0.898	0.802	1.106	0.791	1.123
23-07	1.275	0.933	0.813	1.118	0.794	1.141
23-08	1.250	1.008	0.849	1.124		1.190

续表

obs	ENGUR1 城 engel 与 100－乡 engel	GDPUR 第二、第三产业 与第一产业 增加值统筹	AGDPUR 第二、第三产业 与第一产业人均 增加值统筹	EMPUR 城乡就业 统筹	EMPIUR 第二、第三产业 与第一产业 就业统筹	PEOUR 人口基数 统筹
海南						
24-85	1.261	0.353	0.814	1.812	0.599	0.435
24-86	1.236	0.345	0.812	1.798	0.588	0.432
24-87	1.269	0.351	0.599	1.756	0.581	0.584
24-88	1.354	0.332	0.563	1.704	0.601	0.585
24-89	1.206	0.348	0.580	1.727	0.626	0.593
24-90	1.253	0.425	0.688	1.673	0.652	0.617
24-91	1.241	0.417	0.680	1.751	0.678	0.612
24-92	1.246	0.605	0.987	1.740	0.701	0.611
24-93	1.348	0.510	0.776	1.787	0.774	0.655
24-94	1.255	0.455	0.710	1.754	0.763	0.639
24-95	1.216	0.406	0.631	1.663	0.703	0.642
24-96	1.128	0.391	0.586	1.505	0.661	0.665
24-97	1.186	0.359	0.547	1.498	0.687	0.655
24-98	1.394	0.353	0.563	1.233	0.643	0.627
24-99	1.172	0.311	0.527	1.129	0.647	0.595
24-00	1.389	0.275	0.485	1.051	0.643	0.566
24-01	1.547	0.289	0.530	0.968	0.660	0.550
24-02	1.586	0.263	0.488	0.977	1.632	0.540
24-03	1.554	0.244	0.476	0.942	0.683	0.514
24-04	1.607	0.254	0.362	0.897	0.661	0.698
24-05	1.674	0.262	0.240	0.849	0.615	1.100
24-06	1.481	0.253	0.231	0.817	0.578	1.097
24-07	1.517	0.291	0.266	0.872	0.556	1.090
24-08	1.250	0.292	0.266	0.780	0.780	1.099
广西						
25-85	1.188	0.524	0.262	0.553	0.418	2.002
25-86	1.269	0.514	0.271	0.558	0.411	1.929
25-87	1.289	0.523	0.288	0.565	0.422	1.808
25-88	1.207	0.575	0.278	0.553	0.441	2.055
25-89	1.173	0.531	0.229	0.557	0.447	2.294
25-90	1.247	0.587	0.245	0.536	0.464	2.386
25-91	1.146	0.554	0.221	0.539	0.472	2.499
25-92	1.164	0.510	0.190	0.536	0.510	2.682
25-93	1.220	0.628	0.191	0.531	0.555	3.277
25-94	1.002	0.652	0.165	0.545	0.560	3.949
25-95	1.083	0.585	0.121	0.545	0.549	4.818
25-96	1.015	0.540	0.095	0.513	0.521	5.644
25-97	1.065	0.478	0.083	0.496	0.528	5.738
25-98	1.127	0.487	0.085	0.474	0.537	5.710
25-99	1.194	0.490	0.085	0.444	0.553	5.816

续表

obs	ENGUR1 城 engel 与 100－乡 engel	GDPUR 第二、第三产业与第一产业增加值统筹	AGDPUR 第二、第三产业与第一产业人均增加值统筹	EMPUR 城乡就业统筹	EMPIUR 第二、第三产业与第一产业就业统筹	PEOUR 人口基数统筹
25－00	1.162	0.487	0.089	0.418	0.633	5.459
25－01	1.083	0.487	0.088	0.395	0.642	5.549
25－02	1.209	0.483	0.786	0.358	1.507	0.617
25－03	1.208	0.454	0.755	0.328	0.646	0.602
25－04	1.356	0.461	0.712	0.319	0.636	0.645
25－05	1.246	0.476	0.708	0.336	0.634	0.675
25－06	1.322	0.464	0.685	0.330	0.603	0.679
25－07	1.308	0.478	0.686	0.342	0.566	0.693
25－08	1.359	0.513	0.700	0.334		0.735
广东						
26－85	1.168	0.895	0.075	0.971	1.105	12.004
26－86	1.185	0.917	0.083	0.983	1.143	11.174
26－87	1.097	0.954	0.094	1.015	1.214	10.154
26－88	1.130	0.943	0.098	1.025	1.270	9.538
26－89	1.009	0.954	0.105	1.056	1.288	8.985
26－90	1.024	1.116	0.124	1.047	1.360	8.967
26－91	0.981	1.140	0.135	1.101	1.443	8.433
26－92	0.896	1.141	0.147	1.095	1.566	7.734
26－93	0.863	1.216	0.179	1.140	1.649	6.769
26－94	0.857	1.323	0.220	1.064	1.622	6.015
26－95	0.872	1.369	0.240	1.075	1.532	5.696
26－96	0.873	1.436	0.277	1.053	1.488	5.164
26－97	0.927	1.426	0.300	1.031	1.449	4.738
26－98	0.939	1.457	0.331	1.001	1.420	4.413
26－99	0.925	1.428	0.345	0.930	1.412	4.163
26－00	0.999	1.535	0.395	0.915	1.503	3.872
26－01	1.042	1.615	0.451	0.856	1.557	3.606
26－02	1.050	1.653	0.602	0.948	3.787	2.757
26－03	1.050	1.685	1.056	1.050	1.651	1.599
26－04	1.018	1.844	1.264	1.093	1.669	1.453
26－05	1.043	2.092	1.023	0.932	1.655	2.057
26－06	1.119	2.053	0.943	0.970	1.699	2.183
26－07	1.095	2.266	1.079	1.026	1.656	2.089
26－08	1.107	2.326	1.131	1.008		2.059
湖南						
27－85	1.148	0.534	0.852	0.627	0.669	0.628
27－86	1.114	0.516	0.826	0.636	0.666	0.636
27－87	1.083	0.551	0.888	0.652	0.662	0.617
27－88	1.019	0.578	0.938	0.639	0.680	0.612
27－89	1.036	0.580	0.976	0.642	0.700	0.587
27－90	1.156	0.620	1.046	0.629	0.683	0.591

续表

obs	ENGUR1 城 engel 与 100－乡 engel	GDPUR 第二、第三产业与第一产业增加值统筹	AGDPUR 第二、第三产业与第一产业人均增加值统筹	EMPUR 城乡就业统筹	EMPIUR 第二、第三产业与第一产业就业统筹	PEOUR 人口基数统筹
27－91	1.115	0.567	0.915	0.635	0.664	0.618
27－92	1.086	0.563	0.874	0.630	0.678	0.642
27－93	1.024	0.559	0.909	0.659	0.731	0.614
27－94	1.008	0.524	0.763	0.700	0.759	0.686
27－95	1.016	0.532	0.679	0.708	0.732	0.781
27－96	1.056	0.552	0.727	0.698	0.777	0.758
27－97	1.082	0.539	0.751	0.708	0.781	0.717
27－98	1.097	0.585	0.838	0.681	0.791	0.699
27－99	1.097	0.639	0.950	0.638	0.778	0.677
27－00	1.055	0.647	0.867	0.560	0.687	0.743
27－01	1.018	0.629	0.854	0.537	0.736	0.742
27－02	1.071	0.641	0.874	0.529	1.841	0.735
27－03	1.095	0.603	0.815	0.571	0.849	0.741
27－04	1.105	0.574	0.748	0.633	0.874	0.764
27－05	1.114	0.564	0.725	0.410	0.703	0.783
27－06	1.078	0.593	0.734	0.373	0.849	0.810
27－07	1.119	0.586	0.703	0.384	0.846	0.828
27－08		0.595	0.688	0.388		0.867
湖北						
28－85	0.976	0.679	0.726	1.138	1.030	0.936
28－86	1.061	0.624	0.661	1.164	1.000	0.961
28－87	1.090	0.662	0.667	1.180	0.982	0.989
28－88	1.139	0.669	0.635	1.164	0.983	1.046
28－89	1.123	0.678	0.610	1.181	0.959	1.100
28－90	1.040	0.693	0.624	1.151	0.962	1.109
28－91	1.074	0.745	0.783	1.162	0.919	0.949
28－92	1.053	0.732	0.668	1.136	0.942	1.093
28－93	1.060	0.781	0.688	1.117	0.956	1.132
28－94	0.918	0.694	0.711	1.163	0.971	0.975
28－95	1.007	0.727	0.656	1.174	0.984	1.106
28－96	1.029	0.788	0.679	1.152	0.973	1.157
28－97	1.004	0.793	0.819	1.138	0.991	0.967
28－98	0.995	0.853	0.911	1.112	1.053	0.937
28－99	1.024	0.975	1.031	1.074	1.082	0.951
28－00	1.063	0.972	0.821	1.057	1.083	1.180
28－01	1.059	0.966	0.838	1.035	1.083	1.160
28－02	1.063	0.958	0.861	1.018	2.519	1.118
28－03	1.163	0.840	0.761	1.009	1.050	1.105
28－04	1.141	0.791	0.731	1.019	0.970	1.077
28－05	1.143	0.696	0.691	0.687	1.106	1.014
28－06	1.157	0.719	0.722	0.571	0.817	0.999

续表

obs	ENGUR1 城 engel 与 100－乡 engel	GDPUR 第二、第三产业与第一产业增加值统筹	AGDPUR 第二、第三产业与第一产业人均增加值统筹	EMPUR 城乡就业统筹	EMPIUR 第二、第三产业与第一产业就业统筹	PEOUR 人口基数统筹
28－07	1.191	0.722	0.740	0.582	0.767	0.970
28－08	1.184	0.705	0.719	0.594		0.982
河南						
29－85	0.902	0.620	1.105	0.619	0.615	0.562
29－86	0.938	0.662	1.223	0.629	0.622	0.551
29－87	0.937	0.639	1.216	0.633	0.682	0.524
29－88	0.961	0.724	1.397	0.609	0.704	0.514
29－89	0.938	0.647	1.264	0.635	0.672	0.506
29－90	0.897	0.689	1.347	0.601	0.670	0.510
29－91	0.907	0.682	1.336	0.625	0.652	0.509
29－92	0.969	0.727	1.427	0.623	0.656	0.508
29－93	1.013	0.757	1.489	0.644	0.665	0.507
29－94	0.977	0.767	1.513	0.658	0.658	0.506
29－95	1.000	0.742	1.461	0.667	0.655	0.506
29－96	0.961	0.716	1.394	0.654	0.657	0.512
29－97	0.945	0.677	1.302	0.625	0.657	0.518
29－98	1.020	0.645	1.230	0.521	0.690	0.525
29－99	0.975	0.598	1.132	0.451	0.575	0.532
29－00	0.935	0.595	1.118	0.388	0.563	0.530
29－01	0.925	0.586	1.095	0.361	0.586	0.539
29－02	0.926	0.588	1.086	0.347	1.454	0.543
29－03	0.954	0.669	1.219	0.338	0.636	0.550
29－04	0.959	0.653	1.151	0.341	0.638	0.565
29－05	0.936	0.635	1.084	0.342	0.654	0.589
29－06	0.890	0.650	1.057	0.334	0.648	0.616
29－07	0.872	0.734	1.145	0.321	0.674	0.638
29－08	0.842	0.784	1.171	0.310		0.670
山东						
30－85	0.842	0.741	0.035	0.614	0.767	21.176
30－86	0.838	0.714	0.033	0.632	0.784	21.696
30－87	0.876	0.776	0.040	0.653	0.827	19.263
30－88	0.900	0.814	0.055	0.668	0.843	14.651
30－89	0.867	0.864	0.068	0.680	0.838	12.546
30－90	0.857	0.950	0.079	0.673	0.857	12.051
30－91	0.898	0.800	0.071	0.681	0.830	11.276
30－92	0.895	0.867	0.085	0.686	0.837	10.190
30－93	0.900	0.907	0.099	0.719	0.815	9.093
30－94	0.888	1.002	0.127	0.608	0.862	7.905
30－95	0.847	0.999	0.136	1.159	0.911	7.341
30－96	0.823	0.983	0.151	1.102	0.892	6.512
30－97	0.850	1.028	0.171	1.076	0.869	5.987

续表

obs	ENGUR1 城 engel 与 -100－乡 engel	GDPUR 第二、第三产业与第一产业增加值统筹	AGDPUR 第二、第三产业与第一产业人均增加值统筹	EMPUR 城乡就业统筹	EMPIUR 第二、第三产业与第一产业就业统筹	PEOUR 人口基数统筹
30－98	0.849	1.045	0.183	1.041	0.855	5.727
30－99	0.816	1.039	0.195	0.996	0.890	5.363
30－00	0.808	1.012	0.211	1.074	0.884	4.782
30－01	0.812	0.993	0.232	1.072	0.912	4.309
30－02	0.847	1.036	0.272	1.068	2.315	3.817
30－03	0.854	1.075	0.331	1.066	1.087	3.257
30－04	0.839	1.187	0.404	1.105	1.109	2.924
30－05	0.835	1.174	1.082	0.627	1.207	1.091
30－06	0.818	1.197	1.095	0.660	1.156	1.097
30－07	0.827	1.193	1.108	0.587	1.162	1.071
30－08	0.810	1.240	1.148	0.551		1.081
福建						
31－85	1.140	0.762	0.047	0.952	1.041	16.350
31－86	1.170	0.749	0.048	0.960	1.005	15.758
31－87	1.215	0.763	0.052	0.966	0.998	14.723
31－88	1.303	0.769	0.054	0.942	1.020	14.201
31－89	1.256	0.792	0.058	0.961	1.048	13.571
31－90	1.203	0.949	0.068	0.922	1.081	13.875
31－91	1.162	0.866	0.064	0.929	1.076	13.393
31－92	1.135	0.827	0.065	0.894	1.096	12.721
31－93	1.225	0.836	0.072	0.931	1.128	11.611
31－94	1.280	0.889	0.081	0.973	1.136	10.978
31－95	1.295	0.893	0.084	0.935	1.074	10.632
31－96	1.340	0.915	0.095	0.894	1.047	9.589
31－97	1.131	0.918	0.104	0.871	1.065	8.817
31－98	1.183	0.918	0.114	0.798	1.054	8.075
31－99	1.203	0.904	0.123	0.747	1.069	7.403
31－00	1.132	0.900	0.133	0.712	1.138	6.758
31－01	1.151	0.922	0.149	0.687	1.188	6.233
31－02	1.146	0.955	0.308	0.672	2.871	3.107
31－03	1.128	0.947	0.229	0.695	1.306	4.133
31－04	1.099	1.016	0.326	0.710	1.317	3.100
31－05	1.132	0.950	0.798	0.755	1.349	1.197
31－06	1.138	0.958	0.812	0.771	1.364	1.183
31－07	1.127	1.043	0.896	0.541	1.422	1.158
31－08	1.130	1.094	0.925	0.528		1.185

后　记

本书是国家社会科学基金项目（西部项目）《城乡统筹背景下我国商贸流通业发展研究——兼论城乡商贸统筹试点区的发展》（08XJY022）、2012年重庆市宣传文化高层次人才资助项目《城乡商贸统筹试验区发展研究》的最终学术研究成果。

为了完成课题研究，课题组成员做了扎实的基础性工作，查阅了大量有关文献资料，到重庆市商业委员会、重庆市供销合作社、贵州省遵义供销合作社等政府事业机关进行了访问，特别是2009年、2010年课题组成员顶着“三伏”酷热，深入九龙坡区、万州区、黔江区、垫江县、梁平县、荣昌县这六个城乡商贸统筹试点区县，以及重庆市巴南区、渝北区、合川区、南川区、江津区、万盛区、云阳县、奉节县、酉阳县、石柱县、大足县、开县、璧山县、忠县、丰都县等，湖北省恩施市、咸丰县，湖南省吉首市，贵州省铜仁市、遵义市（含所辖区县），四川省邻水县、邛崃市、宜宾县等，进行了实地考察，收集了大量区情资料和一手调研资料（包括各种图像资料），尤其是六个城乡商贸统筹试点区县的资料。

在调查研究基础上，课题组经过充分讨论，明确了各部分的执笔人：曾庆均：第一章、第七章；孙畅，第二章、第四章；杨军，第三章；邹璇，第五章；曾庆均、丁谦，第六章；杨海丽、曾庆均，第八章。

在分工写作基础上，最后由我进行了总体修改、统纂。姜鑫博士，研究生罗二芳、朱静波参加了调研，并参与部分内容的初稿写作。在此特别感谢同事们辛勤而卓有成效的劳动！

本课题在研究过程中吸收了国内外有关研究成果，受到诸多启发，大部分都列入主要参考文献之中。在课题研究过程中，课题组成员发表了系列阶段性学术论文。

在课题的研究和本书的写作过程中得到了重庆市商业委员会、重庆市九龙坡区、万州区、黔江区、垫江县、梁平县、荣昌县等区县商业主管部门和负责人的大力帮助，得到了重庆工商大学科研处等部门的关心和支持。在此，谨向关心支持和帮助过我们的同志们、朋友们、亲人们致以衷心的谢意。

作为发展研究，本课题暂告一个段落。但，学无止境，城乡商贸统筹发展需要更进一步、更深层次的思考和研究，本书仅仅是城乡商贸统筹发展研究的开始。由于水平有限，研究中尚存在不足与不尽如人意之处，热忱欢迎学界前辈、同仁和实际工作部门的同志批评指正。

曾庆均

2013年3月于南山书院